시민
민주
주의

마을 - 협치 - 자치
2012-2022

시민 민주주의

마을 – 협치 – 자치
2012 – 2022

유창복

서울연구원
The Seoul Institute

서울시 마을, 협치, 자치 정책 10년을 돌아보고 꿰어 본다.

추 천 사

김의영

서울대학교 정치외교학부 교수, 관악구 혁신협치위원회 공동위원장

저자인 유창복은 민선 5기부터 7기까지 서울시 혁신 정책의 한복판에 있었다. 서울의 대표적인 마을공동체인 성미산마을을 일군 주역이었고, 서울시 마을공동체 정책의 중간지원조직인 서울마을지원센터의 수장이었으며, 서울시정 전반에 민관협력의 시스템과 문화를 장착하는 협치 정책의 총괄자 문관이었다. 이처럼 흥미롭게 이어지는 경력을 가진 사람도 드물지만, 저자처럼 때마다 자신의 경험과 고민을 책으로 정리해 세상과 공유하는 사람은 더욱 흔치 않다. 이전 책들에 흩어져 있던 내용을 하나로 모으고 연결했으며 성미산마을과 마포구의 경험을 넘어 지난 8년간의 서울시 혁신 정책을 종합적으로 다뤘다는 점에서 이번 책은 유창복 회고록이자 마을 시리즈의 결정판이라 부를 만하다.

이 책이 이룬 성취는 이뿐만이 아니다. 저자가 한결 자유로운 신분이 되어서인지 이전 책에서는 쉽게 볼 수 없었던 정책 일선에서의 고민과 결정

과정이 솔직하게 담겨 있다. 정책은 다양한 이해관계자들이 공식과 비공식, 합리적 토론과 정치적 타협을 넘나드는 복잡한 의사결정 과정의 산물이다. 저자의 솔직한 고백으로 우리는 서울시 혁신 정책이 왜 그 시점에 그렇게 입안되었고, 왜 그런 방식으로 추진되었는지를 더욱 온전하게 이해할 수 있게 된다.

저자는 구체적인 정책과 거시적인 사회문제가 어떻게 맞닿아 있는지를 보여 주기 위해서도 많은 애를 썼다. 이러한 점은 마을공동체 정책을 다룬 1부에서 가장 두드러진다. 경제적 불평등과 마을기업, 공교육 붕괴와 마을학교, 복지국가와 마을복지, 기후위기와 로컬에너지 등 다양한 분야에서 작은 마을과 더 큰 사회의 연결고리를 드러냄으로써 마을공동체가 지금보다 지속 가능하고 확장할 수 있는 방향과 거시적인 사회문제가 근원적으로 해결될 수 있는 가능성을 동시에 제시한다. 마을공동체 정책은 그저 주민들의 소소한 자조활동이 아니라 공동체 주도로 생활현장에서부터 국가는 물론 전 지구적 문제의 해결을 모색하는 글로컬한 전략인 것이다.

한발 더 나아가 저자는 자신이 관여했던 서울시 혁신 정책을 시간 순으로 나열하는 게 아니라 '민주적 공론장'을 중심으로 하나의 정책으로 엮어 냈다. 우리가 직면한 사회문제들은 각각에 적합한 해결책이 있겠지만, 그것을 도출하고 실행하는 밑바탕에는 이해관계자들이 대화하고 협력하는 공론장이 있을 수밖에 없다. 이러한 공론장은 지역사회와 시민사회와 국가로, 자치와 협치와 정치로 작은 곳에서부터 실천되고 체화되어 상향적으로 쌓여 갈 때 더욱 튼튼하고 역량이 강해질 수 있다. 협치 정책을 다룬 2부에서 저자가 말한 것처럼 "마을과 지역에서 공론장을 복원해 내는 것이야말로 민주주의에 이르는 지름길이다. 복원된 마을공공성이 시민공공성을 다시 불러일으키고 국가 거버넌스를 바로잡는 힘이 된다."

그래서 이 책은 서울시 혁신 정책에 대한 저자의 회고록이지만 지난 8년을 감상적으로 돌아보는 수준에 머물지 않는다. 작은 마을과 더 큰 사회가 어떻게 맞닿아 있고, 마을과 협치와 자치 정책이 어떻게 연결되어 있는지를 밝힘으로써 서울시 혁신 정책을 한층 넓은 시야와 체계적인 구조로 이해할 수 있는 기회를 제공한다. 이를 바탕으로 3부에서는 '마을정부'라는 새롭고도 과감한 대안을 제시한다. 저자는 이제 서울시 혁신 정책의 한복판에서 한 걸음 물러났지만, 그의 시선은 여전히 우리 사회와 혁신 정책의 미래를 향해 있다고 볼 수 있다.

마을정부는 저자가 생각하는 혁신 정책의 핵심인 '현장 지향'과 '시민 이니셔티브'를 최대한으로 구현하는 정책 제안이다. 민관이 공동 정책 생산자로 거듭나는 협치가 이루어지는 가장 작은 단위의 현장을 행정동으로 보고, 지금껏 추진된 혁신 정책의 성과와 한계를 섬세하게 헤아려서 주민들이 스스로 사회문제 해결책을 세우고 실행할 수 있도록 공적 권한과 자원을 적극 이양하는 것이다. 저자는 마을정부를 이루는 두 축으로 주민자치회와 사회연대경제 플랫폼을 제안한다. 주민자치회는 지역사회 공론장을 주도하는 의사결정기구라면, 사회연대경제 플랫폼은 복지(동사회서비스원), 주거(마을관리기업), 기후위기(가상발전소) 등 다양한 문제해결을 전문적으로 수행하는 실행기구다.

마을정부는 과감한 제안인 만큼 몇 가지 논쟁거리가 있을 수 있다. 첫째는 우리에게 익숙한 기존 정치체제를 고려했을 때 현실성이 충분한가이다. 의사결정기구인 주민자치회와 실행기구인 사회연대경제 플랫폼은 각각 동 단위 의회와 집행부와 같은 역할을 하는 셈이다. 그렇다면 주민자치회는 지방의회와 어떤 관계인지, 지방의회조차도 국민적 신뢰와 지지가 낮은 상황에서 더 작은 대의기구가 설득력이 있을지 우려가 된다. 마찬가지로 사회연대경제 플랫폼은 일선 행정기관인 동주민센터와 어떤 관계인지, 이러한 집행부 분리가 민관 공동 정책생산을 어렵게 하는 장애물이 되진 않을지도 우려가 된다.

둘째는 마을정부를 비롯한 혁신 정책의 현장을 행정동으로 재편하는 것이 불러올 수 있는 한계와 부작용은 없는가이다. 행정동은 민관협력이 비교적 용이하면서도 주민들의 일상생활권과 가장 가까운 제도적 단위이지만, 생활세계와 일치하지는 않는다. 마을공동체의 이웃관계망과 사회적경제의 시장 범위는 행정동보다 더 작거나 클 수 있고, 동의 경계에 구애받지 않고 넘나들기 때문이다. 따라서 행정동 단위의 마을정부에서는 주민자치회의 공론장이 기존의 자율적인 주민관계망을 인위적으로 재편하거나, 사회연대경제플랫폼의 시장 규모가 협소해 최소한의 수익을 얻기 어려울 수도 있다. 마을정부의 기본단위는 행정동으로 하되, 유연성을 발휘거나 자율적인 생활세계를 존중하는 정책을 병행하는 방안을 검토해 볼 필요가 있다.

저자의 말처럼 서울시 혁신 정책은 시민이 체감할 수 있도록 끊임없이 현장을 향하고 문제해결력을 높이기 위해 노력했다. 그래서 정말로 체감도가 높았는지에 대한 평가는 정책의 공동생산자이자 이용자인 시민들의 몫이다. 그래서 독자들의 평가가 중요하다. 한편 서울시 정책은 현장의 재량권과 다양성을 존중하지만, 어쩔 수 없는 표준화, 획일화의 한계가 있다. 저자가 제시한 원론적인 정책 구상과 추진모델은 현장의 판단과 경험으로 구체화하고 다변화되어야 한다. 그 역시 각자의 동네에서 일상을 사는 독자들의 몫일 것이다.

목차

2부 협치, 참여에서 권한으로

3부 자치, 시민 이니셔티브와 마을정부

머리말

2011년 서울시장에 취임한 박원순 시장은 "시민이 시장"이라고 했다. 주변에서는 시민운동가 출신이니 시민단체들을 대거 참여시키려나 했다. 그러나 그는 일반 시민들과 함께 시정을 이끌고 싶어 했고 시민들의 '참여'를 호소했다. 하지만 살기 바쁜 시민들이 시정에 관심을 두기는 쉽지 않았다. 정책과 관련한 정보에 접근하기도 쉽지 않았고 공무원들과 협력한 경험도 거의 없었다.

그래서 박 시장은 '넛지(nudge)' 전략을 사용했다. 거창하게 서울시정을 함께하자고 하는 대신, '맘이 맞거나 뜻이 맞는 이웃 세 사람'이면 할 수 있는 소소한 마을작당을 추진했다. "이웃들과 가볍게 만나 인사하고, 수다 떨듯이 일상의 필요를 서로 하소연하고 함께 궁리해 보시라" 권했다. 이렇게 '정책으로 마을하기'가 시작되었다. 마을공동체 정책의 목표는 명확했다. '주민이 당사자로서 등장하는 것'이었다. 시민단체나 정치인이 아니라, 삶의 주체인 주민이 공공의 당사자로서 등장하도록 지원하고 촉진하는 것이 마을 정책의 목표였다.

[민선 5기] 주민의 등장, 이웃 세 사람

우선 우리는 마을을 "생활의 필요를 서로 하소연하고, 함께 궁리해서 해결하는 이웃들의 관계망"이라고 정의했다. 그리고 그 관계망은 맘이 맞거나 뜻이 맞는 3인 이상의 이웃에서 시작한다고 보았다. 세 사람의 이웃으로 마을이 되진 않지만, 가상의 마을 주체로 호명한 것이다. 그리고 그 3인에게 '소소하고 만만한 마을작당'을 제안했다. 소소하지만 절실하고 시급한 일상생활의 문제를 찾아내어 이웃들과 만만하게 부딪쳐 보라 권한 것이다. '우리마을프로젝트'라는 100만 원 내외의 소액 단년도 공모사업이 여기에 활용되었다.

그 결과 많은 주민들의 마을관계망이 형성되었다. 2017년 말을 기준으로 하면, 참여시민이 23만 명에 이르고 '주민모임'은 1만 개에 달한다. 이렇게 등장한 주민모임들은 '오지라퍼'를 통해 골목에서, 동네에서 서로 연결하며 '마을모임'으로 확대되고 있다. 지금도 서울은 연결되고 있다. 개인으로 고립되고 단절된 지역사회에서 친밀권(親密圈, intimate sphere)이 복원되고 있다.

〔민선 6기〕 확장, 참여에서 권한으로

관계망이 지속되려면, 더 '확장'되어야 했다. 20만, 30만의 사람들이 등장한들 서울 시민의 2~3퍼센트 아닌가? 대다수의 서울 시민들은 여전히 살기 바빠 참여할 엄두가 나지 않는다. 이제는 "끼리끼리를 넘어야" 했다. 맘 맞고 뜻 맞는 이웃이 아니라, 맘도 뜻도 맞지 않는 이웃들과도 함께해야 했다. 그래야 그 끼리끼리도 지속할 수 있다. 확장의 전략은 '참여에서 권한으로'였다. 생활의 필요를 개선할 가능성이 없다면, 바쁜 시민들이 참여할 이유가 없다. '맘과 뜻'이 아니라, '이해관계', 즉 삶의 질이 개선되는 효능감 없이는 참여도 확장도 요원했다. 그래서 다양한 주민들이 맘과 뜻이 달라도 함께할 수 있는 장소로 동(洞)을 주목했다.

동마다 100여 명의 주민들이 모여서 6개월여 동안 토론을 벌여 '마을계획'을 세우고, 3~500여 명의 동네 주민들이 모여 '마을총회'를 개최하고, 마을에 꼭 필요한 것이 무엇인지 우선순위를 결정했다. 주민이 공론을 통해 결정한 사항은 정책이 되도록 하고, 권한의 핵심은 예산이기에 예산이 직접 편성되도록 했다. 3인 이웃을 대상으로 하는 소액 공모사업과 달리, 100여 명의 이웃들이 1년 동안 계획하고 1년 동안 실행하는 2년 단위의 계획형 사업이었다. 마을계획은 6개월이 넘게 토론과 마을총회를 거치면서, 다양한 주민들이 각기 다른 필요와 욕구를 드러내고 서로 상충하는 이해관계를 조정하는 이른바 공공권(公共圈, public sphere)을 형성하는 일이었다.

동 단위 주민들이 보여 준 감동적인 마을총회는 참여한 주민들에게 민주적인 '주민공론장'의 필요를 더욱 절감하게 하였다. 시범적으로 먼저 실시한 4개 자치구의 마을계획-마을총회가 비교적 성공적인 주민참여 모델을 만들어 내면서, 주민총회를 제도화하고 주민자치위원회를 실질적인 주민대표기구인 '주민자치회'로 전환하는 목표를 설정하게 된다.

한편 권한은 자치구 차원에서도 필요했다. 서울시의 기획과 재정에 의존해서는 지역사회의 혁신역량은 성장하기 어렵고, 문제해결의 구체성도 담아내기 어렵다. 지역사회의 당사자인 주민들이 자율적, 주도적으로 참여하고, 구청과도 원활하게 협력해야 한다. 이러한 지역 협치의 '판 깔기'를 위해, 〈지역사회혁신계획〉 사업을 추진했다. 지역사회의 민간 대표와 구청장 사이에 합의가 있고 민관의 공동실천이 담보된다는 조건으로, 10억 원의 사업예산을 지원하는 프로그램이다. 민간의 협의와 협력이 당장 여의치 않은 경우에는 민간네트워크의 형성을 지원하는 프로그램으로 〈시민협력플랫폼〉 사업을 병행했다. 광역에서 기초, 기초에서 동 단위로 혁신의 중심을 이동하고 있었다.

[민선 7기] 융합으로 문제해결

이제는 문제를 해결해야 한다. 문제를 해결해야 설득력을 갖고, 설득이 되어야 확장되고 지속 가능하다. 다수의 주민들은 혁신의 가치보다는 이해관계로 설득된다. 생활의 필요가 조금이라도 충족되어야 하고 나의 일상이 한 치라도 나아져야 동의가 쉽다. 혁신의 가치에 동의하고 박원순 시장을 지지하는 사람들뿐만 아니라, 혁신에 관심 없고 박원순 시장을 지지하지 않는 시민들도 동의하고 공감할 수 있어야 한다.

하지만 문제해결은 쉽지 않다. 현대의 공공문제들은 대부분 그 원인이 복잡하고, 근본 원인이 무엇인지 알기도 어려운 불확실성의 세계라고 한다. 그래서 다양한 해법이 융합되고 다양한 주체와 자원이 협력을 해야 비로소 해결된다. '융합과 협력'이 문제해결의 핵심이다. 행정자원이 중심이 되면 융합은 어렵다. 잘게 나뉜 행정의 칸막이 속에서 융합은 불가능하다. 행정자원을 전달하는 중간지원조직도 칸막이를 넘어서기가 쉽지 않다. 다양한 자원과 설루션이 '융합'되려면 현장을 중심에 두어야 한다.

이제는 현장이다. 문제가 있는 현장에서 문제를 해결하고 싶은 주체가 문제해결에 도움이 되는 자원과 주체를 초대할 때 비로소 융합과 협력은 시작된다. 융합이 가능한 현장은 동(洞) 수준의 근린(近隣)지역이다. 로컬랩이라는 현장 중심의 융합적 실행모델을 활용하여, 지역사회에 커뮤니티 기반의 사회적경제를 뿌리내리게 하고, 필요한 서비스를 주민들이 직접 생산하고 공급할 수 있게 한다. 정책형성 과정에 참여하는 수준을 넘어, 필요한 공공서비스의 생산과 전달까지 주민들이 참여하여 해결한다는 의미의 '공동생산자'로 나아가는 것이다. 이 과정에서 마을 일자리와 일거리가 생기고 마을고용이 발생한다. 지역사회에서 비로소 사회적경제(생태계)

가 만들어지는 것이다. 주민들이 주도성을 가지고, 경제적으로 조직된 체계를 가지고 필요한 사회서비스를 조달할 때, 사회권(社會權, social rights)이 제대로 실현될 수 있고, 궁극적으로는 지역을 토건의 방식이 아니라 재생적으로 혁신할 수 있다.

다양한 주민들의 협력이 이루어지고, 다양한 자원이 칸막이를 넘어 융합되려면 동 단위가 적정한 범위인데 이것이 주민자치회가 주목받는 이유이다. 이제 보조금 지원방식도 바뀌어야 한다. 민관협력의 새로운 모델이 나와야 한다. 문제해결을 위한 현장 중심의 실천모델이 나와야 한다. 8년에 걸쳐 꾸준히 추진된 혁신 정책, 박 시장의 일관되고 뚝심 있는 정책 의지, 많은 공무원들의 적극적인 협력, 무엇보다 서울 시민들의 헌신적인 참여 덕분에, 서울은 이제 세계적인 혁신의 성공 사례가 되었다. 하지만 문제를 해결해내는 '실력'을 보이지 않으면 지속되기 어렵다. 남은 임기 동안에 문제를 해결하는 실력을 보여야 한다. 일상을 살아가는 평범한 주민들이 체감하는 변화를 만들어야 한다.

서울발(發) 혁신 정책의 확산

최근 10년간 혁신 정책은 점차 전국화되었고, 여야를 막론하고 확산되어 왔다. 민선 5기에 몇몇 혁신적인 시군구 단체장들이 실험적인 혁신 정책을 시도하고, 민선 6기에 들어 광역 단체장들이 혁신 정책을 받아 안으면서 급속도로 확산되었다. 서울에서는 2011년 무상급식 주민투표로 자진 사퇴한 오세훈 시장의 남은 임기를 책임질 서울시장을 뽑는 보궐선거가 치러졌고, 박원순 변호사가 당선되면서 다른 광역자치단체보다 2~3년 이른 2012년 민선 5기 중간에 혁신 정책을 먼저 추진하게 되었다. 서울은 문제도 많고 그만큼 해결책을 모색하려는 정책의 시도도 빠르다. 더욱이 서울시 행정은 거대한 조직과 대규모 예산을 운용하며, 시민사회의 인적 자원도 다른 지방에 비해 월등하게 풍부한 편이다. 그렇다 보니 항상 이슈를 선도하고 정책도 앞서가는 경향이 있었고, 민선 6기 상당수의 광역자치단체들은 서울시가 2~3년 앞서 시행한 혁신 정책들을 벤치마킹하기 시작했다.

마을, 사회적경제, 청년, 도시재생, 원전하나줄이기 등으로 대표되는 서울시 혁신 정책은 박시장의 3선에 힘입어 10년이라는 오랜(?) 기간 동안 정책을 일관되게 추진할 수 있어서, 서울시정의 기조로도 안착되고 상당 수준 제도화 단계에 들었다. 동시에 서울시의 혁신 정책들이 서울 이외의 광역과 기초자치단체로 다양하게 스며들면서 우리 사회 보텀업 정책들의 뿌리가 되고 있다. 하지만 혁신 정책의 철학과 핵심 원리가 충분히 공유되기보다는 정책의 '결과적인' 패키지만 매우 '압축적'으로 차용되는 경향이 짙다.

각 자치단체마다 지역사회의 사회경제적 특성과 시민사회의 역량 조건 등이 모두 천차만별이라 각자 자신의 속도와 전략을 가지고, 서울의 다양한 모범 사례와 시행착오를 학습하거나 모델을 도입하여 창조적으로 변형하여 추진해야 한다. 따라서 서울을 비롯한 전국 각지에서 다양한 특성과 여건 속에 풍부한 혁신의 경험이 축적되고 해석될 때, 우리 사회 정책의제의 토대가 튼튼해지고 올바른 정책방향이 세워질 수 있다.

이 책은 서울(시)에서 풀뿌리에 기초하여 '시민 이니셔티브'를 구축하기 위해 추진되었던 '마을 → 협치 → 자치' 정책의 진행 과정에 대한 맥락적인 이해를 도우면서 정책의 철학과 원리를 확인하고 실천 과정에서의 시행착오를 잘 살펴보기 위한 기록이자 성찰의 시도이다. 전국의 다양한 혁신 정책의 실험들이 잘 공유되고 풍부하게 해석되기 바라는 마음이다.

기록, 정책의 맥락에 대한 설명과 보고

나는 운 좋게 박원순 시장의 임기 시작과 함께 서울시 마을공동체 정책을 기획하고 실행해 볼 수 있는 기회를 얻었다. 하지만 행정이 나서는 정책이 불가피하게 초래할 부작용을 모르지 않았던 터라 '기대 반 우려 반'의 고민을 가지고 있었다. 결국 '주민 주도' 원칙에 대한 박 시장의 강한 입장과 간섭하지 않고 '일체의 권한'을 부여하겠다는 약속을 믿고 뛰어들 듯 시작하였다. 물론 서울 풀뿌리 활동가들의 4개월여 동안의 집담회를 거치면서 서로 공감하고 합의한 토대가 있었기에 가능한 결심이었다.

현장 활동가와 정책 기획자라는 존재의 혼돈과 정체성의 갈등으로 힘들기도 했다. 어마어마한(?) 자원과 일사불란하고 기계적인 조직을 가진 행정의 위력에 감탄도 했지만, 행정의 답답한 속성과 결국 본말을 뒤집고 마는 '속도'에 절망도 했다. 결국 희망의 불씨는 현장에서 주민과 활동가들이 만들어낸다는 새삼스런 진실도 확인했다. 그러나 여전히 민간의 힘은 부치고, 행정은 더 이상 학습을 멈춘 듯 딱 '거기까지'만을 고집한다. 그래도 어느덧 8년이 넘는 긴 시간을 허락받아서 이만큼이라도 할 수 있었고, 2022년까지 10년을 채워 정책을 지속적으로 추진해 볼 수 있다는 것은 분명 행운이다.

하지만 코앞에 닥친 "당신들은 10년 동안 무엇을 했는가?"라는 질문에 직면해야 한다. "우리는 무엇을 이루려했고 무엇을 얻었는가?"를 곰곰이 따져봐야 한다. 지나온 10년의 경험과 성과는 "새로운 10년을 살아갈 희망과 비전을 주고 있는가?"에 답해야 한다. 그 대답을 하려고 한다. 충분하진 않겠지만 최선을 다해서 대답해 보려고 한다. 최소한 기록하는 심정으로 공유할 사실과 고민들을 보고해 보려고 한다.

사실 애초부터 우리는 '마스터 플래닝'이 아니고 '구성적 플래닝'이었다. 처음 가보는 길이었으니 어쩌면 불가피했다. 북극성과 나침반의 교감을 믿고 나서는 항해처럼 구불구불 가다 보니 길이 보였고, 길이 막히면 길을 냈다. 정처 없이 헤매듯 했지만 매 순간 치열했던 시간들이었다. 그 항해의 기억들을 끌어올려 본다. 비록 '짱가'라는 개인의 시선과 경험의 폭을 넘을 수는 없지만, 그래도 그 자체로 의미 있다고 여기고 시작하려고 한다. 당시 상황의 맥락과 그 시점의 고민과 관점을 그대로 재현하려고 애를 썼다. 그래서 그 당시에 이미 써놓은 몇몇 글들은 가급적 수정 없이 끼워 넣어 편집했다. 그러다 보니 글 전체의 구성과 문체가 다소 매끄럽지 못하지만, 무릅쓰고 용기를 냈다.

아쉬움, 그린 뉴딜과 근린자치정부

그럼에도 아쉬움이 있다면 새로운 10년을 향한 비전과 실천과제를 좀 더 체계화하지 못한 점이다. 그린 뉴딜과 근린자치정부에 대해서 문제제기에 그치고 말아서 아쉽다.

서울시의 혁신 정책은 새로운 정치의 주체를 등장시켰다. 자임한 시민단체의 활동가들도 아니고, 교수, 변호사 등의 전문가들도 아니고, 일상을 살아가는 평범한 주민들이 자기 자신의 삶의 문제를 해결하는 주체로 등장한 것이다. 동네의 다양한 이웃들과 연결되면서 공공성을 체득하고, 함께 나서니 해결되더라는 협동의 효능을 체감하며 지역사회의 공적 주체로 등장하기 시작했다. "혼자는 외롭지만 함께는 괴롭다"는 마을살이의 어려움을 이겨내며 민주주의 '시민'으로 성장했다.

기후위기는 한가한 미래전망이 아니다. 코앞에 닥친 급박한 비상사태다. 수많은 과학자들이 경고하고 있는 '지구의 파멸과 인류의 멸종'을 막기 위해서는, 모든 정책과 자원을 비상사태에 준하여 집중해서 급전환을 해야 한다. 기후위기는 환경이슈가 아니다. 기후위기의 원인이 불평등한 사회경제체제이기 때문이다. 힘과 권한을 가진 자들이, 절박한 상황임에도 절박한 행동을 하지 않은 것은 그들이 바로 기후위기의 주된 원인 제공자들이기 때문이다.

에너지생산과 산업체계를 탈탄소로 전환해야 한다. 탄소발전소와 내연기관을 없애야 하고, 태양광 등의 재생에너지만으로 에너지 수요를 감당해야 한다. 에너지 사용을 절대적으로 줄이기 위해 일상생활을 저에너지 소비형으로 전환해야 한다. 전면적이고 급격한 전환으로 인하여 가난한 이들이 고통 받지 않도록 '정의로운 전환'을 해내야 한다. 기후위기는 경제정의와 환경정의를 함께 달성해야 하는 과제이며, 불평등이 고착된 오늘날 자본주의를 근본적으로 치유해야 하는 대전환의 문제다. 지구의 파멸도 막고, 불평등도 완화하는 방향으로 일자리와 복지의 대안을 새로 짜야 한다.

그래서 기후위기와 그린 뉴딜은 정치의 문제다. 더 많은 미래를 살아갈 '젊은' 세대가 '현재' 의사결정에 참여할 수 있는 '권한'을 가져야 한다. 지역과 동네가 스스로 전환의 시도를 조직하고, 지속 가능한 순환경제의 생태계를 로컬에서 만들어 가야 한다. 기후위기를 극복하고 국가적 규모로 그린 뉴딜을 추진하기 위해서는 근린 수준의 자치정부가 권한과 책임을 가지고, 주민들과 함께 협력해서 전환의 길을 내는 주체가 되어야 한다.

더 많은 분권과 자치가 작동하는 최적의 정치체는 근린자치정부다. 지난

8년여 동안 이미 등장했고 서로 연결되기 시작한 지역사회의 주민들이 기후위기에 대응한 전면적 전환의 실천에 나서고, 이런 공공적 주민들에게 가장 민감하게 반응하며 책임성을 담보하는 근린 수준의 자치정부가 정책과 자원을 집중해서 국가적 규모의 그린 뉴딜을 추동하는 견인차 역할을 해야 한다.

기후위기와 그린 뉴딜, 시민민주주의와 근린자치정부에 대해서 충분히 다루지 못했지만, 이제 본격적인 고민을 시작한 터라 만족하기로 했다. 아니 앞으로 실천으로 채워가야 한다. 2020년부터 펼쳐질 새로운 10년은 인류의 운명을 결정짓게 될 것이다. 우리 사회의 심각한 불평등을 해소하는 대전환의 길목 역시 2020년에 시작된다.

책의 구성과 주요 내용

이 책은 전체 3부로 이루어져 있는데, 1부는 민선 5기에 대한 평가와 민선 6기로 정책을 전환하면서 했던 고민들을 다루었다. 주요 정책으로는 관계망을 확장하기 위한 〈마을계획〉 프로젝트와 문제해결을 위한 전략적인 의제로 삼은 〈마을경제〉, 〈마을교육〉, 〈마을복지〉 정책에 대하여 차례대로 다루었다. 끝으로는 민선 6기에서 혁신 정책을 가속화하기 위한 방안으로 〈협치〉 정책이 도입되고 추진되는 배경을 기술하였다.

2부는 협치 정책을 본격적으로 다루고 있다. 민선 6기 중반에 협치 정책이 시도되게 된 배경과 상황인식은 물론 협치의 철학과 원리를 밝히고 있다. 무엇보다 마을 정책으로 활성화되기 시작한 지역사회가 중요한 시민사회의 주체로 성장해야 하는 이유를 강조했다. 아울러 시민이 자신의 주도성을 높이고 정책결정의 권한을 강화하기 위한 거버넌스 체계에 대하여 상세한 설명을 했다. 말미에는 시민력을 향상시키기 위하여 서울시정과 자치구 구정 각각의 영역에서 추진한 구체적인 지원 정책과 사업들을 다루었다.

3부는 민선 6기에 시도된 〈자치〉 정책을 집중적으로 다루고 있다. 민선 6기까지 비교적 일관되고 지속적으로 추진해 온 마을 정책이 행정의 칸막이를 뛰어넘고, 지역사회에서 더욱 확장되기 위해서는 지역에서 당면하고 있는 문제를 해결하고, 그 효능감을 지역사회 주민들이 실제로 체감하도록 하는 것이었다. 문제해결을 위한 협력의 주체이자 장소로 동을 주목하고 동(洞)주민자치위원회(주민자치회)를 핵심 거점으로 하는 정책을 제안하고 있다. 나아가 동 단위의 융합적 실천은 궁극적으로 근린자치정부로까지 진화해야 한다는 비전을 시론적으로 제기하였다.

여러 분들께 감사한다

이 책 내용의 대부분은 나를 통했을 뿐, 수많은 이들의 노력과 고통에 빚을 지고 있다. 무엇보다 쉴 틈 없이 쏟아지는 정책을 받아 내느라 갖은 고생을 다한 지역 현장의 활동가들에게 감사한다. 아니 죄송하다는 말씀을 드린다. 그간의 노력과 고통이 결코 헛되지 않았으며, 새로운 시대를 여는 중요한 길목을 지켜낸 것이라는 말씀으로 위로를 드린다. 행정과 현장 사이에 '끼어' 분열증을 앓다시피 한 광역과 기초의 중간지원조직 활동가들과 '어공'들에게 감사한다. 한 시대의 혁신 정책 추진을 책임진 주체로서 자부심을 가져도 좋다고 생각한다. 아마도 더욱 효능감 있는 협치의 방안을 만들어 낼 토대를 세웠다고 확신한다. 행정에서 만나 보이게 보이지 않게 큰 힘이 되어 준 모든 공무원들께 감사한다. 덕분에 행정이라는 새로운 세계에 대하여 많은 이해를 가지게 되었다. 무엇보다 박원순 시장께 감사한다. 나름 내 인생의 황금기인 50대를 온전히 바칠 수 있도록 믿어 주고 밀어 주신 분이다. 그분의 앞길에 행운이 있기를 빈다.

불쑥 내민 출판 제안을 흔쾌히 받아 허락해 준 서왕진 서울연구원장께 감사한다. 들쭉날쭉한 원고를 고르게 보기 좋게 다듬어 예쁜 책으로 변신시켜 준 전말숙 박사와 안현찬 박사, 그리고 디자이너 서성규 실장께도 감사의 말씀을 드린다.

누구보다 평생을 군말 없이 지지해 준 아내 짱아에게 감사한다. 저대로 씩씩하게 살아가는 아들 재현이 그저 고맙기만 하다.

새로운 10년을 시작하는 2020년 3월,
양평 다리골 집에서.

1부

마을, 시민의 등장과 연결

‘정책으로 마을하기’, 그 성과와 과제

1

01

성과, '등장과 연결'*

마을이 대세가 된 지는 꽤 되었다. 여야를 불문하고 광역과 기초자치단체장들이 마을 정책을 전면에 내세우고 있으며 민선 5기를 거쳐 6기에 두드러지더니 이제는 대세가 되었다. 왜일까? 21세기 첨단 글로벌시대에 농경시대로 시간을 되돌리자는 낭만적인 시도일리도 없고, 그렇다고 종교나 특정 이념으로 무장한 강력한 공동체를 만들자는 것도 아닌데, 마을이 뜨는 이유는 과연 무엇일까?

왜 마을인가?

있는 집 아이들이 공부 잘하는 것은 이미 상식이 되었다. 정보력 있는 엄마와 돈 많은 할아버지, 거기에 무관심한 아빠가 삼위일체로 합작해야 애들이

* 이 글은 『논단과 현장』 〈마을공동체 정책과 지역사회 시민생태계〉(창작과비평 170호, 2015 겨울)에 게재한 글을 일부 수정하였음.

공부 잘하고 'in 서울' 대학이라도 간단다. 해방 이래, 국가가 주도한 압축적인 근대화 정책으로 보릿고개가 없어지고, 통신 강국의 반열에 오르고, 맹장염 수술에 천만 원대의 병원비를 지불할 필요 없는 공공의료 체계가 만들어졌다. 하지만 양극화가 극단으로 치달아 빈부격차는 훨씬 모질고 심각한 사회문제를 만들어 낸다.

한 가족이 단칸방에 모여 자살하고, 외로이 죽어 가는 노인들이 허다하다. 고독사(孤獨死)라 부르지만 사회적 방치사(放置死)다. 가족과 이웃이, 사회와 국가가 방치한 외로운 죽음이다. 아이들이 시험과 경쟁에 찌든 채 10대를 보내고, 대학 내내 취업 준비로 청춘을 보내지만 취업은 난망하다. 어쩌다 일자리를 얻어도 비정규직이고, 정규직이라 해도 언제 그만두게 될지 몰라 불안한 30대를 보낸다. 40대가 되면 '새끼들' 대충 건사하며 사는 것도 버겁기만 하다. 50대가 되어 퇴직하지만, 자식은 대학을 졸업하고 군대까지 갔다 와도, 집에서 죽친다.

이제는 성장을 해도 고용이 동반되지 않는다. 오히려 자동화와 구조조정으로 고용이 줄어들고, 그나마도 유연노동제로 갈수록 불안해지기만 한다. 이미 오래전에 저성장 궤도에 진입한 우리나라 경제, 있는 사람들한테야 참 편리하고 좋은 세상이지만, 없는 사람들은 물론이고 넉넉하지 않은 사람들도 난감하기는 마찬가지다. 버티듯 살아 내지만 더 밀리면 어쩌나 싶어 전전긍긍이다. 아예 없는 사람보다 조금 있는 사람들이 더 불안하단다.

형편이 고만고만한 사람들, 어떻게든 살아 낼 궁리를 해야 한다. 이웃끼리 함께 어울려 하소연하고 묘책 찾아 궁리하고, 그러다 십시일반으로 품앗이로 협동하여 해결하자고 나서 보는 거다. 어쩌다 문제가 풀리면 풀려서 좋고, 비록 안 풀려도 푼다고 애쓰면서 맺은 살가운 이웃관계가 또 다른 해법의 불씨가 된다. 그래서 마을을, '시급하고 절실한 생활의 필요를 함께 하소연하고, 궁리하고, 협동으로 해결하는 과정에서 형성되는 이웃들의 관계망'이라 한다.

전통사회로 돌아가자는 것도 아니고, 마을이 세상을 다 구원할 거라고 기대하는 것도 아니다. 국가가 주도하고, 관료들이 나선들, 똑 부러지게 풀 수 있는 문제들이 많지 않다. 문제들이 복잡해졌기 때문이다. 시민단체가 나선다 해도 시민이 동행하지 않으면 역시 힘에 부친다. 동네에서 주민들이 이웃들과 함께 문제를 해결하자고 스스로 직접 '나서야' 시민단체들도 힘을 받고, 국가도 허투로 하지 못하면서 시민의 행복을 위해 노력할 것이다. 그래서 마을이 혁신의 불씨이고, 희망의 마중물이다.

등장과 연결

2011년 보궐선거로 당선된 박원순 시장이 서울에 마을을 만들자고 제안했다. 하지만 마을은 정부가 만들 수 있는 것은 아니라고도 대답했다. 그래서 마을을 만들 수 있는 '주민'을 만들기로 했다. 민선 5기 3년 동안, 서울 1기 마을 정책의 목표는 마을을 만들 수 있는 주민을 등장시키는 것이었다. 3인 조례*, 작고 만만한 사업, 수시공모제, 포괄예산제, 사전사후 지원시스템, 주민참여심사제 등이 주민의 등장을 촉진하기 위한 핵심적인 수단들이었다.[01] 그 결과 2017년 기준으로 대략 20만 명이 넘는 서울 시민이 주민으로 나섰고, 1만여 개의 주민모임이 등장했다.

---

* 마을공동체 조례에 따르면 서울 시민 3인 이상이면 누구나 서울시가 실행하는 사업에 참여하여 보조금을 지원받을 수 있도록 했다. 이 조례가 만들어지기 전에는 비영리민간단체 혹은 사단법인 등의 법인격이 있는 경우에만 그 자격이 부여되어 실질적으로 일반 시민이 서울시 사업에 참여할 수는 없었다.

주민모임들은 비슷한 동네끼리, 비슷한 의제별로 서로 연결되기 시작했다. 나의 필요가 이웃의 필요가 되고 나아가 동네의 필요가 될 때, 비로소 나의 필요가 해결되기 쉬운 것이다. 개인의 필요를 공감하는 몇몇 이웃들이 모여 시작한 주민모임이 어느덧 다른 주민모임들과 연결된다. 모임마다 직면하는 공통의 어려움과 과제를 공유하고, 함께 해결하는 시도가 이어지면서 문제가 함께 풀리는 경험을 하게 된다.

> 초등 3학년 방과후가 걱정이었어요. 학원에 보내도 아이가 건성이고, 혹여 딴 데로 새는 것은 아닌지 알 수도 없고, 이제 품 안에 자식이 아닌 거예요. 우연히 알게 된 같은 반 아이 엄마와 하소연 하던 중 비슷한 또래를 가진 엄마들이 뭉치게 되었어요. 제 막내 시누이도 근처에 사는데 그 집도 맞벌이라 고민이 비슷해서 부르고, 시누이가 아는 또래의 다른 엄마를 또 부르고 이런 식으로 엄마 다섯이 모이게 되었어요. 그리고 주 5일을 나누어 하루씩 맡아서 아이들을 한꺼번에 돌보기로 했지요. 아이들이 더 신나 하더라고요. 주말에는 엄마들이 다 모여 지난주 아이들과 있었던 이야기를 나누지요. 어느덧 화제는 아이들 문제에서 '시월드'로 남편 직장으로 종횡무진 넘나들게 되지요. 마치 여고 동창들을 만나기라도 한 것 같이 즐겁고 친정 식구들보다 오히려 부담이 없어 좋았어요.
>
> 하지만 시간이 흐르면서 슬슬 어려움이 생겨요. 아이들 공부 봐주는 일이 만만치 않은 거예요. 요즘 초등수학 너무 어렵잖아요. 머스매들은 또 바깥활동을 하고 싶어 하는데 엄마들이 감당하려니 힘에 부치는 거예요. 그런데 무엇보다 공간이 문제였어요. 다들 사는 게 고만고만해서 집이 넓지 않은데 머스매 다섯이 천방지축 우글대니 집이 난장판이 되는 거예요. 역시 동네 왕언니의 소개로 동네에 다른 모임을 만나게 되었는데, 아이들

을 위한 작은 도서관을 준비하는 부모모임과 합창단을 하는 모임들이었어요. 각자의 모임에 대한 이야기가 한 바퀴 돌고 부터는 논의가 급물살을 타더니 공동공간을 만들기로 합의가 나 버리는 거예요. 지금은 공동으로 만든 작은 도서관에서 방과후 프로그램을 아예 통합해서 진행해요. 전문 선생님을 한 분 모시니까 엄마들의 부담도 훨씬 덜게 되고요. 아이들도 자기들끼리 합창동아리를 만들어 활동을 한답니다.*

이렇게 나의 필요가 이웃의 필요로 확인되는 순간 나의 필요가 해결되고, 나아가 동네의 필요로 좀 더 널리 공유되면서 가로막는 걸림돌이 치워지고 문제해결의 수준이 높아진다. 이것이 바로 '마을공공성'이다. 나의 필요로 시작하지만 동네의 과제로 해결되는 것이 마을이고, 마을공공성이 실현되는 방식이다.

마을공공성과 공론장

공공성이란 평등한 주민들이, 공공의 복리를 위하여, 공개적으로 합의하고 협동하는 과정에서 형성된다. 국가가 주도한 공공성, 시민단체가 자임하여 대변한 공공성을 넘어, 이제는 마을이 생활세계로부터 공공성을 다시 재구성하고 있다. 한국전쟁 이후, 1960~1980년대 우리 사회의 근대적 과제는 국가 주도로 추진되었다. 엘리트 관료와 쿠데타로 집권한 군 출신의 정치인(박정희, 전두환)들이 공공성 실현을 담당했다. 빠른 속도의 경제성장에 힘입어 교육, 의료,

* 공모사업을 통해 이웃관계망을 경험한 한 초등생 엄마와 필자가 나눈 이야기임.

교통, 주거 등 후발국가의 근대적 과제 대부분을 빠른 속도로 성취했다. 하지만 '권위주의와 획일성, 기득권과 양극화'가 공공성의 위기로 진단되었다.

1980년 민주화의 봄, 1987년 민주화대투쟁 등 격동의 민주화운동 시대를 거치고 맞이한 1990년대, 우리 사회의 공공성을 지켜내는 임무는 시민사회가 맡게 되었다. 국가 주도의 공공성을 혁신하기로 자임(自任)한 시민단체들은 여성, 환경, 인권, 복지 등 사회의 다양한 분야에 전 방위로 파고들어 혁신을 시도했다. 하지만 언제부턴가 '시민운동에 시민이 없다'는 반성이 나오고, 시대적 과제를 떠안기보다는 분과적인 '전문가주의'에 갇히고 있는 것은 아닌가 하는 염려가 생겨났다.

위임(委任)된 권력에 기초한 국가의 통치적 주도이든, 자임의 진정성에 기초한 시민단체의 계몽적 주도이든, 우리 사회의 공공성은 위기에 처했다. 이 공공성의 과제를 누가 다시 떠안아야 할까? 바로 마을이다. 마을이 공공성을 주도해야 한다. 민선 5기에 몇몇 혁신적인 기초단체장들이 씨를 뿌렸고, 민선 6기 광역단체장들이 여야를 불문하고 정책으로 도입하면서 본격화되어 이제는 전국적으로 대세가 되었다.* 2010년대는 바야흐로 마을공공성의 시대이다.

마을공공성은 시민공공성을 부추기고, 국가공공성을 바로잡는 힘이 된다. 그래서 마을하기는 공공성의 혁신이다. 하지만 이 과정은 매우 다양한 차이넘기와 가로지르기를 필요로 한다. 나와 다름을 인정하고, 나와 다른 이와 동행을 해야 한다. 나아가 다른 것들을 연결하고 융합하여 새로운 해법을 도출해낼 수 있어야 한다. 평소 살가운 이웃들 사이의 '끼리끼리'의 친밀성

* 민선 5기 전북 전주, 정읍, 광주 광산, 경기 수원, 안산, 서울 성북, 금천, 노원, 은평, 도봉, 서대문 등 혁신 기초단체장들이 마을공동체 정책을 추진했으며, 민선 6기에 들어서서는 서울(박원순)을 비롯하여 경기(남경필), 제주(원희룡), 대구(권영진), 광주(윤장현), 충남(안희정) 등의 광역단체장들이 마을공동체 정책을 도입하면서 전국적으로 확장되게 된다.

을 담아내면서도, 동시에 그 끼리끼리를 뛰어넘도록 해 주는 '공공성'이 이웃들과의 일상의 생활관계 속에서 올라와야 한다. '좋은 게 좋다'를 넘어서는, '정의'가 무엇인지 질문해야 하는 만만찮은 상황에 자주 직면하게 된다.

그래서 '공론장'이 절실하다. 개인의 필요와 욕구를 바탕으로 동네 공통의 의제를 합의하고 실행하는 마을공론장이 필요하다. 이곳은 다양함이 풍부함으로 숙성되는 '판'이며, 이 과정에서 주민들은 공동체 사회의 구성원이 되고, 국가 공동체의 주권자인 '시민'으로 거듭나게 된다. 그래서 마을은 우리 사회의 민주적·공동체적 시민 주체가 성장하는 터전이다. 마을은 민주주의 학교다.

이제는 성장, 마을의 형성

등장과 연결 다음은 '성장'이다. 성장은 '마을의 형성'을 목표로 한다. 작은 주민모임들이 연결되면서 동네의 필요를 의논하고 협동하는 이웃관계망을 만드는 일, 이게 바로 마을을 만드는 일이다. 민선 5기 3년간 만들어진 주민

| 그림 1 | 구로구 00지역에서 마을사업 이전과 이후의 관계망 변화도

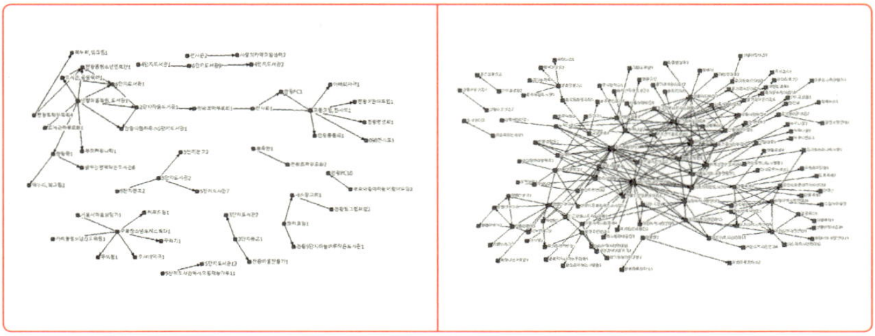

들의 관계망은 아직은 '마을씨앗'에 불과하다. 이 씨앗이 뿌리를 내리고, 줄기를 밀어 올리고, 마침내 이파리를 펼쳐내야 한다. 그래야 비로소 마을의 꼴을 갖추게 된다. 이제는 마을의 토양과 마을씨앗의 종자 특성에 맞는 맞춤지원이 강구되어야 한다.

우선, 정부의 지원방식부터 달라져야 했다. 다양한 생활의 필요에 기초한 주민모임의 형성을 지원했던 1기와는 다른 지원전략이 필요했다. 이른바 '점과 선(點線)' 전략에서 '면(面)' 전략으로 전환을 서둘렀다. 다양한 의제를 일일이 지원하는 백화점 식의 다양성을 강조하기보다 '집중'을 하고, 집중을 통해 임팩트를 만드는 것이었다. 지난 1기를 돌아보면, 무엇보다 주민들이 작은 지원금을 기반으로 '자유롭게 상상하고, 스스로 결정'한 것이 성공의 비결이었다.* 1기에 '주민 3인' 이상이 모여 주민모임으로 등장하고, 이 주민모임이 서로 연결되어 마을모임이 되면서 '마을씨앗'이 만들어졌다. 2기에는 마을씨앗들이 '자유롭게 상상하고, 스스로 결정'하며 성장해야 했다. 행정이 부서별로 정한 보조금을 각개약진 식으로 내릴 것이 아니라, 마을씨앗들이 스스로 동네에서 무엇이 제일 필요한지 상상하고, 우선순위와 실행방법을 이웃들과 함께 결정할 수 있도록 도와야 한다. 그래야 자발성과 지속 가능한 힘이 쌓이고, 그 힘이 마을 형성을 가능하게 할 수 있다.

정부지원이 '뱃살로 가지 않고 근육으로' 가도록 하는 것, 정부지원이 주민의 등장과 연결에 그치지 않고, 마을 형성으로 귀결되도록 하는 것이 서울시 2기 마을 정책의 목표였다.** "정부가 나서서 마을이 만들어지는가?"

---

* 오히려 100~200만 원 내외의 소액 지원금으로 주민들이 부담을 덜 가지고 소소하게 이웃들 간의 관계를 만들어 갈 수 있었다. 이렇게 정부의 민간보조금은 주민들이 동네에서 마을활동 하는 것을 만만하게 여기며, 즐겁고 자발적으로 마을모임을 만들어 가는 데에 중요한 마중물 역할을 하였다.

** 박원순 시장의 민선 5기 임기 초, 마을 정책을 민관이 합동으로 만들 때, 일방적 관 주도를 탈피해야 하며, 정부의 행·재정적 지원을 투입(top-down)하더라도 그 성과는 상향적(bottom-up)으로 성장할 수 있도록 행정 지원 방식의 혁신이 중요하다고 결론을 내렸다.

라는 서울시 마을 정책의 실효성에 대한 궁극적 질문은 '면 단위의 종합지원과 마을 형성'으로 그 초점이 맞추어졌다. 이른바 '면' 차원에서 요구되는 절실하고 시급한 필요를 해결할 종합지원이 필요했다. 안 그러면 잘게 쪼개진 공모사업에 대한 피로도가 높아지고, 더욱이 그 지원이 마을 형성으로 귀결되지도 못하기 때문이다.

개별의 주민모임들이 지리적으로 유사한 지역에서 서로 연결하여 공통의 과제를 발견하고, 전체가 필요로 하는 마을의제를 찾아낸다. 그 과정에서 좀 더 확대된 관계망 속에서 더욱 능력을 발휘하는 주민리더가 등장한다. 혼자로는 엄두도 나지 않던 일이 모이니 할 만한 거다. 큰 판이 되니 새로운 능력자들이 나타나고 별의별 재주 가진 사람들이 모여 무척 풍성하다. 드디어 마을의 등장이다. 마을 이름도 정하고, 마을의 바람도 모으고, 마을의 비전과 희망을 정하기도 한다. 마을의 호명, 자꾸 불러 주고 마을이라는 틀로 내용을 궁리하다 보면 차츰 마을이 형성된다.

02

마을민주주의, 공론장과 마을계획

주민 '3인 이상'이면 공모사업 신청자격을 주었던 점은 기존의 관행과 비교하면 획기적이었으며 대단히 성공적이었다. 등록된 비영리민간단체나 법인체에만 신청자격을 주었던 기존 방식에 비해 주민참여의 폭을 크게 넓혀 놓았다. 이렇게 등장한 주민은 자기들끼리 연결하고, 그 연결의 중심에

| 그림 2 | 연결망 맵핑 분석*

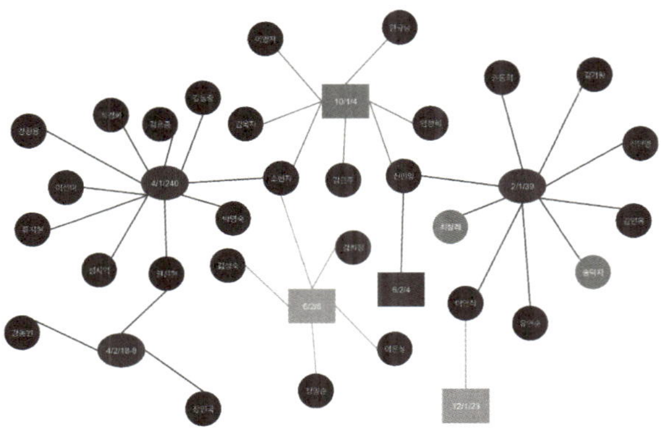

이른바 '오지라퍼'가 존재했다. 앞 그림에서 보듯이 보통 두세 개의 주민모임에 걸쳐 활동하고 있는 주민들이 있다는 사실을 연결망 분석을 통하여 확인하였다.

주민들 사이에서 자발적으로 네트워킹 활동을 하는 이들 연결자들은 대체로 마을에서 폭넓은 관계를 유지하고, 원활한 소통능력을 가진 오지라퍼들이었다. 이들은 대체로 여성이었고, 아이들을 키우는 40~50대의 어머니들이었다. 이 엄마들은 길게는 영유아기 어린이집 시절부터, 짧게는 초중등 자녀 교육문제 등으로 동네에서 알고 지내는 이웃들이 많다. 더욱이 30~40대 젊은 엄마들에게는 애를 먼저 키워 본 선배 역할까지 하다 보니, 동네에서 이래저래 가깝게 알고 지내는 이웃들이 다양하게 많았다.

네트워크 파티와 주민참여심사제

주민들의 자발적인 연결활동을 촉진시키기 위하여 서울시 마을공동체종합지원센터(이하 서울마을지원센터)가 사용한 방안이 '네트워크 파티'와 '주민참여심사제' 두 가지이다. 네트워크 파티는 공모를 통해 선정된 주민모임들이 사업을 진행하는 중간에 다 같이 모여 진행 과정의 애로사항을 '하소연'하고 다른 팀들이 위기를 타개해 나간 '자랑질'을 들으며 상호 학습하는, 말 그대로 파티다. 그래서 일명 하소연 대회, 자랑질 대회라고 부르기도 한다. 사실 주민들은 전문가들의 강의나 컨설팅을 통해서 배우기도 하지만, 무엇보다 상호 학습을 통해 가장 잘 깨우치고 제대로 터득한다. 서로 닥친 상황과

* 25개 전체 자치구에서 2012년 초부터 2013년 6월 말 1년 6개월 동안 마을공모사업을 신청한 주민들의 명단을 맵핑 분석한 결과이며, 이는 금천구의 경우이다.

맥락이 비슷하고, 초짜(?)로서의 처지까지 같다 보니 공감이 빠르다.

네트워크 파티는 사업 종료 후에도 여는데, 사업 과정을 함께 마무리하면서 경험과 정보를 나누고 서로 친교를 쌓는다. 이렇게 형성된 친분은 사업 이후에 주민모임들이 마을에서 관계를 확장하고 사업의 수준을 높이는 데 매우 중요한 기반이 된다. 즉 공모사업에 참여하면서 맺어진 3인 이상의 주민모임이 네트워크 파티를 통하여 마을모임으로 확장된다. 여기서 마을 오지라퍼가 핵심적인 연결자 역할을 한다는 것은 이미 살핀 대로이다. 그래서 네트워크 파티는 가급적 자치구에서 지원업무를 수행하는 자생단이나 마을지원센터가 직접 수행하도록 한다.

주민참여심사제는 말 그대로 공모심사에 주민이 직접 참여하는 것이다. 사업을 신청한 주민들이 심사의 대상이자 동시에 심사의 주체가 되는 셈이다. 보통 10~15개의 신청팀들을 한 테이블에 묶어서, 각기 5~10분 정도 자신들의 사업계획을 순차적으로 발표하게 하고, 참여한 팀들이 투표를 하여 선정과 탈락을 결정한다. 그러다 보니 심사결과에 대한 불만이 없다. 누가 봐도 될 팀들이 되고, 아니다 싶은 팀들이 여지없이 탈락한다. 공모제에서 제일 중요한 투명성이 매우 높은 수준으로 달성되고 있는 것이다.

그러나 이보다 더욱 중요한 효과가 있다. 참여한 팀들의 사업계획을 집중해서 듣다 보니 다양한 정보와 아이디어를 얻게 된 것이다. 뿐만 아니라 인근에 사는 팀을 새로 알게 되고, 심사가 끝나고 마을에 돌아가 서로 교류하고 협력하게 된다. 어떤 의미에서는 공공성의 새로운 차원이 현실화되었다고 할 수 있다. 공공(행정)이 주도하는 공공성과는 달리 주민들이 스스로 연결되는 과정에서 발견되고 촉진되는 공공성의 실례가 나타난 것이다. 전자가 'public(公)'의 의미라면, 후자는 'common(共)'의 의미로 해석될 수 있다. 마을 정책 2기에 들어서면서 '마을계획' 프로그램을 주요한 수단으로 도입할 수 있었던 것도 바로 이러한 주민들의 연결망을 통해 실현되는 공공성에 대한 가능성을 발견한 데에서 비롯되었다.

'끼리끼리' 시작하는 마을살이

마을살이는 보통 끼리끼리 시작한다. 평소 알고 지내는 이웃들, 즉 친밀한 관계의 영역(친밀권, 親密圈)에서 시작하는데, 결국 이걸 넘어서지 못하면 오래 가지 못한다. 마을살이는 모인 사람들의 저마다의 이해관계로부터 비롯된다. 일상의 문제나 과제들을 해결하고 싶고, 혼자는 어려우니 이웃과 도모하여 풀어 보자는 것이 마을살이의 시작인 것이다. 그래서 평소 알고 지내 맘도 맞고, 함께 해결하고 싶은 문제도 같아 뜻이 맞는 친밀한 사람들'끼리' 작당하듯이 하는 것이 마을살이다. 그런데 이러한 끼리끼리 이해관계의 동질성은 '배타성'을 유발하기도 한다. 우리끼리가 소중하다 보니 다른 이들과 구분되는 정체성을 강조하기 때문이다. 특별히 다른 이웃을 배제하려는 의도나 경향을 갖지 않음에도, 함께하지 않는 다른 이웃들에게는 그렇게 보이기 십상이다. 그래서 의식적으로 경계하지 않으면 때론 오해를 낳게 되기도 하고 갈등의 씨앗이 되기도 한다.

마을살이는 "나의 필요가 이웃의 필요가 되면서 해결되고, 나아가 동네의 필요로 확장되면서 그 해결의 수준이 높아진다." 여럿이 힘을 합하니 동원할 수 있는 자원이 다양하고 많기 때문에 그렇다. 앞에서 예로 들었던 것처럼, 둘째의 출산으로 큰 아이 돌봄이 걱정이던 엄마는 같은 단지에 사는 5명의 엄마들과 '품앗이 돌봄망'을 만들면서 문제를 해결했다. 일주일에 하루만 당번을 서면 나머지 4일이 해결되는 획기적인 해결책인 셈이다. 그러다가 동네의 다른 주민모임들과 연결되면서 동네 공용의 공간 마련이 화두가 되고, 마침내 보증금과 월세 등의 관리비를 n분의 1, 십시일반으로 분담하는 마을 전용 공간을 마련했다. 즉 둘째 아이의 돌봄 문제가 다섯 엄마들의 필요가 되면서 해결되더니, 공간이 동네의 공동과제로 되면서 그 역시 해결되어, 아이들이나 부모들이나 만족도가 높아졌다.

공론장, 민주의의의 학교

하지만 이 과정이 그리 아름답지만은 않다. 공간이라는 목표가 같아도 각 모임마다 형편이 다르다. 막상 해법을 찾아 나서면 모임별로 필요한 공간의 크기와 용도, 비용부담의 수준이 천차만별이다. 이 차이를 해결하지 않으면 문제해결이 어렵다. 이 과정에서 보기 싫은 사람도 생기고, 답도 없는 지리한 토론에 힘도 빠진다. 각자의 필요와 욕구를 존중하고, 차이를 인정하면서도 모두가 동의할 수 있는 답을 내야 한다. 공론장이 관건이다. 개인의 필요에서 출발하지만 이웃들의 필요로 해석되어야 그 이웃들과의 협동이 시작되고, 협동으로 문제가 해결되어야 그 협동이 계속 유지될 수 있다. 나아가 문제해결의 수준을 더욱 높이려면 더 넓은 이웃들, 즉 동네의 필요로 합의가 되어야 가능하다. 이 소통과 합의의 과정에서 '마을공공성'이 작동한다. 공론장은 공공성이 형성되는 장소이며, 공공성은 공론장을 지속 가능하게 유지시켜주는 힘이다. 공론장에서 공공성이 작동해야만 다양성이 풍부함으로 유지되어 공론장이 지속될 수 있다.

그래서 마을은 민주주의의 학교다. 개인을 존중하여 개인의 조건과 요구를 집단의 목적으로 누르지 않고, 참여한 개인들이 서로의 차이와 조건을 이해하고 공감해 가는 '안전한' 과정을 유지하면서, 궁극에는 구성원 모두가 합의에 도달하게 하는 것, 이것이 민주주의 아닌가? 이 과정에서 주민들은 비로소 '시민'으로 거듭난다. 민주시민 교육은 몇 차례 강의보다도 생활상의 필요를 이웃과 함께 '지지고 볶으며' 기어코 협동으로 해결하면서 터득해 가는 것이 훨씬 효과적이다. 우리가 마을살이를 통해 실현하려는 가치가 있다면 바로 이런 시민적 공동체주의(civic communitarianism)라고 말할 수 있다.*

공론장과 마을계획

민선 6기에 들어서면서 추진한 〈마을계획〉 정책은 공론장을 효과적으로 형성하고 활성화하기 위해 기획한 프로그램이다. 마을계획이라는 소규모 공론장에서 동네에 사는 다양한 주민들이 서로 다른 요구와 이해에 대면하여 민주적인 소통을 통하여 함께 합의하는 과정을 촉진하려는 것이었다. 처음에는 근린형 마을계획을 고민했다. 골목 수준의 범위에서 주민모임 몇 개 정도가 함께 공론장을 형성하려는 것이었다. 이러한 주민들의 자발적 연결을 중요하게 포착하고, 이 연결을 더욱 촉진시키기 위한 새로운 유형의 프

* 시민적 공동체주의의 관점에서 보면, 롤스의 정의론은 지나치게 개인주의에 기반하고, '공동선'에 대한 충분한 주의가 부족하여 개인의 자유성 보호에 치중한다. 개인이 선택을 내릴 때 사회적 맥락의 영향을 크게 받는다는 점을 간과한다. 마이클 샌들은 인간이 사회 속에 뿌리를 내린 존재임을 인정해 왔고, 사회연대를 모색하고, 공동선에 철저히 헌신해야 한다고 본다. 또한 시민들이 더욱 공동체적 지향을 가질 수 있는 가장 좋은 조건이 "우리가 거주하고 있는 특정한 지역 공동체에서 함양된, 재활성화된 시민적 생활 내에서 만들어질 수 있다"고 했다. 토크빌이 19세기 미국에서 관찰했고, 퍼트남이 지난 반세기 동안 쇠퇴했다고 보고한 그 '자발적 결사체'를 부활함으로써 시민사회를 재구성해야 한다고 주장한다. 한편 전통가치로의 귀속을 강조하거나 사회의 지배적 가치에 사람들이 순응하는 획일적 국민문화를 주창하는 우파 공동체주의에 반하여, 가치의 다양성과 다원성을 존중한다(폴 슈메니커 지음, 조효제 번역, 『진보와 보수의 12가지 이념』, 후마니타스, 2010).

로그램으로 마을계획을 기획하였다. 마을계획의 핵심은 '공론장'이었다. 하지만 동 단위로 촘촘한 복지전달망을 짜기 위한 '찾아가는 동주민센터' 사업이 민선 6기 초부터 추진되기 시작되면서, 근린형 마을계획에서 행정동으로 고민이 확장되어, 결국 동 단위의 마을계획을 추진하게 된다. 결국 마을계획 프로그램은 찾동(찾아가는 동주민센터) 정책에 탑재되면서 행정동을 거점으로 본격적으로 추진되었다.

03

평가,
절반의 성공

기대와 우려

민선 5기 마을공동체 정책은 대표적인 혁신 정책의 하나였다. 하지만 '정책으로 마을'이 가능할까라는 우려가 컸다. 정부가 마을을 만들겠다고 나섰을 때, 행정 칸막이와 형식적 관료주의, 조급한 성과주의 등 대표적인 부작용이 예상되었기 때문이다. 과 단위의 행정부서가 100개도 넘는 서울시 행정이 부서별로 제각각 마을을 하겠다고 나서면, 복지와 경제, 문화와 교육, 보건과 의료, 청소년과 여성, 노인과 청년 등 모든 의제가 연결되어 돌아가는 일상의 공간인 마을에서는 서로 충돌할 것이 예상되었다. 공무원이 열심히 하면 할수록 마을은 번거로워질 게 뻔했다. 계획은 공무원들이 세우고 시민더러 참여하라고 하지만 결국은 '동원'이 되고 말 것이었다. 더 우려스러운 점은 행정은 1년 만에 그 성과를 확인하려 들 것이라는 점이었다. 아니 사실은 1년도 아니다. 행정은 서둘러야 2~3월에 방침을 받고, 3~4월에 공모해서, 4~5월에 보조금을 지급한다. 10월이 되면 '잘 돼 가냐'고 묻는다. 실제는 정부 보조금을 쓰면 6개월 남짓만에 무엇이든 성과를 증명해야 한다. 공무원 탓만 하기도 어려운 것이, 1년 단위로 예산편성과 집행-결산을 해야 하는 행정의 일정상 불가피한 것이기도 하다. 사실 이 대목이 가장 걱정되는 부작용이었다.

하지만 '시민이 시장'이라는 원칙을 천명한 박원순 시장에 대한 기대를 저버릴 수만은 없었다. 결국 4개월, 3차에 걸친 집담회*를 거쳐 서울의 풀뿌리 활동가들은 서울시의 마을공동체 정책에 참여하기로 결정했다. 풀뿌리 활동가들은 오랫동안 동네에서 힘들게 버티듯 활동해 왔지만 세상은 너무 빠르게 변해 가고, '없는 사람'일수록 더더욱 살아가기가 어렵다. 활발하게 잘 돌아간다는 성미산마을 역시 전에 비하면 형편이 어렵다. 처음이야 맞벌이 부모들이 동동거리며 마을을 하느라 힘들어 했지만, 요즘은 '맞실업' 가정도 꽤 많다. 그만큼 마을살이가 버겁다는 것이다. 좀 된다는 성미산마을에서도 그럴진대 일반 마을에서는 더 말할 것도 없었다. 정부가 나서서 마을을 복원하겠다고 하니, 그것도 걸출한 시민운동가 출신의 시장이 강력하게 내세우는 정책이니 기대가 생겼고, '물 들어올 때 노 젓자'는 마음도 없지 않았다.

행정 혁신과 당사자 주민의 등장

그래서 예상 가능한, 아니 불가피한 관 주도의 부작용을 사전에 얼마만큼

* 박원순 시장의 마을공동체 정책 제안에 대하여 서울지역의 풀뿌리 활동가들이 토론하기 위해 공론장을 열었다. 이 논의에 관심과 의견이 있는 모든 개인에게 참여할 것을 요청하였고, 그야말로 계급장 뗀 개인들이 열띤 토론을 벌였다.

예방하느냐가 관건이었다. 사실 정부가 나서서 마을을 만들자는 것은 모순이다. '주민 주도'를 강조했지만, 행정이 나서서 주민 주도를 외치는 것 자체가 형용모순이다. 목표(bottom-up)와 수단(top-down)이 상충하고 있었다. 그래서 톱다운 방식 자체를 근본적으로 보텀업에 어울리도록, 아니 최소한 보텀업에 덜 방해되도록 혁신하지 않으면, 이 정책은 시작부터 어렵고, 시작된다 해도 성과(bottom-up)를 내기란 불가능했다. 그래서 톱다운의 방식 자체를 혁신하는 행정 혁신을 대전제로 삼고, 그 목표를 '마을 지향 행정'이라고 세웠다.[02]

한편 이 마을공동체 정책에 정작 풀뿌리 활동가들만 참여하면, 이 정책이 결코 마을 형성으로 이어질 수 없기 때문에 '일반 주민'의 참여를 촉진하기 위한 대책이 필요했다. 평범한 동네 주민들이 대거 참여하여 생활상의 문제를 스스로 들고 나와 이웃과 함께 해결하는 '공적' 경험을 하도록 하는 것이 무엇보다 중요한 목표였다. 우리는 이것을 시민사회의 혁신이라 불렀다. 시민단체의 활동가들이 중심이 되는 애드버커시(advocacy, 대변/주창)운동이 '시민 없는 시민운동'으로 흘러가는 경향을 넘어서고자 했다. 마을 주민들이 당사자로서 스스로 나서서 문제해결의 주체가 되도록 지원·촉진해야 한다고 믿었다. 즉 '행정 혁신과 주민 당사자의 주체적 등장'이 마을공동체 정책의 대전제이자 전략적 방향인 셈이었다.

그러나 공무원들은 '마을공동체'를 어떻게 받아들여야 할지 난감해 했다. 주민이 '참여'하고 주민이 '주도'하도록 하라는 박 시장의 지시는 참으로 낯설고 당황스러웠을 것이다. 이른바 '주민 주도형 마을공동체'를 정책으로 구성하기 위해서는 우선 마을(공동체)을 정책의 언어로 정의하는 것이 우선 필요했다. 정책으로 복원하려고 하는 그 '마을'에 대한 정의를 내려야만 정책 설계를 시작할 수 있었기 때문이다. 우리는 마을을 "생활의 필요를 함께 하소연하고, 함께 궁리하면서, 협동으로 해결하는 과정에서 형성되는 이웃들의 관계망"이라고 조작적 정의를 내렸다.[03]

공모제의 개선과 중간지원조직

우리가 행정 혁신의 목표로 삼은 '마을 지향 행정'이란 마을 친화적이고 주민 주도적인 방식으로 운영되는 행정 프로세스를 의미한다. 이를 위해 가장 일반적인 지원제도인 '공모제'를 개선하기로 방향을 잡았다.

공모제 혁신은 첫째, '사람'을 가장 중시할 것을 목표로 잡았다. 공모제를 통한 모든 지원 정책은 관심 없는 주민이 관심 갖기, 관심을 가진 주민이 직접 참여하기, 참여한 주민이 보람을 느끼고 긍정적인 경험을 하기, 함께 참여한 주민들이 긍정적 경험을 매개로 이후에도 계속 관계를 이어 가도록 하기 등 모든 것이 주민참여와 관계망 형성 및 유지에 맞춰지도록 했다. 그러려면 주민들의 활동조건에 맞는 '세심한 멘토링 시스템'이 구비되어야 했다.

둘째, 연중 서너 차례의 공모제를 실시하여, 주민들이 준비되었을 때 언제든지 참여할 수 있도록 한 수시공모제를 도입했다. 끝으로 '포괄예산제'를 활용했다. 포괄예산제란 미리 용도를 정해 놓지 않고 일정 규모의 예산을 따로 떼어 놓아 언제든 필요한 용도에 따라 바로 보조금 지원을 요청할 수 있게 한 '바구니예산'이다. 처음에는 소액으로 시작했지만 점차 그 규모를 늘려갔다.

이 모든 지원은 행정이 스스로 하기에는 역부족이었다. 경험도 없고, 생활 현장인 동네와 골목 단위의 마을에서 벌어지는 현장 활동의 특성상 공무원 조직이 감당하기 어렵기 때문에 민간위탁제라는 제도를 이용하였다. 경쟁 공모 방식의 위탁심사를 통과한 민간단체에게 조직과 예산을 위탁하고 '자율적'으로 집행하게 하는 일종의 '외주' 방식이다. 1년에 많아야 서너 번 회의 참석에 그치는 위원회 방식에 비하면, 조직과 예산을 가지고 직접 실행을 할 수 있다는 점에서 훨씬 민간 주도적인 제도였다.

마을현장을 지원하려면 중간지원조직은 현장 가까이에 있어야 한다. 하지만 마을현장에 가장 가까운 동 단위로 지원조직을 꾸리기에는 행정력도 부담이고 활동가 역시 조달하기 어려웠다. 그래서 기초 단위가 가장 적절한 위치라고 판단했다. 하지만 행정은 물론이고 민간 역시 민관 간의 상호협력의 경험이 없는 상태에서 구 단위의 중간지원조직을 설립하면 모조리 관주도로 흘러갈 것이 뻔했기 때문에 위험부담이 컸다. 그래서 우선 광역인 서울시 단위에서 설립하고, 단계적으로 기초 단위의 중간조직을 설립하기로 결정했다. 광역의 중간조직은 궁극에는 '소멸'하는 조직으로 설정했다. 즉 기초단위에 지원체계를 구축하는 것을 주 임무로 하고, 그 임무가 완료되면 소멸하는 한시적 조직으로 보았다. 소멸까지는 아니더라도, 평가와 연구를 중심으로 하는 정책형성과 지원기능에 한정되도록 한다는 전망을 가졌다.

민간위탁을 하기에 형편이 여의치 않은 구는 일단 '직영'으로라도 지원체계를 구축하도록 권장했다. 물론 직영센터에는 경험 있는 민간 활동가를 개방직으로 초대하도록 했다. 직영이 아닌 경우에는 민간경상보조금으로 지원활동을 할 수 있도록 '마을지원사업단'을 만들어 현장을 지원했다. 그래서 초기에는 '직영센터/지원사업단'으로 추진하다가 민간위탁으로 전환하는 구가 생기면서 '직영센터/지원사업단/민간위탁센터' 형태로 확장되어 갔다. 이렇게 거의 모든 자치구에 지원조직을 설립함으로써 '광역·기초 연계형' 지원체계가 구축되었다.

'톱다운으로 보텀업'은 달성되었나?

마을 정책 1기 동안 마을 주민(주민모임)들의 등장은 기대 이상이었고, 더욱이 등장한 주민들이 '오지라퍼'들의 활약에 힘입어 서로 연결되면서 이웃관계망(마을모임)을 형성하며 확장되었다. 이는 서울시 전체의 자치구에서 나타나는 일반적인 현상으로, 이른바 톱다운으로 보텀업의 성과가 나올 것인가라는 가설이 현실화되는 긍정적인 증거로 인식되었다. 특히 이 과정은, "나의 필요가 이웃의 필요가 될 때 내 문제의 해결 가능성이 높아지고, 나아가 동네의 필요가 될 때, 해결의 수준이 높아진다"라는 마을살이의 원리가 정책 추진 과정에 참여한 주민들의 생생한 체험으로 확인되고 있었다는 점에서 중요하다. 즉 나(개인)의 필요와 욕구에서 출발하지만, 그 해결은 이웃(타자)과의 협력을 통하여 달성된다는, '협력과 공공성의 원리'가 작동한다는 사실을 주민들이 함께 체험으로 인식하게 되었다는 점이다.

다양한 여러 개의 서로 다른 주민모임이 함께 연결되어 만들어지는 마을모임은 '보텀업 방식으로 마을이 형성될 것'이라는 가설의 직접적인 증거물로 인식되었다. 물론 이것이 바로 마을 그 자체라고 할 수는 없다. 아직 초보적인 수준의 협력의 경험을 한 정도에 그치고, 복합적인 일상의 과제를 협동적으로 해결해 가는 수준이라고 할 수는 없기 때문이다. 하지만 분명한 것은 이것을 '마을의 씨앗'이라고 할 수는 있다는 점이다. 장차 마을로 발전할 가능성이 크고, 마을살이의 유전자를 고스란히 간직한 씨앗으로서 손색이 없었다.

서울시 전역에 뿌려진 마을씨앗이 땅 속에서 일정 기간 온습도가 맞으면 껍질을 뚫고 뿌리를 내린다. 그 뿌리가 땅속에서 뻗어 나가 제법 안정화되면, 땅 위로 줄기를 올리고 잎을 펼쳐내 마침내 마을을 형성할 것이다. 그래서 "톱다운을 해서 보텀업의 성과가 나왔는가? 정부 정책으로 시도하는 마을 형성이 달성되었는가?"에 대한 질문에 '절반의 성공'이라고 답할 수 있다. 이제는 뿌려진 씨앗을 싹 틔우는 일이 남았다. 마을 정책 2기는 '점-선' 전략에서 '면' 전략으로 전환하는 것이었다.

04

관 주도의 부작용과 과제

2012년 처음 정책을 설계하고 시작할 때 예견했던 것처럼, 역시 관 주도의 부작용이 나타났으며, 마을공동체 정책이 안착되고 지속되기 위해서는 꼭 넘어서야 할 과제 역시 선명해졌다. 실제로 나타난 부작용을 다섯 가지로 요약하여 정리해 본다.

관 주도 사업화 경향

첫째, 관이 주도하는 '사업화' 경향이다. 보조금을 공모제 절차에 따라 배분하는 방식으로 주민참여형 사업을 지원하다 보니, 행정이 제시하는 절차는 말 그대로 무조건(?) 따라야 하는 것이다. 세심한 지원시스템, 수시공모제, 사람 중심의 사업 절차를 강조하고 부분적으로 제도개선을 하였지만, 행정의 관행과 '시간표' 범위 내에서의 개선이었다. 주민들이 자신의 호흡과 속도를 유지하면서 사업을 추진하는 것은 불가능했다.* 한편 행정이 사업을 설계하고 행정이 제시하는 기준에 따라 선정 여부를 결정하고, 이후 사업에 대한 평가 기준 역시 관의 관점과 관행이 주도하게 됨에 따라, 정작 이웃과 함께 마을에서 소소하게 뭔가를 하자고 나선 주민들은 낯설고 당황스러워 했다. 그러다 이게 아닌데 하며 까다로운 행정 관행을 수정해 줄 것을 문제제기도 하지만, 그게 그리 쉽게 바뀌지 않다 보니 어느덧 그 흐름에 젖어 든다. 그러다 익숙해지기도 하고 심지어는 당연하게 여기는 적응(?)의 수준에 다다르기도 했다. 결국 마을에서 이웃들과 일상의 호흡과 속도대로 일을 주도하는 힘이 쌓이기보다는, 사업이 요구하는 절차와 형식, 성과와 속도에 적응하는 사업능력이 앞서게 되었다. 물론 행정상 꼭 필요한 절차가 있고 정부의 자원을 활용하는 경우에는, 오히려 이러한 사업능력이 필요하기 때문에 익숙하게 다루는 능력을 훈련해 간다는 긍정적인 면이 없는 것은 아니었다. 하지만 전반적으로 주민 주도적인 문화를 기저에 다지고 가야 마을살이가 튼튼하고 지속 가능하기 때문에 마음 놓고 있을 수만은 없는 문제였다.

성과 중심의 도구적 관계

두 번째 부작용은 공공적 의제 중심의 활동이 주가 되면서 일상적인 관계망이 안정적이고 풍요롭게 형성되는 것을 방해하거나 지연시키지 않은가 하는 점이다. 물론 마을공동체 정책은 당초부터 '만만하고 소소한 마을작당'이라는 슬로건 아래 3인 이상의 이웃들이 함께하면 된다는 원칙을 내세워

* 서울마을센터가 직접 집행하는 사업이거나, 센터가 권장한 절차에 따른 사업은 다소 완화되어 진행되었지만, 전반적으로 행정의 관행을 뛰어넘기 어려웠고, 주민의 입장에서는 버겁기는 마찬가지였다.

생활상의 작은 필요를 중요하게 여겼다. 하지만 이렇게 소소한 작당으로 등장했더라도 이들 주민모임이 서로 연결되면서 공공적 의제로 발전하게 된다. 당연 그에 따라 행정(센터) 역시 확대된 관계망이 요구하는 공공적인 의제를 지원하게 된다. 이 과정에서 초기의 소소한 작당에서 지켜지던 '찰진' 관계의 정서와 밀도가 헐거워지고 약화되기도 한다. 더욱 공공적이고 사업비도 커진 사업에 대한 성취욕구가 다른 한편에서는 마을스러운 친밀함을 소홀하게 취급하게 되는 것은 아닌가 우려된다.

이는 이미 지적한 사업화 경향과 상호 시너지를 내면서 더욱 악화될 수도 있다. 즉 사업을 잘 수행해서 성과를 내야 한다는 조급함으로 인해, 참여한 마을 사람들 사이에서 지나치게 목표 중심적(도구적) 관계가 만들어지는 점이다. 그리고 이러한 도구적 관계의 문화는 장기적으로 주민들의 활력을 감소시킨다. 마을살이는 기본적으로 관계의 일상성 즉 친밀한 관계망과 거기서 나오는 일상의 우연성으로 돌아간다. 따라서 자연스럽고 편안한 관계 속에서 일상적인 수다가 유지되는 친밀한 분위기가 무척 중요하다. 그래서 사업 중심의 활동문화가 자리 잡고 목표 중심적(도구적)인 관계가 전체 분위기를 주도하게 될 때, 관계의 일상성(친밀권, 우연성, 수다문화)이 차곡차곡 쌓이지 못하게 방해하므로 위험신호로 읽어야 한다.

리더의 독단과 팔로워의 소외

셋째, 리더와 팔로워의 관계는 건강한가? 즉 리더의 독단과 팔로워의 소외가 나타나지 않는지에 대한 걱정이다. 앞서 살핀 대로 사업화 경향이 친밀한 관계망의 형성을 앞질러 과도하게 지배하게 되면, 불가피하게 마을모임의 리더와 구성원 사이에 균열이 생긴다. 구성원들 간의 충분하고 일상적인 소통이 편안하게 오고 가기보다는, 성과와 효율이 중요해지고 사업에 필요한 정보 전달이 앞서게 된다. 사업 관련 정보를 상대적으로 많이 가지게 되는 리더의 주도권이 강화되고 고착화된다. 동시에 참여 주민들은 점차 의사결정에서 소외되고 당연히 참여 의지는 줄어든다. 그러다 보면 일은 처지고 리더는 더욱 조바심이 들어 나서서 다그치게 되거나 스스로 '독박'을 쓰고 무리하게 일을 추진하게 된다. 그러면 그럴수록 리더가 의도하지는 않았지만, 참여 주민들은 더욱 소외되고 급기야 배제되는 악순환에 빠져든다.

행정이 나서서 정책으로 추진하는 마을이 불가피하게 사업 중심으로 흐를 개연성이 크다면, 이런 부작용을 견제하고 관리할 방법과 시스템이 있어야 한다. 행정의 관행을 바꾸고 행정 절차를 더욱 마을 지향적으로 개선해야 한다. 동시에 마을 현장에서도 주민 주도의 독자적 활동 문화를 정착시키기 위해 노력해야 한다.

문턱과 경계

넷째, 다양한 주민들이 문턱 없이 참여하고 있는가? 마을 정책(사업)에 시민단체 활동가가 아니라, 보통의 일반 주민들이 참여하도록 해야 한다는 목표 아래, 만만한 마을작당과 세심한 지원체계를 강조했다. 그 결과 그야말로 동네의 평범한 주민들이 대거 참여했고, 이것은 서울시 마을공동체 정책의 자랑이었다. 하지만 참여한 사람들이 전문 활동가들이 아니라 일반 주민이라 해도, 그들은 그래도 여유가 있는 사람들이다. 자신의 생활상의 필요와 요구를 이웃들과 함께 풀어 보자고 '나설' 정도의 여유가 있는 사람이다. 진짜 마을이 필요한 사람들이 마을하기 어렵다지 않던가? 먹고살기 바빠 엄두가 나지 않고, 평소 알고 지내며 살갑게 지낼 만한 '관계'가 대체로 없거나 부족하다. 우리 사회는 '없는 사람'일수록 사회적으로 배제되고 '투명인간' 취급 받는다. 이른바 사회적 자본이 취약하여 스스로 이웃관계망에 접근하기 어렵다. 그래서 이런 주민들을 '초대하기' 위한 별도의 계획이 필요하다.

평소 친밀한 관계를 맺고 있는 이웃들과 일상에서 수다를 떨고 수시로 왕래하며 생활의 필요를 함께 공감하다가, 협동으로 해결에 나서면서 관계가 진화한다. 하지만 이런 친밀한 관계가 문턱이 되면 경계가 지워져서 다른 이웃들의 참여를 가로막거나 불편해 하게 할 수 있다. 결코 의도했거나 일부러 폐쇄적으로 행동한 것은 아니어도, 열린 관계를 위해 노력하지 않으면 타인에게는 오해를 살 수 있다. 누구라도 관심 있으면 참여할 수 있도록 열어 두고 또 '초대'하고, 의지를 가지고 접속해 다가오면 '환대'하는 열린 분위기를 유지하도록 애써야 한다. 그래야 다양한 사람들이 연결되고 참여하게 되면서 무슨 일이든 잘 되고 튼튼하게 오래 간다.

우리가 마을을 한다는 것은 사람들이 함께 알고 지내다가 아쉬운 일이 생기면, 각자의 처지와 형편에 맞게 십시일반 돕고, 함께 나서야 할 일이 생기면 품앗이로 협력하며 살아가는 일종의 상호부조의 보험을 만드는 거다. 있는 사람이나 없는 사람이나 살아가기 힘들고 살아내야 할 앞날이 불안하기는 매한가지다. 서로가 서로에게 '비빌 언덕'이 되어 주는 관계, 그게 우리가 하려는 마을 아닌가? 그래서 마을은 끼리끼리 시작하지만, 그 '끼리끼리'를 넘지 않으면 지속 가능하지 않다.

마을의 자립 기반, 경제와 조직

다섯째, 주민 주도의 자립 기반이 없거나 부족해서 생기는 불안도 문제다. 그렇다면 주민의 자기 주도성을 지속적으로 가능하게 하는 자립 기반이란 무엇인가? 결국 '경제와 조직'이다. 마을에서 살아가는 주민들이 생활에서 필요한 것들을 해결하면서 살림살이가 나아지도록 하려면, 생활에 필요한 서비스나 재화가 마을에서 제대로 공급되고 주민들도 적절하게 이용할 수 있어야 한다. 이웃들끼리의 '관계망'을 넘어 '문제해결의 방법'이 나와야 한다. 또한 이 방법은 몇 사람이 총대 메고 올인하는 것이 아니라, 모두가 어느 정도 품을 나누어 협력하면 그럭저럭 돌아가는 정도가 되어야 한다. 바로 '마을살이의 경제화'다. 그래야 정부의 지원이 없어도, 아니 줄어들거나 엉뚱한 방법으로 제공되어도 흔들리지 않고 마을살이를 지속할 수 있다. 자원을 조달하고 오랫동안 유지하려면 스스로 경제적인 꼴을 갖추어야 한다. 정책으로 시작한 마을, 정부의 보조금을 지렛대 삼아 일으킨 마을살이가 숙명적으로 감당해야 하는 '불안'을 넘어서려면 어떻게든 경제화로 한 발 나아가야 한다.

그러나 경제화란 몇 년 애쓴다고 한 번에 해결되는 과제가 아니다. 시간이 필요하다. 그리고 그때까지는 마을 외부에서 안전하고 안정적인 자원이 공급되어야 한다. 안정적이란 양으로도 감질나지 않게 규모가 있어야 하고, 방법 역시 마을살이에 적합하고 주민의 주도성을 살리는 방식으로 지급되어야 한다는 뜻이다. 주민의 주도성은 주민이 행정(정부)에 대하여 영향력을 발휘할 수 있어야 얻어진다. 주권자인 주민의 영향력이란 '조직된 의사(意思)'의 표시이고 관철이다. 그래야 개별 '민원인' 취급을 면할 수 있다. 주민이 공적 주체로 나서야 비로소 행정은 그 의사를 존중하고 수용한다. 공적 주체가 되려면 조직되어 있어야 하고, 조직된 주체의 요구와 주장이 공공성을 담고 있어야 한다. 조직된 주체의 공적 의사표시로써, 행정에게 자원을 '요청'하고, 행정자원의 '배분'에 개입해야 한다. 그것이 주권자로서의 권한이자 시민으로서의 책임이다.

문제해결력, 협력과 융합

마을에서 다양한 의제들이 나오고 주체들이 등장하면서 '융합'이 중요해졌다. 사실 마을에서는 교육과 문화, 경제와 복지, 환경과 주거 등 수많은 의제들이 한꺼번에 섞여서 돌아간다. 일상 자체가 종합적이다. 예전처럼 몇몇 시민단체들이 의제별로 활동하던 때와 달리 이제는 평범한 주민들이 각기 저마다 필요한 관심사를 가지고 등장하다 보니, 어느 단계에 이르러서는 크고 작은 다툼이 일어나기 시작한다. 예를 들어, 사회적기업이 지역에 뿌리를 내리려면 지역사회 주민들의 관계망과 연결되어야 한다. 그러다 보니 중첩되는 영역에서 주도권을 다투는 양상도 벌어진다. 정부의 자원을 얻어야 하는 경우, 그 다툼은 자원배분을 둘러싼 경쟁으로 확대되기도 한다.

다툼이 있다는 것은 길게 보아 협업이 시작되었다는 신호라고 보아도 좋다. 물론 아직은 경험치가 낮아서 다툼이 협력으로 귀결되지 못하고 갈등과 결별로 이어지기도 하지만, 협력 방안을 모색해야 하는 이유가 생긴 것이다. 어쨌든 다양한 주체들이 협력하여 각자 자원을 융합해서 문제를 해결하는 방식을 찾고, 실제 융합과 협력의 성공적인 경험을 만들어야 한다. 대부분의 공공 과제는 원인이 단일하지 않고, 심지어 원인이 무엇인지 특정하기도 곤란할 정도로 복합적으로 작용하여 문제를 유발하기 때문이다. 그래서 다양한 자원이 결합되고 다각도의 해법들이 융복합적으로 시도되어야 해결에 도달할 가능성이 높아진다.

마을공동체 정책 1기를 돌아보면 기대 이상의 성과도 나왔지만, 불가피한 부작용과 역부족의 과제들도 드러났다. 앞서 살핀 문제와 과제들을 이후 끊임없는 노력으로 극복해 가야 한다. 무엇보다 몇몇 마음 맞는 이웃들과 협력하는 데서 오는 긍정적 경험에 그치지 않고, 그 협력의 경험을 바탕으로 진짜 문제를 해결하는 데까지 밀어붙여 보는 것이다. 해결해야 할 진짜 문제란 아이들의 보육과 교육, 기본적인 복지와 생활여건의 개선, 그리고 이러한 활동이 안정적으로 지속되기 위한 마을경제의 형성이다.

마을경제

이 글은 생협평론 20호(2015 가을)에 실린 글을 재구성하였음.

2

01

마을살이의 지속가능성, 마을의 경제화

마을공동체 정책 1기를 마치고 2기에 들어서면서 가중 중요한 과제가 바로 '마을의 경제화'였다. 마을 이웃들의 관계망, 주민모임과 마을모임 수준의 30명에서 100여 명 정도의 느슨한 관계망이 관계망에 그치지 않고 경제적인 꼴로 발전하도록 해야 했다. 그렇지 않으면 이 관계망은 안팎의 위기에 쉽게 흔들리고, 결국 지속되지 못하고 흩어져 버리기 때문이다.

마을사춘기, 인정과 보상

대부분의 주민모임은 알고 지내는 몇몇의 이웃들이 자발적으로 모여 마음을 내고 이런저런 궁리를 하면서 소소한 공통의 과제를 해결하는 곳이다. 즉 주민모임은 기본적으로 자발적으로 형성하고 운영해 가는 자원적(自願的, voluntary) 활동이다. 적게는 3인, 많아야 30인 정도로 소규모이다. 그래서 모임 내부에서 갈등이 발생하거나, 모임 외부에서 지원이 끊어진다든지 하는 변화가 생기면, 모임이 쉽게 흔들리고 깨지는 경우가 허다하다.

모임을 처음 만들 때에는, 모두들 신나고 기대에 부풀어 뭐라도 해낼 것 같은 자신감에 넘친다. 마치 젊은 시절 동아리 활동이라도 다시 하는 듯이 즐겁다. 하지만 할 일이 정해지고 정부의 지원금도 실제 지급되고 막상 사업(활동)이 진행되면, 그때부터 하나둘 이런저런 사정으로 발을 뺀다. 어느덧 처음 시작했던 사람들 모두가 함께 모이는 날이 없어진다. 일은 벌어져서 일손은 많이 필요한데 난감하다. 모임의 리더라고 집안일이 없겠냐마는, 책임감 때문에 내색도 못하고 일을 끌어가느라 버겁다. 이른바 마을살이 '사춘기'가 찾아오는 것이다. 지쳐서 집에 돌아오면서 '이젠 그만둬야지' 하지만, 날 새면 또 사람들이 눈에 밟혀 나서고 있다. 모임 리더가 그만두면 이 모임은 바로 무너진다. 마을모임이라지만 무슨 조직적 사명이 있는 것도 아니고, 더욱이 체계적인 역할 분담이 있어서 누구 하나 빠져도 착착 돌아가는 것도 아니고, 오로지 리더의 헌신에 의존하는 경우가 많기 때문이다.

이때 이 리더에게 필요한 것은 '인정(認定)'이다. 리더의 처지를 이해하고 힘든 상황을 공감하고 노력에 감사해 하는 것이다. "미안해! 고마워!" 이 두 마디면 리더의 마음은 많이 풀린다. 초기의 마을모임은 이렇게 연약한 꽃잎과 같아, 리더에 대한 '인정'이 모임을 유지하는 커다란 힘이 된다. 그래서 이 인정은 '명시적'이어야 한다. 마음 속 깊은 곳에 혼자만 간직하고 있을 게 아니라, 당사자에게 분명하게 진정성을 가지고 표현하는 것이 좋다. 모임 구성원들이 십시일반으로 돈을 모아 애쓰는 리더에게 인정의 뜻으로 전달하기도 한다. 보통은 회비로 걷거나 활동비(사업비)의 일부를 전달한다. 물론 이 돈이 리더 역할에 대한 노동의 대가로 지불되는 임금은 아니다. 모임의 구성원들이 공동체(모임)의 이름으로 하는 감사의 표시다. 인정의 물질적 표시로 '선물'처럼 전달된다.

그래서 서울마을지원센터는 보조금 지급 항목에 '인건비'를 넣으려고 무척 애썼다. 나서서 활동하는 주민들에게 소소한 금액이더라도 모임에서 공식적으로 인정의 표시로 지급하기 위해서다. 그러나 행정은 인건비에 까다롭다. 행정감사에서 요주의 대상의 항목이기 때문이다. 공적인 이유 없이 개인들에게 사사로이 금품이 지급되면 안 되기 때문에, 공무원들은 인건비 지급을 꺼려 하고 가급적이면 그 금액을 줄이려고 애쓴다. 하지만 서울마을지원센터는 인건비와 인건비로 해석될 수 있는 비용의 항목을 폭넓게 확장하고, 예산에서 인건비성 금액이 차지하는 비중을 일관되게 높여 왔다. 요즘 정부나 공공기관에서 사회적가치를 수용하고 기관 평가에 적극 반영해야 한다는 논의가 활발하다. 마을활동이 우리 사회에 꼭 필요한 공공적 활동이라고 인정된다면, 마을 활동가들에게 인건비를 지급하는 것이 당연시 될 수 있다.

마을에서 가장 기초적인 관계망인 주민모임이 유지되려면 모임의 리더인 오지라퍼들이 버텨야 하고, 거기엔 모임의 공동체적인 인정, 물질적 인정으로 '돈'을 지급하는 것이 필요하다. 바로 구성원들의 십시일반으로 해결하든, 활동을 통해 발생하는 수익으로 충당하든, 공공의 보조금을 할애하여 지급을 하든, 이는 관계망을 안정적으로 지속시키기 위한 가장 기초적인 경제활동이다.

참여의 문턱, '이용'으로 참여하기

마을에서 모임을 운영하다 보면 자주 부딪히는 문제가 바로 '문턱'이다. 마을이 가장 필요한 주민들에게 정작 마을하기가 가장 어렵다고 한다. 살기 바쁘고, 그래서 이웃과 함께할 기회가 적고, 그러다 보면 이웃관계가 낯설게 되기 때문이다. 그동안 마을 정책을 추진하면서 일반 주민들의 참여를 가장 중요한 목표로 삼았고, 일반 주민들의 참여가 기대 이상으로 많았던 것도 사실이다. 하지만 낮이든 저녁이든 한두 주에 한 번씩 모임에 꼬박꼬

박 나가는 일이 그게 만만치 않다. 여간 성가시고 부담스런 일이 아니다. 몇 번 빠지다 보면 관계도 소원해지고 어느새 거리감이 생기게 된다. 특별히 챙기지 않은 것도 아닌데, 관계라는 것이 서서히 그렇게 되는 것이다. 어쩔 수 없는 일상의 문턱이다. 그래서 도시에 사는 대다수의 주민들은 여간해서는 참여할 엄두조차 내기가 쉽지 않다.

모든 사회운동이 그렇듯 초기에는 그나마 여력이 되는 중산층이 나서서 길을 내고, 이후 다수로 확장이 되면서 사회변화를 가져온다는 점을 감안한다면, 이 문턱의 문제는 매우 중요한 이슈다. 몇몇 이웃들의 마을모임으로 출발하지만, 다른 이웃들의 참여가 늘고 모임이 확대되어야 지속가능성이 커진다. 어떤 모임이든지 초기에는 몇몇 소수의 사람들이 모임 유지를 위해 애를 많이 써야 한다. 하지만 그것이 길어지면 소수가 지치게 되고 모임이 불안해지고, 그러다 보면 다른 이웃들도 참여가 부담스런 일이 되어, 결국 몇몇 사람이 헌신적으로 올인하지 않으면 유지할 수 없게 되는 악순환의 상황에 다다르게 된다. 따라서 누구나 문턱 없이 참여할 수 있게 하는 일은 관계망의 확장성을 위한 필수조건이다. 그래서 마음은 있지만 형편이 안 되는 사람들도 쉽게 부담 없이, '참여하고 있다'는 멤버십을 가지도록 해야 한다. 그래야 몇몇 사람이 독박 쓰듯 올인하지 않아도 그럭저럭 돌아가는 관계망으로 진화하는 것이다.

역시 최선의 해결책은 경제화다. 직접 참여가 어려우면 '이용(소비)'을 통한 참여의 길을 내야 한다. 모임에서 생산하는 재화 또는 서비스를 이용함으로써 참여하는 것이다. 어차피 살림살이에 필요한 것이라면 다른 가게에서 사느니 이곳 모임에서 구매하고 이용하는 것이다. 생산자 입장에서는 동네 사람들이 구매하고 이용하는 것이 가장 고마운 것이니, 이용은 '함께하고 있다'는 강한 멤버십을 '인증'해 주는 셈이다.

02

마을기업의 운영원리

마을살이의 지속가능성은 마을관계망이 '경제화'될 때 비로소 달성된다. 관계망으로서의 마을살이는 대체로 경제적인 활동으로 진전되는 경향이 있다. 그래야 몇몇 사람의 헌신적인 노력에 의해서가 아니라, 경제적 시스템의 힘으로 제각각 형편대로 역할이 분담되고, 그에 대한 보상 역시 경제적인 소득(활동비, 급여 등)으로 주어지게 된다. 이렇게 참여에 대한 '보람과 인정'이 물질적인 보상의 형태로 명료해지면 관계망이 안정되고 지속 가능한 틀을 가지게 된다. 마을기업은 마을관계망을 경제적으로 담아내는 그릇이다.

살림살이 경제와 마을기업

살림살이 경제란 '사람이 살아가면서 필요한 정신적, 물질적 욕구를 충족하기 위한 유·무형의 수단을 조달하는 행위'로 정의된다.[04] 이는 그동안 마을공동체 정책을 추진하면서 정의한 '마을' 혹은 '마을기업'의 의미와 매우 흡사하다.

마을기업은 '마을을 키우는 기업이자, 마을이 키우는 기업'이라는 두 가지의 의미를 내포하고 있다.* 공통의 동네문제를 해결하는 과정에서 마을관계망을 확장하고, 주민의 참여가 곧 기업의 자립으로 이어지는 기업이다. 하지만 주민의 참여가 곧 기업의 자립으로 이어지기란 쉬운 일이 아니다. 기업의 자립을 여러 가지 의미로 정의할 수 있지만, 최소한 손익분기점이 달성되어 기업활동을 계속 이어 갈 수 있는 상태를 말한다. 그런데 아쉽게도 대부분의 기업은 창업 2년 만에 절반이 사라진다.** 이렇게 어려운 기업의 자립을, 마을기업은 '매출이 아닌 주민의 참여'를 통해 달성한다는 것이다. 정말 가능할까? 마을기업의 운영원리를 통해 살펴보기로 한다.

출자와 '십시일반'

마을기업의 운영원리에서 가장 큰 특징은 출자제도이다. 이는 마을기업이 창업 초기 씨앗자금(seed money)을 조달하는 방식으로, 우리의 전통적인 자원조달 방식인 '십시일반(十匙一飯)'의 원리를 따르고 있다. 사업장으로 사용할 공간을 마련하고, 설비와 장비 등의 생산시설을 갖추려면 목돈이 필요하다. 운영 초반부터 흑자가 나기는 어려우니, 초기 적자를 충당할 여분의 운

---

* 2015년 마을센터는 마을기업을 마을을 키우는 기업(동네문제를 해결하며, 마을공동체 확장에 기여하는 기업)이며, 마을이 키우는 기업(마을 주민 여럿이 운영하고, 동네 이웃이 이용하는 기업)이라고 정의한 바 있다. 마을기업이란 공통의 동네문제를 해결하면서 마을관계망을 확장하고, 주민의 참여가 기업의 자립으로 이어지는 기업이다.

** 고용노동부 보도자료(2019.12.10.)에 따르면 일반 기업의 창업 후 1년 생존율이 65.3퍼센트, 2년 생존율이 50.7퍼센트라고 한다.

전자금도 필요하다. 마을기업은 이 목돈을 어떻게 조달할까? 마을기업의 자원조달 방식은 일반 기업들과 사뭇 다르다. 동네 사람들로 하여금 형편대로, 마음 가는 만큼 출자하도록 해서 필요한 자금을 모으는 것이다. 말 그대로 십시일반이다. 그런데 어떤 동네 사람들이 출자하란다고 다 출자할까? 최소한 믿으니까 하는 거다. 무슨 일을 하는지는 잘 몰라도 출자하라는 이를 믿으니까 부조금(扶助金) 내듯이 출자한다. 동네를 위하는 일이라니 잘 되면 좋고, 설령 안 된다 해도 "할 수 없지" 하고 말 수 있다. 돈이 될지 말지, 투자수익이 얼마나 돌아올지를 면밀히 따져 투자하는 일반 기업과는 많이 다르다. 신뢰와 관계를 바탕으로 출자하고, 출자한 사람들이 모여 기업의 주인이 되는 것이 마을기업이다.*

마을고용과 '마을일거리'

마을에서 일어나는 고용은 일반적인 고용행태와는 상당히 다르다. 그야말로 일거리 개념이다. 일거리는 평생고용이 아니다. 2년 계약도 아니고, 오전 9시부터 오후 6시까지, 주 5일 근무도 아니다. 일주일에 2~3번 나가서 일을 보고, 하루 몇 시간만 일하는 일종의 파트타임식 고용이다. 그런 의미에서 마을일거리를 알바와 별 다를 것 없다고 하는 사람도 있다. 하지만 마을에서 만들어지는 일거리는 조금 성격이 다르다. 전업주부인 경우, 아이들

---

* 물론 농촌의 경우는 사정이 다르다. 우리 정부의 기업농 중심의 정책으로 인하여 농촌경제는 피폐해질 대로 피폐해진 상태이다. 농사를 주업으로 하는 농업인들도 매우 고령화되어 생산성도 많이 떨어진다. 하지만 농사 말고 다른 수익을 낼 곳이 없어 생계와 생존을 위한 유일한 수단이 된다. 이렇다 보니 농촌형 마을기업에서는 '수익 창출'이 중요한 관건이 된다. 그러나 지역사회의 구매력이 약하다 보니 도시의 구매력에 의존할 수밖에 없다. 따라서 농촌형 마을기업은 도시 구매력을 겨냥한 수익 창출을 지상과제로 삼게 된다.

때문에 보통 오전 10시는 되어야 일을 시작할 수 있고, 3시 전에는 일을 마치고 집에 돌아가야 한다. 먼 거리에 있는 직장을 구할 수도 없다. 그래서 사람들은 생활권 안의 가까운 거리 내에서 원하는 시간에 할 수 있는 일거리를 원한다. 이것이 바로 마을일거리다. 진정한 의미의 '노동유연성'이라고 할 수 있다.*

미래학자들은 그리 멀지 않은 미래에, 일거리가 일반적인 노동의 형태가 될 것이라 한다. 이는 앞으로 개인마다 다양한 '일거리 노동'을 포트폴리오로 구성하는 시대가 다가옴을 의미한다. 하고 싶은 일거리들을 선택해서 자신의 일을 새롭게 구성하는 일거리 시대는, 가까운 거리 안에서 다양한 일거리들이 풍성할수록 실현 가능성이 높다. 즉 일거리는 직주(職住)가 통합된 조건에서 실현 가능한 노동의 형태로, 일터와 삶터가 함께 있을 수 있는 장소, 바로 마을에서 실현될 가능성이 높다. 결국 미래사회는 일상의 대면관계가 살아 있는 스몰 소사이어티(small society)인 '마을'을 상정하고 있음을 짐작할 수 있다. 현재 질 낮은 비정규직 노동으로 보이는 '일거리'가 마을이라는 관계망 안에서는 미래의 일자리로 그 의미가 바뀔지도 모른다.

이용과 '확보된 시장'

마을기업에서는 출자한 조합원들이 단골고객이 된다. 자기가 주인인 기업을 이용하는 것이니 당연한지도 모른다. 바로 이 점, 마을기업은 이미 단골

---

* 노동유연성이란 경기상승이나 침체 등 노동수요의 변화를 가져오는 외부환경 변화에 대응하여 인적자원이 신속하고도 효율적으로 배분 또는 재배분되는 노동시장의 능력을 의미한다. 그러나 한국경영자총협회에서는 해고의 용이성, 임금의 결정방식과 신축적 조정 가능성 등을 강조한다.

고객을 확보하고 영업을 시작한다는 점이 일반 기업과 차이가 난다. 조합원이 창업자금을 조달하고, 이들이 창업 이후에는 단골고객이 된다.

한편 우리나라 사회적기업 지원 정책 중 '공공조달'은 매우 비중 있게 추진되었다. 사회적기업 정책이 도입된 때는 IMF 구제금융 이후로, 일자리 정책사업의 일환으로 추진되었다. 따라서 사회적기업은 동네 혹은 지역사회의 문제해결을 목표로 하기보다는, 고용을 우선시하게 되었다. 고용은 곧 급여 지급이 가능한 정도의 매출이 바탕이 되어야 하기 때문에 사회적기업은 매출 확장에 매진할 수밖에 없었다. 사회적 수요의 기반이 거의 파괴된 상태에서, 사회적기업이 고용이라는 정책목표를 달성해야 하는 과업을 짊어지려니 역부족이었다. 사회적기업은 이렇게 생존조차 버거운 현실에서 생겨나 20년이 지난 지금 역시 고군분투하고 있다.

이러한 사회적기업의 척박한 환경 속에서 찾은 돌파구가 '공공조달' 시장이다. 공공조달 시장은 독점적 경쟁시장에서 약간 빗겨나 있기도 하지만, 시장(市場)이 포기한(?) 고용이라는 공공 과제를 책임져야 하는 정부가 주도할 수 있는 시장이기 때문에 사회적기업에게 우호적이다. 즉 고용이라는 공공과제를 사회적기업가들에게 전가한 책임에서 자유롭지 못한 정부가 공공조달 시장을 사회적기업들에게 우호적으로 제공해야 마땅하다는 것이다. 결국 사회적기업에게는 공공조달 시장이 일반 경쟁시장과는 달리 비교적 '안정된' 시장의 역할을 할 것으로 기대한다. 그런데 마을기업은 이러한 '안정된' 시장을 넘어서, '확보된' 시장을 추구한다는 점에서 또 다른 차별성이 있다.

마을기업을 만드는 과정이 곧 고객을 확보하는 과정이다. 단골고객, 즉 출자조합원을 일정 숫자까지 확보한 후에라야 창업하는 것이 마을기업이기 때문이다. 사실 마을기업은 업종의 특성이나 자본동원의 능력 면에서 규모화가 어려운 경우가 대부분이기 때문에 공공조달 시장에서조차 경쟁력을 유지하기가 쉽지 않다. 그렇기 때문에 더더욱 '확보된' 시장이 중요하다. 마을이 가진 문제를 해결하기 위해 출발한 것이 마을기업이다. 그렇기 때문에 마을의 문제를 잘 해결할수록, 그래서 동네 사람들이 많이 동의하고 칭찬할수록 참여가 늘어난다. 그러면 당연한 결과로 마을기업의 매출이 상승하고 자립의 토대도 차츰 쌓여간다.

마을기업, 내발적 경제모델의 주체

마을기업의 확장 원리는 '소비자 공유'와 '내부거래'다. A 마을기업의 소비자가 B 마을기업의 출자자가 되고, B 마을기업의 소비자가 A 마을기업의 출자자가 된다. A 마을기업이 필요한 재료를 B 마을기업에서 구매하고, B 마을기업은 C 마을기업으로부터 자재를 조달한다. 상호출자와 내부거래로 서로가 서로를 책임져 주는 것이다. 이렇게 마을의 관계망이 상호출자와 상호소비의 순환고리로 형성될 때, 경제학에서 말하는 내발적 경제모델이 달성된다. 들풀들이 땅 위에서 각기 서 있지만, 그 밑은 얼기설기 뿌리가 연결되어 있는 것과 같다.

빵집, 쌀집, 미용실, 세탁소, 슈퍼처럼 동네를 지켜 온 상점들이 모두 대기업의 프랜차이즈 안으로 빨려 들어가고 있다. 동네 사람들이 상품구색이 훨씬 풍부하고 직원의 매너도 친절하고 에어컨도 잘 나오는 대형 유통매장이나 프랜차이즈 상점을 이용하기 시작하면서, 마을경제의 핵심 거점이었던 구멍가게 아저씨가 문을 닫고 실직하게 된다. 일흔이 넘어서도 가게를 지키는 할아버지 할머니의 슈퍼를 그래도 찾는 사람들은 수십 년 동네에서 얼굴

보며 살아온 60대 이상의 어른들이다. 얼굴을 알기 때문에, 동네 슈퍼를 두고 대형마트에 가기 미안해서 찾아오는 것이다. 그래서 얼굴 있는 거래, 서로가 서로를 지켜 주며 버팀목이 되어 주는 내부거래는 내발적 경제의 핵심 원리이자, 살림살이 경제의 기본 원리이다.

수익모델이 아니고 마을의 '필요'

마을관계망에 신경을 쓰자니 매출이 걱정되고, 매출을 쫓다 보니 초심이 희미해지고, 그렇게 좌충우돌 버티다 보면 어느덧 들인 수고와 비용이 무거워 발을 빼지도 못한다며 하소연하는 마을기업 대표자들이 많다. 하지만 마을기업에게 마을관계망과 수익 창출, '마을'과 '기업'은 선택적 목표가 아니다. 동시에 추구하고 동시에 달성해야 하는 목표이며, 동시에 추구해야만 동시에 달성되는 동전의 양면과도 같은 것이다.

매출 증대, 수익 창출, 영업이익, 손익분기점 달성 등은 기업으로서 영리활동을 유지하기 위해 달성되어야 하는 기본적인 경영목표이다. 마을기업 역시 이 목표를 달성하기 위해 노력한다. 과연 어떻게 달성될까? 가장 먼저는 출자금으로 출자자 확대를 통한 출자금 조성이 이루어져야 한다. 마을기업은, 출자자가 곧 소비자이므로 출자자를 확보하는 것이 매출 안정은 물론 경영 안정화의 지름길이다. 그렇다면 누가 출자하고, 누가 이용할까? 마을기업이 추구하는 '마을공공성'에 공감하는 사람이 출자하고, '마을의 필요'에 동의하는 사람이 이용한다. 전문적이지도 않고, 인테리어도 세련되지 않으며, 홍보자원도 없어서 알릴 힘도 없는 마을기업에 일부러 찾아와 출자하고 이용하는 사람들은 마을의 필요에 동의하기 때문이다. 그래서 마을기업은 마을기업이 해결하려는 마을문제를 이해시키고 그 문제를 해결하려는 방법에 동의하는 마을 사람들을 모아야 한다.

그래서 마을기업은 '수익모델'이라 하지 않고 '마을의 필요'라고 표현한다. 수익적 가능성이 희박해도 마을에 필요해서 창업하기 때문이다. 그래서 마을기업의 성공률이 낮을지도 모른다. 그런데 1년 동안 마을기업을 운영하다가 문을 닫으면, 과연 실패한 것일까? 물론 기업이라는 형태로는 실패라고 할 수 있다. 그러나 기업이 망했다고 해서, 아이들 방과후 학교며, 작은도서관이며, 동네부엌이며, 그동안 마을기업이 해결하려고 애쓴 동네의 여러 가지 살림살이 문제가 사라지는 게 아니다. 기업이 문을 닫아도 동아리 활동으로, 품앗이 모임으로 축소해 계속 이어 갈 수 있다. 우리 아이들 방과후 문제를 마을기업이 망했다고 접을 수가 없기 때문이다. 그래서 마을활동의 결말은 항상 열려 있다. 창업의 실패가 마을기업의 실패는 절대 아니다. 오히려 마을기업을 통해 주민들을 더 자주 만나게 되고, 우리 아이들 돌봐주는 주민들이 많아지는 관계자산을 얻게 된다. 결국 마을기업은 마을 사람들의 필요를 결집시키며 시작되고, 마을관계를 유지함으로써 지속된다. 동네 사람들을 꾸준히 모이게 하는 것, 그것이 마을기업 경영의 원천이다.

03

서울시 마을기업 정책

서울형 마을기업, 불모지에서의 이중 과제

서울시 마을기업 육성정책의 핵심은 입구 강화 전략이었다. 마을기업으로 창업하기 전 단계에서 충분히 인큐베이팅 과정을 겪도록 함으로써 마을의 필요를 제대로 찾는 데에 중점을 두었다. 마을관계망을 짜는 것 자체가 마을기업을 준비하는 마케팅활동이기 때문에 이것을 성공적인 창업을 위한 핵심 과정이라고 보았다. 이 점을 기존의 사회적기업 창업육성 방식과는 다른 점으로 보고, 창업 과정 자체를 세심하게 지원하기 위한 '마을기업 인큐베이터' 제도를 만들어 실행했다. 자치구마다 1명씩의 전담 코디네이터를 두고, 마을기업 창업을 위한 교육과 상담 및 컨설팅을 지원하도록 했다. 지역별 전담 코디 배치는 획기적인 창업지원 시스템이었다. 특히 창업 전 교육을 강화하고 마을 주민들의 관계망 구축에 충실하도록 지원했다. 더불어 마을기업의 자립성 강화를 위해 사업비 지원을 하지 않고, 사업장 용도로 사용할 공간을 지원하는 프로그램(최대 1억 원 한도로 공간보증금을 지원하고, 5년 거치 후 전액 상환하는 조건임)을 설계했다. 하지만 안전행정부의 마을기업 사업비 지원 공모사업을 함께 운영하다 보니, 서울형 마을기업의 정책 기조를 올곧게 추진하지는 못했다.* 그렇지만 그 과정에서 마을기업을 준비하는 기간이 길어지고, 준비 과정을 통하여 마을관계망을 확장하고 심화시켜, 서울시 마을기업의 생존율이 평균에 비해 높게 나타나는 결과를 낳았다.

그럼에도 불구하고 결과적으로 보면 창업육성의 방식이 유연하게 개선되었다는 것 말고, 창업에 초점을 둔 정책이라는 점에서는 사회적기업 육성 정책과 별다른 차이가 없었다. 정책을 처음 준비할 당시는 물론이고 실제 집행하는 과정에서도 끊임없이 제기된 근본적인 질문이 "마을이 없는데 어떻게 마을기업을 만들 수 있는가"였다. 마을관계망이 형성되어 있지 않은 상태에서, 마을기업은 기업으로서도 생존해야 하고, 주민의 욕구와 지역사회 공공의제도 해결해야 하는 두 마리 토끼를 쫓아야 했기 때문이다. 그럼에도 이미 추진되고 있는 마을공동체 정책을 통해 마을살이를 활성화하면서, 동시에 마을기업 창업 지원을 통하여 마을관계망의 형성을 촉진한다면, 어느 정도 가능하지 않겠냐는 기대를 가졌다. 하지만 역부족이었다. 대부분의 마을기업들이 창업 초기부터 허덕이고, 사업체로 성장하기 버거워했다.

정책을 집행한 지 3년이 되는 2015년 시점에서, 정부의 지원이 종료된 후에도 얼마나 많은 마을기업들이 자립적으로 활동할 수 있을 것인가에 대해서는 비관적인 전망이 앞섰다. 정부가 건초를 사다 먹여 일정 기간 생존을 도울 수는 있지만, 목초지는 금방 조성되지 않는다. 그러면서 우리는 마을

* 마을기업 지원사업은 중앙정부와 광역정부가 예산을 매칭하는 사업이어서 행안부의 지침을 수용했어야 했다.

기업들에게, 건초를 먹으면서 초지도 함께 만들라고 요구한 셈이다. 마을기업은, 어쩌면 키워 줄 마을도 없는데 오히려 마을을 키워야 하는 과제를 짊어진 채, 산비탈에 던져진지도 모른다. 그렇게 마을기업은 스스로 생존하며 생존의 기반을 만들어야 하는 이중고를 겪어야 했다.

서울시 마을공동체 3년, 목초지의 성장

다행히 서울시 마을공동체 정책이 초기 3년간(2012~2014년) 지속되면서 동네 이곳저곳에 약간의 초지(?)들이 생겨났다. 서울의 마을기업들이 고군분투하며 버텨 낸 성과이기도 하다. 약 13만여 명의 시민이 마을공동체 사업을 경험했고, 2천여 개의 주민모임이 생겨났다. 23개의 자치구 단위 마을네트워크(마을넷)가 구성되어 지역의 다양한 풀뿌리 단체들과 활동가들이 연결되었다. 자생단(자치구마을생태계지원단)이라는 중간지원조직이 자치구별로 생겨났다. 3년 전에 비해 훨씬 넉넉한 터전이 마을에 마련된 것이다.

나아가 2천여 개의 주민모임들이 인근 지역을 중심으로, 또 비슷한 의제를 중심으로 서로 연결되기 시작했다. 그러면서 안정적인 마을관계망을 유지하기 위한 '경제모델'을 고민하기에 이르렀다. 몇몇 주민들의 품앗이로 돌아가다가 일정 정도로 그 규모가 확장되면, 누군가는 나서서 이를 관리하고 책임져야 하기 때문이다. 적절한 역할이 분담되고, 분담된 역할을 맡은 이에게 책임이 지워지고, 책임을 다하려는 과정에서 마을관계망이 원활하게 돌아가는 것이다. 이러한 조직이 원만히 지속되려면 '경제'가 반드시 필요하다. 정책을 처음 설계할 당시인 2012년, 마을관계망이 어느 정도 준비된 이후에 마을기업을 창업해야 한다고 정한 원칙이 이제 실현될 수준에 도달한 것이다. 사실 마을이 잘 되어야 마을기업이 잘 된다는 것은 초지(草地)가 풍성해야 양(羊)들이 잘 자라는 것과 같은 상식이다.

더불어 다양한 정책과 다양한 영역의 주체들이 마을 안으로 모여들고 있었다. 지역복지관도 마을활동을 시도하고, 인생이모작을 꿈꾸는 시니어들이 마을에서 청년 활동가들과의 만남을 시도하고 있었다. 주민모임들이 연결되고, 그 연결된 모임들이 경제활동으로 진화하며, 다양한 장르의 활동들이 서로 융합되는 현상이 조금씩 나타나기 시작했다.

04

마을경제 생태계

사회적경제 정책이 IMF 구제금융 시대에 대량 해고와 실업이라는 사회적 문제를 해결하기 위해 도입된 탓에, 단기적인 창업육성과 일자리 고용 실적에 치중하여 사회적경제의 토대와 체질을 갖추기 어려웠다. 사회적기업들은 자본과 기술의 절대적 열위 속에서도 경쟁적 시장에서 살아남아야 했다. 또한 기업의 경영능력을 개선하기 위한 노력을 기울이지만, 근본적으로 수요가 부족한 시장에서는 역부족이었다.

공급과 창업에서 '수요와 구매력'으로

이제는 생산이 소비를 창출하던 시대가 아니다. 개별 기업의 힘으로 수요를 개척하기란 불가능에 가까운 구조화된 사회이다. 팔리지 않으면 생산이 불가능하고 기업을 유지할 수 없다. 그래서 공공적 책무를 가지는 정부의 조달 시장을 우호적 시장으로 전환하려는 시도를 하지만, 입찰제도의 난관(경쟁입찰), 공급능력의 한계, 제조업 비중이 낮고 사회서비스 비중이 높은 사회적경제 주체들의 업종 분포의 성격상 그리 실효적인 결과를 얻지 못하고 있다.

사회적경제의 환경에 비해 마을기업은 더욱 어렵다. 마을기업은 마을이라는 협소한 시장을 전제로 출발하므로 경쟁 시장의 원리로 자립하기가 훨씬 어렵다. 마을기업은 더욱더 마을과 지역에 천착해야 가능하다. 하지만 이미 대기업 중심의 막강한 힘으로 거의 모든 소비시장이 장악되고, 동네빵집, 구멍가게, 미장원이 모두 프랜차이즈에 흡수되는 등 골목상권까지 거의 점령되다시피 하였다. 더욱이 홈쇼핑과 해외직구가 활성화되면서 업종을 불문하고 자영업의 설 자리가 아예 없어지고 있다. 최근 배달앱이 도입되면서는 그나마 버티던 동네식당 역시 거의 위기에 내몰리고 있다.

도시 마을의 강점은 구매력이다. 구매력을 조직화할 때 힘이 생긴다. 즉 공동구매, 호혜적 공유, 윤리적 소비 등의 가치로 공감과 협력을 조직화해야 한다. 이것이 바로 마을기업의 구매력이고, 나아가 사회적기업의 잠재적 고객이다. 그동안 초지도 없는 들에 양들을 풀어 건초를 대주고 육성했다면, 이제는 듬성듬성한 수준이지만 초지가 형성되었고 점차 확장되어 가고 있으니, 이를 더욱 확대하고 연결하여 생태계로 조성해야 한다. 양들을 초지로 유도하고, 생초에 익숙하도록 연착륙 전략을 세워야 한다. 마을과 지역에 형성되는 수요와 구매력의 힘은 마을기업은 물론 사회적기업, 자활기업, 협동조합 등 다양한 사회적기업들의 구매력의 훌륭한 배후지가 될 것이다.

마을경제 네트워크의 구축

2014년부터는 마을 정책 1기 3년 동안 벌인 마을공동체 정책의 성과로 주민들의 관계망을 제법 확인할 수 있었다.[05] 이를 기반으로 비로소 마을기업이 만들어질 수 있다는 판단이 들었다. 민선 6기에 들어서면서 마을기업은 '지역경제공동체'를 기본 방향으로 정하고 전환을 준비하였다.*

첫째는 마을에서 평소 친하게 지내는 이웃들끼리 필요한 물건들을 함께 구매하는 공동소비 활동을 촉진하고, 쉽게 참여할 수 있는 다양한 계기를 마련해 주는 것이다. 예를 들면, 아이들 교복이나 문구는 물론이고, 자동차보험이나 핸드폰까지 공동구매해 경제적 실익도 얻고, 수익금을 마을기금으로 모아갈 수 있다. 또한 동네 게릴라장터 같은 행사는 인근에 살면서 서로 모르고 지내는 이웃들이 골목으로 나와 서로 얼굴 보고 가볍게 인사 나누고 관계를 트도록 돕는 데에 제격이다. 마을에 필요한 공동공간을 마을 사람들이 공동으로 운영하는 일은 아주 대표적인 사례다. 물론 마을 안에는 이미 복지, 아이돌봄, 마을카페, 청소년교육 등 다양한 영역에서 활동하는 마을모임과 마을기업들이 있다. 하지만 보통 주민들도 가볍고 쉽게 참여할 수 있는 문턱 낮은 경제활동들을 활성화시켜 보자는 것이다. 그리고 이미 마을에서 벌이고 있는 경제활동을 마을기업에 연결하도록 안내하고 지원하는 것이다.

둘째는 이미 설립되어 활동 중인 마을기업들이, 작게나마 형성되기 시작한 마을관계망에 잘 안착되도록 유도하는 일이다. 예를 들면 마을기업이 사업장으로 사용하고 있는 공간을 열어 마을 주민들이 모임이나 작은 행사를

* 하지만 마을기업은 사회적경제의 한 형태이며, 동일한 정책 범주에 속하기 때문에 사회적경제 정책으로 통합되어야 한다는 요구가 있어, 마을기업 사업 자체가 사회적경제과-사회적경제지원센터로 이관됨에 따라 이 전환은 실제 추진되지는 못했다.

할 수 있도록 한다. 마을기업이 먼저 마을 사람들과 친해지고 마을모임에 적극적으로 참석하면서 마을에서 존재감을 가지도록 하는 것이 무엇보다 중요하다. 그 과정에서 마을기업이 추구하는 마을공공성의 가치를 지역사회에 알리고 주민들이 공감할 수 있도록 하자는 것이다.

끝으로, 마을경제의 비전이라 할 수 있는 '마을경제 네트워크'를 구축해야 한다. 2014년 기준으로, 이미 등장한 2천여 개의 주민모임들이 지역에서 마을에서 서로 엮이기 시작하면, 분명히 경제적 네트워크의 형성으로 나아가게 될 것이다. 2천여 개의 주민모임들이 다루는 의제들은 모두 살림살이 경제 영역에 해당하기 때문에, 그런 주민모임이 서로 연결되어 면(面) 단위의 커다란 관계망을 이루는 것 자체가 마을경제 네트워크의 형성이다. 따라서 마을의 크고 작은 살림살이 경제활동을 두루 연결하여, 마을경제 네트워크를 만들기 위한 대책을 마련해야 한다.

영국의 공동체이익회사(CIC, Community Interest Company)*는 마을에서 이웃으로 맺어진 주민들이 모두 잠재고객이 된다. 이 잠재고객이 마을기업의 실제 구매자가 되고, 단골고객으로 남도록 하려면 공간과 기금이 필요하다. 주민들이 마을에 애착을 가지게 되고, 마을일에 관심을 유지하게 하는 데 공간은 결정적인 역할을 한다. 이웃이 일상에서 만나고 사연을 만드는 장소가 바로 마을공간이기 때문이다. 그런데 이 공간을 소유하거나 유지하는 데 엄청난 목돈이 필요하다. 마을에서 꼭 필요한 경제프로젝트를 제때 제대로 추진하는 데에도 기금은 반드시 필요하다. 이른바 '마을자산화' 전략이 수립되어야 한다.

---

* 영국 사회적기업의 하나로, 커뮤니티에 기반한 기업을 정책적으로 지원하는 법인격 제도다. 지역에 기반한 사회적기업이 자신들의 수입과 자산의 일부를 공동체 이익을 위해 사용하기를 원할 경우 신청이 가능하다. 사업의 범주는 청년 고용 지원, 장애인 및 사회적 소수자 지원, 환경문제, 지역문화유산 보호 등 매우 다양하다. 그러나 공통적으로는 수익이 발생할 경우 지역사회에 환원을 원칙으로 한다는 점이다(완주CB센터-희망제작소, 〈커뮤니티비즈니스 중간지원조직 사례조사〉, 2011, pp.22-23.).

마을경제, 면 단위 관계망의 핵심 내용

마을기업뿐만 아니라 마을사업이 모두 변하고 있다. 초기 설계된 마을공동체 사업은 30개며 부서별로 잘게 쪼개져 있었다. 이 중에서 마을 지향적인 사업 절차에 따라서 꼭 집행할 사업만 남기는 식으로 3년간 사업의 종류를 줄였다. 나아가 담당부서의 해당 의제별로 제각각 나뉘어 지원하는 것이 아니라, 동네 주민모임들과 주민관계망이 함께 공론의 과정을 통하여 합의한 동네 단위 마을계획을 앞에 세우고, 이 마을계획 안에 공유경제, 돌봄, 도시텃밭 등 다양한 세부 사업계획이 들어가도록 하는 일종의 '마을활동 포트폴리오'를 지원하는 방향으로 변화하였다.

마을공동체 지원이 '점·선' 전략에서 '면' 전략으로 이동하였다. 개별 주민모임을, 개별 의제들을 각각 지원하는 방식에서 동네 단위로 종합 지원하는 방식으로 변하게 하는 것이다. 이미 마을에서 다양한 주민들이 연결되고, 현장이 융합되는데 정부의 지원이 제각각이어서는 안 되었다. 면 단위의 '마을계획'에 따라 통으로 예산을 배치하는 종합지원시스템이 마련되어야 했다. 이를 위해 민선 6기에 들어서면서 동네 단위의 네트워크를 형성하는 데에 주력하였다. '마을연계망사업'이 그것인데, 면 단위 마을계획을 수립할 수 있는 마을주체를 등장시키는 것이 목표였다.

면 단위의 마을계획에 마을경제는 꼭 필요하다. 우리 동네에 무엇이 필요한지를 논의하고 그 해결책을 궁리하다 보면 불가피하게 마을경제에 대한 계획이 나올 것이다. 이렇게 보면, 앞서 이야기한 마을기업의 '마을 연착륙'이라는 과제가 주목해야 할 대목이 명확해진다. 동네 '마을넷'이라는 진화된 마을관계망을 토대로 마을경제계획이 수립되고, 그 속에 마을기업이 자리 잡을 때라야, 비로소 마을기업이 누릴 수 있는 지속 가능한 배후지가 생기는 것이다.

05

공동체 자산화(the commons, Community Asset)

화목한 문중의 비결

화목한 문중의 비결이 문중자산이라고 한다. 공동체의 성원들이 함께 사용·수익할 수 있는 자산이 있다는 것은 공동체가 유지될 수 있게 하는 주요한 조건을 가진 것이다. 마을자산이라면 마을뒷산, 마을회관, 어촌계의 어업권 등인데 도시에서는 이미 찾아보기 어렵다. 사실 도시는 마을자산으로부터 배제된 주민들이 몰려들어 함께 살게 되면서 형성되었다.

자본주의가 본격화되기 전 사람들은 '숲'에서 함께 살았다. 숲에서 식량과 연료, 집 지을 목재도 얻는 등 그야말로 숲을 떠나서는 한시도 살 수 없었다. 그야말로 숲은 사람들이 함께 살아가는 생활의 터전이며, 공동체가 집단적으로 사용·수익하는 공유지(共有地, the commons)였다.

15세기에서 18세기에 걸쳐 영국에서 광범하게 이루어진 엔클로저(enclosure) 운동*으로 삶의 터전인 공유지로부터 퇴출된 주민들은, 생계를 유지하기 위해 도시로 몰려들었다. 공동체가 함께 사용하던 공유지들은 국가와 지주 및 자본가들의 소유로 전환된다. 이른바 공유(公有, public ownership)와 사유(私有, private ownership)로 분화된다. 코먼스(共有地)로부터 배제된 주민들은 삶의 터전을 상실하게 되고, 생계유지를 위해서는 노동자로 고용되어야 했다. 공유의 주체인 국가나 사유의 주체인 귀족 및 부르주아에 고용되어 노동력을 팔아 얻는 임금으로 살아가게 된다. 즉 자본주의적 생산관계로 편입된다.

주민들은 생계를 위해 고용에 매달리게 되고, 고용이 된다 해도 임금으로 살아갈 수 있어야 하기에 생활이 가능한 '재생산 비용' 수준의 임금을 얻기 위한 투쟁을 하였다. 최근에는 고용 그 자체가 어려워져 유래 없이 극심한 취업난이 지속되고 있다. 삶의 터전으로부터 배제된 이들에게 취업이 불가능하다는 것은 생존이 불가능하다는 것을 뜻한다.

공유지의 복원

공동의 삶의 터전을 회복해야 한다. 공유지 회복은 셰어링(sharing)과 공동체 자산화의 두 가지 흐름이 있다. 셰어링은 개인 및 공동의 자산을 함께 사용하는 것으로, 마을옷장, 공구도서관, 게스트하우스 등 개인 및 가구별로 소유할 필요 없이 공동체가 함께 소유하고 함께 사용하는 공유운동을 말한다.

공동체 자산화는 셰어링에 비해 훨씬 깊고 강력한 수준의 공유지 회복운

* 15세기 중엽 이후, 주로 영국에서 지주계급이 개방지·공동지·황무지 등을 돌담·나무·울타리·벽 등의 경계표지로 둘러싸고 사유지화한 것을 말한다. 15세기 중엽 이후, 인구증가에 따른 식량수요의 증가, 가격혁명에 따른 실질적 지대수입의 감소, 특히 모직물 제조의 융성에 의한 양모가격의 급등 등의 이유로 지주계급은 종래의 농민보유지·공동지·황무지나 구교회령을 비합법적·폭력적으로 사유화했다. 이것을 제1차 인클로저라 하며, 주로 양의 방목을 목적으로 17세기 중엽까지 계속되었다. 18세기 중엽부터, 자본주의생산의 발전에 수반된 곡물가격의 상승에 자극되어 농업생산력의 향상을 목적으로, 새로운 농업기술의 도입에 의한 대농경영을 위한 인클로저가 이루어졌다. 이것을 제2차 인클로저라 하며, 이전과 같은 폭력적 수단에 의하지 않고 의회에의 청원, 법률의 제정 등을 이용해 농민의 합의를 얻어 냈다. 그러므로 이것을 의회적 인클로저(parliamentary enclosure)라고도 부른다(네이버 지식백과, 경제학사전).

동으로서, 공동체가 공동생산을 위한 생산설비를 마련하거나, 공동체 성원들이 함께 모이고 만나서 교류하는 커뮤니티 공간을 공동체 자산으로 만드는 것을 말한다. 전자는 사회적기업과 마을기업, 협동조합과 같이 특정의 재화나 서비스를 생산하거나 유통할 수 있는 기업시스템을 마을이 설립하고 운영할 수 있다. 기업 수준의 경제활동을 할 때, 마을에서 필요한 물건이나 서비스를 마을 자체적으로 조달할 수 있어 만족도를 높일 수 있고, 기업에 소속(고용)되어 수익을 얻을 수 있는 일자리-일거리가 창출된다. 마을살이가 안정적이고 체계적으로 작동하게 하는 인프라가 갖추어지는 것이다.

커뮤니티 공간 확보는 공동체의 관계망이 유지되고 성장하는 데에 가장 중요한 요소이다. 특히 개인이 고립되어 생활하는 도시에서 커뮤니티 공간은 필수적이다. 마을카페, 마을밥상, 마을도서관, 마을극장 등이 대표적인 사례이다. 이들 부동산은 그 가격이 천문학적이라 금융이 불가피하다. 원래 부동산은 금융의 지렛대 없이 도모하기 어려운 자산이다. 하지만 금융을 동원할 신용을 증명할 방법이 난감하다. 그래서 국가의 보증과 투자가 절실하다. 이른바 '사회적 금융'이 필요하다. 저성장·저금리 시대에 저렴한 이자율로 공동체가 목돈을 조달할 수 있도록 하고, 공동체가 장기에 걸쳐 분할로 원리금을 상환하여, 최종적으로 부동산을 공동체 소유로 취득하도록 돕는 체계적인 지원이 절실하다.

한국전쟁 이후 폐허가 된 나라를 급속하게 근대화시킨다는 국가전략의 일환으로 핵심 기업이 육성되었다. 국가는 소수의 몇몇 기업들에게 재정과 행정적 지원을 몰아주었고, 대다수의 국민들은 그 기업들이 잘되어야 함께 덕을 보고 잘 살 수 있다는 당국의 설득을 받아들였다. 이른바 낙수효과(trickle down)는 기대한 대로 발생하지 않았고 양극화만 심해졌다. 하지만 대기업 육성전략이 국가전략으로 채택되면서 국가적 자원을 편파적으로 집중 지원했다. 마찬가지로 커뮤니티 회복이 우리 사회의 안전망에 마지막 보루를 쌓는 일로 사회적으로 공감되고 국가적으로 인정된다면, 국가 자원을 집중하지 않을 이유가 오히려 없다. 그간 대기업에 집중시킨, 아직도 집중하고 있는 지원 가운데 극히 일부만 돌려도 가능하다. 최근 '사회적가치'가 대두되고 이를 공기업 경영평가 항목으로 채택하면서, 공기업들이 지역사회 공헌활동에 관심을 가지게 된 것은 매우 중요한 변화라 할 수 있다.

마을학교

3

이 글은 2015년 서울특별시 교육연구정보원이 발간하는
「서울교육」 가을호(2015. 8.)에 게재한 원고를 재구성하였음.

01

교육공공성의 위기와 마을학교

마을학교는 마을에서 아이들을 함께 돌보고 기르는 것에서 시작한다. '한 아이를 키우려면 온 마을이 필요하다'고 하니, 마을을 복원하자고 내세운 마을 정책이라면 당연 마을학교에 방점을 찍어야 한다. 제법 마을의 꼴을 갖추고 그런대로 돌아가는 마을들은 대부분 아이들과 관련한 활동이 활발하다. 그도 그럴 것이 살기 바빠 아래층 사는 이웃이 누군지도 모른 채 몇 년을 살기 일쑤인데, 무슨 수로 이웃들이 만나고, 만나서 협동으로 문제를 해결하며 마을살이를 한단 말인가. 가장 보편적인 관심사이면서도 뜻대로 잘 안 되는 문제인 아이들 키우기는 이웃들을 묶어 주는 공감대이자 가장 유력한 연결자 역할을 한다. 엄친아, 엄친딸에 기죽고, 누구네 애는 이거 시킨다더라, 저거 한다더라…, 내 아이만 처지는 거 같고, 그게 다 정보와 능력 없는 부모 탓으로 여기게 한다. 이렇게 이웃 엄마들 때문에 아이 키우기 힘든 세상에서, 그 이웃 엄마들과 함께 힘을 합쳐 아이들 챙겨보자는 것이 마을학교다.

처음부터 아이들 교육 문제로 시작되지 않았다 하더라도, 마을살이를 몇 년 이어 가면 대부분 아이들 문제로 돌아온다. 그래서 '마을과 교육'은 마을 정책에서 매우 중요한 의제다. 하지만 동네에서 아이들을 함께 돌본다는 것이 만만치 않다. 다양한 마을의 관계망이 있어야 하는 것은 기본이고, 양질의 교육 콘텐츠를 동네에서 조달할 수 있어야 하며, 무엇보다 안정적인 공간 등의 인프라는 필수다. 그래서 어느 정도 마을살이의 경험이 쌓인 곳이라야 시도해 볼 엄두가 난다. 그러니 마을학교가 일단 시도되고 자리 잡으면 그만큼 마을살이를 단단하게 묶어 주는 역할을 한다. 마을학교가 마을 정책 2기의 과제로 떠오를 수밖에 없었던 이유다.

국가 중심 교육과 신자유주의 교육개혁

군부권력과 관료제가 주도한 우리 사회의 근대화는 근대적 교육체제의 구축이라는 과제를 수행하였다. 국가가 교육과정과 교사양성, 교육서비스 전달체계를 장악하여 획일적인 톱다운 교육행정체제를 구축하였다. 한 반에 7~80명의 아이들을 욱여넣고 그것도 2부제로 돌려댄 우악스런 교육체제였다. 세월이 흘러 과밀학급의 문제는 해소되었지만, 경제가 고속 성장하고 사회가 다원화되면서, 지나친 국가 중심의 공교육체제는 시대 흐름을 가로막는 대표적인 사회지체 현상이 되었다. 공교육의 비대화, 교육관료의 비대화로 요약되는 국가 중심적 교육체제는 혁신의 도마에 올랐다.

1995년 5월 31일, 문민정부의 공교육 개혁안이 단행되었다. 그 후 20여 년이 지나는 동안 여러 정부를 거치면서도 이른바 신자유주의 교육개혁이라는 기조로 유지되던 5·31개혁안은 공교육의 '시장화와 민영화'로 요약될 수 있다. 먼저, 공교육의 시장화는 교육행정의 운영원리를 시장의 원리로 대체함으로써 획일적인 국가 중심적 교육체계를 흔들고, 시장에서 수요자가 우위를 점하도록 교육수요자의 선택권을 강화한다는 것이었다. 학생과 학부모의 선택권 강화는 교육수요자의 교육적 요구에 맞추어 교육서비스의 공급이 되도록 한다는 점에서 교육주권 민주화에 부응하는 조치로 보였다.

하지만 결과는 참혹하게도 교사를 교육서비스 제공자로 전락시키고 사교육의 우위를 구조화시킴으로써, 고질적인 사교육의 병폐를 고착화했다는 평가를 받았다. 그리고 공교육의 민영화는 학교 설립의 주체를 민간으로 이양함으로써 교육공급자를 민간이 담당하도록 하여 국가적 획일성을 다원화한다는 것이었다. 하지만 민영화는 특수 목적의 학교를 양산하고, '특수 목적'은 이른바 학교 서열을 부활시키고, 학교 서열이 곧 진학 서열과 취업 서열로 직결되면서 학교 차별을 구조화했다는 평가를 받게 되었다.

수요자의 선택권을 강화하고 공급자를 민영화함으로써 교육의 다원성과 창의성을 높인다는 것이 교육개혁의 기본 취지였으나, 결과는 학교 현장의 붕괴와 사교육의 비정상적 비대화, 학교 서열의 부활과 고착화로 귀결된 것이다. 부모의 경제력은 물론 어떤 차별도 없이 동등한 교육적 기회를 제공해야 할 공교육의 책무성은 민간(시장)으로 전가되어 회피되었고, 그와 함께 교육의 공공성은 여지없이 붕괴의 위기에 처하게 되었다.

공교육의 위기와 마을공공성

학교는 입신양명을 향한 부모들의 교육열 각축장이 된 지 오래다. 경쟁 체제로 구조화된 학교는 무한투쟁의 극한적인 경쟁이 작동하는 전쟁터가 되고, 친구를 이기는 것만이 내가 살 수 있는 유일한 생존의 윤리가 된다. 교사는 교육서비스의 전달자로서 '고득점의 기능' 보유 여부로 평가받고, 항시 사교육의 '기술'에 비교당하는 열등한 교육서비스 집단으로 치부된다. 더욱이 학교 민영화는 학교사회에 사회적 경쟁구조가 직접 연동되는 결정적 계기가 된다. 상위 서열의 특수학교에 진학해야 대학입시에 유리하고, 상위 서열 대학의 진학이 취업과 이후 사회적 성취를 좌우한다. 중고등학교의 입학에서부터 이미 미래의 사회적 성취의 수준과 실현 가능성이 정해진다.

경쟁이 가장 강력한 생존의 방법이고, 도덕과 윤리의 기준이 된다. 그래서 학교의 붕괴, 교육 공공성 붕괴, 특히 공교육의 공공성 붕괴는 곧, 우리 사회의 공동체적 가치 기반이 붕괴되는 것과 같다. 그러면 교육의 공공성, 공교육의 공적 기능을 어떻게 회복할 것인가? 한 반에 70명이 넘게 바글거렸지만 그래도 차별이 그리 노골적이지 않았고 '개천에서 용이 난다'는 희망이 살아 있었으니 그 시절로 돌아갈 것인가? 거칠지만 획일성으로 불평등을 누를 수 있었던 국가 중심적 교육체제로 회귀할 것인가? 아니다. 이제는 마을학교가 필요하다. 국가 중심의 획일성이 작동하지도 않고 경쟁적인 시장 원리와도 거리를 둔, 사람들이 실제로 살아가는 일상생활의 장소인 마을에서 아이들을 함께 키워 보자는 거다. 우리는 마을학교로 아이들의 성장과 발달을 도모하고, 동시에 마을학교로 마을공동체를 복원하는 일에 나서기로 했다.

왜 마을학교인가?

마을살이가 제법 번성하고 그 꼴을 갖춘 곳들에서는 아이들을 함께 키우는 일이 대체로 마을살이의 가장 중심에 자리 잡고 있다. 지금 50대 이상의 기혼 가정에서는, 애 낳아서 잘 키우는 것이 가장 중요한 일이었다. 그런데 요즘 우리 사회에서는 아이들 제대로 잘 키우기 쉽지 않다. 그러다 보니 출산이 엄두가 나질 않고, 아예 결혼조차 포기하는 사람이 많아진다. 있는 집 애들이 공부 잘하는 것은 이미 상식이 되어 버렸고, 있는 집 애들이 인물도 좋고 게다가 성격도 좋다는 푸념은 그저 농으로 받아넘겨지지 않는다. 맞벌이가 불가피한 도시의 보통 시민들에게 어린 자녀의 보육은 가장 큰 일이다. 좀 커서 초등학교 보내 놓으면 방과후가 또 문제다. 중학생이 되면 아이들은 본격적인 경쟁사회에 던져진다. 요즘 중고등 교실에서는 절반 이상이 엎드려 있단다. 믿기지 않지만 현실이다.

마을 정책 1·2기에 두드러진 활약을 보인 사업을 꼽는다면, 단연 여성가족실에서 추진한 '부모커뮤니티' 공모사업을 꼽을 수 있다. 아이를 기르는 부모들이라면 누구나 참여할 수 있었고, 아이들을 위한 것이라면 어떠한 내용이라도 시도해 볼 수 있는 지원정책이었다. 이렇게 아이들과 관련한 다양한 주제로 등장한 부모들의 활동을 한 단계 업그레이드시켜 마을관계망을 강화하도록 유도하는 지원전략이 필요했다. 아이들을 마을에서 함께 돌보는 일은 마을살이의 가장 자연스러운 시작이 되고, 마을관계망의 튼실한 씨앗 역할을 하기 때문이다. 내 아이 내가 알아서 키워야 하는 요즘, 아이를 함께 기르다 보면 인류의 역사 속에서 형성된 협동과 공유, 마을살이의 유전자가 슬슬 되살아난다. 그래서 아이 함께 키우기는 마을살이의 중심적인 내용이면서 마을하기의 가장 효과적인 매개 역할을 한다. 그래서 우리는 마을에서 아이들을 함께 키우면서 꿈꾸게 된 마을학교를 공교육의 위기를 극복할 수 있는 대안으로 삼아 보려고 했다. 아직은 먼 곳에서 희미하게 빛을 내는 미미한 등불과도 같지만, 희망의 길을 내보고자 했다.

혁신교육지구와 마을학교

한편 민선 5기에 시범적으로 구로, 금천 등 몇몇 자치구에서 추진된 혁신교육지구 사업이 민선 6기에 들어서면서 대폭 확대되었다. 학교와 자치단체, 그리고 마을이 협력적 거버넌스를 구축하여 지역사회의 교육적 환경을 개선하고, 나아가 마을공동체의 생태계를 더욱 풍성하게 한다는 목표를 가졌다. 하지만 교사와 학생, 학부모와 지역 주민 등 당사자 주체가 아직 준비되지 않은 미약한 상태에서 비교적 고액의 보조금이 풀리는 사업이었다. 학교 내부가 우선 변화를 만들고, 지역사회와 마을에 접속하고, 마침내 학교와 마을이 협력을 시도하면서 아이들을 함께 돌보게 되는 아름다운 시나리오를 상상하기에는 아직 많은 시간이 필요했다. 그래서 당시 서울마을센터는 마을과 학교가 구체적으로 직접 협력하는 작은 사례를 만드는 일에 주력하기로 결정하였다. 일종의 역할 분담이었다. 혁신교육지구 사업이 자치구 차원의 거시적인 협력모델을 만드는 일이라면, 서울마을센터는 특정의 마을과 인근의 특정 학교가 직접 협력하는 미시적 협력모델을 만드는 일이라 할 수 있다.

마을과 학교, 어느 쪽도 충분히 준비된 곳은 없었고, 있어도 아쉽게 어긋났다. 주체가 있고 역량이 좀 되는 마을에서는 인근에 적절한 학교가 없고, 학교가 열의를 가지고 할라치면 근처에 함께할 만한 마땅한 마을이 없었다.

하는 수 없이 마을을 중심으로 출발해서 학교로 접근해 가는 유형과 학교에서 먼저 마을의 문을 두드리는 유형을 기본 모델로 정하고, 학교와 마을의 조심스런 협력을 촉진하는 세심한 지원체계를 갖추는 데에 주력하였다. 지원제도의 핵심은 역시 코디네이터 지원이었다. 마을기업 코디네이터 제도를 운영하면서 이미 그 장점을 확인한 바 있었다. 그래서 학교와 마을의 연결을 집중적으로 고민하고 시도하는 전담자를 세우고, 그를 중심으로 여러 가지 지원방안들이 제공되도록 하는 것이었다. 이른바 '마을학교 플래너'다. 6곳의 사업지를 선정하고 3년간 진행하였다.

02

마을학교와 마을교육과정

마을공동체 정책과 마을학교

마을학교라 말하면서 뜻하는 바는 실로 다양하다. 그래서 서로 다른 관점과 개념을 구별하지 않고 사용함으로써 혼선이 빚어지는 경우도 종종 있다. 마을학교의 실천이 아직은 얕고 구체적으로 검증된 사례가 충분하지 않아서 나타나는 불가피한 현상이다. 또한 다양한 마을학교의 시도와 실천이 이루어짐으로써 다양한 경험과 사례가 쌓여 가므로, 마을학교의 내용을 풍부하게 만드는 과정이라는 점에서 바람직하다고도 할 수 있다. 예를 들면 주민들이 마을에 대한 기초적인 교양을 얻기 위해 기획한 마을살이 입문용 강좌 학습 프로그램이나 방과후 아이들을 돌보는 프로그램을 마을학교라 이름 붙이기도 한다. 둘 다 마을에서 벌어지는 교육활동이라는 점에서 마을학교라 해도 그리 틀린 말은 아니다.

이러한 마을학교의 사례는 3년여에 걸친 서울시 1기 마을 정책을 통해 동네마다 주민들의 마을살이 활동이 활성화된 덕분이다. 시민참여 정책에서는 늘 그러하듯이 주민들의 교육프로그램은 사업 초기 시민의 참여 기반을 마련한다는 차원에서 매우 중요하다. 나아가 구체적인 주민실행 사업에 있어서도 아이들의 육아와 돌봄 및 교육 관련 주제는 매우 중요한 이슈이다. 특히 씨앗기 사업을 지원하는 경우 영유아들의 공동육아와 초등 아이들의 방과후가 중요한 의제로 등장한다. 일반 주민들이 마을살이를 시작하는 계기로 아동·청소년의 문제가 그만큼 중요한 역할을 하는 것이다.

이렇게 아동·청소년들과 관련한 주민활동의 주체가, 아직은 초보적인 수준이지만 등장하고 있는 것이다. 따라서 이들 주체가 본격적인 마을학교로 진화할 수 있도록 바람직한 마을학교의 모델과 적절한 지원시스템을 마련해야 한다. 아울러 마을학교를 만들어 가는 데 인근의 학교와 함께 의논할 수 있는 접점(교사)을 찾고 함께 활동을 연계할 수 있는 지점(활동)도 찾아야 한다.

마을학교의 교육적 원리

'마을이 학교다' 교육적 실천과 일상의 회복

마을의 일상(장소와 사건)이 교육적 재료와 환경으로 재구성되고, 마을 주민들이 직·간접적으로 교수·학습 활동에 참여한다. 아이들이 마을살이의 엄연한 주체로 등장하고, 마을 사람들과 일상을 공유하면서 서로 영향을 주고받으며 성장한다. 마을에서 벌어지는 다양한 일상이 모두 학습의 소재이고, 마을 곳곳이 교실이다. 생태학습은 동네 뒷산에서, 경제학습은 마을 생협이나 크고 작은 마을기업을 통해서 한다. 마을축제에 참여하거나 아예 축제 기획을 맡기도 한다. 아니면 스마트폰 들고 영상 기록을 하면서 융합적 학습을 한다. 생협의 공동구매 물류 시스템을 조사하고 생산지 농장을 방문해 농업과 농촌사회의 현실과 미래를 가늠해 보고……. 이렇듯 마을에서 살아가는 사람들의 생생한 이야기가 모두 학습 소재가 된다.

또한 마을에서는 사범대나 교육대학을 나와 교사 자격증을 가지고 있는 사람만 교사가 되지 않는다. 동네 주민들이 자신의 직업적인 전문성이나 취미로 갈고닦은 재주를 아이들과 나누며 교사가 될 수 있다. 은행에 다니는 현수 엄마가 경제를, 요가 전문가인 여해 엄마가 몸수업을, 화가인 상현 아빠가 미술을, 환경전문 시민단체의 활동가인 호영이 아빠가 생태환경을, 이렇게 한동네 사는 주민들이 각자 자신의 직업이건 취미이건 자신 있는 분야를 맡아 한 학기 강의를 감당하면 어떨까? 오히려 일반 교사들보다 훨씬 다양한 영역의 전문성을 확보할 수 있는 방법이다. 요즘처럼 아이들의 관심사가 구체적이고 다양한 시대에 오히려 이 방법이 아이들의 교육적 욕구를 더 잘 충족시킬 수 있지 않을까?

그렇다. 마을이 다양한 주민들이 살아가는 삶터라면, 바로 이곳이 우리 아이들이 살아가기를 맛보고 미래를 꿈꾸는 교육의 터전이 되는 게 당연하다. 마을이 학교가 되고, 학교 안에 갇힌 학생이 아니라 학교 담을 넘어 마을을 누비며 공부하는 학생, 교사도 학교에서 상근하는 사람만이 아니라 마을의 주민이, 학부모가 교사가 되는 그런 '도시 속 마을학교'를 꿈꾸었다. 이렇게 아이들은 마을교육과정에 기초해 일상의 관계 속에서 구체적인 탐색을 통해 지적 구성력을 훈련하고, 관계맺기의 다양한 성공과 실패를 겪으며 생활의 주체로, 삶의 주인으로 성장·발달해 간다.[06]

마을학교란 마을이라는 일상의 관계 속에서 아이들이 체험과 관찰 및 탐구활동을 통하여 지적, 정서적 발달을 성취하는 학습과 배움의 생태계를 뜻한다. 여기서 교육활동은, 아이들이 직접 자신의 몸을 사용하는 감각체험을 기초로 하는 실천적인 교육활동이 중심이 된다. 또한 교사(주민)는 마을 곳곳에서 벌어지는 각종 사건들과, 마을의 여러 주민들을 아이들에게 적절한 교육적 환경으로 조직하고 배치함으로써, 아이들의 학습활동을 지원하고 촉진하는 역할을 수행한다. 이 과정에서 주민(교사)들 역시 아이들과 직간접적인 교육적 관계를 경험하면서 학습하고 성장하게 된다.

마을교육과정

미취학 아이들을 위한 공동보육은 20년이 넘는 '공동육아'의 실험을 거쳐 이제는 보편적인 대안으로 인식되고 있다. 지금은 '품앗이 돌봄'을 실천하려는 주민모임을 지원하는 서울시 마을공동체 사업이 있어서 훨씬 수월해졌다. 이제는 초등학교 아이들의 방과후 활동을 마을에서 감당하는 마을 단위의 교육 생태계 구축이 더욱 필요해졌다. 초등 아이들은 영유아들과는 달리 돌봄을 넘어 '성장과 발달'까지 챙겨야 하는 교육적 과제가 있다. 부모가 퇴근하기 전까지 아이들을 안전하고 안정되게 돌보는 일이 절실하지만, 또래 아동기에 걸맞은 성장과 발달을 이끌어 주는 교육적 대책 또한 요구된다. 그래서 마을학교는 마을에서 이루어지는 아이들에 대한 '돌봄'과 구별되어야 한다. 물론 아이들에 대한 돌봄도 절실하지만 거기서 더 나아간 '교육적 과제'를 감당하고 달성해야 하기 때문이다.

통상 아이들에 대한 대안적인 교육을 고민하는 경우, 아이들을 '그냥 자유롭게 놀게 내버려 두라'고 한다. 지나치게 타율적이고 빡빡하게 계획된 공교육과 사교육의 압박에서 조금이라도 벗어날 수 있도록 해서 아이들이 잠시라도 숨을 쉬게 하는 것만으로도 매우 중요한 교육적 의의가 있기 때문이다. 하지만 이는 필요조건일 뿐 충분하지 않다. 공교육으로부터의 탈출이 교육적 '방임'이 되어서는 안 된다. 즉 자유롭고 충분한 교육적 환경에서 적절한 교육적 자극이 주어지도록 해야 한다. 이러한 적절한 교육적 자극을 제공하기 위한 계획이 바로 '교육과정'이다.

지금 공교육체계는 '교육과정이 있는 것'이 문제가 아니라, '잘못된 교육과정'이기 때문에 문제인 것이다. 따라서 이에 대한 대안은 제대로 된 교육과정을 갖추는 것이지 교육과정 자체를 부인하는 것이어서는 안된다. 마을 속에서 교육활동이 이루어지도록 하는 '마을교육과정'이 필요하다. 이는 아이들마다 각기 다르게 요구되는 적절한 교육적 목표가 설정되고 또한 달성되고 있는지를 확인하는, 그래서 그다음 더욱 진전된 교육적 과제가 설정되고 시도되는 지침서가 될 것이다.

마을교육과정은 또한 어른(교사)들의 교육적 역할을 분명하게 하고, 교육적 역할의 역량을 강화시키도록 촉진하는 지렛대가 된다. 즉 마을교육과정은 1) 일상을 교육적 맥락으로 파악·해석하고, 2) 아동·청소년 개인이 일상의 사건 및 사람들과 상호작용하는 어떤 순간에 교육적으로 적절하게 개입하고, 3) 여기에 필요한 자원을 적시에 효과적으로 동원하고 조직하여 배치하는, 그야말로 교사가 아이에게 종합적이면서도 개별 맞춤형의 구체적인 작업(교수)을 할 수 있도록 도와준다. 따라서 마을교육과정은 교사의 교수 역량을 날로 진화시키도록 강제하고 촉진하는 역할을 한다.

마을과 학교의 관계

마을학교의 실험을 통해서 우리는 당장은 어렵더라도 결국에는 마을과 학교가 만날 것을 기대했다. 여기서 학교와 마을이 만난다는 것은 무엇을 뜻할까? 마을과 연결된 학교는 어떤 모습일까? 결론부터 말하자면, 학교와 마을이 일대일로 만나는 것이 아니라, 학교가 마을 생태계 속에서 본래의 위치를 찾고 역할을 새롭게 재구성하는 것이라고 본다. 그래서 학교가 마을로 들어가는 것이며, 마을이 학교를 초대하는 것이다. 그럼으로써 학교에 마을살이가 자리 잡고, 학교 교과에서 마을교육과정이 뿌리를 내릴 수 있기 때문이다.

학교가 마을의 중요한 기관이 되고, 교사는 마을의 중요한 주민, 바로 마을의 유지가 되는 것이다. 학교가 마을과는 독립적인 별개의 기관으로 '이미 있고', 학교가 원하는 필요(창의체험학습 진행, 직업체험의 장 제공 등의 보충적 역할이나, 문제아동의 돌봄 등 특별한 문제해결의 방안 등)에 의해 마을이 호명되고, 학교가 직면하는 특수한 문제를 해결하기 위한 자원으로서 마을에게 역할이 주어지는(마을이 동원되는) 식의 '연계'가 이루어지면 곤란하다.

> …… 학교가 마을에 열리면 금상첨화다. 지금까지 학교는 지역에서 접근하기 어려운 치외법권지대(?)와도 같은 곳이었다. 제집 앞 골목조차 차들로 점령당한 형편에 그나마 아이들이 놀 수 있는 유일한 장소인 학교 운동장은 거의 접근 불가였다. 학교 선생님들은 대체로 다른 지역에 사시는 분들이었다. 학교가 마을에 연결되면 좋겠다. 그리 오래지 않은 예전에 학교가 마을의 놀이터고 운동장이었다. 학교 운동회는 마을의 큰 잔치였다. 선생님은 마을의 어른이자 유지였다. 마을에 중요한 행사가 있거나 함께 결정해야 할 대소사가 있는 경우 항시 선생님이 초대되고 선생님의 의견이 존중되었다. 마을살이의 이모저모가 학교 안에서 교육과정으로 공유되고, 아이들이 마을 이곳저곳을 누비고 다니며 동네 어른을 만나 마을 내력을 배우면 좋겠다. 학교 선생님들도 마을에 나와 동네 주민들과 마을 일을 의논하고, 주민들이 학교 수업이나 방과후 활동에 참여하면 좋겠다. 그래서 마을과 학교가 이어지고, 학교가 그야말로 동네의 중심이 되면 좋겠다.[07]

학교교육과정 중 기존 정규교과의 규정성이 상대적으로 약한 영역에서부터 마을교육과정을 시도하고 확장하는 것이 필요하다. 우선 학교 방과후의 교육과정을 마을 차원에서 운영하는 것이 바람직하다. 창의체험 학습이나 중등 자유학기제 등이 유력한 영역일 것이다. 또한 마을축제나 학교-마을협동조합 등은 학교가 마을과 집중적이면서 복합적으로 연결되는 계기가 될 수 있다. 이러한 활동은 지식 중심적인 기존의 전통적인 교육으로부터 상대적으로 자유로운 '체험과 관계 중심적인 활동'이다. 그리고 마을의 특정 장소들을 무대로 삼아 벌어진다는 '장소성'이 있고, 마을 주민들이 자연스럽게 참여하는 '협동적 활동'이라는 점에서 마을교육과정을 조직하기가 상대적으로 용이하다.

교육혁신의 선언

1960년대 복지국가의 퇴조와 신자유주의 약진은 1980년대를 경과하며 '경제적 양극화'와 '고용 없는 사회'를 글로벌한 현상으로 고착시켰다. 극단적 경쟁과 사회적 배제로 인하여, 대다수 약자에게 가해지는 고립과 단절은 그들의 생존 자체를 위협했다. 여기에 가속화되는 고령화와 개인화 현상이 결합되면서, 모두가 불안한 '존재적 불안' 상태로 내몰리고 있다. 형편이 좀 되는 사람들은 더 올라서지 못할까, 더 떨어질까 불안하고, 형편이 안 되는 사람들은 올라설 희망도 없이 일상이 그저 절망이다. 혼자 감당해야 하는 삶이 버겁고 외롭다. 그렇다고 누구와 함께할 수 있을지 모르겠다. '혼자는 외롭고 함께는 괴롭다' 했던가? 이제는 '공존(共存)'이 희망의 키워드다. 공존은 '공감(共感)'이 있어야 가능하며, '공유(共有)'의 기반이 있어야 유지된다. 공감은 다양성에 대한 '존중과 배려'의 태도를 전제로 한다. 각자 형편과 조건이 다르다. 그래서 각자에게 시급하고 절실한 필요와 요구가 다르다. 이를 공동의 필요와 요구로 합의하고, 합의를 협동적 행동으로 옮길 수 있어야 한다. 이러한 공동의 협동은 함께 협동하는 과정에서 만들어 낸 경험과 기억을 서로 공유하게 하고, '공공성'이라는 함께 신뢰하는 가치를 공유하게 하면서, 비로소 '함께'라는 의미를 '마음' 속에 자리잡게 한다. 이래야 자신의 존재적 토대를 가지게 되며, 일상에서 함께하는 관계를 실감하게 되고, 비로소 지속 가능한 관계임을 알고 존재의 불안을 떨쳐 낼 수 있다.

아이들이 마을 곳곳에서 마을 사람들과 부딪치는 일상적인 관계로부터, 다양한 도전과 난관을 경험하고 이를 넘어서려는 시도에서 새로운 관계를 성취하는 과정까지를 교육적으로 조직된 환경 속에서 통과할 수 있도록 할 때, 우리 아이들도 단단하게 성장할 수 있다. 안전하고 안정된 학습과 성장의 관계를 획득하고, 성장과 발달의 감각(느낌)을 몸에 새기는 것이다. 이 감각(느낌)은 자기 자신에 대한 자존감의 근원이고 무엇인가에 대한 성취의 동기이며, 뭇사람과의 관계에서 능동적 주체로 나서게 하는 추진력이 될 것이다.

미리 정해진 지식체계를 주어진 시간 내에 소정의 기준까지 숙지하고 숙달하며, 시험이라는 미리 정해진 상황 속에서 충실히 재현해 내도록 요구받는 지금의 학교 교육은 진정한 의미의 교육일 수 없다. 이는 교육적이기는 커녕 오히려 반교육적이며, 교육의 이름으로 반교육적 상황이 벌어지고 있는 것이다. 그래서 마을학교는 아이들의 교육적 성장과 발달이라는 교육 본연의 과제를 마을을 기초로 해서 실현하자는 교육혁신의 선언이다.

자생적으로 시도된 마을살이와 협동조합 등 새로운 사회·경제의 패러다임이 정부의 정책적 지원에 힘입어 가시화되고 대중적으로 활성화되고 있다. 이는 주민이 주체가 되어 삶을 살아가는 방식을 시도하고 익히는 과정이며, 경쟁이 아닌 상생의 관계를 확장하는 네트워크를 구축하는 일이다. 그것도 구호와 담론의 수준이 아니라 생활세계 속에서 일상을 살아가는 주민들이 직접 몸으로 만들어 가는 시도들이다. 이러한 새로운 혁신적인 흐름 속에서 마을학교가 부각되고 있다. 따라서 마을학교는 일상의 삶과 배움을 일치하는 주체의 발달과 성장을 중심에 두는 삶의 학교이자, 성인들과 아이들이 함께 성장하는 학습과정이다.

03

마을학교는 어떻게 만들어지나

마을학교는 어른들의 희망의 언어로 짜여진 마스터플랜으로는 결코 성공할 수 없다. 마을학교는 아이들의 작은 경험과 성취 속에서 교육적 성장이 일어나고, 그것이 보람이 되어 새로운 실천과 도전의 동기가 될 때, 비로소 추진력이 생긴다. 그래서 무엇보다 우선 아이들이 (피교육자가 아니라) 교육적 주체로 등장해야 한다. 아이들이 마을에서 교육적 주체로 등장한다고 하는 것은, 일단 주민의 일원이 된다는 것이다. 즉 마을학교는 아이들의 '주민되기'로부터 시작되며, 마을살이의 주체가 되는 과정에서 만들어진다. 우리는 아이들이 주민되기로부터 마을살이의 주체가 되도록 의도적으로 기획하는 활동을 통하여 마을학교를 만들려고 한다. 즉 마을학교는 아이들이 마을하기를 실행하면서, 그 과정 속에서 아이들이 교육적 성장과 발달을 경험하고, 동시에 그러한 교육적 환경과 교육과정을 구축하면서 만들어진다.

아이들의 마을살이

아이들이 마을의 엄연한 주체임을 스스로 실감하고, 마을의 여러 주민들 역시 아이들이 마을의 구성원임을 확인함으로써, 아이들의 '주민되기'는 시작된다. 주민되기는 주민으로서의 공감과 존재감을 획득함으로써 달성된다. 따라서 주민되기는 마을의 다양한 관계 속에서 형성되는 정체성이다. 주민되기의 다음 단계는 '역할하기'이다. 단지 학교와 학원에 있어야 하는, 모든 아이들 중의 하나인 추상적인 존재가 아니라, 어떤 순간 마을의 어떤 장소에서 어떤 일(짓)을 하고 있는 구체적인 존재감을 가지는 것이다. 마을에서 누군가가 자신을 경청하고 응시하고 기대하고 말 걸고 요청하는 존재가 되는 것이다.

아이들의 주민되기를 이끄는 손쉬운 예로 마을보물찾기를 들 수 있다. 아이들은 마을 곳곳의 여러 장소들(낯선 길거리와 후미진 골목, 경로당과 동사무소, 마을도서관과 어린이집 등)을 직접 눈으로 발로 살펴보고, 마을에 사는 다양한 주민들을 마주하고 인터뷰하면서 그들이 마을에서 살아가는 모습을 알아보고, 나아가 동네의 역사를 캐 보는 일 등을 하는 것이다. 이러한 경험은 아이들이 자신들이 살아가는 터전으로서의 마을을 실감하게 하고 자신의 존재와 자기를 둘러싼 관계를 새롭게 생각하게 하는 계기가 된다. 마을목공소의 풍경을 살짝 엿보자.

> 우선 이 의자에 누가 앉을 것인지를 알아야 한다. 어떤 사람이 왜 의자를 필요로 하는지 알기 위해 의자를 주문한 사람을 방문한다. 나이 많이 드시고 거동이 불편한 동네 할머니가 집 앞에 나와 앉아 휴식을 취하거나 나물거리를 다듬는 등 소일할 때 필요한 것이란다. 할머니의 체구를 눈에 익히고 의자를 놓고 앉을 장소를 살핀다. 그다음 교사의 안내에 따라

폐목재를 구하기 위해 동네를 누비고 버려진 가구를 발견해서 미리 디자인한 목재 치수대로 재단하고 조립해서 제작한다. 제작이 완료될 즈음에는 얼른 할머니에게 전해 주고 싶어 안달이 나지만 참는다. 마침내 완성, 얼른 달려가 할머니에게 앉아 보라고 보챈다. 무뚝뚝하기만 한 줄 알았던 그 할머니 너무 고마워하시며 안에 들어가 먹을거리를 챙겨 내놓으시고는 아이들에게 먹으라 하신다. 아이들은 가끔 할머니집 앞에 들러 할머니가 의자를 잘 사용하시는지 보곤 한다. 어느덧 할머니와 친해지면서 할머니의 딱한 사정을 듣게 된다. 보살피는 가족도 없고 이가 시원치 않아 제대로 음식을 드시지 못한다는 사실을 알고는 반찬을 챙겨 드리다가, 교사의 제안으로 할머니 생신상을 차려 드리기로 한다. 물론 직접 아이들이 요리를 해서 상차림을 하는 것이다. 목공수업은 바로 요리 프로젝트로 옮아간다.

목공수업을 통해 우리는 목재의 특성을 익히고, 기하학적 기획 능력과 공구 다루기 등의 종합적인 학습활동을 기대할 수 있다. 그러나 앞의 사례에서는 여기에 마을살이가 추가로 결합된다. 동네 할머니의 일상과 형편, 그리고 살아온 내력을 알게 되고, 할머니의 딱한 사정을 돕기 위한 활동으로 넘어간다. 목공수업은 요리수업으로 전환된다. 의자를 만드는 것만이 교육의 목표가 아니다. 의자 만들기를 통하여 할머니와의 관계를 경험하고, 할머니의 인생을 경험하며, 할머니를 돕기 위한 활동으로 나아간다. 여기서 교사는 목공의 물리적, 기계적 지식과 기술을 전수하는 데 그치지 않고, 할머니 등장시키기, 동네에서 폐목재 구하기, 요리 프로젝트 권하기 등의 결정적인 교육적 개입을 한다.

주민들의 교사되기

아이들의 마을살이 과정 속에서 마을의 주민들은 직접 혹은 간접적으로 아이들의 교육활동에 참여하게 된다. 교강사 또는 보조 교강사 등으로 직접적인 교수활동을 하는 경우도 있고, 대개는 아이들의 마을살이 활동에 연루되어 아이들과 대화를 나누거나, 조언을 하거나 또는 물건을 제공하는 등의 지원역할을 담당하기도 하고, 판매활동인 경우에는 아이들이 파는 물건을 사는 소비자 역할 등을 하면서, 알게 모르게 아이들의 (교육)활동에 개입하게 된다. 아이들의 마을살이는 '리얼 월드(real world)'에서 벌어지는 실제 상황이므로, 마을의 주민들 역시 실제 상황 속에서 마땅한 역할을 하는 것이다. 하지만 이 실제 상황은 교육적 상황으로 활용되므로 어느 정도 기획되고 준비되어 벌어지는 상황이기도 하다. 다시 말해 교육적으로 느슨하게 계획된 연극적 상황이라고 할 수도 있는 것이다.

주민의 생활과 삶 자체가, 즉 주민의 다양한 삶의 경험과 기술, 지혜가 아이들에게는 중요한 교육적 자원이다. 그냥 툭 던진 한마디의 질문이나 한 순간의 표정이 아이에게는 결정적인 교육적 도전의 과제를 안겨 주기도 한다. 동시에 주민들은 아이들과의 일상적인 관계 속에서 교육적 의미를 알아차리게 되고, 때론 세심하게 교육적 의미를 성찰하고 때론 적극적으로 교육적 역할을 수행하기도 한다. 더욱이 동네 다른 아이들과의 관계에서 얻게 되는 교육적 경험은 자기 자녀와의 관계에서 필요한 '거리두기'의 감각을 일깨워 준다.

교사-학교의 마을하기

학교의 교사가 아이들과 마을하기를 한다는 것은 정규수업이나 동아리활동 등을 이용하여 아이들의 마을살이를 교육적으로 조직하는 것이다. 그 과정에서 마을의 여러 장소와 역사, 환경 등을 교육적으로 해석해 내고, 마을 주민들의 일상과 주민들과의 관계를 교육적 환경과 자원으로 파악하여 재구성하는 것이다.

하지만 교사가 바라고 원하는 수준의 교육적 준비를 갖춘 마을은 별로 없다. 오히려 교사가 그러한 환경을 만들고 교육적으로 재조직하는 역할을 해야 하는 상황이다. 우리나라에서 도시와 농촌을 막론하고 마을은 초고속 근대화 과정 속에서 이미 파괴되었다. 마을을 다시 복원하려는 시도 역시 이제 시작 단계에 불과하다. 따라서 마을살이가 제법 번성한 곳이 있다 해도 아직은 미미할 뿐더러, 교사들이 교육활동을 할 정도에 이르기에는 턱없이 부족하다. 그래서 교사 입장에서는 바로 실망하게 된다. 마을이 교육적으로 별 효과적인 자원을 가지고 있지 않는 것이다. 이런 상태에서 마을과 연계하는 학교는 피곤한 일이 된다.

그래서 교사와 학교가 마을학교, 마을 연계형 학교를 만드는 일은 교사와 학교가 마을을 교육적 터전으로 재구성하는 일에 능동적으로 나서는 것을 의미한다. 즉 학교와 교사가 지역사회를 마을공동체로 복원하는 마을하기에 적극 나서야 비로소 교사와 학교에게 마을이 의미 있게 다가서게 된다. 학교와 교사가 마을을 교육적으로 재해석하고 재구성하는 주체가 되어야 한다. 그래야 학교의 존재감이 마을에 생기고 마을에서 학교의 위치와 역할이 기능적이고 도구적인 것을 넘어 '마을 속 학교'의 진정한 의미를 실현할 수 있다. 학교와 교사가 아이들과 함께 지역사회에서 마을을 복원하는 일에 직접 나서야 한다. 준비된 마을은 없다.

마을복지

4

01

복지전달체계의 혁신

찾아가는 복지

일명 '찾동'으로 불리는 〈찾아가는 동주민센터〉 정책은 복지전달체계의 획기적인 혁신을 목표로 한다. 그 혁신의 중요한 방향은 말 그대로 '찾아가는' 복지를 강화하겠다는 것이다. 즉 모든 주민을 복지 서비스의 대상으로 보고(보편복지), 또한 앉아서 기다리지 않고 적극적으로 찾아가서(능동복지) 서비스 수요를 발견하겠다는 것이다. 이렇게 보편복지 플러스 능동복지 시스템을 구축함으로써 사각지대가 생길 여지를 없애는 것이 정책목표다. 예를 들면 임산부와 출산 이후 영유아를 돌보는 가정을 챙기고, 65세가 된 어르신의 건강을 챙긴다. 특별한 사정이 있거나 긴급한 상황에 한하여 대응하는 식이 아니라, 아이를 가지거나 65세 연령에 도달한 모든 주민을 대상으로 생활의 필요를 묻고 결핍을 확인하여 필요한 서비스를 제공한다. 아울러 서비스 대상자가 동주민센터 창구에 직접 찾아와서 요청해야만 대응하던 것에서, 일

일이 가가호호 방문하여 주민의 필요를 발견한다는 계획이다. 방문할 때는 복지사와 간호사가 동행하기 때문에 보건의료적 점검은 물론이며 생활상의 곤란한 사항을 종합적으로 점검하고 필요한 서비스를 적시에 제공하여 문제를 해결한다는 점에서 복지전달체계의 획기적인 진전이다.

이렇게 되면, 우리 사회에 커다란 충격을 주었던 송파 세 모녀 사건을 통해 그 심각성이 드러난 '복지사각지대' 문제를 해결할 수 있게 된다. 복지서비스 수요를 선별적으로 발견하거나 수동적으로 대응하지 않고, 모든 주민을 수요 대상으로 삼고 적극적으로 찾아가서 발견하는 시스템을 구축함으로써 사각지대가 생길 여지를 없애 버리면, 고립된 도시에서 빈곤에 눌려 어디 하소연할 데도 없이 살아가거나 결국 자살에 이르게 되는 등의 불행한 일을 미연에 방지할 수 있기 때문이다.

동주민센터의 공무원들이 통반을 나누어 맡아서 일상적이고 정기적인 방문 등을 통하여 안부를 묻고 어려움을 확인함으로써, 어려움에 처한 주민이 오랫동안 방치되는 일이 없도록 촘촘한 복지망을 짜는 것이다. 이른바 '우리동네 주무관'이라는 제도로서 동주민센터의 직원들이 마을주무관으로서 관할지역의 주민들 형편을 파악하도록 하여 긴급한 필요에 즉각 대응하고, 절실한 필요에 적절한 대책을 강구하여 적기에 문제를 해결할 수 있는 1차 경보체계를 구축하는 일이다. 그러려면 절대적으로 인력이 충원되어야 하는데, 2천여 명에 달하는 사회복지사를 신규로 채용하여 동별로 분산 배치하여 상시 방문 체제를 구축한다는 목표를 세웠다.

또한 동주민센터에 통합적인 사례관리의 기능을 도입하고 강화하였다. 이는 서비스 공급자 중심에서 수요자 중심의 서비스 설계와 제공을 목표로 한다. 서비스 공급기관은 각각의 전문 영역으로 분화되어 있어 수요자 입장에서는 불편하거나 종합적인 설루션 제공이 어려워 실효를 거두기 어렵다.

그래서 수요자를 두고 필요를 종합적으로 파악하고 이를 우선순위와 적기, 순차들을 효과적으로 판단하여 제공하고 이를 체계적으로 관리하는 시스템이다. 이를 동(洞)이라는 지역범위 안에서라야 가능한 밀접한 대면관계를 바탕으로 신속하게 이루어지도록 한다는 것이다.

하지만 근본적인 과제는 복지서비스 자원의 확충이다. 수요를 보편적으로, 적극적으로 발견하더라도 이를 충족시킬 복지자원이 충분하지 않으면 허구이고, 곧장 수요발견 시스템은 무용지물로 전락할 것이기 때문이다. 다른 OECD 국가에 비교해 절대적으로 국가의 복지재정 지출이 부족한 우리나라에서는 복지재정의 확충이 전제되어야 한다. 아울러 민간의 복지자원을 개발하는 일도 중요하다. 지역사회라는 공동체적 유대와 호혜의 정신을 바탕으로 재물과 품을 모으는 일이다. 공공이 제공하는 서비스자원뿐만 아니라, 지역사회의 대면관계가 바탕이 된 살가운 자원이 모아지고 전달되며, 그와 함께 호혜와 유대의 마음이 공유되는 것이다. 따라서 이는 국가재정으로 여의치 않은 복지자원을 메우는 것 이상의 의미를 가진다.

함께하는 복지

찾동 정책을 통해 구현하려고 하는 또 다른 전략적 목표는 '함께하는 복지'이다. 즉 주민들 스스로 해결하려는 '자구적(自救的)' 노력을 촉진하고 지원한다. 복지서비스 수요자가 단지 수혜자의 지위로 고착되고, 그리하여 심리적인 낙인감이 내면화되는 일이 없도록 스스로 문제를 해결할 수 있는 힘을 가지게 하는 것이다. 더욱이 취약계층에만 집중하는 선별적 복지가 아니라 보편복지의 시대에서는, 자구적 해결력을 가지도록 하는 일이 당장의 서비스 결핍을 충족하는 일을 넘어 인간다움을 지향하는 복지 본연의 정신에 더욱 가까운 해법이다.

예를 들어 65세가 되면 보편복지의 대상으로서 당연 방문 대상자가 되지만, 65세는 노인이라 하기 민망할 정도로 젊다. 오히려 "나를 왜 찾아와?"라며 다소 불쾌한 반응을 보이는 경우도 많다. 하지만 은퇴한지 오래됐고, 일자리 얻기는 쉽지 않아 백수로 지낸지가 꽤 된다. 형편이 넉넉한 것은 아니라도 일을 하기는 버거워 근검한 살림살이로 살아가지만 무료하고 낙이 없다. 더욱이 은퇴 전에 가진 경험과 전문적 식견이 소용이 없다. 뭔가 소박하게나마 여가를 즐기며, 자기실현에 대한 욕구도 크다. 이런 주민에게는 특별히 아프거나 건강상의 문제가 없는 한, 다른 대책이 필요하다. 예를 들면 연령대가 비슷한 이웃들끼리 인근 동네별로 연결하여 함께 동네 텃밭을 가꾸는 일을 한다든지, 사업경험이 있는 분들은 마을기업 컨설팅을 한다든지, 지역사회나 마을에서 소일하면서 기여할 수 있도록 연결하는 것이 필요하다. 어쩌면 이분들에게는 동네에서 이런 관계망에 연결되고 소소한 일거리를 가지는 것이 가장 절실한 복지일지 모른다.

한편 막 둘째 아이를 출산한 산모의 예를 들어 보자. 첫 아이를 낳고 키워본 경험이 있어서 보건의료적인 지원보다는 큰아이 챙기는 일이 더욱 절실하다. 큰아이가 동생이 생기자 엄마에 대한 애착적 행동이 심해지고, 잘 가던 어린이집도 잘 안 가려고 한다. 만일 이 엄마에게 가까운 동네에서 또래 아이들의 품앗이 프로그램이 있어 참여할 수만 있다면, 일주일에 하루만 5명의 아이들을 돌보면 나머지 4일이 해결될 수 있으니 매우 만족스런 해법이 된다. 더욱이 자연스럽게 이웃 아줌마들과 친하게 지낼 수 있어 산후 우울증도 말끔히 해소되고 심리적인 지지까지 얻게 된다. 선후배 엄마들로부터 얻는 푸짐한 실전 육아정보는 덤이다. 생활의 필요를 이웃과 함께 자구적으로 해결하는 것, 이것이 보편복지 시대에 딱 맞는 문제해결 방식이다.

이러한 자구적 해결을 도모하는 마을살이 관계망 그 자체가 누군가에게는 절실할 복지자원의 창고가 된다. 우리가 지향하는 지역복지의 생태계는 주민들이 서로서로를 함께 돌보는 마을관계망이 기초에 깔릴 때 이루어지는 것이 아닌가. 국가의 책무성에 기초한 '권리로서의 복지'가 보편적으로 실현되고 사각지대가 생기지 않도록 하는 것과 함께, 당사자들이 자구적으로 함께 해결을 도모하고, 이를 지원하는 마을관계망이 함께 만들어질 때, 양자는 서로 시너지를 낼 것이고, 결국 복지에 대한 만족도와 지속가능성을 높이게 될 것이다. 즉 '찾아가는 복지'와 '함께하는 복지'의 융합이다. 〈찾동〉 정책은 보편복지를 실현하고 스스로 함께 해결하는 복지 생태계를 조성하는 '마을 지향 복지'의 제도화를 향한 첫걸음이 될 것이다.

02

마을계획과 찾동

민선 5기 3년에 걸쳐 추진된 마을 정책 1기(2012~2014) 동안의 성과는 주민의 '등장과 연결'이고, 그다음 과제는 '성장'이었다. 성장의 전략은 '면(面)' 전략이었다. 주민 3인 이상으로 구성된 점(주민모임)이 등장하고, 이 점은 오지라퍼의 활약으로 선으로 연결되면서 면(마을모임)을 형성하기 시작하였다. 이 면이 어떻게 확장되고 심화되는냐가 성장의 지표였다. 마을 정책 2기는 '점-선' 전략에서 '면' 전략으로 전환하는 것이 과제였다.

면 전략과 마을계획

면(面) 전략의 핵심은 참여한 다양한 주민들이 서로 다른 욕구, 서로 다른 형편과 처지에도 불구하고 민주적인 소통을 통하여 공공(公共)의 결론을 합의해 내는 '공론장'을 형성하고 운영하는 것이다. 주민들이 마을에서 이웃들과 스스로 자유롭게 공론장을 만들어 운영해 보도록 하기 위하여 〈마을계획〉 프로그램을 설계하여 도입하기로 했다. 마을계획이란 3인 이상의 이웃들이 모여 하고 싶은 일들을 하는 것이 아니라, 훨씬 많은 수의 주민들이 모여서 동네에서 시급하고 절실한 일이 무엇인지 토론으로 합의하고, 실행계획을 직접 짜서 실천에 옮기는 프로그램이다. 그동안 서울시가 부서별로 진행한 마을사업이 지역사회를 활성화시켰지만, 등장한 주체들이 협력을 도모하면서 문제해결력을 높여야 하기에, 다수의 주민들이 공론장에서 토론과 숙의를 통해 사업을 결정하고, 함께 실행해 보는 경험을 쌓을 필요가 있었다. 그리하여 단순 의제 중심의 공모사업을 '계획형 사업'으로 전환하고자 했다. 또한 주민참여예산제를 마을계획을 통하여 합의 결정한 사업을 집행하기 위한 예산으로 쓰일 수 있도록 한다면, 마을계획은 행정의 지원방식을 근본적으로 변화시키는 모델을 만드는 것이기도 했다.

근린형과 행정동형

당초에는 점이 연결되어 면이 되는 장소와 규모가 대개는 도보로 5분에서 10분 정도 걸리는 근린(neighborhood) 범위였으므로, 흔히 골목이라 부르는 범위의 이웃들이 맺고 있는 관계망을 대상으로 삼았다. 이른바 '근린(近隣)형' 마을계획이다. 그러나 동주민센터가 관할하는 규모에서 해당 동의 주민들을 대상으로 마을계획을 추진하는 이른바 '행정동(行政洞)형' 마을계획 안이 제안되었다. 당시의 수준으로 보면 행정동이 근린형보다 면적이나 주민의 규모 면에서 컸다.

마을살이의 속도나 활동 방식과 문화, 무엇보다 마을계획을 추진해 갈 마을의 역량에 비추어 적절한 방법은 근린형이었다. 하지만 마을계획을 주민이 주도하는 마을 정책의 기본틀로 안착하기 위해서는 법정 주민대표 조직인 주민자치위원회가 구성되어 있는 동을 기본 터전으로 삼아야 한다는 주장도 일리가 있었다. 주민자치회를 중심으로 여러 직능단체에서 활동하고 있는 풀뿌리 보수층 주민들과의 반목을 풀고 서로 협력적 관계로 발전시켜야 한다는 점에서는 더더욱 동을 중심으로 마을계획을 추진할 필요가 있었다. 반대로 풀뿌리 보수층을 중심으로 운영되고 있는 동 단위 주민조직에 섞여서 건강한 협력의 문화를 만들기에는 마을의 역량이 태부족이므로 오히려 결합하면 갈등이 유발되거나 하는 부작용이 생길 수밖에 없다는 의견이 맞섰다. 민선 6기 시작부터 마을계획을 두고 아주 팽팽한 논쟁이 벌어졌다.

동 단위로 복지전달체계를 촘촘히 짜려는 〈찾동〉 정책은 민선 6기의 핵심적인 공약사업으로 이미 추진되고 있었던 터이고, 박원순 시장은 동을 기본 거점으로 주민들의 마을관계망을 확장할 것을 강력히 요청하였다. 마을살이가 지역의 다양한 주민들로 확장되려면 결코 우회할 수 없는 것이 동주민센터이며, 마을주체의 역량이 부족하고 부작용이 불가피하더라도, 민선 6기 초에 추진한다면 마을 정책을 제도화시키는 데 효과적이라고 판단하였다. 다만 보완책은 필요했다.

100명 이상의 다양한 주민들이 모여 6개월 이상 회의를 진행하고 마침내 동네에 필요한 무언가를 합의하고 결정한다는 것은 실로 만만치 않은 일이었다. 회의를 통한 협의와 의사결정의 절차뿐만 아니라, 그 절차 진행 과정에 파생되는 오해와 갈등, 혼선으로 점철되는 우여곡절을 해결하지 않고서는 원만한 진행이 불가능하다. 그런데 이 우여곡절은 공식적인 회의만으로는 해결이 어렵고, 수시로 비공식적인 설득과 조정을 위한 노력을 기울여야 해소된다. 이를 위해 '마을사업전문가' 제도를 도입했다.* 주민참여 업무를 전담하는 임기제 공무원을 채용해 동마다 1인씩 배치하였다. 마을활동 및 주민조직 활동의 경험이 있는 분들을 공개모집하여 행정동에서 주민참여를 촉진하는 임무를 수행하도록 하였다. 한 마디로 동 단위의 중간지원조직을 설치한 것과 같은 효과를 기대한 것이었다.

이후의 평가에 따르면, 마을사업전문가는 공무원 신분을 가지기 때문에 주민들과 자유롭게 접촉할 수 있었고, 나아가 이들의 활동이 주민들에게 매우 수용적으로 받아들여지는 장점이 있었다. 한마디로 '먹어 주더라'는 것이다. 1년에 걸쳐 진행되는 마을계획과 마을총회의 지난한 대장정을 이끌어 올 수 있게 한 여러 요인들 중에 마을사업전문가의 역할을 으뜸으로 꼽을 수 있을 정도였다. 이렇듯 행정 내에 주민들의 참여를 촉진하고 주민활동을 지원하는 전담자가 있다는 것은 매우 실질적이고도 획기적인 조치였다. 아울러 민간(마을과 지역의 활동가)에서도 행정기관의 시스템과 특히 주민과 연관된 세밀한 행정의 기능을 구체적으로 학습하는 소중한 기회가 되었다. 이 제도는 이후 '동지원관' 제도의 기초가 되었다. 이렇게 해서 마을공동체 정책은 마을계획을 매개로 찾동 사업에 결합하게 되었다. 그동안 근린형으로 준비하였던 마을계획 프로그램을 행정동형으로 다시 재구성하여, 찾동 추진단에 참여하게 했다.

* 당시 서울시에서 마을사업전문가들의 인건비를 부담하지 않으면 구청에서는 수용하기 어렵다는 문제제기가 있었고, 서울시가 구청에서 근무하는 공무원의 인건비를 지원하려면 조례상 복지직이 아니면 어렵다는 판단이 있었다. 그래서 취지상 적절하지는 않지만 불가피하게 사회복지사 자격과 경력이 있는 사람만을 마을사업전문가로 채용할 수밖에 없었다. 그러나 사회복지사는 대부분 지역의 주민들과 일상에서 대면접촉을 하고 주민들과 밀착하여 업무를 하기 때문에 큰 문제는 없을 것으로 판단했다.

03

협치와 찾동

풀뿌리 보수와 찾동

마을공동체 정책을 처음 추진할 때 대부분의 사람들이 반대했다. "21세기 대도시에서 무슨 마을이냐?" 참으로 한가하고 낭만적이라고 여기는 시선, "동네를 바꾼다고 세상이 바뀌느냐?" 사회구조를 바꾸는 정책과 정치적 해법을 강조하는 입장, "다 인정하더라도 정부와 협력이 가능하겠느냐?" 정부주도에 대한 회의와 민관협력을 불신하는 입장 등 각각의 이유는 달랐지만, 대체로 '정책으로 마을'을 하려는 시도에 부정적이었다. 그러나 이보다 훨씬 곤란하고 난감했던 반대세력(?)이 있었다. 동네에서 오랫동안 상당한 결속력을 유지하고 있는 이른바 풀뿌리 보수층이다. 이분들은 이러저러한 정책적 입장이나 견해 차이 이전에 마을공동체 정책에 대한 직접적인 '반감'을 가지고 있었으며, 노골적으로 드러내곤 했다. '종북좌파'라는 이념적 딱지를 붙여 배제하기도 하고, 정책을 추진하는 활동가들이나 마을사업 참여하는 주민들을 '박원순 부대'라며 불편한 경계심을 드러내곤 했다.*

이분들은 지역에서 오랫동안 살고 있고, 동네에서 생업을 꾸리는 경우가 많다. 대체로 주민자치위원회를 중심으로 연결되어 있고, 새마을운동협의회, 바르게살기운동협의회, 동방위협의회 등 10여 개가 넘는 다양한 직능단체를 거점으로 활동을 하고 있다. 주민자치위원회에는 이른바 '유지(有志)'라 불리는 리더 격의 주민들이 중심적으로 활동하고 있는데, 이분들은 동네에서 봉사활동을 수행하거나, 통반장 등 공적 네트워크에 속해 있으며 여러 지역의 다양한 관계망에 촘촘히 연결되어 있다. 공무원들과도 이래저래 알음이 두텁고, 지역에 대한 애착과 자부심이 무척 강한 편이다.

그런데 대부분의 주민자치위원회 관계자들은 서울시 마을공동체 사업에 대하여 관심이 없었다. 아니 다소 정치적 의심의 눈초리로 보고 있었다. 직접 사업계획을 짜고 실행하는 공모사업에 익숙하지 않은 탓도 있었을 거다. 반대로 마을에서 활동을 하다 보면 주민자치위원회에 관심을 가지게 되는데, 여간해서 주민자치위원회 분들과 함께하기 쉽지 않다. 주민자치위원회에 직접 다가가기 위해서 문을 두드려 보지만 만만찮은 진입장벽이 있어 위원이 되기란 참 어렵다. 위촉 방식도 선정위원회가 있기는 하지만 동장의 낙점으로 결정되기 일쑤이고, 동장 역시 기존 자치위원회의 의중을 크게 거스르지 않는 범위에서 구성하다 보니, 외부인의 시선으로 보기에는 '그들끼리의 리그'로 운영되었던 것이다.

하지만 그렇다고 이분들을 내버려 두고, 마을 정책을 추진할 수는 없었다. "마을에 여야가 없고, 마을에 진보 보수가 따로 없다"는 소신을 가지고 있었기

* [월간조선] 2012년 9월 2일자 게재된 〈'좌파양성소' 의혹 성미산마을에 가 보니〉 기사에서 박원순 시장의 마을공동체 정책을 좌파집단이 주도하는 것으로 기술하고, 박원순 시장이 2017년까지 3,180명의 마을운동가를 양성하겠다고 밝힌 계획에 대하여 '박 시장의 친위대'라는 시각으로 설명하기도 했다.

때문이다. 무엇보다 마을은 처지와 형편이 서로 다른 주민들이 부대끼며 함께 살아가고, 정치적 견해가 다르거나 소속된 정파가 달라도 서로 토론하고 협의하면서 함께해야 하는 삶의 공간이기 때문이다. 차이를 부각시켜 분리하기보다는, 공통점을 드러내서 공존하는 것이 마을의 윤리다. 하지만 그게 쉽지 않다.

그래서 주민자치위원회를 위한 별도의 공모사업을 시행해 보았다. 몇몇 주민자치위원회의 참여가 있었지만 그마저도 얼마 되지 않는 숫자였고, 제출한 사업계획 역시 그리 알차게 준비된 것도 아니었다. 결국 아무리 이쪽에서 손짓을 해도 호응을 끌어내기가 어려웠다. 발상의 전환이 필요했다. 그 '내부'에서 동기가 생겨야 했다. '외부'에서 초대하는 것에는 한계가 분명했다. 부정적인 선입견이 있을 경우, 외부의 손짓은 오히려 부작용을 만들 뿐이다. 특히 이분들은 제도 내 공식적 위치성에 대한 자부심과 기득권 의식을 가지고 있다. 그래서 그 제도 내부의 공식성을 인정하고 존중해야 비로소 접속이 가능하다는 판단에 이르게 되었다.

주민자치위원회를 위한 공모사업에 응모한 동 중에서 동장이 유난히 적극적이고 열린 분이 계셨는데 이 동은 사업계획뿐만 아니라, 이후 추진 과정도 상당히 활발하였고 성과적이었다. 덕분에 동장의 중요성을 알게 되었다. 이미 몇몇 구청에서는 마을 정책을 적극적으로 추진하고 있던 터라, 동장이 마을공동체 정책에 대하여 긍정적으로 인식하고 있는 경우에는 풀뿌리 보수층의 참여도 원활하고, 나아가 이미 마을사업에 참여하고 있는 주민들과의 협력도 용이했다. 동장이 중간에서 양쪽을 다 아우르니 별 갈등 없이 한자리에 앉아 이야기를 나누게 되고, 그러다 보면 그리 별난 사람들이 아니라는 것을 서로 알게 되었다. 그러면서 자연스레 협력이 일어나고 서로 친해지더라는 것이었다. 이런 긍정적인 경험이 찾동 정책에 결합하여 동 단위 주민관계망을 만들어 가기로 마음먹는 데에 긍정적인 영향을 미쳤다.

복지와 마을의 동행

찾동 정책과 결합하기로 결정을 보았지만 또 다른 고민이 있었다. 과연 복지와 마을이 융합 가능한가였다. 마을과 복지는 서로 철학이 다르고 협력의 경험이 거의 없어서 동일한 정책사업을 함께 추진할 수 있을지 자신이 없었다. 더욱이 이미 복지는 행정과 서울시복지재단이 중심이 되어 찾동 정책의 초기 사업명이었던 〈동복지허브〉 정책을 민선 6기 공약사업으로 이미 결정하고, 당선 직후 본격적인 추진을 위한 준비에 박차를 가하고 있었다. 반면 마을은 뒤늦게 합류하는 모양새여서 더 염려가 컸다.

찾동은 동(洞)이라는 행정 단위를 기본으로 복지전달체계를 촘촘하게 짜는 정책이고, 마을의 이웃관계망이 동 단위 복지전달체계에 결합되어야 한다는 박원순 시장의 의지가 강한 것도 있어, 이러저러한 염려는 해결해야 할 과제로 안아야 했다. 결국 복지와 마을은 장기적으로 융합을 목표로 하되, 초기 단계에서는 '따로 또 같이' 가는 것으로 합의를 보았다. 일단은 따로 추진하되 어떤 지점에서 서로 어떻게 만날지에 대한 평가와 협의를 계속해 가기로 했다. 그래서 마을은 동 단위 〈마을계획〉에 집중하고, 복지는 신규로 채용하여 동주민자치센터에 투입하는 2,400여 명의 사회복지사들을 활용하여 '촘촘한 복지망'을 짜는 일에 각기 전념하기로 하였다.

그런데 시범사업으로 1년을 시행한 결과, 복지와 마을 분야가 서로 분리된 채로 고착화될지도 모른다는 염려가 제기되었다. 그래서 사업시행 1년차인 2015년 하반기에 마을과 복지의 융합이라는 전략적 정책목표를 확인하기 위해 복지와 마을 양측의 정책 책임자들이 정책토론을 벌였다. 3차에 걸친 토론 내내 쟁점은 명확했다. 복지 쪽에서는 공적 책임성에 기초한 정부의 하향적 전달체계를 촘촘히 하자는 것이었다. 즉 사각지대를 없애야 하고, 이

것은 정부의 공적 책무이기 때문에 공공의 자기 책임 아래 추진되어야 한다는 것이다. 반면에 마을 쪽에서는 주민의 자발적인 관계에 기초한 커뮤니티 기반으로 돌봄망을 짜지 않는 한 촘촘한 복지망은 만들어질 수 없을 뿐더러, 당장 복지 쪽에서 기대하는 동 단위의 공적 전달체계에 대한 만족도도 그리 향상되기 어렵다고 보았다. 그래서 보편복지 시대에 걸맞게 근린 커뮤니티에 기반한 마을돌봄의 체계를 강화하는 데 초점을 두어야 한다고 생각했다. 또한 복지 진영은 마을 진영이 복지에 대하여 가지는 이러한 입장을 기본적으로 인정한다 하더라도 수긍할 수 없는 몇 가지 이유를 제시했다.

첫째, 마을활동 방식을 복지시스템으로 가져오면 공공의 책무성을 흐리게 하는 효과가 있고, 국가 복지체계가 마땅히 감당해야 할 과제를 커뮤니티에 전가시킬 수 있다는 점을 우려했다. 둘째, 복지라는 공적 시스템을 이웃관계가 지배하는 사적 시스템으로 전환하거나 결합하게 되면, 복지행정정보전산망이 마을이라는 사적(私的) 영역에 노출되어, 개인정보의 공개에 따른 윤리성의 문제가 생길 수 있음을 지적하였다.

마을이라는 실체가 무엇인지, 누가 마을을 구성하고, 마을은 지역에서 어떻게 작동하며 어떤 역할과 기능을 하는지 보이지 않았던 것은 아닐까. 그러니 마을이 국가 중심의 복지를 대체할 수 있으리라고 여기기 어려웠을 것이다. 물론 그 실체가 있다 하더라도 마을은 복지를 보완하는 정도, 취약계층을 돌보는 보조적인 역할 이상으로는 보지 않았을 것이다. 역시 조금 다른 문제이기는 한데, 이미 짜여진 제도와 시스템으로 돌아가는 복지계로서는 그 제도 틀에서 마을을 해석하기 어려웠을 수 있다. 단적으로 말하면 사회복지사업법상 사회복지직 공무원의 업무 영역이 명확히 기록되어 있고, 마을 업무는 복지직 공무원의 업무로 인정될 수 없었다. 복지직 공무원이 마을 업무를 해도 '수당'을 청구할 수 없다는 것이다. 제도적으로는 마을과 복지가 행정 안에서 만나기는 시기상조였다.

어쨌든 이러한 논쟁적 토론은 서로 상대방에 대한 이해를 넓혀 주고 상호 결합의 지점에 대한 구체적이고도 면밀한 준비가 필요하다는 데에 입장을 같이하게 했다. 즉 공공적 복지체계의 강화는 여전히 필요하며, 커뮤니티에 기반한 호혜적인 돌봄관계망 역시 함께 준비되어야 하므로, 초기부터 양자 결합에 대한 비전을 공유하고 현재 수준에서 가능한 협력의 실천방안을 찾아야 한다고 합의했다. 당시 판단으로는 '우리동네 주무관' 제도가 바로 그런 협력과 융합을 가능하게 하는 최적의 방안이었다. 하지만 이후 정책 추진 과정에서 동주민센터 공무원들의 업무 하중이 너무 과도해진다는 이유로 유명무실하게 되어 버려 무척 아쉬웠다. 마을에서 주민들이 '함께하는 복지체계'를 만들어 갈 때, 통반장과 자원봉사 활동가들은 매우 중요한 자원이라는 점에서 우리동네 주무관제의 정상화는 매우 필요한 과제였다.

주민자치와 찾동

찾동 정책이 가지는 가장 중요한 의미 중의 하나는 자치이다. 2015년 사업 1차 연도에 4개 구가 시범사업으로 찾동을 진행했는데, 마을계획을 수립하는 1년과 마을총회를 통하여 확정한 계획을 실행하는 1년, 합쳐서 2년을 하나의 프로그램으로 진행하였다. 특히 동마다 100여 명의 주민으로 구성된 마을계획단이 6개월에 걸친 토론을 통해 마을계획을 수립하고 300~400여 명의 주민들이 참여하는 마을총회를 통해 최종적으로 결정하는 광경은 참으로 감격적이기까지 하였다.

1차 연도 시범적으로 실시된 마을계획-마을총회 과정을 평가하면서 실질적인 주민자치의 모습을 떠올릴 수 있었다. 주민자치위원회가 직접 마을계획-마을총회를 운영하고, 마을계획을 운영하는 주체가 주민자치위원회에 참여할 수 있다면, 명실상부한 동 단위 주민자치체가 실현되는 것이다. 자발적인 주민들의 사적 관계에 기초한 관계망이 아니라, 법에 기초한 일정한 권한이 위임되는 제도로서, 주민이 주체가 되어 스스로 결정하고 집행할 수 있는 합법적인 주민자치의 틀이 되는 것이었다.

주민자치위원회는 1998년에 법정 조직으로 전국에 일시에 만들어졌다. 동이라는 최소 행정 단위에서 주민이 직접 참여하는 위원회를 두어 풀뿌리 지방자치의 거점이 되도록 한 것이다. 이는 우리나라 지방자치의 역사에서 중요한 첫 발걸음을 디딘 것으로 평가된다. 하지만 주민이 참여하고 나설 수 있도록 촉진하는 면밀한 지원계획 없이 일괄적으로 설치되면서 일부 지역 유지들의 공간으로 전락해 버렸다고도 평가된다.

그래서 마을계획-마을총회의 시도는 동 '주민센터-주민자치위원회'를 진정한 의미의 풀뿌리 자치의 거점으로 제대로 자리매김하게 될 것이라는 기대가 있었다. 민선 5기의 마을 정책 1기가 추진된 3년간 새로이 등장한 주민들의 마을살이가 동주민센터와 주민자치위원회를 거점으로 연결된다면, 마을관계망의 획기적인 확장이 가능할 것으로 보였다. 더욱이 마을 활동가들을 불온시하면서 마을공동체 정책을 정치적인 색깔로 보고 배제하려는 분위기를 바꿔 낼 기회였다. 또한 동은 행정 전달체계의 최말단이며, 생활세계의 현장에서 움직이는 행정 단위이므로, 바로 이곳에서 행정의 혁신이 일어난다면 광역정부 차원의 행정 혁신과는 비교가 안 될 정도로 일상생활 속에서 체감되는 혁신이 될 수 있었다. 동주민센터와 주민자치위원회가 바로 마을살이의 거점이 되고 행정 혁신의 시발점이 된다면 진정한 지방자치, 주민자치의 토대가 굳건히 다져지게 되는 것이었다.

협치와 찾동

찾동 정책은 전방위의 융합정책이다. 복지, 행정, 마을, 건강, 여성 등 실국 단위의 행정부서가 수평적인 정책통합을 하고, 광역에서 기초, 동주민센터에 이르는 행정의 수직적 계열 전체가 협력하는 체제를 전제로 한다. 물론 지역사회 민간 주체들이 행정기관과 함께한다. 민-관, 광역-기초-동, 부서-부서 등 세 가지 층위에서 서로 다른 주체들이 중첩된 협력체계다. 정책의 기획 단계에서부터 사업집행계획 수립까지 처음부터 다양한 주체들이 함께 참여하였고, 실제의 집행 역시 동시적으로 함께 추진했다. 그래서 찾동은 매우 '복합적인 소통과 협력'이 작동되어야 실행 가능한 정책이었다. 그런데 이 협력이 사업을 처음 시작한 민선 6기 내내 깨지지 않고 지속되었다. 서울시의 역대 정책 중에서 이렇게 다양한 주체들의 전방위적인 협력을 중첩적으로 작동시킨 사례가 없었다. 찾동은 가장 협치적인 사업 중 하나였다.

이후 424개 주민자치위원회가 주민자치회로 순조롭게 전환되고 나면, 다른 다양한 부서들이 협력을 요청할 것으로 기대된다. 동이 행정의 말단이면서 생활현장에서 기능하므로, 동 단위에서 다양한 부서와 정책의제들이 협력하고 융합한다면, 주민들의 정책에 대한 체감적 효능감은 배가 되고, 행정력의 소모는 대폭 절감되는 엄청난 시너지가 발휘될 것이다. 또한 장차, 현행의 부서별 독립예산제는 동을 중심으로 하는 예산 편성 및 집행 방식으로 개선 또는 재편되어야 할 필요가 더욱 커지게 될 것이다.

5

협치, 혁신의 디딤돌

01

위기의 징후들

박원순 시장이 재선에 성공함으로써 3년 남짓 추진한 혁신 정책을 새로운 4년 동안 일관되게 계속 이어 갈 수 있었다. 3년의 경험과 성과를 바탕으로 뭔가 제대로 할 수 있을 것이라는 기대가 컸다. 마을공동체 정책은 '점선 전략에서 면 전략으로' '등장과 연결에서 이제는 성장으로'라는 캐치프레이즈를 걸고 본격적인 마을 형성을 위한 도전에 나섰다.

공모제 피로도

하지만 희망찬 것만은 아니었다. 현장에서 슬슬 '공모제 피로도'라는 말이 나오기 시작했다. 앞서 밝힌 대로 혁신에 앞서 행정 혁신을 강조했지만, 전형적인 재정지원 방식인 공모제를 대체할 대안이 없었던 상황에서 공모제를 약간 수리하는 정도로 개선하여 사용할 수밖에 없었다. 서울시의 여러 부서들이 마을공동체 정책을 중요하게 여기고, 부서 본연의 업무에 마을을 결합하는 '사업'을 저마다 추진하게 되었다. 물론 긍정적인 현상이기는 하나, 행정이 시민들과 협력해 본 경험이 부족하고, 활동가들 역시 부서별 마을사업에 개입하여 세심하게 지원할 여력도 없었다. 서울마을센터는 마을지향 행정의 원칙에 입각해서 표준적인 공모사업 절차를 만들어 각 부서들에게 제공하고 준수할 것을 종용했지만 철저하게 지켜졌다고 할 수는 없다.

주민들의 입장에서는 한꺼번에 많은 사업이 쏟아지니 한편 반가우면서도, 자잘한 지원금을 지원하는 무수한 공모사업에 점점 지치게 되었다. 더욱이 자치구들은 부족한 재정 여건에서 서울시 사업에 참여해야 그나마 단비 같은 재정이 지역에 투입될 수 있다 보니, 저마다 경쟁적으로 공모사업에 뛰어들었다. 공무원들은 성과를 거두기 위해 지역의 활동가들에게 서울시 공모사업에 참여할 것을 종용하게 되고, 지역의 활동가들 역시 공무원들의 요청을 외면할 수 없어 사업계획서를 작성한다. 그러다 선정되면 사업의 수행까지 감당해야 되고, 여러 개의 사업을 한꺼번에 추진하게 되어 결국은 사업에 허덕이는 현상이 생기게 된다. 이른바 공모제의 부작용이 나타나기 시작한 것이다.

공무원들 죽어나는 현장시장실

한편 박원순 시장은 '시민이 시장'이라는 철학을 시정 전반에 관철하려 했다. 그래서 시민 당사자들과의 직접적인 정책 협의를 강조했다. 이른바 '청책(聽策)'*이 대표적인 사례다. 취임 후 4년 동안 약 100여 회에 걸쳐 청책을

* 시민의 의견을 들어서 정책을 결정한다는 의미로, 정책이 아니라 '들을 청'의 청책(聽策)이었다.

진행했다. 말이 청책이지 이는 일회적인 간담회 수준을 훨씬 넘어섰다. 일반 시민은 물론, 관련 분야의 전문가들이 구체적인 정책을 요구하고, 담당 공무원들과 함께 사전에 수차례에 걸친 협의를 거치고, 어느 정도 갈래가 타지면 청책을 개최하는 것이다. 민간이나 공무원이나 사전에 상당한 공력을 들이는 절차라는 것이다. 그러니 시민들이나 시민단체들도 시장과 맞대면하여 직접 정책을 제안할 수 있는 청책제도에 대한 기대감이 높았고, 또한 적극적으로 참여하였다.

하지만 이 역시 난관에 부딪혔다. 오랜 시간 동안, 경우에 따라 몇 개월 공을 들여 시장이 참석하는 청책을 열어 결정을 했지만 실제 실행을 하려고 하면 예산이 필요하다. 그런데 예산은 행정에서 편성되고, 의회의 심의를 거쳐 잘 통과되어야 그다음 해에 집행될 수 있다. 그것도 의회에서 문제없이 잘 통과해야 가능한 것이다. 그러다 보니 시장과 직접 담판을 지은 것이라 바로 뭔가 해결될 것으로 믿고 열과 성을 다했던 시민들이 허탈해진다. 청책이 끝나고 나면 공무원들도 준비할 때와는 달리 열의가 없어 보인다. 이러니 일이 되겠나 싶고 괜시리 화도 난다. 예산이 편성되려면 법이 정한 절차를 따라야 하니 어찌할 도리는 없으나 맥이 풀리는 것은 어쩔 수 없다.

한편 박 시장은 이런 청책도 모자라, 청책 테이블에 올 수 없는 대다수의 일반 주민들의 목소리에 귀 기울이기 위하여 직접 찾아가는 '현장시장실'을 운영하였다. 하루에 그치는 경우도 있지만 3일 연속 지역 현장에 체류하는 경우도 많았다. 은평구 경우에는 한 달 동안 마을살이를 했다. 그야말로 동네 일반 주민들의 숙원을 현장에서 직접 듣고, 즉석에서 시장이 담당 공무원의 의견을 물어 바로 결정을 내리거나 검토를 지시한다. 시장이 나서는 자리이니 국장이 함께하는 것이 당연하고, 과장 이하 실무진들도 함께 현장을 지키며 주민들로부터 날아드는 민원에 대응을 해야 한다. 주민의 입장에서야 속 시원하겠지만, 공무원들은 진땀이 날 지경이다. 이런 현장시장실을 민선 5기 3년 동안 380여 회나 운영했다고 하니, 그 강도가 어느 정도였을지는 짐작하고도 남을 만하다.

'들러리'와 '그들끼리의 리그'

서울시에는 이미 상시적인 협치제도가 있다. 위원회가 가장 대표적인 협치제도이다. 다양한 의제별로 180여 개의 위원회가 구성되어 돌아간다. 비법정 위원회까지 포함하면 300여 개가 된다. 하지만 잘 돌아가는 위원회라고 해야 1년에 서너 번 회의를 개최하는 정도다. 법정 위원회는 법에 따라 만들었지만 회의 한 번 열리지 않는 경우도 있다고 하니 이를 제외하더라도, 위원회가 그리 활발해 보이지는 않는다. 권한은 자문과 심의 정도라서 결정의 권한이 없고 의견을 제시하는 정도이며, 행정에 대한 강제력이 없어서 시쳇말로 '아님 말고'다. 그러다 보니 참여하는 위원들도 그리 큰 기대를 하지 않는다. 그래서 나온 말이 '들러리'다. 게다가 위원회에 초대되는 위원들이 대부분 교수, 시민단체 등 전문가들이다 보니, 시민들은 서울시 행정이 '그들끼리만의 리그'로 돌아가는 것에 대한 근본적인 회의가 있다.

'친소(親疎)' 거버넌스?

그래도 서울시는 나은 편이다. 자치구로 가면 상황은 무척 어렵다. 서울은 규모가 있고 전문가 후보군도 넓어서 그런지, 실효성이 떨어지긴 해도 제도는 비교적 합리적으로 돌아간다. 하지만 자치구로 가면 그렇지 못하다. 오죽하면 친소 거버넌스라고 농을 할까? 공무원들과의 개인적인 친소관계가 중요하다는 이야기다. 그만큼 지역사회 민간 주체들에 대한 행정의 존중과 배려가 무척 낮다는 얘기이기도 하다. 하기야 지역에 뿌리를 두고 지역의 상황에 대한 충분한 정보를 가지고 설득력 있는 정책 제안을 할 수 있는 민간단체나 기관, 전문가들이 상대적으로 취약하다는 것도 그 이유 중의 하나일 것이다. 아직 우리 시민사회는 중앙정부 대상의 애드버커시가 주류이고 주요 시민단체들은 중앙정부를 대상으로 활동을 한다. 이른바 '광화문 단체'라는 별칭도 그래서 나온 듯하다. 그래서 서울에는 다른 지역에 비해 서울 '지역'을 주 활동무대로 하는 단체가 적은 편이다. 물론 2000년 이후, '시민 없는 시민운동'을 극복한다는 목표 아래 지역으로 '하방'하는 시민단체의 흐름에 힙 입어 서울지역에서도 서울의 의제에 천착하거나, 자치구 차원으로 활동을 집중시키는 풀뿌리 단체들이 생기기는 했다. 하지만 아직 구청과 '대등한' 협력관계를 만들 정도의 협치력을 갖추고 있는 단체들은 그리 많지 않다.

관리모드의 강화

마을 정책 1기, 주민의 등장과 연결이라는 성과는 괄목할 만한 정도였다고 하더라도, 민선 6기에 들어서고 1년이 경과하면서 위와 같은 현상들은 결코 쉽게 지나칠 수 없는 징후였다. 사실상 박원순 시장의 정무라인에서는 이러한 현상들을 '협치 위기'로 해석하고 정무적 대응이 필요하다는 판단을 했다고 한다. 민선 6기 2년차를 경과하면서부터는 이른바 레임덕 현상의 징후들이 곳곳에서 나타나고, 이는 시간이 가면 갈수록 강화된다. 레임덕 현상은 구체적으로 성과관리를 강화하는 움직임으로 나타나고, 동시에 위험요소를 최소화시키는 방향으로, 이른바 '관리모드'가 전면화된다. 이제 막 주민들이 마을에서 등장하고, 행정이 지원하는 사업의 특성을 어느 정도 파악한 상황에서 관리모드가 강화되는 것이다. 활동도 점차 넓어지고 사업의 규모도 키워 갈 수 있는 동력이 만들어진 상황에서 작동하는 관리모드는 솟아 올라오는 에너지를 억누르는 격이다. 그래서 추돌이 아니라 '충돌'의 압력이 발생하게 된다. 무엇보다 주민의 입장에서는 이러한 압력이 더욱 크게 체감되는 것이라 '위험'했다. 대책이 필요했다.

02

반보 후퇴?
반보 전진?

판단이 필요했다. 그동안의 성과를 잘 갈무리하는 데 집중할 것인가, 아니면 좀 더 밀어붙여 혁신의 지형을 더 넓힐 것인가? 박원순 시장의 남은 임기가 2년 남짓이고 3선을 보장할 수 없었던 상황에서, 그나마 등장한 주민의 경험과 관계망을 잘 갈무리하여 주민역량을 강화하였고, 이후 새로운 정부가 들어설 때를 대비하는 것이 합리적인 선택일 수 있었다. 그러려면 행정에서 중간지원조직으로 연결되는 집행 라인을 좀 뒤로 물려야 했다. 중간지원조직에서 민간지대로 중심을 옮겨, 민간지대에 그간의 성과를 튼튼한 마을관계망으로 잘 남기는 것이 필요했다. 마을마다 동네마다 얼기설기 연결된 관계망을 더욱 다지고, 행정의 지원이 단절되는 상황을 전제로 두며 자력으로 지속할 수 있도록 채비를 서둘러야 했다. 2012년 봄, 마을지원센터를 처음 추진할 때, 광역의 센터는 언젠가 소멸할 조직이고, 그때를 대비한 '노아의 방주'를 준비해야 한다고 한 적이 있다. 그렇다. 행정으로부터 빠져나와 민간지대에 거점을 만드는 일을 바로 착수해야 했다. 그것도 2년이라는 짧은 기간 안에 하려면 서둘러야 했다.

아니면 혁신의 강도를 더 높이고, 그동안 드러난 혁신을 가로막는 칸막이와 관리모드, 행정 중심의 장애물을 더 걷어 내고, 등장한 시민들의 활동무대를 더욱 넓히는 적극적인 행보를 하는 것이다. 그러려면 중간지원조직 지대에서 행정 쪽으로 무게중심을 이동해야 했다. 이는 이미 민과 관의 '충돌'이 시작된 마당에, 충돌에 따르는 갈등을 감수해야 하는 것이었다. 하지만 임기 후반에 '공세적'인 전략이 타당한지, 아니 가능한지 알 수 없었다. 그때까지만 해도 다소 무리하면서 힘들게 끌고 오다시피 했는데, 여기서 더 밀어붙이면 현장이 견딜 수 있을까? 현장으로부터 "너도 갑질하느냐? 공무원 다 됐다"는 볼멘소리를 듣기 시작한 중간지원조직이 과연 더 버텨낼 수 있을까? 고민스럽고 두렵기까지 했다.

"사업 실패는 용서해도, 협치 실패는 용납 못한다"

결론은 '반보 전진'으로 났다. 박 시장은 단호했다. 그동안의 혁신 정책으로 지역사회에 민간 주체의 등장과 활동의 토대를 만들기는 하였지만 아직 미약한 수준이고, 민-관 사이도 약간의 협력 경험이 쌓이긴 했지만 여전히 초보적인 단계에 불과하므로, 더욱 혁신을 가속화해야 한다는 입장이었다. 2015년 9월, 박 시장은 서울시 본청 4급 이상 고위 공무원을 모아 놓고 3시간이 넘는 강도 높은 워크숍을 진행했다. 이 자리에서 박원순 시장은 협치의 중요성을 공개적이고 아주 명시적으로 강조하며 "사업 실패는 용서해도, 협치 실패는 용납 못한다"고 선언했다. 일순 술렁거렸고 뒤숭숭해 하는 공무원들도 꽤 많았다. 어떤 공무원은 노골적으로 "우리가 그동안 협치를 안했습니까? 그동안 혁신한다고 힘들게 하더니만, 이제는 협치로 못살게 합니까?" 푸념을 넘어 화를 내기도 했다. 하지만 공조직은 결국 조직의 수장이 내리는 명령을 따른다. 최소한 따르는 시늉이라도 하는 것이 공조직의 특성이고 장점이기도 하다. 그렇게 민선 6기 임기 후반을 앞두고 협치는 행정에서 핵심 화두로 잡혔다. 행정 발(發) 협치가 추진되기 시작했다.

지난한 출발, 3차례의 라운드 테이블

2015년 가을, 서울마을지원센터장직을 맡고 있던 필자는 협치 정책 총괄을 요청받고 행정으로 들어갈 차비를 했다. 우선 서울시정 전반에 걸쳐 협치의 필요성을 공감하거나 불만을 가진 사람들과의 만남이 우선이었다. 협치는 그야말로 행정 혼자서 할 수는 없는 일이다. 서울시정에 직간접적으로 관계를 맺고 있거나 관심을 가질 법한 시민단체의 대표와 인사들을 비공식으로 초대하여 논의를 시작했다. 하지만 처음부터 예기치 않은 장벽에 부딪혔다. "왜 서울시와 협력하나? 우리는 서울시와 협력할 의사가 없다." 서울시는 견제와 비판의 대상이지 협력할 상대가 아니라는 입장에 부딪혔다. 주로 인권 진영의 목소리였다. 다른 것은 몰라도 인권의 영역에서 행정 및 공조직은 낙후되어 협력을 하고 말고 할 정도의 파트너가 아니었던 것이었다. 이는 아마도 우리 사회 인권 상황의 수준을 말해 주는 모습이었다. 특히 박원순 시장이 인권선언문에서 '성소수자 인권침해 불가 조항'을 넣는 것을 두고 개신교의 반발에 부딪혀 결국 수용하지 못하고 무산된 일이 있어, 더더욱 서울시와의 협력을 거론하기는 어려웠던 것 같다. 반면에 환경 등의 영역에서는 오래전부터 이미 서울시와 다양한 의제로 협력을 해 왔기 때문에 협치를 하자는 제안이 오히려 새삼스러운 것이었다. 이렇듯 시민사회라 해도 협치를 바라보는 입장과 조건이 모두 달랐다.

우여곡절 끝에 인권 영역을 대표하는 분들은 참여하지 않겠다는 의사를 확인하고, 대체로 협치가 필요하다는 점에 동의하는 시민사회 대표들과의 논의를 이어갔다. 그러자 "왜 협치도 행정이 주도하고 행정이 제안하느냐?"는 비판이 이어졌다. "여러 혁신 정책들이 서울시가 주도하면서 부작용이 나타나고, 그것을 극복하려고 협치를 하는 것이라면 더더욱 민간의 주도성이 중요한데, 협치마저 행정이 나서서 제안하고 방향을 정하려 든다면 협치 취지에 위배된다"는 지적이었다. "방향을 미리 정해 놓고 일방적으로 시민사회에게 참여하라고 하는 것이 아니다. 본격적인 협치 행보를 하기 전에 최소한의 방향을 잡기 위해 여러분의 의견과 의향을 확인하는 것이다"라고 해서 겨우 동의를 구했다. 그러나 여기서 끝은 아니었다. "당신은 지금 무슨 지위와 자격으로 이런 이야기를 하느냐? 시장으로부터 공식적인 공적 신분을 취득하고 정식으로 제안하라." 이렇게 3라운드의 회의는 종료되었다. 그 후 나는 협치자문관이라는 공적 직위로 서울시의 협치 업무를 시작했다.

이제는 행정과의 '밀당'

처음 박원순 시장으로부터 협치를 책임지고 추진해 보라는 제안을 받고, 나 역시 요구사항을 제안했다. 한마디로 말하면 '권한과 지위, 조직과 예산'이 필요하다고 했다. 4년간 행정과 일하다 보니 행정은 철저하게 이 네 가지를 중심으로 돌아가는 조직임을 알게 되었다. 더욱이 행정 안으로 들어가서 거대한 서울시정에 매몰되지 않고 뭔가를 해내려면, 이 네 가지의 요구사항은 필수적이었다. 최소한 국을 넘나들며 협치적 조정이 가능한 지위와 권한이 필요했다. 그리고 최소한의 손발이 되어 줄 인력과 행정을 움직일 매개로서의 사업예산에 대한 권한이 필수였다. 박원순 시장은 흔쾌히 반응하며 모두 다 수용했다.

우선 협치조례를 제정하기로 하고, 시장이 위원장으로 참여하는 협치위원회를 설치하며, 실행위원회 격의 협치추진단을 조례상의 기구로 넣기로 했다. 협치추진단에는 협치자문관이 단장이 되고 관련 실국장이 참여하였다. 그리고 협치추진단은 회의체로서 직접적인 집행에는 어느 정도 한계가 있으므로 협치추진단을 실무적으로 지원하는 두 개의 과를 묶어 사무국을 설치하기로 하였다. 지역공동체과는 자치구 관련 협치 업무를, 민관협력과는 시정 일반의 협치 업무를 지원하였다.

나아가 협치는 사람이 하는 것이고 사람과 사람의 직접적인 협력의 경험을 쌓아 가는 것이 중요하므로 민간의 활동가 30여 명을 개방직 공무원으로 채용하여 사무국인 두 과에 배속하기로 하고, '협치지원관'으로 부르기로 하였다. 하지만 공무원 노조의 반발이 컸다. 개방직 공무원은 현재 공무원의 직급을 차지하는 것으로, 공무원의 승진 기회를 민간인에게 할애해야 하는 예민한 문제였다. 갈 길도 바쁘고 공무원들과 갈등을 최소화해야 한다는 판단에 따라, 승진 기회에 영향이 전혀 없는 시간제공무원을 과감히 수용하였다. 30명 중의 일부는 환경, 노동, 여성, 재생 등 주요 협치 관련 부서에 파견하여, 협력을 촉진시키고 해당 위원회를 활성화시키는 역할을 부여하였다. 이들을 '의제지원관'이라 불렀다. 물론 이러한 결정에 민관 사이에 의견 충돌이 없지 않았지만 그래도 예산문제만큼은 아니었다.

우리는 서울시 예산의 편성 및 집행 시스템 전체를 협치 친화적인 제도로 개선할 것을 주장했지만, 행정은 임기 2년 남긴 상황에서 시스템의 변경을 초래하는 변화에는 매우 소극적이었다. 꽤 오랫동안 논쟁을 벌이다가, 협치예산제라는 이름으로 협치 정신에 맞도록 기존의 예산 절차에 얽매이지 않고 집행할 수 있는 특정의 예산을 만들어 시범적으로 사용하면서 이후 확대하는 것으로 결정을 했다.* 한마디로 말하면 기존의 예산제도는 건드릴 수 없다는 확고한 입장인 셈이었다. 결국 첫해 100억 원 규모의 협치예산제를 시범 실시하기로 합의하고 협치 추진체계 구축을 완료하였다.

* 이후에는 참여예산과 통합하여 700억 원 규모로 운영하고, 민선 7기에는 서울시 예산 5퍼센트 1조 원 시민결정제로 대폭 확대하게 되었다.

03

무엇을 할 것인가?

협치민원 해결사냐, 협치인프라 구축이냐?

서울시가 협치를 정책 전면에 내세우고 협치자문관을 중심으로 추진한다는 것이 알려지게 되면서, 현장으로부터 이른바 협치민원이 쇄도하기 시작했다. 공모 탈락의 부당함을 주장하는 그야말로 소소한 협치민원에서부터, 서울로7017* 등 굵직한 서울시 주요 사업에 이르기까지 실로 다양한 영역에서 다양한 사유로, "협치가 안 되서 사업이 멈추고 엉뚱한 곳으로 달려가고 있으니 광속으로 해결하지 않으면 모두 큰 사단이 벌어진다"는 절박한 요청들이 날아들었다. 이들 상황을 종합해 보면, 다소 차이는 있지만 대체로 모두 사실에 가까웠다. 문제는 협치자문관실이 해결할 수 있느냐였다. 일부 해결한 문제도 있지만, 해결해야 할 문제가 너무 많았다. 어떤 문제는

* 서울역 앞 고가도로를 일종의 스카이워크로 바꾸는 프로젝트

갈등의 내막을 파악하기조차 어려운 복잡한 상황에 처해 있어서 상당한 전문적인 지식과 이해가 없이는 해결을 보기가 불가능한 경우도 많았다. 결국 협치자문관실은 무엇을 할 것인가, 무엇에 주력할 것인가를 판단하고 선택을 해야만 했다.

길어야 2년 남짓 남은 시간 동안 무엇을 할 수 있을까? 현장의 절박한 문제를 해결하는 '협치 해결사'의 역할을 할 것인가, 아니면 협치가 전반적으로 진화하기 위하여 꼭 필요한 제도를 설치하는 일에 주력할 것인가. 우리는 제도에 걸었다. 물론 제도가 세상을 바꾸지 못한다는 것을 모르지 않았다. 세상은 사람이 바꾼다. 몇몇의 소수가 틈을 내고, 그것에 가능성을 본 또 몇몇이 따라 하면서 조직 수준에서와 제도 수준에서 변화가 일어나고, 종국에는 '풍경의 전환'이라는 전반적인 변화가 나타난다. 기존의 관행을 뛰어넘고 새로운 실험에 나서고, 그에 따르는 위험을 기꺼이 감수하는 사람들이 길을 내면서 세상은 서서히 바뀌어 간다. 그러나 그 몇몇이 안전하게 틈을 내고 다른 이들도 안심하고 그 변화에 합류하게 하려면 제도적으로 보장되는 최소한의 안전장치가 필요하다. 그래서 제도를 선택했다. 어쩌면 무수히 많은 협치 민원을 일일이 대응하여 해결해 낼 수 없었다는 것이 더 큰 이유였을지도 모른다.

주민참여예산에 집중하다

협치조례를 제정하여 협치제도의 법적 근거를 마련하고 협치가 일상적으로 작동하기 위한 협치조직을 만들었다면, 이제는 행정의 조직들이 협치 지향적으로 작동하도록 협치 친화적인 예산시스템을 갖추는 것이 관건이었다. 우리는 제일 먼저 주민참여예산제에 주목했다.

주민참여예산제는 이미 문제가 많이 드러난 상태였다. 취지는 좋은데 취지와는 다른 방향으로 운용되고 있었다. 시민의 참여는 사업이나 의제를 제안하는 과정과, 제안된 의제를 선호 투표에 붙여 최종 선정하는 절차로 이루어진다. 그런데 제안자 자격을 개인으로 한정하여, 조직화된 시민의 참여가 불가능했다. 개인을 제안자로 하게 되면 심도 깊은 제안을 하기 쉽지 않고, 가능하다 하더라고 제안한 개인이 실행력을 가지기는 더욱 어렵다. 결국 시민은 아이디어 제안자에 불과하고 직접적으로 실행에까지 나아갈 수 없게 되어 진정한 시민참여라 하기 어려웠다. 그러다 보니 각 구청들은 시민의 이름을 빌어 구청이 하고 싶은 사업을 제안하는 이른바 '차명 제안'이라는 부작용이 일부 나타나게 되었다.

선정 과정 역시 시민참여단이 숙의를 통하여 시민력을 발현하는 방식으로 이루어지는 것이 아니라, 인기투표 식의 전자투표로 결정하다 보니 시민참여의 의미가 많이 퇴색하였다. 구청이 나서서 조직 동원하여 표몰이로 투표에 참여하는 경우가 생기게 되고, 심지어는 구청끼리 서로 밀어 주기 담합이 알게 모르게 벌어지기도 했다. 가장 협치 친화적이고 제도상으로 가장 진화된 주민참여예산제가 잘못 운영되고 있어서 이를 개선하는 것이 시급했다.

협치를 위하여 별도의 예산을 편성하는 것이 바람직한가에 대한 의문도 있었다. 이미 마을과 사회적경제를 비롯하여 다양한 시민참여형 사업으로 집행되는 보조금 재정이 적지 않으니, 이미 편성된 보조금을 더욱 주민 친화적으로 사용되도록 하여 혁신 정책의 성과로 잘 이어지도록 개선하는 것이 중요하다는 지적이었다. 게다가 예산 '순증'에 대한 행정의 거부감과 의회의 견제를 의식하지 않을 수 없었다. 그래서 우리는 협치를 위하여 추가적인 예산을 증액하지 않고 기존의 예산을 협치적으로 재구성하는 쪽으로 협치예산제의 개선 방향을 정했다. 서울시에서 예산을 총괄하는 부서인 기조실을 설득하기 위해 선택한 전략이기도 했다. 결국 협치예산제의 시범적 실시를 위한 시범예산 100억 원 외에 추가적인 예산을 편성하기보다는 주민참여예산제를 개선하는 데에 중점을 두기로 했다.

자치구의 협치 환경과 체제 구축

협치자문관실이 가장 역점을 둔 대목은 무엇보다 자치구에 협치체계를 구축하는 일이었다. 광역은 서울시장의 협치 의지가 강력하고, 행·재정적 수단에도 비교적 여력이 있는 편이다. 하지만 자치구로 가면 재정적 여력도 대부분 부족하고, 지역의 시민사회 역량도 넉넉지 않을 뿐더러, 무엇보다 민관이 함께 협력한 협치 경험이 부족하며, 오히려 부정적인 경험이 더 많은 것이 일반적인 실정이다. 그래서 광역 차원에서 행·재정적으로 뒷받침하지 않으면 자치구가 독자적으로 협치 환경을 조성하기가 쉽지 않다.

협치자문관실은 기본적인 협치체계와 관련한 표준안을 만들어 각 자치구에 제안하였는데 협치조례 표준안과 '협치회의 및 협치추진단'이라는 조직체계를 제안한 것이다. 그리고 이러한 체계가 효과적으로 작동하도록 돕고 촉진하는 역할을 전담할 전문가로 '협치조정관' 제도를 둘 것을 권유했다. 협치조정관은 광역의 협치자문관과 같은 역할과 위상으로 자치구에서 활동하는 직위였다. 또한 이러한 협치 정책에 동의하는 자치구에 한하여 예산상의 지원을 하기 위하여 〈지역사회혁신계획〉이라는 사업을 만들었다.

지역사회혁신계획은 민과 관이 합의하여 사업계획을 수립하면 시정부가 10억 원의 포괄예산을 지원하는 다소 획기적인 사업이었다. 가장 중요한 조건이 '민-관' 합의였다. 사업의 내용은 자치구별로 자율에 맡겼다. 하지만 민관 합의가 쉽지는 않고, 민간 내부의 합의도 간단한 문제가 아니었다. 그래도 부서별로 각자 사업을 추진하고 따로 예산을 집행하는 데 익숙해진 행정에게 민간과의 협력을 통해서 융합적인 사업을 계획하고 집행하는 경험을 가지도록 유도하는 효과를 기대하였다. 마찬가지로 민간 역시 행정 못지않은 칸막이 현상을 넘어서도록 권장하고 촉진한다는 정책 목표가 있었다.

하지만 민간이 행정과 협력사업을 추진하려면 사전에 민간 내부에서 충분한 합의와 협력의 경험이 선행되어야 가능하다. 사전의 합의와 협력이 부족하다고 판단되는 자치구를 위한 예비단계의 사업으로 〈시민협력플랫폼〉이라는 민간 주체들 간의 협력을 지원하는 일종의 네트워크 사업을 추가로 설계하여 지원하였다. 어쨌든 이 두 가지 유형의 사업은 '자치구'라는 사업의 범위를 정하고, 자치구에서 활동하는 민간 주체들 간의 합의와 협력을 전제로 민관이 공동으로 무엇인가를 실행할 수 있도록 촉진하고 지원함으로써 지역사회에 협치적 관행과 경험이 쌓이도록 하자는 취지였다.

사실 행정의 칸막이를 문제로 많이 거론하지만, 민간 주체들 사이의 칸막이가 더 엄연하다고 느끼는 경우도 많다. '영세한' 시민단체들이 상근자가 없거나 있어도 한둘에 그치는 열악한 조건에서 행정과 '대등한' 협력관계를 맺는다는 것은 불가능한 일인지도 모른다. 민간은 서로 연대하고, 연대를 통하여 보다 종합적인 정보를 취합하고, 더욱 현장에 충실하고 실효성이 높은 정책능력을 가지게 될 때, 행정도 무시하지 못하고 실력으로 시민사회를 존중하게 된다. 즉 자치구 차원에서 민간 주체들 간의 협력구조가 있어야,

구청을 상대로 하는 협치의 정치력이 발휘된다.

따라서 지역사회혁신계획은 지역사회의 민간이 '융합적이고 규모 있는' 사업설계 능력과 협력적 실행력을 키우기 위한 정책인 셈이다. 그동안 행정의 칸막이가 문제가 있다고 했지만, 시민들이 다양하고 소소한 자신들의 관심과 요구를 중심으로 참여하도록 촉진시키는 일에서는 여전히 효과적이다. 하지만 칸막이로 토막난 '자잘한' 사업예산으로는 문제를 해결하는 수준에 도달하기는 어렵다. 부서별로 실험적인 시범사업 좀 하다가 시나브로 사라지고 마는 경우가 비일비재하다. 결국 시민이 참여하여 문제가 해결되는 결과까지 만들지 못하면 행정의 주도성, 전문가주의는 계속된다. 공무원 시스템은 시민들의 절실하고도 시급한 문제해결의 욕구와 참여의 의지를 부서별 공모사업으로 자잘하게 쪼개 소소한 실험으로 전락시키고, 결과적으로는 의도했든 안 했든 아무런 체감적인 변화도 만들지 못하고, 근본적인 문제해결에는 다가가 보지도 못하게 한다.

동(洞) 단위 사업, 마을계획 + 주민참여예산 → 주민자치회

구청이 지역사회 시민들과 협력적으로 활동해야 현장에서 주민들의 참여가 활성화되기 때문에, 자치구 협치체계의 구축은 협치자문관실의 핵심과제일 수밖에 없다. 그렇지만 일상을 살아가는 주민들의 입장에서는, 구청은 가까이 하기엔 아직 먼 대상이다. 구청의 소식을 알기도 어렵고 더욱이 구 단위의 문제를 파악하고, 구 차원의 협력을 도모하는 일은 더더욱 역부족이다. 그래서 동 단위에서 친밀한 대면관계를 토대로 쉽게 주민들이 나서고 해야, 주민들의 관계망이 촘촘하게 형성되고 오래 지속된다.

이미 민선 6기 시작부터 추진하기 시작한 찾동 정책의 〈동(洞)마을계획〉 프로젝트에 주민참여예산제를 통합시키면, 마을 단위의 '계획'에 예산을 붙여 계획이 계획으로 끝나지 않고 '실행'으로까지 나아가도록 할 수 있다는 판단이 섰다. 협치예산제를 자치구를 넘어 동 단위까지 내리는 일에 착수했다. 즉 주민참여예산제를 동 단위로 편성하는 시범사업으로 추진했다. 이렇게 마을계획이 주민참여예산 사업과 연결되면서, 궁극적으로는 주민자치위원회의 핵심 활동(사업)으로 정착되도록 하는 방안을 염두에 두고 있었다. 바로 민선 6기 후반에 착수된 〈서울형 주민자치회〉 정책이 바로 그것이다.

04

도시재생, '재생적' 재생을 위하여

도시재생은 주거환경이 쇠퇴하여 쾌적하게 살 수 없는 지역을, 재개발·재건축이라는 싹 쓸고 새로 짓는 방식이 아닌, '재생'의 방식으로 해결하자는 것이다. 물론 몇 년 전만 하더라도 지은 지 30년이 채 되지 않은 경우에도 다 철거하고 새로 아파트를 지어 분양하는 식으로 했다. 하지만 그 결과 원주민들은 거의 대부분 오랫동안 살아온 동네를 뜨게 되었다. 새로 지은 아파트 분양가가 비싸서 입주할 수 없기 때문에 원주민 재정착률이 10퍼센트도 안 된다고 했다. 결국 형편이 좀 되는 외지인들이나 투기 목적으로 분양받는 사람들에게 마을을 내주고 쫓겨난 셈이었다. 물론 부동산 경기도 예전 같지 않다. 짓기도 전에 다 분양되어 버리는 시절이 아니어서 재개발·재건축에 뛰어드는 건설사도 없다. 결국 가능하면 모두 헐어 버리는 방식이 아니라 주거환경을 보수하고 개선하는 방식으로 주거편의를 높여 보자는 재생 방식의 정책이 강력하게 나타나게 되었다.

하지만 물리적 환경개선을 한다 해도 새 아파트만 하지는 못한다. 이러저러한 생활편의시설들이 하나둘씩 빠져나가고 나면 동네에서 살기가 불편해진다. 남아 있는 상당수의 임차인들 역시 살아가기 위한 경제적인 대책과 복지시스템이 관건이다. 그래서 도시재생은 토건적 방식에 맞선 철학으로 사회경제적 인프라와 주민들의 일상적인 관계가 살아나고 마을살이가 이루어지게 되어야 한다. 따라서 재생은 마을공동체 정책의 가장 높은 수준의 목표라 할 수 있다. 사회경제적 마을 생태계와 함께 물리적 주거환경을 재생적 방식으로 개선해야 하기 때문이다.

2012년 서울에서 처음 마을 정책을 시작할 때, "서울에 마을은 없다"는 진단에서 출발했다. 하지만 없는 마을을 정부가 만들 수도 없다고 했다. 그래서 서울시의 마을 정책은 마을(만들기)의 주체인 '주민이 등장하는 것'을 지원하는 것으로부터 시작해야 한다고 했다. 따라서 서울시의 지원정책은 주민 친화적이고 마을 지향적인 행정 혁신이 선행되어야 가능하다고 민관이 합의하였고, 민간에게 정책의 주도권을 주고 자율적인 정책형성과 집행의 자율성을 상당 부분 보장했다. 행정은 조직과 예산을 제공하고, 민간의 풀뿌리 활동가들이 중간지원조직을 중심으로 주도적으로 마을 정책을 추진한 것이다.

재생, 화장한 토건?

요즘 도시재생 정책은 '토건'이 '재생'으로 화장한 느낌을 지울 수 없다. 그것도 중앙정부와 광역/기초정부가 모두 한 덩어리가 되어 신속하게 자기변신을 꾀하고 있는 듯하다. 재생이 화두가 되는 것은 시대흐름을 제대로 보는 것이라 바람직하다. 하지만 현실 인식에는 문제가 있다. 개발이야 밑천을 댈 건설자본과 용적률을 결정하는 행정, 설계를 맡은 건축전문가가 합심하면 되는 일이다. 얼마 전까지 지으면 무조건 팔리는 시대였고, 심지어 짓기도 전에 모델하우스만 보고도 서로 사려고 장사진을 치던 시절 아니었던가.

재생은 살고 있는 주민이 그대로 살 수 있도록 하자는 것이다. 노후한 주거시설을 고치든 개축을 하든 쓸 만하게 손보고, 아이들 키우고 어르신들 돌보면서, 함께 지내 편안한 이웃들과 그럭저럭 안심하고 오래 살 수 있도록 하자는 것이다. 그러려면 바로, 오래 살 주민이 있어야 한다. 그 주민이 오래 살 마음을 내고, 오래 살 방법을 함께 궁리하고 함께 도모해야 되는 일이다. 그래서 재생은 '주민'으로부터 시작된다. 노후한 주거환경의 개선이 다가 아니다. 커뮤니티 공간만 지어 주고 마는 일은 더더욱 아니다.

하지만 재생의 현장에 '주민'이 없다. 오래 함께 살 궁리를 내놓고, 함께 해결하자며 나서는 이가 없다. 당연한 일이다. 집을 재테크 용도로 '투자'한 주인들에게 여기서 함께 오래 살자고 하면, 안 그래도 개발붐이 사그러들어 투자금 회수가 불투명해 심란한 터라, 타는 불길에 기름을 끼얹는 일이다. 세 들어 사는 주민들이야, 살고 있는 집에 대해 아무런 권한이 없고 언제 철거되나, 철거되면 언제 어디로 이사 가야 하나 걱정인데, 궁리고 도모고 전부 가당치 않다. 게다가 재개발, 재건축이 아니더라도 서울살이라는 것이, 십여 년을 살아도 앞뒷집에 누가 사는지 알 수 없고 알 이유도 없어진 지 오래 아닌가.

행정 혁신이 전제가 되어야

재생 정책은 '그 주민'을 등장시키는 일로부터 정책이 짜지고 행정과 전문가가 지원하는 모양새로 움직여져야 하는데, 여전히 행정과 전문가가 앞서고 그 계획에 주민을 참여시킨다. 하지만 이는 참여가 아니라 실제는 동원이다. 행정과 전문가의 역할을 부정하자는 게 아니다. 재생의 주체인 주민 주체가 없다는 현실을 인정하고, 그 현실에 부합하는 정책을 세우기보다는 마치 주체가 있기라도 한 듯이 계획을 짜고 밀어붙이는 것이 문제다.

방향은 재생이라고 하면서 방식은 여전히 토건개발이다. 정책 제안서와 사업계획서에는 재생의 훌륭한 언어들이 가득하지만, 정작 실행의 전략은 토건적 개발방식 그대로이다. 그러니 엇박자가 나고, 제대로 된 재생의 성공모델이 손에 잘 잡히지 않는 것이다. 토건개발이 재생으로 연착륙하려면 기존의 방식부터 바뀌어야 한다. 토건시대에 익숙했던 행정 관료들이 그들과 오랫동안 함께 일해 온 토건 전문가들과 토건시대의 행정시스템을 그대로 활용하여 재생을 하려 할 때, 부작용이 나타나는 것은 오히려 당연한 일이다. 진정한 의미의 재생과 주민 주도의 원칙은 행정 혁신이 전제가 되어야 비로소 실현 가능하다.

입구전략

우선 입구전략이 절실하다. 다각도로 노후도를 측정하고 재생지 선정 여부를 가름하는 정밀한 쇠퇴지수를 개발하여 적용하지만, 주민을 재생의 주체로 세우는 계획은 없다. 개발방식에 익숙한 PM과 엔지니어링 회사가 투입되어 주민의 의견을 청취하고 주민대표와 협의하지만, 요식행위에 그치는 수준이다. 결국은 PM이 판단하고, 엔지니어링 회사가 도면 잡고, 행정은 절차에 따라 사업을 집행한다. 후보지를 선정할 때 객관적인 쇠퇴지수를 기준삼는 것은 좋다. 하지만 선정 이후에는 주민들이 하나둘 나서고, 이웃으로 마음을 모으고, 함께 살아갈 방도를 궁리하고 도모하는 '예측 가능하지 않은 과정'을 아주 세심하게 지원하며 기다려야 한다.

그러고 나서 비로소 주민이 등장하면, 등장한 그 주민들이 절실하고 시급한 생활의 필요를 해결하기 위해 자구적(당사자적) 실행에 나서고, 스스로 이후의 행보를 결정할 수 있도록 지원하고 격려해야 한다. 이 모든 과정은 "스스로 알아서 하세요"로 되지 않는다. 훈련된 주민 활동가들, 주민들과 함께 일한 경험이 있는 협동조합 등의 사회적경제 활동가들의 세심하고도 지속적인 '촉진(facilitating)'이 필요하다. 재생지원센터가 중간지원조직으로서 그 촉진 역할을 전담할 수 있도록 해야 한다.

출구전략

또한 출구전략이 필요하다. 출구는 당연히 '자립화'이다. 계속해서 오래도록 살고 싶은 주민들이 실제로 오래 계속 살 수 있는 인프라를 만드는 것이다. 오래도록 함께 산다는 것은 집수리는 물론이고, 아이들을 챙기고 어르신을 돌보며, 몇몇 주민들은 동네를 위해서 일하면서 먹고살 수도 있고, 함께 모여 이야기 나눌 수 있는 공간도 갖추는 등 각종 생활서비스 공급과 공유시스템을 만드는 것이다. 다양한 생활서비스를 공유하는 협동조합이나 사회적기업 등의 마을기업을 만들어 운영할 수 있어야 한다.

나아가 이 모든 마을의 시설과 사업들을 전문적으로 관리하고 개선시키는 관리회사도 꾸려져야 한다. 즉 영국의 개발신탁(Development Trust)과 같은 공동체이익회사(CIC, community interest company)나 미국의 공동체개발회사(CDC, community development corporation)처럼 공동체 기반의 조직을 설립하고 운영할 수 있는 역량과 경험이 준비되어야 한다. 그래야 행정이 직접적인 지원을 종료해도 주민 스스로가 함께 살아갈 수 있다.

재생은 입구와 출구전략을 분명히 하고, 세심하고 인내력 있는 촉진체계를 전략계획으로 담고 있어야 한다. 그래야 재생다운, '재생적 재생'이 가능하다.

미주

01 상세한 내용은 『도시에서 행복한 마을은 가능한가』 (유창복, 휴머니스트, 2014) 2부를 참조.

02 유창복, 『도시에서 행복한 마을은 가능한가』 2부 1장 (휴머니스트, 2014).

03 유창복, 『도시에서 행복한 마을은 가능한가』 에필로그 (휴머니스트, 2014).

04 홍기빈, 『살림살이 경제학을 위하여』 (지식의 날개, 2012년).

05 『서울시 마을공동체 네트워크 현황 연구』, 서울시 마을공동체종합지원센터, 2015년 1월.

06 『도시에서 행복한 마을은 가능한가』 (2014, 휴머니스트) pp.302-303에서 인용.

07 『도시에서 행복한 마을은 가능한가』 (2014, 휴머니스트) p.305에서 따옴.

2부

협치, 참여에서 권한으로

2부는 필자가 서울시 협치자문관으로 처음 위촉되어 활동을 준비하던 2016년 초에 작성하고, 그해 하반기에 보완하여 〈협치기본교재〉라는 제목으로 제작했던 글이다. 협치를 서울시의 정책으로 처음 설계하고 추진하던 당시의 맥락을 드러내기 위하여 거의 수정 없이 그대로 싣는다.

협력적 거버넌스의 시대

1

01

협치의 등장과 원리

최근 들어 협치가 대세다. 여소야대로 끝난 2016년 4·13 제20대 총선 이래로, 국회에서도 정당 간 협력을 통하여 국정을 끌고 가야 한다는 취지로 협치가 강조되었다. 민선 6기 경기도지사에 당선된 남경필 지사는 여소야대의 도의회 여건에서, 다수당과의 협력을 도정의 기본 원칙으로 내세우며 협치를 강조했다. 다수당인 민주당에게 정무부지사 인사권을 넘기고, 이른바 '정파연정'의 협치를 추진했다. 반면 박원순 서울시장은 민선 5기 당선 이래 줄곧, 민관의 협력, 행정과 시민의 협력을 강조해 왔다. 경기도의 정파연정에 비교하자면 '시민연정'이라고도 할 수 있다. 박원순 시장의 '시민이 시장'이라는 철학에 힘입어, 서울 시민은 그동안 '협치 피로'가 생길 정도로 열심히 협치를 했다. 마을공동체, 사회적경제, 원전하나줄이기, 도시재생, 혁신교육, 찾아가는 동주민센터, 50플러스, 청년 정책 등 대표적인 협치 친화적인 정책들이 모두 시민참여와 협치의 성과들이다. 서울시 공무원들 역시 시민참여와 협치가 행정의 기본 원칙이 될 정도로 열심히 협치를 위해 노력했다.

혁신의 위기와 협치의 등장

서울시에는 대표적인 협치 체제인 160여 개의 위원회가 있다. 잘해야 1년에 네댓 번 열리는 회의에서 자문을 하지만, 자문에 그친다. 심지어 '들러리'는 아닌가라는 무력감이 있다. 반면 아직도 많은 시민들이 "서울시는 전문가들과 교수, 시민단체들이 다 알아서 하나?"라며 '그들끼리의 리그'로 돌아가는 서울시에 대한 소외감을 가지고 있다. '참여'라지만 '동원'같다는 허전함은 왜일까? 150여 개에 달하는 시 행정부서가 제각각 쏟아내는 정책과 사업들, 서울 시민들은 왜 이리저리 쫓아다니며 다 받아 내기 바빠야 할까? 정부지원금은 결국 독일까, 약일까? 민간에서는 아직도 그 경계에서 혼란스러워하며 행정의 지원금을 신청하고 있다. 정부지원이 독이 아닌 약이 되려면, 정부지원이 뱃살이 아니라 민간의 근육으로 가게 하려면 무엇이 필요할까? 시민이 발의하는 정책은 열려 있는 공론장에서 다루어야 한다. 다양한 이해관계와 우선순위를 조정하는 숙의(熟議)를 통해서 만들어져야 한다. 물론 공론과 숙의는 번거롭고 지난하다. 하지만 '지지고 볶는' 지난한 공론의 소통 과정에서 합의와 협력의 에너지가 나온다. 동네를 바꾸고 지역을 변화시키고 우리 사회를 재구성할 수 있는 힘이 만들어진다.

어느덧 행정의 칸막이를 닮아 버린 민간 내부의 칸막이를 넘어서야 한다. 민선 5~6기를 거치면서 그야말로 폭풍처럼 추진된 혁신 정책 덕택에 지역사회에서 풀뿌리의 싹들이 제법 풍성해졌다. 이 싹들이 서로 연결되면서, 내 문제에서 이웃들의 문제로, 나아가 지역의 과제로 관심이 확장되고 있다. 낯선 주민들을 만나고, 서로 다른 성격의 활동들이 연결된다. 때론 갈등하고 충돌해서 속상하지만, 협력이 시작되었다는 증거다. 이제는 수도 없는 공모사업에 쫓아다니며, 행정의 칸막이만을 탓하고 있을 수 없다. 민간의 칸막이를 넘어서야 행정의 칸막이를 허물 수 있다. 민간이 자기 울타리를 넘어서야 행정의 정책통합도 이끌어 낼 수 있다. 민간이 융합하고 연대해야 행정도 긴장하고, 민간이 권한을 행사할 수 있다. 그래야 건강한 협치를 할 수 있다.

협치의 역사적 배경

'요람에서 무덤까지'. 국가가 기획하는 복지정책을 상징하는 이 야심찬 명제는 한때 모든 국가의 꿈이자 이상이었다. 하지만 1970~1980년대부터 저성장 시기를 거치면서 절대적 세수부족으로 인한 최악의 재정 위기에 직면하면서, 유럽 국가들의 국가 주도형 복지정책은 빠르게 후퇴했다.

복지국가의 위기는 더 이상 국가의 문제해결 능력에만 기댈 수 없다는 인식을 확산시켰다. 현대로 올수록 해결해야 할 문제들은 더욱 복잡해지고, 그럴수록 국가는 비효율의 상징으로 거론되었다. 작은 정부론이 제기되고 국가의 공공정책은 경쟁적 시장원리에 맡겨졌다. 공공서비스가 민영화로 전환되고 행정은 신공공관리론이 지배하게 되었다. 급속한 글로벌화로 국가의 역할이 약화될수록 시민은 인간답게 살 권리를 보장하는 최소한의 안전망에서도 배제된 채, 복지의 사각지대에 고립무원으로 내던져지게 되었다.

현대 사회에서 시민의 욕구는 높아지고 사회문제는 한층 다원화되었다. 복지국가의 위기와 시장을 만능으로 여기는 신자유주의를 넘어서기 위해서 시민은 스스로 문제를 해결할 방안을 찾게 되었다. 시민이 공공정책에 무엇이 필요한지를 말하고, 어떻게 해결할지를 결정하는 데 적극적으로 참여하기 시작한 것이다. 시민사회 영역에서 공공정책에 참여한 경험이 쌓이고 보다 주도적으로 개입하려는 욕구가 확장되면서, 국가 주도와 시장 중심을 넘어서는 대안적인 공공성 확보 시스템으로 거버넌스(協治, governance)가 등장하게 되었다.

그간 '거버넌스'는 '정부(government)'라는 용어와 동일시되었다. 그러나 최근 정부만의 힘으로는 사회문제의 해결이 어렵게 된 상황에서 거버넌스의 본질적인 의미를 고민하고 재구성하자는 이론적 논의가 지속적으로 제시되었고, 더욱이 민간부문의 다양한 참여를 통해 사회문제가 해결된 사례들이 축적되면서 거버넌스라는 용어 자체가 협력적 거버넌스(collaborative governance)를 의미하는 것으로 발전하였다. 협치란 협력적 거버넌스를 일컫는다.

협치는 오늘날 대부분의 국가가 직면한 시대적 과제이다. 행정(중앙정부와 지방정부)과 기업, 사회단체, NGO, 지역사회가 함께 협력하여 네트워크를 형성하고 사회문제를 해결하는 과정에서 국가의 행정시스템은 혁신적으로 재구축된다. 협치에서 가장 중요한 것은 사회구성원들의 능동적이고 주체적인 참여이며, 이를 바탕으로 시민, 정부, 시장, 공동체가 서로 협력해 나갈 때 비로소 우리에게 닥친 생활세계의 위기를 극복할 수 있다.

시장주의적 거버넌스와 신공공관리론

우리 사회는 협치의 경험이 참 빈약하다. 1948년 정부 수립 이후 박정희 정부의 개발독재 시대를 지나면서 오랫동안 위계적이고 '권위적인' 통치문화가 이어졌기 때문이다. 중앙집권적인 정치권력과 전문화된 엘리트 행정관료의 '하향식(top-down)' 일방 행정이 지배적이었고 심지어 효과적이라 여겼다.

1980년대 중반을 지나면서 정치적 변화에 힘입어 권위주의적 통치 체계가 다소 누그러졌다. 민간 전문가들이 '위원회'라는 자문기구를 통하여 정책결정에 참여하는 제도가 생기는 한편 '시장 중심'의 거버넌스로 전환되었다. 이런 변화는 1980년대 이후 휘몰아친 신자유주의의 영향권 안에 있으며 행정에서는 신공공관리론이라는 원리로 자리 잡았다. 신공공관리론은 '시장'을 자원배분과 정책결정의 가장 효율적인 메커니즘으로 본다. 시민을 '고객'으로 여기고, 고객의 욕구를 충족하는 (정책)결과물의 효율성과 생산성을 주요한 가치로 삼는다. 공무원은 성과를 경쟁적으로 추구하는 '공공기업가'와 같은 역할을 요구받게 되었다.

시장 중심의 거버넌스는 공공서비스를 아예 민간 기업에 이전해서 '민영화'시켜 버리거나 민간단체에 위탁하는 방식을 택한다. 민간위탁이 공개 공모라는 계약 형식으로 이루어지면서 외관상 계약관계의 평등성이 존중되는 듯하지만, 실질적으로는 위계적 통치문화가 부드러운 옷을 갈아입는 정도에 그쳤다. 평등한 주체들이 자유의사에 기초해서 맺은 관계가 아니라, 사실상 '갑을관계'를 벗어나지 못했기 때문이다. '갑을관계'에서는 수평적 관계를 맺기 힘들다. '하청'을 주는 갑과 그것을 받아야만 하는 을 사이에는 불평등한 관행이 일반적이다. 때문에 민간위탁에서 흔히 시민은 대등한 파트너이자 동반자가 아니라, 행정이 요구하는 과업을 수행해야 하는 하청업체가 되어 버린다. 더 심각한 문제는 위탁을 주는 쪽이나 받는 쪽 모두 이 '갑을관계'에 길들여져 있지 않은가 하는 점이다.

협력적 거버넌스

협치는 공동체주의와 참여주의를 기초로 한다. 공공정책 과정에서 시민 참여를 핵심가치로 여기고, 공동체를 통한 당사자들의 협력적 해결을 중시한다. 공공의제를 시민이 공동으로 해결함으로써, 시민이 정부활동에 적극적으로 개입하는 주체임을 명확하게 한다. 시민을 단순히 정책의 고객(소비자, 수혜자)으로 여기는 시장 중심 거버넌스와 근본적으로 구별되는 지점이다. 시민을 더 이상 공공정책의 대상이 아니라, 정책의 공동생산자(co-producer)로서 공공책무성(시민성, citizenship)*을 갖는 주체로 규정한다. '민주성'이라는 시민성의 덕목이 핵심가치가 된다. 이 과정에서 공무원은 시민의 참여를 지원하고 촉진하며, 다양한 이해관계를 조율하는 '조정자'로 역할하게 된다.

협치는 이미 세계적인 흐름이다. 거버넌스가 행정이 민을 포섭하여 이용하는 것이 아니라, 민의 주도성과 자율성을 존중하는 방향으로 나아가게 하려면 행정이 먼저 자신의 위치를 바꿔야 한다. 행정 혁신이란 행정이 스스로 자신의 위치를 먼저 변화시키는 일이다. 그래야 민이 자율성을 바탕으로 행정에 주도적으로 참여하면서 창의적 에너지를 극대화시킬 수 있고, 그때 비로소 협력적 거버넌스가 실현된다.

하지만 행정이 자기 혁신의 의지를 가진다고 해도 만만찮은 장애물이 있다. 민과 행정 사이에 소통이 어렵다는 것이다. 각기 사용하는 언어가 다르고, 일하는 방식, 조직의 성격과 운영 원리도 판이하다. 비슷한 게 거의 없을

---

* 시민성(citizenship)의 개념은 역사적으로 변화하였으며, 그 순서를 다음과 같이 설명하기도 한다. ① 근대적 책임주체로서 시민 → ② 엘리트/부르주아로서 시민 → ③ 노동권을 포함하는 사회적 시민성 → ④ 여성의 권리를 포함한 젠더의 시민성 → ⑤ 소수자를 포함한 다양성의 시민성 → ⑥ 인권을 넘어 생명권을 포함하는 시민성 → ⑦ 미래세대를 포함하는 지속가능성의 시민성 → ⑧ 코스모폴리탄의 등장과 전 지구적 시민성 → ⑨ 마을공동체의 등장과 주민으로서 시민성. 즉 주민으로서의 시민성이 나머지 시민성을 융합하고 공론장의 판을 제공한다고 볼 수 있다(van Steenbergen, Bart(1994), Toward a Global Ecological Citizenship, 「The Condition of Citizenship」, pp.141~152.).

| 표 1 | 신공공관리론과 협력적 거버넌스01

구분	신공공관리론	협력적 거버넌스
철학기초	신자유주의	공동체주의, 참여주의
핵심가치	결과(효율성, 생산성)	과정(민주성)
시민관	고객(소비자, 수혜자)	주인
원리	경쟁	협력
공공서비스	민영화, 민간위탁	공동생산자
공무원 역할	공공기업가	조정자, 촉진자

정도다. 함께 무엇인가 하려고 하면 '통역' 없이는 불가능할 지경이다. 우리 사회는 아직 협치의 경험이 척박한 탓에 유능한 통역사가 별로 없다. 장애물을 넘어서려면 양쪽 모두 협업과 소통의 경험을 조금이라도 쌓아 가려는 노력이 절실히 필요하다. 아무리 급해도 바늘허리를 매어서 쓸 수는 없는 법이다. 상대의 언어를 충분히 익히기까지는 시간이 필요하다. 서로 신뢰가 쌓이고 소통이 이루어질 때까지 끈질긴 노력이 필요하다.

신뢰의 핵심은 위험을 감수(risk taking)할 의사를 가지고 있느냐 하는 것이다. 상대방의 관행적 행동이나 실수로 인해 발생할지 모르는 피해를 감수할 용의가 있는지가 중요하다. 민은 행정과 협업하면서 복잡한 절차와 서식 등 소모적인 비용과 부담을 기꺼이 받아들일 준비가 되어 있어야 한다. 협업 과정에서 예상되는 행정과의 마찰이나 부작용에 대해서도 어느 정도 감수해야 한다. 한편 행정은 민에 대한 염려를 내려놓고 실험과 도전을 허용하는 진취적인 협업의 문화를 만들기 위해 기꺼이 노력할 각오를 해야 한다. 예산 제약과 성과에 대한 강박을 내려놓고, 민에 대한 지나친 노파심과 새로운 시도에 대한 망설임을 과감히 버려야 한다.

행정이 이제껏 시민사회가 축적한 경험과 지역사회에서 발휘한 주민의 창의를 존중하고, 생활현장의 호흡과 일상의 감수성에 예민하게 반응할 때 진정한 거버넌스, 주민(시민) 주도의 협치가 결실을 맺을 수 있다. 시민(주민)이 '시정(구정)의 주인'으로 관과 대등한 민간 파트너로 인정받는 것이 참여행정의 참모습이며 협치가 작동하는 전제다. 더불어 "시민이 시장이다"로 상징되는 박원순 시정철학의 핵심이 비로소 구현되는 지점이다.

02

협치의 당사자와 전환 동력

협치는 '민-관'의 협력이 기본이 되어야 한다. 하지만 행정과 행정 사이의 '관-관' 협력과, 민간 내부의 '민-민' 협력이 동반해야 비로소 '민-관' 협력이 제대로 작동한다.

민-관 협력

정책을 수립할 때는 먼저 "무엇이 문제인가?"를 점검하는 일이 가장 중요하다. 민-관 협력은 이른바 의제 설정 단계에서 시민의 참여와 결정권을 강화하는 것으로부터 시작된다. 그래야 실행 과정에서도 시민이 자연스럽고 자발적으로 참여할 수 있다. 행정이 시민을 '고객'으로만 취급한다면 시민의 참여는 원천적으로 차단된다. 행정이 스스로를 공공정책의 유일한 주체로 여기고, 고객인 시민의 요구를 파악해서, '고객만족'을 극대화하고, '정책효율성(투입 대비 산출의 성과관리)'을 높이는 일에만 주목하게 되기 때문이다. 민-관 협력은 시민에 대한 인식이 고객에서 '주체'로, 정책의 소비자나 수혜자에서 '공동생산자'로 전환될 때 비로소 시작된다.

관-관 협력과 정책통합

행정은 부서마다 독립적인 정책과제를 수행한다. 하지만 현대사회에서 마주하는 대부분의 문제들은 그 원인이나 해결 방법이 복잡하기 때문에 다양한 분야의 행정자원을 통합적으로 투입하여야 정책의 실효성과 효율성이 생긴다. 이른바 '칸막이' 행정의 오랜 관행을 허물고, 특정 과제의 해결을 위하여 여러 부서가 공동으로 협업하는 '정책통합'이 절실하다. 관-관 사이에 칸막이를 헐기 위해서는 정책 설계단계에서 문제 정의와 정책 목표를 분명히 하고, 유관 부서의 자원을 종합적으로 파악하여 각 부서의 역할 분담 체제를 기획해야 한다. 실행단계에서는 참여 부서들의 공동실행단(협동형 워킹그룹)을 가동하여 통합적으로 조율해야 한다. 통상 전담조직을 구성하는데, 전담조직에 참여하는 주관부서와 협력부서 간의 역할 분담과 그에 따른 성과의 공유가 분명해야 한다. 그래야 협력이 유지된다.

민-민 협력과 의제융합

시민사회 역시 전문 분야별 활동을 융합해 공동사업을 추진하면서 의제별 분과주의의 칸막이를 극복하고 지역사회와 더욱 깊이 있게 소통해야 한다.

그래서 시민단체는 점차 지역사회와 '내재적' 동반관계를 만들어 가야 한다. 특히 서울지역에서 활동하는 주요 시민사회(단체)들이 그동안 주로 국가를 상대로 하는 감시와 청원 및 입법지원 활동에 주력해 왔다면, 이제는 지역사회의 구체적인 문제를 공공정책의 과제로 조명하고, 지역사회의 주민들과 함께 문제해결에 나서는 동반관계를 시도해 나가야 한다.

관-관 협치는 민-민 협치를 촉진하고, 민-민 협치는 다시 관-관 협치를 자극한다. 민-관 협치는 관-관 협치와 민-민 협치를 통해서 비로소 성숙되고 진화한다. 물론 협력 지점에 대한 강조점은 정책마다 다르다. 정책의 성격이나 민간의 역량, 민-관 협력의 수준에 따라서, 관-관 협력이 관건인 사업이 있고, 민간들끼리 협업을 강화하는 것이 더욱 중요한 사업이 있다.

좋은 거버넌스

거버넌스의 필요성을 강조하는 많은 주장의 핵심은 '법률이 정하는 대로 통치(government)하는 방식'으로 사회를 다스리는 시대는 지나갔다는 것이다. 우리 사회가 이미 매우 복잡하여, 법치(法治) 혹은 관치(官治)만으로는 해결이 되지 않는 문제들이 많아졌기 때문이다. 통치의 방식은 오히려 부작용을 가져오고 비용도 더 많이 들기 일쑤여서, 시민과 이해당사자들을 의사결정에 참여시킬 때 오히려 행정의 정책목표가 더 잘 실현된다는 것이다. 그래서 거버넌스는 협치(協治) 또는 공치(共治)로 번역된다.[02]

국제기구들이 활용하고 있는 거버넌스의 평가 기준들을 검토하면, 참여(participation), 법치주의(rule of law), 반응성(responsiveness), 투명성(transparency), 합의 지향(consensus oriented), 공정성과 포괄성(equity and inclusiveness), 효과와 효율

| 그림 3 | 좋은 거버넌스의 개념요소[03]

(effectiveness and efficiency), 설명책임(accountability) 등의 요소를 도출할 수 있다. 이를 기준으로 '좋은 거버넌스(good governance)'를 판단한다.

그리고 거버넌스는 행정이 주체가 되는 '정책과정'과 시민과 상호작용이 이루어지는 '사회과정', 그리고 의회, 정당, 상하위 정부기구 등과의 상호작용을 포괄하는 '정치과정' 모두가 복합적으로 어우러진다. '민(民)-관(官)-정(政)'의 융합적 상호작용 과정이라 할 수 있다. 이러한 과정들이 잘 작동하여 의제선정 – 정책결정 – 정책집행 – 정책평가라는 정책과정 전반에 다양한 참여자들의 목소리를 반영하여 문제를 해결해 나간다면 거버넌스가 활성화되어 있다고 말할 수 있다.

거버넌스의 전환과 동력

거버넌스는 모든 사회 변화의 양상과 마찬가지로 발전과정을 거친다. 최근 '전환이론'은 크게 3~4단계로 구분하여 그 전환의 과정을 분석한다. 이러한 발전단계로 서울시정의 협치 수준을 진단하고 진화를 위한 과제를 설정하는 데 유용한 기준을 제시할 수 있다. 협치의 각 발전단계를 뛰어넘는 '전환의 동력'을 잘 파악하고 관리하는 것이 무엇보다 중요하며, 이것이 바로 '협치 서울'의 추진 전략이 되어야 한다. 전환의 특징적 양상을 살펴보면 다음과 같다.

첫째, 전환은 틈새 사이의 네트워킹을 통해 서로 맥락을 공유하고 상호영향을 주면서 성장해 가는 방식으로 진행된다. 점이 선으로 발전하고, 면으로 전개된다. 성찰하는 개인(점)이 모둠을 이루기 시작한 주민(점)과 관계 맺기(선)를 시작하고, 이들이 서로 영향을 주고받으며 네트워크(면)를 형성하고 새로운 도약의 계기를 마련하는 경우다(등장과 연결).

둘째, 사회적 변화를 지지하는 세력의 등장 역시 중요한 전환의 동력이다. 변화를 지지하고 만들어 내는 사람들이 필요하다. 이들은 통상 학습과정을 통해서 등장한다. 파일럿 프로젝트를 만든다든지, 경험을 공유하고, 훈련받는 학습을 통해서 역량을 강화한 사람들은 틈새에서 변화를 체화하면서 변화의 지지자가 된다. 이들은 새롭게 등장한 틈새를 보호하고 육성하는 역할을 하면서 이들의 성장과 그다음 단계로 이행이 이루어지도록 돕는

| 표 2 | **전환 단계와 특징04**

전환의 단계		단계의 특징
미시적 ↑ ↓ 거시적	**틈새 수준** Niche	• 전적으로 새로운 실험적 정책, 행정행위, 행정조치의 도입 단계 • 새로운 철학과 가치가 포함되어 있어 보다 보편적인 시스템 변화로 발전할 가능성이 있는 정책 예 : 시립대학 반값 등록금 조치 등
	조직 수준 Organizational level	• 틈새 수준의 정책실험이 보다 확실한 기초를 갖고, 조직과 인원을 배치하여, 종래의 관행을 근본적으로 혁신하는 정책으로 발전하는 단계 예 : 청책, 현장시장실, 경기도 혁신학교 등
	제도 수준 Institutional level	• 혁신이 제도의 틀(조례, 법률, 행정조직, 중간지원센터 등)을 갖추고 안정적인 상태로 정책이 집행되는 단계 • 다양한 이해와 가치를 가진 시민과 이해당사자들이 참여할 때 비로소 가능
	풍경 전환 Landscape	• 혁신 지향적인 여러 제도들이 상호작용을 통해 사회 전체의 모습이 이전 단계와는 근본적으로 다른 모습을 보이는 단계

다. 결국 이행의 추진력은 참가자들의 사회적 학습에 의해 담보된다. 초기 혁신의 시도가 성공하고, 그 이후에 성공 사례를 '확장'하는 과정에서 전환 동력을 획득하게 된다(성장과 확장).

셋째, 사회적 변화는 정치적 참여의 기회구조와 밀접하게 연결된다. 시민의 요구가 잘 실현될 수 있는 개방적 정치구조에서 변화가 더 잘 일어날 수 있기 때문이다. 정치가들이 정치적 기회구조를 확대하면서 시민참여를 유도할 수 있고, 시민참여를 통해서 자신의 정책을 추진할 힘을 얻게 된다. 혁신을 지향하는 단체장이 등장하는 것이 정치적 기회의 확대이며, 의회가 민-관 협력에 적극 참여하는 것 역시 대단히 중요한 전환의 동력이 된다.

예를 들어 성미산마을의 실험을 '틈새' 현상으로 본다면, 서울시 마을공동체종합지원센터를 통하여 행·재정적으로 주민들의 마을살이를 지원하는 체계를 '조직' 수준의 단계로 볼 수 있고, 협치를 통하여 행정 전반에 시민이 참여하여 공공의 문제를 해결해 가도록 촉진하는 수준을 '제도' 수준의 단계라 할 수 있다. 통상 제도의 단계에 들어서면 공무원들도 안심하고 안정적으로 참여하게 되고, 그럴 때 다양한 시행착오와 성공의 사례들이 나온다. 이때 비로소 행정조직 전반에 협치의 관행이 생기며 되며, 공무원들의 협치적 태도가 형성되고, 비로소 '풍경의 전환'이 일어난다.

서울시정과 협치

2

01

서울시정의 방향, 혁신과 협치

박원순 시장은 2016년 신년사에서 "지난 4년간 서울시정에는 크고 작은 변화와 혁신이 있었습니다. 시민을 시장으로 모시는 협치가 시정의 기반이 되었습니다. 혁신은 누구도 거부할 수 없는 시정의 원칙이 되었습니다. 협치와 혁신은 이제 명실상부 서울시정을 상징하는 이름이 되었습니다"라며 민선 6기 후반기 시정의 핵심가치를 혁신과 협치로 압축했다.

또한 민선 5기 당선 이후 4년 동안의 시정에 대해서는 "거대하고 화려한 낭비적 토건사업은 포기했습니다. 대신 시민의 실제 삶을 챙기는 복지를 늘렸습니다. 지역공동체와 마을공동체를 살리고 사회적경제를 진흥시켰습니다. 시대착오적인 전면 철거 방식과도 과감하게 결별했습니다. 사람을 살리고 지역을 살리는 도시재생의 새 길을 열었습니다. 외적 성장, 토건개발, 시장만능 일변도에서 벗어나 사람이 중심인 새로운 대안적 성장을 모색했습니다"라며, 시민의 실제 삶에 밀착한 복지, 지역을 살리는 도시재생, 사람이 중심인 대안적 성장 모색을 성과로 평가했다.

하지만 우리 사회가 처한 현실에 대해서는 "저성장이 고착화되고 있습니다. 저성장은 우리 경제에 깊고 어두운 그늘을 드리우고 있습니다. 고용 없는 성장은 시민의 일자리를 빼앗고, 불확실한 내일과 희망 없는 미래의 삶으로 내몰고 있습니다. 저출산과 고령화의 수렁에서 아직 헤어 나올 탈출구는 보이지 않습니다"라고 매우 비관적인 진단을 내렸다. 반면 그 대안으로 민생제일주의를 강조하고, 민생의 실현방안으로는 '성장-일자리-복지'의 '세 바퀴 선순환' 성장을 제시하였다. "혁신에 기반한 경제, 혁신 주도의 성장 체제로 전환해야 합니다. 그럼으로써 새로운 가치, 새로운 산업, 새로운 시장, 새로운 일자리를 창출해야 합니다. 서울시가 앞장서겠습니다. 서울시가 새로운 성장과 민생제일주의의 깃발을 들겠습니다. 성장과 일자리, 복지가 선순환하는 '세 바퀴 성장'으로 시민의 삶을 지키고, 새로운 서울의 미래를 열어 나가겠습니다."

'세 바퀴 성장'의 첫째 성장전략으로 미래 먹거리가 되어 줄 10대 신성장 동력 산업을 제시했다. "우선 미래 먹거리인 신성장동력산업 육성에 힘을 쏟겠습니다. 마곡, 양재·우면, 홍릉, 개포, G밸리, 동남권국제교류 복합지구, 창동·상계, 남산 애니메이션센터, 동대문패션지구 등을 R&D, 바이오·의료, IT, 문화콘텐츠 등 첨단융복합산업, 유망산업의 성장거점으로 삼을 것입니다. 이는 곧 좋은 일자리 창출로 이어질 것입니다. 임박한 서울형 창조경제가 시민의 삶을 지키고, 서울의 새로운 미래를 열 동력이 될 것입니다."

둘째 전략으로 일자리 분야에 대해서는 지방정부로서 정책수단의 한계를 인정하면서도 민-관-학 협치로 그 돌파구를 찾겠다고 했다. "서울시는 중앙정부에 비해 경제정책, 고용정책, 노동정책 수단의 한계가 분명합니다. 동시에 고용 없는 성장의 패러다임을 깨기 어려운 것도 엄연한 현실입니다. 그렇다고 가만히 있을 수는 없습니다. 서울시는 스스로의 정책수단과 재정투입, 혁신적인 방법으로 일자리 창출에 최선을 다할 것입니다. … 민간기업, 산업계, 노동계, 대학계 등을 모두 한자리에 초청해 좋은 일자리 창출의 교두보로 만들 것입니다."

세 바퀴 전략의 셋째인 복지 분야는 영유아에서 노인까지 전 세대를 포괄하는 '보편복지'를 선언하고, 찾아가는 동주민센터를 통한 복지전달체계의 혁신을 강조하였으며, 무엇보다 공동체 형성을 주요한 방향으로 제시하였다. "영유아, 청소년, 어르신, 여성, 장애인, 위기 가정 등을 위한 복지를 넘어 서겠습니다. 청년과 베이비부머 세대까지 챙김으로써 '보편복지'를 완성해 시민이 누려야 할 복지권을 온전히 실현하고……. 복지전달체계의 혁신은 새로운 공동체와 연대에 대한 꿈의 씨앗이 되어 줄 것입니다."

"2016년의 서울은 또한 「자치분권특별시 서울」의 비전이 실현되는 한 해가 될 것입니다. 저는 평소에 이런 철학을 가지고 있습니다. '시민이 곧 구민이요, 구민이 시민'이고 '시정이 구정이요, 구정이 곧 시정'이라는 것입니다." 자치구에 대해서는 별도로 강조했는데, '분권과 자치'가 기본 방향임을 분명하게 선언하였다.

2016년 신년사의 내용을 종합해 보면, 박원순 시장이 취임 이후 4년 동안 추진한 혁신 정책을 계속 이어 가면서, 시민참여와 지역사회의 활력을 통한 지속 가능한 성장 기반을 만들어 간다는 점을 강조하고 있다. 그리고 그 방향으로 나아가기 위한 핵심전략으로 '협치'를 제시했다.

협치는 행정의 각 부서들이 '시민의 참여도와 정책 체감도 및 만족도' 증진을 성과목표로 설정할 것을 주문하고 있다. 임기 초 4년 동안 서울시정의 여러 정책 영역에서 많은 시민이 등장하였다. 이들이 연결되면서 서울시 정책에 대한 이해도를 높이고, 문제해결의 주도적인 당사자로 나설 때 비로소 공공정책의 동력이 유지되고 성과도 나온다. 협치는 임기 초반 4년 동안 축적한 혁신의 성과를 한 단계 증폭시키기 위한 혁신 2기의 전략이라 할 수 있다. 신년사에서 혁신과 함께 나란히 강조된 협치는 '혁신의 도약을 위한 전략'이자 '혁신의 지속가능성을 담는 그릇'이다.

02

협치 시정의 기조와 평가

'함께주의', 민선 5~6기 시정의 비전

박원순 시장의 시정 철학은 "시민이 시장이다"라는 간명한 슬로건으로 요약된다. 박원순 시정부 출범 이후 '함께 만드는 서울, 함께 누리는 서울' 등 '시민과 함께'가 시정의 비전으로 잡히고, 시정의 기조가 '소통과 신뢰'로 설정된다. 이는 청책, 숙의, 현장시장실 등으로 대표되는 박원순 시장의 '현장중심형-시민경청형' 행정스타일로 구체화된다. 박원순 시장 취임 이후 4년 동안(2011~2015) 청책(聽策)을 약 100회 정도 진행하였고, 현장시장실을 380여 일이나 운영했다.

청책은 첫째, 당면한 문제를 중심으로, 둘째, 문제의 당사자와 해결자가 거버넌스의 핵심주체가 되고, 셋째, 민관협동 워킹그룹형 파트너십을 구축하는, 협치 시정의 혁신적 패러다임을 시도한 것이었다. 현장시장실은 시장이 업무상 관련이 깊은 해당 간부들과 함께 지역 현장에 나가서 현지주민들과

| 표 3 | 연도별/분야별 청책 현황05

연도별	2011년	2012년	2013년	2014년	2015년
건수	10건	31건	23건	27건	7건

당면한 의제들을 직접 소통하고 결정을 내리는 현장 행정이다. 관청에 대한 접근이 쉽지 않은 주민의 입장에서는, 현장시장실은 시정의 최고 책임자와 직접 대화를 하면서 요구사항을 말할 수 있는 기회이다. 반면 현장 주민의 발언은 예측불가이고, 시장의 한마디는 책임이 따르는 것이라 수행하는 간부들은 내내 전전긍긍한다. 현장시장실을 한 번 다녀오면 과제 리스트가 잔뜩 쌓여서 공무원들은 그야말로 '난감'이라고 한다. 이는 박원순 시장이 시민의 직접적인 시정 개입과 참여를 매우 중요한 시정철학으로 삼았음을 증명한다.

협치 지향형 정책과 사업 추진

민선 5~6기에 걸쳐서 대표적인 정책기조로 꼽을 수 있는 것이 혁신 정책의 실시이다. 이들 대부분은 시민(주민)의 참여와 협력이 정책의 성패에 결정적인 영향을 끼치는 이른바 '협치 지향형' 정책 및 사업들이다. 대표적인 사례로 마을공동체, 도시재생, 사회적경제, 지역 사회복지, 청년정책, 50플러스, 공원녹지 조성 및 운영, 원전하나줄이기, 혁신교육 등을 꼽는다. 이들 정책은 행정이 하려고 하는 정책의 취지를 시민이 공감하고, 그 공감의 바탕 위에서 시민이 자발적으로 참여해야 비로소 정책의 목표가 달성된다.

'들러리' 위원회, '그들만의 리그'

서울시에는 이미 160여 개에 달하는 법정 위원회가 구성되어 활동하고 있다. 비법정 위원회까지 합하면 무려 300여 개에 이른다고 한다. 시 행정 대부분의 영역에 걸쳐 위원회가 만들어져 있고, 정책 및 사업 영역별로 민간의 의견을 수용하는 채널이 제도적으로 마련되어 있는 셈이다. 하지만 대부분 위원회가 연간 서너 차례 정도의 회의로 운영되다 보니, 행정부서가 사전에 정해둔 의제만 논의하기에도 벅차다. 그것도 '자문' 수준의 의견청취에 불과하여 실질적 참여가 이루어지지 않는다.

결국 민간 참여의 실질성이 담보되지 않고 형식적으로 운영되면서 참여 동기가 약화되는 악순환이 일어난다. 진정한 의미의 민간 참여라고 하기에는 구조적으로 부실하다는 진단이 일반적이다. 더욱이 위원회의 민간 참여자는 대부분 전문가 위주여서, 일반 시민의 참여가 제도적으로 막혀 있다는 점도 문제로 지적된다. 참여한 민간의 위원들은 스스로를 '들러리' 노릇에 그치고 마는 것에 불편해 하고, 일반 시민들은 '그들만의 리그'로 돌아가는 시정에 불만을 가지고 있는 셈이다. 위원회 제도 운영 전반에 걸친 획기적인 개선이 필요하다.

청책(聽策)의 실망

청책은 [거버넌스 의제의 설정]의 단계를 거쳐, [거버넌스 실행의 파트너 초대]를 하고, 직접 [민-관 협력적 실행]을 하는 혁신적인 거버넌스 공정으로 민선 5기에 야심차게 시행된 정책이다. 위원회가 대체로 비교적 포괄적이고 종합적인 의제를 대상으로 삼는 데 반해서, 청책은 당면한 문제의 당사자와 해결자가 함께 참여하여 집중적으로 의견을 나누면서 해결지점을 찾아볼 수 있다는 점에서 획기적인 거버넌스이다.

청책이라는 새로운 거버넌스를 통해서 당면한 현안을 시정의 의제로 정하고, 이를 해결하고 싶어 하는 민간 주체들을 초대한 것까지는 대단히 성공적이었다. 하지만 이후에 실행 과정까지 제대로 이어지지는 못했다는 점이 아쉬움으로 남는다. 청책 이후에 해당 부서가 혼자 알아서 집행해 버리거나, 예산이 없어서 시민이 직접 실행에 참여하는 것 자체를 포기해야 하는 경우가 가장 큰 문제로 지적된다. 이미 행정 사업부서에서 진행하고 있던 사업인 경우에는 그래도 사업예산을 조정해서 실행해 볼 여지라도 있지만, 예산상 전용 등의 조정이 불가능하거나 신규 사업에 해당하면 다음 연도에 예산을 확보하기 전에는 아무런 실행사업을 추진할 수 없다. 참여한 시민의 입장에서는 실로 '김빠지는 일'이 아닐 수 없다. 청책을 통하여 한껏 부푼 시민의 의욕과 기대는 오히려 "역시"라는 실망과 불만이 되어 거버넌스 자체에 대한 불신으로 드러날 우려가 있었다. 협치를 촉진하고자 추진한 정책이 오히려 협치에 대한 불신과 피로도를 높일 수 있다는 점이 지적되었다.

중간지원조직의 딜레마

이른바 '중간지원조직'이라 불리는 각종 센터들은 민선 5기 협치 시정의 핵심적인 정책수단이다. 마을공동체종합지원센터, 사회적경제지원센터, 청년허브센터, 인생이모작지원센터, NPO지원센터, 혁신지원센터 등 서울시의 주요 혁신 정책을 담당하는 중간지원조직들은 대부분 민간단체들이 사무를 위탁받아 사업을 직접 실행하였다. 중간지원조직은 민간 진영에서 이미 축적된 전문적인 활동 경험을 효과적으로 시 정책에 끌어들여 활용한다는 점에서, 진화된 거버넌스의 통로 구실을 하였다. 민간의 입장에서도 위원회처럼 자문역에 그치지 않고 정책을 직접 실행할 수 있는 권한을 부여받는다는 점에서 훨씬 진전된 거버넌스 방식이다.

그러나 중간지원조직이 행정과 시민 사이에서 '행정을 지원하는 것인지, 시민을 지원하는 것인지' 애매하다는 평가가 나온다. 행정의 사무수탁자로서 행정을 지원하는 것인지, 시민(주민)의 등장과 성장을 지원하는 것인지 불분명하다는 것인데, 사실은 이 둘 다 중간지원조직의 역할일 수밖에 없다. 중간지원조직의 설립 취지가 시민 참여형 정책에 대한 행정의 경험 부족을 메우는 것이기 때문에, 행정이 시민 친화적으로 잘 전환하도록 지원해야 한다. 하지만 중간지원조직이 행정의 '시민 친화적 전환'을 돕는 것이 아니라, 오히려 행정으로부터 '관행 친화적인 적응'을 요구받고 있다는 점에서 문제가 되고 있는 것이다.

원인은 민간위탁제도의 엄격한 관리시스템에 있다. 서울시정에서 민간위탁으로 집행하는 예산이 약 2조 원에 달한다고 한다. 행정부서의 입장에서는 관리책임을 놓을 수가 없는 것이다. 시의회와 행정은 그동안 매우 투명하고 엄격한 민간위탁 사무관리 규정을 만들어 왔다. 하지만 이것이 오히려 민간의 자율과 활력을 억제하는 '발목잡기'가 되고 있어서 적절한 균형이 요구된다. 공적 책무성에 기초한 엄격한 관리의 필요성과 민간의 자율성과 창의력을 행정에 적극 도입한다는 민간위탁 제도의 취지를 양립시키는 대책이 필요하다. 사실 민간위탁제도의 개선을 추진했지만, 결과적으로 여의치 않았다. 2조 원에 달하는 규모의 문제뿐만 아니라, 그 성격과 활동 방식 또한 천차만별이어서 제도적 개선이 어려웠다. 심지어는 이쪽의 개선책이 저쪽의 개악이 되기도 한다. 관리에 치중된 제도의 운영원리가, 활력을 추구하는 혁신형 중간조직과는 상충이 불가피하다. '혁신형 민간위탁'으로 별도로 명명하고 독립적인 개선책을 추진했지만, '혁신형'에 대한 성격 정의도 애매하고, 무엇보다 예외를 적용하는 데 따른 제도 운영상의 부담이 큰 장벽이었다. 결국 2016년 초 혁신형 중간지원조직 대표들과 시작한 민간위탁제 혁신 논의는 장기적인 과제로 유예하고 중단되었다.

통상 임기 후반에 접어들게 되면, 행정의 리스크 관리가 한층 강화된다. 중간지원조직 역시 기존 행정 관행에 적응하도록 더욱 강력하게 요구받을 것이다. 마을과 청년, 인생이모작(시니어), 사회적경제 등 다양한 정책 영역에서 새로운 시민 주체가 등장하고 서로 연결되면서, 지역사회를 토대로 새로운 연대와 융합의 흐름이 형성되어 가고 있는 시점에 행정의 관리모드가 강화된다는 것은 흐름에 역행하는 것이다. 따라서 그동안 애써 키워 온 혁신과 협치의 흐름을 크게 위축시킬 우려가 있다. 현장의 융합 현상은 궁극적으로 '지역사회 시민 생태계'를 지향한다. 시민사회가 정부의 지원에 덜 매이고 우리 사회가 당면한 시급하고 절실한 문제를 해결해 내는 힘을 키울 수 있도록, 중간지원조직의 자율과 활력을 더욱 배가시키기 위한 대책이 절실하다. 동시에 민간(중간지원조직)의 책임성을 명확히 하고, 평가의 기준과 방법도 재검토 되어야 한다. 자율성과 효과성이 함께 달성되고, 권한과 책임이 균형을 이루는 개선이 필요하다.

공모제 피로도

시민 개인으로부터 민간단체에 이르기까지 가장 많은 민간 주체들이 서울 시정에 참여하는 통로라는 점에서, 공모제는 가장 일반적인 협치의 방식이라 할 수 있다. 즉 자격요건을 갖추고 심사절차를 거친 민간에게 보조금을 지급한다. 민간은 공모 절차를 통하여 필요한 공적 활동(사업)을 직접 실행할 수 있게 된다. 행정 입장에서 보면, 다양한 참여 시민들의 이해관계를 조정할 수 있어서 참 합리적인 자원배분 방식이다. 세금을 투명하고 공적으로 집행해야 할 책무를 지닌 공무원이 개발하여 오랜 기간 동안 다듬어 온 제도일 것이다. 하지만 요즘, 아니 오래전부터 이 공모제에 대한 비판이 있어 왔다.

비판점을 요약해 보면 세 가지로 압축된다. 첫째, 모든 공모사업의 정책 내용은 공무원이 결정한다. 당연 법으로 정해진 공무원의 권한이다. 물론 전문가 또는 위원회의 자문이 있지만, 말 그대로 자문에 그친다. 둘째, 서울시 150여 개의 과 단위의 부서가 사업의 내용을 칸막이로 결정하고, 각개 약진하듯이 사업을 집행한다. 현장의 민간 주체들은 제각각 뿌려지는 사업을 쫓아다니며 받아내느라 정신이 없다. 이제 현장은 융합과 통합, 연대와 협력이 필요함에도 불구하고 행정의 부서독립적인 예산제와 평가제도가 있는 한, 칸막이 사업의 각개약진식 추진을 막을 수가 없다. 셋째, 지나치게 과중한 행정서류와 조급한 성과주의 및 형식적인 성과 증명 요구 등이 있다.

03

협치 시정의 과제

지역 현장의 융합적 흐름과 행정의 '칸막이식 위험·성과관리 강화'가 동시에 마주보고 부딪친다면 상당한 충격이 발생할 것이다. 그동안 애써 쌓아온 거버넌스가 위기를 맞을 우려가 크다. 지난 6년 동안 활발하게 추진한 협치 시정의 성과에서 한 걸음 더 나아가기 위해서는 위험요소와 한계를 진단하고 그 원인을 찾아서 개선책을 마련해야 한다.

'소통과 경청'에서 '동행과 협력'으로

서울시는 정보소통광장, 정보소통백서, 시민 알 권리 10대 원칙 등을 주요 내용으로 하는 '열린시정 2.0 프로젝트'를 추진하여 정보공개율 97.8퍼센트를 달성하였다. 주민설명회, 공청회, 설문조사 등이 일상화되고, 거버넌스 발전의 1~2단계에 해당하는 [정보제공], [협의]의 과제를 이미 상당 수준

| 표 4 | 거버넌스 발전 단계

1단계	2단계	3단계	4단계	5단계
정보제공	협의	개입	협업	권한부여

까지 달성하였다.[06]

민선 5기에서는 시민의 수동적인 참여를 넘어 공개토론회, 원탁회의, 청책, 현장시장실 등을 통하여 시민의 직접적인 시정 '개입'을 촉진하면서, 거버넌스 발전 3단계인 [개입] 단계에 진입한 것으로 평가된다. 이제는 실행까지 참여하는 4단계 [협업] 수준을 강화해야 할 시점이다. 민관이 협업의 긍정적인 경험을 쌓아 가면서 최종 단계인 [권한부여]로의 진화를 시도해야 한다. 3단계 [개입]을 제도화하고, 4단계 [협업]과 5단계 [권한부여] 단계로 진입하기 위한 장치를 마련해야 한다. 즉 [2~3단계]에서 [4~5단계]로 전환하는 것이 과제다.

서울연구원이 시행한 한 설문조사에서는 협치에 대한 공무원과 시민 사이의 인식차를 분명하게 보여 주었다. 공무원들은 시민(또한 민간의 전문가)의 '의견을 들으면' 협치한 것으로 여기는 반면, 시민(민간의 활동가 포함)은 '직접 결정하고 실행에 참여'해야 협치했다고 생각한다. "참여라고 하면서 동원한다"는 공무원에 대한 민간의 실망감과 불신감은 이러한 인식의 차이에서 비롯된다. 협력의 전제는 소통이고, 소통은 경청의 자세에서 시작된다. 협치는 소통과 경청에서 시작하되 동행과 협력으로 나아가야 한다. 서울 시민은 좀 더 능동적이고 적극적인 개입과 함께 책임지는 협력의 단계로 나아가기를 원하고 있다.

시민은 직접 정책결정과 실행에 참여할 때 비로소 그 참여 동기가 분명해지고 지속된다. 참여는 지속되어야 그 수준이 향상되고 참여의 효능이 실제로 드러나며 다른 이들도 공감하게 된다. 또한 그래야 협력의 필요성이 보편적으로 인정되고 이를 안정화하기 위한 제도적인 뒷받침이 따르게 된다. 결국 협치란 시민의 참여를 지속시키기 위한 행정의 전략이 되어야 한다.

시민은 필요와 요구를 드러내고 해결을 위한 정책의 방향을 스스로 결정하고 집행에 참여하는 일련의 과정을 경험하면서, 계획단계에서 생각했던 것과는 다른 현실을 확인하게 된다. 다양한 이해관계의 충돌을 이해하고 새로운 돌파구를 모색하면서 여러 자원의 소재와 용도, 효과성을 학습한다. 시민은 서로 다른 이해관계와 의견을 가진 사람들과 지속적으로 소통하면서 자신의 필요와 욕구를 공동체와 사회의 그것으로 재해석해 낸다. 문제해결의 방향을 모색하고 도출하는 지난한 과정을 통해서 시민은 '공공성과 시민성'을 획득한다.

이런 공공성과 시민성의 학습과정을 거치면서 시민은 정책에 대한 훨씬 폭넓고 구체적인 지식을 갖게 되고 행정의 메커니즘도 잘 이해하게 된다. 또한 관련된 다양한 사람들(시민, 전문가, 활동가)과 네트워크를 형성하면서 그야말로 훌륭한 공공 주체(시민)로 성장한다. 결국 협치는 주권자인 시민이 일상적으로 주권을 행사하기 위한 전략이다.

분권과 자치

서울시는 25개 자치구를 포함하고 있는 광역자치단체다. 광역과 기초는 별도의 선출 절차를 통하여 권한을 위임받는 단체장이 독립적으로 행정을 이끌어 간다. 하지만 행정적으로, 특히 상당한 규모의 예산을 매개로 기초와 광역자치단체는 상당히 밀착되어 있다. 예산자립도가 매우 낮은 우리나라

지방자치제도의 현실에서 구청은 상위 자치단체인 서울시에 '예속'되기 쉽다. 독자적으로 정책을 추진할 만한 예산이 부족한 상황에서 기초는 광역의 예산을 따내기 위해 부단히 애쓸 수밖에 없기 때문이다.

서울시의 입장에서 보면, 자치구는 정책의 현장이다. 서울시정의 대부분은 자치구와 연동되어 집행된다. 상당한 정책이 시정부에서 보조금(자치구경상보조금)을 보내면 자치구가 그 정책을 집행한다. 서울시가 정책 기획을 담당하고, 자치구는 집행을 책임지는 관계다. 이 과정에서 자치구의 구체적 현실이 광역의 정책모델에 함몰되고, 자치구는 권한 없이 집행 책임만 지게 되어 양쪽 사이에 협력 관계가 이루어지지 않는다.

대부분의 서울시 정책들은 지역사회 주민들의 자발적 참여를 이끌어 내야 비로소 그 정책의 결실을 맺을 수 있다. 또한 지역사회 주민의 자발적 참여와 능동적 활동을 끌어내려면 자치구 행정과의 협치가 매우 중요하다. 따라서 시정 차원의 협치 노력은 불가피하게 자치구 차원의 협치 노력과 연결되지 않으면 안된다. 그러나 자치구라 하더라도 시정책에 전적으로 일치시킬 수는 없다. 자치구마다 우선순위가 높고 추진동력이 강력한 정책분야가 다 다르기 때문이다. 그러므로 서울시는 정책별로 연동 효과가 큰 자치구와 먼저 긴밀하게 협력하여 추진하고, 그 실행의 결과로 얻어지는 시행착오의 경험을 바탕으로 전체 자치구로 확산하는 단계적 전략을 사용해야 한다.

그렇지 않으면 자치구는 그야말로 재정과 시책을 앞세운 시정부에 일방적으로 동원되고, 정작 주력하고픈 영역에 집중하지 못하게 된다. 서울시는 자치구마다 잘하는 정책을 발굴하고, 이를 타 자치구가 벤치마킹할 수 있도록 지원하는 전략을 수립해야 한다. 자치구가 정책을 주도하고 시정부가 지원하는 광역-기초 간 새로운 협업관계를 촉진하는 거버넌스 관행을 만들고 제도화해야 한다. 분권은 협력의 기초이자 협력의 결과이다. 광역과 기초 사이의 협력은 상호인정과 역할의 분담을 통해서만 가능하다. 따라서 협치 시정은 '현장(근린-지역이라는 생활세계)의 요구(해결해야 할 과제)와 역동성(해결에 나서는 시민행동)에 민감한 협치구정체계를 구축한다'는 목표를 정조준해야 한다.

지방자치 시대에 기초와 광역 사이의 법적·행정적 권한의 문제를 떠나, 정책의 실효성이 라는 측면에서만 보아도 이러한 전통적인 위계적·하향적 행정은 불합리하다. 경제, 외교, 국방 등 거시적인 정책 영역을 제외한, 국민의 일상과 관련된 영역에서는 지방정부가 지역의 형편과 주민의 요구를 잘 알아서 효과적인 정책을 쓸 수 있다. 따라서 중앙정부에서 광역정부로, 광역정부에서 기초정부로 권한을 이양하는 것이 바람직하다.

기초정부인 자치구라 해도 인구가 대체로 30만 명을 넘고 60만 명이 넘는 곳도 있다.* 천만 인구의 서울시는 거의 웬만한 국가 수준의 행정 규모이다. 기초정부의 형편과 조건은 25개구 모두 각양각색이다. 정책의 중요성과 시급성이 다르고 민간의 여력과 형편에도 차이가 있다. 자치구 나름의 독자적이고 독립적인 자치행정의 틀을 만들어야 한다. 지방자치의 기본단위인 자치구가 자치단체로서의 정당한 권한과 적절한 조건을 갖추어야 한다. 2015년 박원순 시장은 2800억 원의 자치구조정교부금에 대한 권한을 25개 구청장에게 이양한다는 약속을 했다. 서울시의회도 2016년 예산안 승인을 통해 수용했다. 지방분권의 결정적 관건인 예산에 대한 권한을 시장이 구청장에게 이양했다는 것은, 보육예산과 청년수당을 둘러싸고 벌어진 중앙정부와 지방정부의 비상식적인 갈등상황과 비교해 볼 때, 더더욱 값진 지방분권의 진전이다.

* 국가통계포털에 따르면 2017년 11월 기준으로 서울시 인구가 9,870,167명이며, 송파구(663,666)와 강서구(601,606)가 60만 명이 넘고, 도심지인 종로구(154,906)와 중구(125,580)가 10만대이다. 20만대인 용산구와 금천구를 제외하면, 그 외 구가 30만 명 이상이다.

하지만 이는 필요조건에 그친다. 다시 자치구 차원에서 민간으로 권한이양이 동반되어야 한다. 그래야 광역-기초 '분권'이 힘을 가지고 '자치'로 나아갈 수 있다. 자치(화)란 지방정부에서 다시 지역사회, 즉 시민(주민)에게 권한을 이양하는 것이다. 분권화는 지역사회 시민의 '자발적 문제해결능력'을 키우고 '자립적인 정치경제적 토대'를 만들어 가는 방향으로 이루어져야 한다. 자치구 차원에서 '민관 거버넌스'가 뒷받침되는 '광역-기초 분권화'를 목표로 해야 한다. 분권이 전제되지 않는 자치는 허구이고, 자치가 수반되지 않는 분권은 독선으로 흐를 위험이 있다. 그래서 분권과 자치는 함께 추진되어야 한다. 중앙에서 지방으로, 다시 관에서 민으로 두 번의 권력이양(power shift)이 동시에 일어나야 한다.

근린 거버넌스

자치구 민관 거버넌스를 형성하기 위해서는 우선 자치구 지역사회 주민의 협력적 관계망 형성이 전제되어야 한다. 같은 자치구라 해도 지리적, 사회·경제적 생활권의 특성이 다양하다. 대면관계가 이루어지고 일상생활이 지속되는 단위는 골목을 매개로, 아파트 단지를 테두리로 하는 '동네', 근린(近隣, neighbor)이다. 근린은 동(洞)을 경계로 형성되기도 하지만, 동보다도 훨씬 작은 범위이다. 몇 개의 동을 걸치는 경우도 있다. 근린에서는 다양한 시민의 수요를 잘 파악하고, 이용 가능한 자원을 효과적으로 조달하며, 적절한 서비스를 제공할 수 있어서 전달체계의 비용을 줄일 수 있다. 이른바 '범위의 경제'가 달성되는 곳이다. 진정한 지방자치는 중앙과 지방 간 분권이 기초가 되고, 여기에 지역사회 주민들의 능동적 참여가 동반될 때 달성할 수 있다. 또한 지역 주민의 참여는 근린 단위에서 가장 효과적으로 일어난다. 근린 차원에서 주민들의 자발적 활동과 지역적 협력이 활발히 일어나고, 그를 토대로 상향적으로 협력관계가 쌓여갈 때 비로소 자치구 차원의 협치가 튼실하게 돌아간다.

일상생활이 지속적으로 영위되고 이웃관계가 이어지는 관계망이 근린이라면, 이러한 일상적 관계망이 자치구 민관협력의 토대가 되어야 한다. 단지 지역에서 힘을 가진 명망 있는 인사들, 유력 기관이나 단체 대표들이 아니라 평범한 주민이 민관협력에 참여할 수 있도록 해야 한다. 근린 수준에서 벌어지는 주민 활동과 모임들이 민관협력의 기초가 되어야 한다. 그동안 마을에서 새롭게 등장한 다양한 주민모임들, 동네 문제를 해결하겠다고 나선 마을기업들, 이미 오래전부터 마을에 터를 잡고 복지, 교육, 의료, 문화, 생태환경 등 전통적인 시민의제들을 생활 영역에서 고민한 풀뿌리 활동가들과 단체들이 바로 근린 거버넌스의 주체들이다. 동주민센터를 거점으로 마을 일을 하는 주민자치위원들과 부녀회장, 청년회장 등 지역의 유력한 유지들이 또한 근린 거버넌스의 핵심 인물들이다. 비록 정치적 지지 성향이 서로 다르고, 살아온 세월과 경험에 차이가 있어도 한발 다가서서 조금씩 친해지고 어울리다 보면 별 다를 것도 없는 곳이 바로, 동네다.

근린에서 이웃들의 관계는 공간을 계기로 시작된다. 공간을 매개로 어울리고, 공간을 거점 삼아 협력을 도모한다. 행정이 관리하던 공간을 주민 관리로 넘기고, 시민이 직접 공유하는 공공공간을 자꾸 만들어 내야 한다. 서울시 도시재생 정책은 그동안 시행착오를 거치면서 '협치 친화적'으로 진화하고 있다. 도시재생은 지역의 경관은 물론이고, 개별 주거와 공공공간을 마을 친화적으로 조성하는 것을 목표로 삼는 정책이다. 도시재생 정책은 주민들의 관계 형성에 초점을 두는 마을 정책과는 달리 공간, 부동산, 건축 등

물리적 자원(수단)을 잘 조달하고 다룬다. 재건축, 재개발이 불가능해진 현재 시점에서 재생 정책은 도시 미래의 '재생적' 전환을 주도할 정책분야이다. 소프트웨어와 휴먼파워, 그리고 여기에 하드웨어가 근린 수준에서 잘 결합할 수 있도록 근린 거버넌스를 잘 구축해야 한다.

04

참여에서 권한으로

앞서 시민을 초대하여 협치를 실행하는 주요 제도들의 문제를 지적한 바 있다. 위원회는 민간을 '들러리' 세우고, 민간위탁은 민간 수탁자를 '하청'으로 몰고, 공모제는 시민을 분리된 '정책소비자'로 가둔다. 요약하면 '관 주도와 칸막이'다. 그래서 개선되어야 할 핵심사항은 다음과 같다. 첫째, 시민(민간)이 직접 구상한 정책을 행정이 '수용적'으로 협의에 임하여 조정을 거친 후 합의로 결정할 것, 둘째, 결정한 정책은 의견수렴 및 자문에 그치는 것이 아니라, 실제로 사업으로 집행될 수 있도록 예산을 편성할 것, 셋째, 단위 부서를 넘나드는 정책통합적, 의제융합적 정책 제안이 가능하도록 할 것 등이다.

공론과 숙의

물론 이러한 민간 주도의 융합적 정책발의와 예산편성 권한이 인정되기 위해서는 전제가 있다. 민간의 제안이 모두 정책(사업)으로 수용되고 예산이 편성되어야 한다면, '민원'성 사업제안과는 어떻게 구별할 것인가라는 문제가 발생하기 때문이다. 따라서 민간이 정책을 제안할 때 최소한의 공공적 조건이 필요하다. 첫째, 민간이 발의하는 정책은 '공론장'에서 다수 시민이 참여하는 열린 토론을 통하여 개진되고, 민주적으로 결정되어야 한다. 관심과 의지가 있는 시민(단체)은 누구나 참여할 수 있는 공론장에서 공개적으로 정책이 발의될 수 있어야 한다. 둘째, 발의된 정책의제는 공론장에 참여한 다수의 '숙의'를 통하여 우선순위와 정책적 타당성 및 실행의 가능성이 진단되고 숙성되어야 한다. 이렇듯 공론장에서 숙의를 거쳐 결정된 정책(사업) 제안은 비록 정책적 완성도가 다소 떨어지더라도, 행정이 수용적으로 협의에 임하여 실행예산이 편성되도록 하자는 것이다. 이렇게 민간에서의 숙의('민-민' 숙의)를 거친 의제를 행정과 협의조정을 거쳐 합의('민-관' 합의)에 도달한 정책(사업)은 별도의 공모 절차 없이 실행에 옮기도록 하는 것이다. 공모제나 민간위탁과는 구별되는, 일종의 민-관 사이의 '협약(compact)'을 체결하여 협력적 실천을 하는 것이다.

물론 정책의제의 성격에 따라 참여주체의 범위와 공론의 규모 등이 다양할 수 있다. 나아가 정책화하는 데에 필요한 전문성의 수준 역시 각기 다를

| 그림 4 | 공론을 통한 숙의 절차

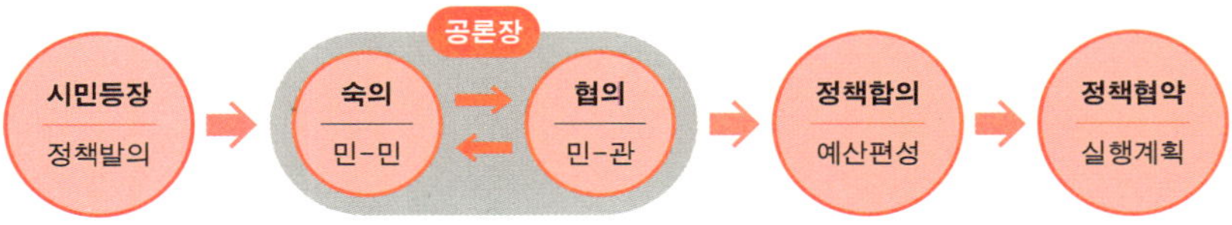

수 있으므로 세부적인 공론장 운영규칙이 필요하다. 따라서 정책을 발의하는 주체별로 몇 가지의 정책발의 창구가 필요하다. 크게는 시정과 구정, 그리고 시민 개인으로 나누어볼 수 있다.

먼저 시정 영역에서 참여할 협치 주체를 살펴보면 대략 세 가지 유형으로 구분해 볼 수 있다. 우선 조례상 '위원회' 또는 조례 근거는 없으나 실질적인 민관정책 협의를 하고 있는 '협의회'가 있고, 주요 혁신 정책 영역의 중간지원조직으로서 '센터와 재단'이 있으며, 민간 중심으로 구성되어 정책적 연대와 민관협력의 파트너 역할을 하는 특정 의제별 '정책네트워크'를 들 수 있다. 물론 위 세 가지의 분류로도 담기지 않는 협치 주체가 있을 수 있으며, 3자 사이의 융합적 연대(체)로 협치에 참여할 수도 있다. 이들 민간 주체들이 민간 내부의 숙의를 통해 제안하는 정책(사업)이 예산으로 편성되어 실행에 옮겨지도록 하는 '시정형' 협치 창구가 필요하다.

표 5 협치 시정의 주체

구분		예시
위원회 및 협의회	조례상 위원회	녹색위원회, 성평등위원회 등
	민관정책협의회	사회적경제 민관정책협의회, 도시재생 민관정책협의회 등
중간지원조직	민간위탁센터 및 재단	사회적경제지원센터, 마을지원센터, 청년허브센터, 서울복지재단, 서울문화재단 등
의제별 정책네트워크	민간 주도 정책 네트워크	청년정책네트워크, 학교협동조합협의회, 사회주택협의회, 마을예술창작소 운영위 등

다음은 구정영역이다. 협치 서울의 가장 중요한 파트너는 25개 자치구이다. 분권시대에 걸맞게 자치구가 서울시에 대하여 정책적 자율성과 재정적

독립성을 강화해 가도록 해야 한다. 핵심은 구청이 독자적으로 정책을 만들고 이를 실행에 옮길 수 있는 재정적인 지원을 하는 것이다. 따라서 구청이 지역사회의 민간과 충분한 정책 협의 절차를 거치고, 민간은 민간 내부에서 민주적으로 운영되는 공론장을 통하여 숙의 절차를 통하여 정책을 입안토록 하고, 이를 예산으로 편성되게 하는 창구가 필요하다.

끝으로 시민 개인의 참여 창구가 필요하다. 대도시 서울은 시민들의 처지와 형편, 필요와 욕구가 각자 다르다. 또한 정책의제(환경, 교통, 여성 등)나 세대의제(청년, 노인, 청소년 등)에 관심이 없거나, 지역사회에 연결되고 싶지 않은 시민들도 있다. 따라서 개인으로서의 서울 시민이 서울시정에 참여하는 창구가 있어야 한다. 이미 천만상상 오아시스, 정책박람회 등의 참여 장치가 있지만, 그리 활발한 편은 아니다. 온라인 창구를 기반으로 하되, 공론을 거치면서 정책으로 숙성되고 발의되는 개별 시민의 참여 장치가 필요하다. 예를 들면, 온라인에서 개인이 정책을 제안할 경우, 「좋아요」 등 시민들의 일정한 '동의'의 의사표시가 쌓이면, 좀 더 본격적인 오프라인 숙의 단계와 민관협의 단계로 이행하도록 지원하는 절차를 고려해 볼 수 있다.

공모제를 비롯한 협치제도의 개선은 결국 행정부가 독점하고, 행정의 편의를 중심으로 작동하는 예산편성의 권한을 시민과 어떻게 나눌 것인가로 귀착된다. 즉 '행정의 예산편성 과정에 시민이 어떻게 주도적으로 참여할 수 있도록 할 것인가'이다. 시민이 공공정책(시정과 구정)에 개입하여 실행에 이르기까지 협력적인 참여를 보장하는 예산제도(재정지출)를 어떻게 만들 것인가가 논의의 초점이 된다.

주민참여예산과 협치

2016년 초부터 주민참여예산제의 개선이 검토되었다. 시민에게 예산편성권을 직접 부여한 가장 협치 친화적 참여제도였음에도, 실제로는 미흡한 점이 드러났기 때문이다. 시민이 정책을 발의하고 전자투표로 결정하는 주민참여예산제가 30만 서울 시민의 투표 참여와 250여 참여예산위원의 노력에도 불구하고, 협치의 취지가 왜곡된 원인은 '공론장과 숙의 과정의 부재'로 파악되었다.

개선안에 따르면, 참여예산사업 전체 과정에서 시민의 주도성과 숙의 절차가 대폭 강화될 예정이다. 제안 및 심사 과정에서는 '시민숙의'를, 집행과정에서는 '시민직접수행'을, 평가 과정에서는 '시민참여'를 각각 강화한다. 아울러 실국별로 민관예산협의회를 의무적으로 구성하도록 하여, 제출된 개별 사업제안을 융합하거나, 사업계획의 완성도를 높이고 중복성을 제거하는 민-관 협의 절차가 제도화된다.*

아울러 주민참여예산을 500억 원 한도로 사업 선정을 제한하여 운영한 것에 대해서는 시민의 시정 개입 및 참여 범위를 매우 협소하게 한정한다는 비판이 있었다. 이에 28조 원에 달하는 서울시 예산 전체에 대한 모니터링과 재정계획 수립 과정에 참여하여 개입할 수 있도록 온예산편성에 대한 의견 개진의 절차를 제도화하는 방안을 수립하였다.

주민참여예산제도는 가장 진화된 협치 친화적 제도로서 그간의 시행착오를 뛰어넘고, 자연스럽게 민간 주도적 예산편성 권한의 확보라는 협치의

---

* 주민참여예산제도의 혁신은 2016년 초 박원순 시장의 혁신방침에 따라, 주민참여예산지원협의회와 주민참여예산위원회, 협치추진단 및 관련 행정부서의 협력으로 10개월여 동안 진행되었다.

| 표 6 | 시민참여예산제에서 정책발의와 예산 개입의 경로

공론과 숙의를 거친 정책발의와 예산편성

시민 개인	지역사회 (자치구)	시민사회	서울시 온예산편성 의견 개진
• 온라인 발의와 오프라인 숙의 • 오픈플랫폼	• 지역사회혁신계획 • 찾동마을계획	• 위원회 • 민관 정책협의회 • 민간 정책네트워크	• 재정전략회의 • 〈진단과 권고〉보고

과제와 융합된다. 정책의 명칭도 주민참여예산제에서 시민참여예산제로 바뀌었다.

민간 주도성 vs. 절차 합리성

협치는 권한을 나누는 일이다. 가장 소중한 것을 나누어야 신뢰가 생기고, 신뢰가 바탕이 되어야 진정한 협력이 이루어지기 때문이다. 그렇다면 행정이 시민에게 내놓아야 할 권한이 무엇일까? 시민이 행정으로부터 돌려받아야 할 권한은 무엇일까? 무엇보다, 정책을 결정할 수 있는 권한이다. 경청과 자문에 그치는 것이 아니라, 정책을 스스로 발의하고 함께 결정할 수 있는 권한이 필요하다. 그래야 참여가 실질적인 협력이 된다. 더 나아가 결정된 정책은 예산편성으로 이어져 실행이 보장되어야 한다. 권한 없는 참여는 지치고, 예산 빠진 참여는 공허하다. 서울시 협치의 핵심은 '참여에서 권한'이며, 권한의 내용은 '민간 주도의 정책발의'와 '예산편성'이다. 따라서 협치의 제도화는 시민참여예산제의 안착이다. 그러나 여기에는 몇 가지 해결해야 할 문제가 있다. 크게 두 가지만 검토해 보자.

첫째, 정책발의와 예산편성 절차에서 '절차적 합리성'의 확보와 '민간 주도성'의 강화가 충돌한다. 절차적 합리성이란 공개성, 투명성, 정당성, 합리성, 성과(효능)성 판단의 문제로, 행정이 재정을 집행하면서 대체로 민간에게 요구하는 것들이다. 예산을 집행하는 공적 책무를 가진 공무원으로서 당연한 행동이다. 하지만 이는 시민의 참여를 촉진하고, 시민의 참여를 통하여 공적문제를 해결한다는 협치적 패러다임에서는 시민의 자율성과 자발성을 억압하는 힘으로도 작용한다. 절차적 합리성을 강조하는 입장에서 민간은 '잠재적 범죄자'로서 감시와 추궁의 대상이다. 당초에 설정된 사업의 성과를 달성했는가를 추궁당하고, 예산은 계획대로 집행하였는가 감시를 받게 된다. 이른바 하청관계의 '을' 신분이 된 것 같은 불쾌감이 시민의 참여의지를 꺾는다. 주권자 시민의 입장에서는 본말의 전도다.

시민(민간)은 직업으로 일하는 공무원보다 그 전문성 및 종합성 면에서 미흡할 수 있다. 하지만 다양한 수준과 형태로 행정에 참여하는 경험 속에서 행정시스템에 대한 이해가 커지고, 정보와 정책을 다루는 능력이 성장한다. 시민의 '공공적 임파워링' 과정 자체가 협치의 중요한 목표여야 한다. 그래야 협치가 공공정책의 목표 달성을 위한 도구에 불과하며, 궁극적으로는 시민을 착취하는 통치의 일환이라고 의심하는 시각을 넘어설 수 있다. 사실 시민 개인은 공적 사안에 대하여 공무원에 비해 전문성이 떨어질 수 있고 민원인의 지위에 머물 수 있다. 하지만 다중으로서의 시민은 행정관료 시스템보다 우월하다는 것이 거버넌스의 근거다. 시민이 공공의 주체로 등장하여 자신과 공동체의 안녕과 번영을 위해 요구하고 주장하고 행동하는 것은 민주공화국이라는 정치공동체의 전제이자 결과이다. 그런 의미에서, 협치는 '시민력의 강화'를 내재적인 자기목표로 삼아야 한다.

그렇다면 민간(시민)의 시정·구정 참여 시 허용되는 수용성의 한도는 어디까지일까? 또한 이 허용으로 발생하는 '절차상 하자'는 궁극적으로 누가 책임을 지는가? 민간이 법적으로 책임지는 방법이 있을까? 결국은 행정이, 담당공무원이 져야 한다면 이 허용과 수용성은 지켜지기 어렵다. 따라서 이 수용성에 대한 행정의 면책이 제도로써 보장되어야 한다. 민간의 정책 제안에 대한 행정의 '수용적' 협의 절차가 제도화되어야 하는 이유이다. 협치의 민-관 양 당사자가 참여하는 협치적 공론을 통하여 구체적인 실행 방안을 만들어야 한다.

둘째, 정책발의자와 사업수행자를 사전에 일치시키는 것을 전제할 수 있는가의 문제이다. 즉 제안한 내용이 정책으로 선정되면 정책발의자가 해당 사업의 수행 주체가 되는 것을 미리 보장할 수 있는가이다. 통상 행정의 입장에서는 이는 '특혜 시비'에 해당하는 것으로 절대 용인할 수 없다. 오히려 특혜 시비를 우려하여 정책 제안자를 실행사업자 공모 단계에서 배제하는 경우도 있다. 하지만 정책 실행에 관심이 있는 민간의 입장에서는 사업 수행의 여부가 불확실한 상태에서 굳이 정책 제안을 할 동기가 아무래도 떨어진다. 사업 실행자가 될 수 없다면 아이디어 제안 자체가 '헛수고'가 되니 말이다. 물론 사업수행까지는 원하지 않고, 정책발의까지만 원하는 경우도 있을 것이다. 지금의 많은 위원회 등은 그런 역할까지만 수행하였다.

그렇다면 특혜 시비도 넘어서고 민간의 주도성을 보장하는 수용적 협의 절차는 무엇일까? '공론장과 숙의'라는 절차적 요건을 강화하는 것이다. 즉 개인이 아닌 공론장이라는 집단적 시민의 집단지성의 장을 절차요건으로 법제화한다면 가능하지 않을까? (포괄예산제와 기금제도의 취지를 상기하면, 합당한 근거를 더 찾아볼 수 있지 않을까?) 열린 공론장에서 충분한 숙의를 거쳐 정책을 제안한 경우에 한하여 사업수행자로 인정하는 것이다. 물론 그렇다 해도 공론장이 과연 공개성이 충분한가, 대표성은 구비하였는가, 또한 숙의가 절차적 요건을 충족하려면 어느 수준에 이르러야 하는가 등 세부적인 쟁점이 남아 있다.

협치는 시대적 흐름이다. 50년 넘게 행정이 독점한 공공정책을 시민과 나누기 위해서는 시민이 공공정책에 익숙해지고 능숙해지도록 지원하는 것이 협치의 중요한 목표가 되어야 한다. 그러기 위해서는 권한의 나눔이 핵심이다. 가장 '소중한 것'을 나누어야 신뢰가 생기고, 신뢰가 바탕이 되어야 진정한 협력이 이루어지기 때문이다. 그래야 시행착오가 후퇴의 이유가 아니라, 진화의 재료가 된다. 미리 정해진 답이 있는 것은 아니다. 현실의 어려움을 드러내어 공감하고, 그 문제를 해결하기 위한 제도적인 개선책을 함께 찾아가는 것이다. 그러다가 문제가 발견되면 또 다시 개선하는, 구불구불한 '구성적' 답 찾기 방식으로 임해야 할 것 같다. 민이나 관이나 모두 말이다.

05

협치 서울 추진전략과 체계

핵심가치

〈협치 서울〉 추진에 필요한 핵심가치를 '장소 기반, 관계 지향, 시민 주도', 세 가지로 압축할 수 있다. 이에 반해 관치(官治)는 '속도 기반(장소 소멸), 효율성 지향(관계 소멸), 관 주도'로 특징지을 수 있다.

'장소 기반'과 지역사회 토대 구축

장소란 시민이 일상을 영위하는 삶터를 의미한다.* 학교와 구멍가게, 어린이집이 자리 잡고 있고, 이웃들이 지나며 마주치는 골목과 거리, 주민들이 대면관계를 형성하고 반복되는 일상이 이루어지는 '동네'를 말한다. 바로 일상의 장소인 동네(지역)가 정책의 주요한 요소가 되어야 한다. 그래야 문

* 공간(space)이 추상적인 의미라면, 장소(place)는 구체적인 의미이다. 즉 장소는 특정의 지리적 위치성을 가지고, 그 장소를 둘러싼 사람들의 관계와 사연들이 묻어 있는 공간을 의미한다.

제의 복잡성이 포착되고 정책의 구체성이 감지된다. 장소 기반은 공공정책이 탁상공론을 피하고 전문가주의의 협소한 진단을 넘어설 수 있는 가장 손쉬운 길이다. 무엇보다 해결해야 할 문제의 당사자가 살고 있는 곳이고, 당면한 문제를 해결하려는 의지가 모이는 곳이다. 그래서 문제해결에 필요한 자원이 연결될 가능성이 가장 높은 곳이다. 의제 중심적인 접근은 문제해결의 주체와 만나지 못한 채, 자칫 당위 확인과 계획 짜기에 매몰되는 우를 범하기 쉬운데, 바로 장소에 기반을 두지 못하기 때문이다. 이제는 '의제'에서 '장소'로 정책의 초점이 이동되어야 한다. 그래야 지역사회 시민의 연결망이 형성되고, 지역사회의 문제를 해결해 내는 경험과 방식이 쌓여간다.

'관계 지향'과 시민력의 강화

정책은 가시적인 문제해결을 목표로 하지만, 그와 함께 추구되어야 하는 목표가 바로 관계 지향이다. 시민이 속속 등장하고, 등장한 시민이 지속적으로 참여하도록 하려면 '시민 간의 관계'가 형성되어야 한다. 일반적으로 시민(주민)은 '친밀한 관계(親密圈, intimate sphere)' 속에서 쉽게 등장하고, '공공적인 공론'의 과정(公共圈, public sphere)에서 성장한다. 모든 공공정책, 특히 협치 지향적 정책은 시민(주민) 주체를 얼마나 잘 등장시키고, 등장한 시민을 연결시켜 관계를 형성했는가를 목표로 삼아야 한다. 또한 형성된 관계가 지속적이려면, '공적 주체(시민성)'로 성장하는 경험을 쌓아 가야 한다. 참여한 시민이 다양한 입장과 의견을 공감하고 토론(숙의)하면서, 결정을 합의해 가는 '공론장'을 통해서 비로소 공적 결정의 '권한'을 실감하고 공적 주체로 성장한다.

| 그림 5 | 〈협치 서울 2.0〉 전략 개념도

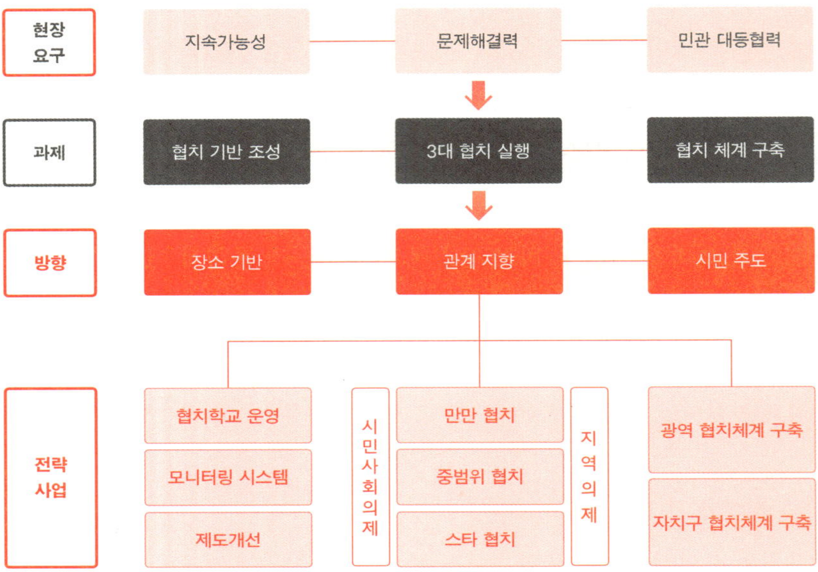

'시민 주도'와 협치 행정

정책 추진 과정에서 중요한 점은 시민이 얼마나 주도성을 발휘하고 문제 해결의 경험을 얻는가이다. 이는 정책의 주체인 행정이 시민의 주도성을 얼마나 잘 촉진하고 수용하는가와 직결된다. 민-관의 협력적인 문화와 제도로서 거버넌스가 잘 작동하고 있는가를 살펴보아야 한다. 행정은 시민과 잘 협력해야 하지만 협력할 시민이 늘 준비되어 있는 건 아니다. 우리 행정의 역사상 시민은 오히려 통치의 대상으로 취급되어 왔으니 어쩌면 당연하다. 때문에 행정은 협력할 시민을 등장시키고 성장하도록 돕는 것까지도 임무이다. 그동안 행정이 공공정책을 주도했고, 여전히 엄청난 규모의 행·재정적 자원을 가지고 있기 때문에 행정이 능동적으로 협치에 나서야 한다. 선제적으로 협치 지향적 행정 혁신을 추진해야 한다.

추진 체계

서울협치협의회

서울협치협의회는 서울시 민관협치 체계의 구축 및 활성화를 위한 사항을 심의·조정하는 위원회이다.* 민관협치 활성화 정책의 수립·시행에 관한 사항, 민관협치 활성화를 위하여 필요한 제도개선에 관한 사항, 그밖에 민관협치 활성화를 위하여 필요하다고 인정되는 사항 등을 다룬다. 특히 기본계획을 수립(제16조)하고, 진단과 권고(제8조 2항)를 한다. 진단과 권고는 서울시정 전반에 걸쳐 협치를 가로막고 있는 걸림돌을 치우고, 디딤돌을 다지기 위한 조사·진단 활동을 하고, 시민사회 및 지역사회와의 폭넓은 공론을 거쳐 권고안을 작성하여 최종적으로 시장에게 권고하는 제도이다. 이는 협치의 실질적인 개선을 촉진하고, 아울러 시정에 대한 시민의 권한을 확대하고 시민력을 향상 시키는 것을 목표로 한다.

협치협의회에는 행정을 대표해서 서울시장과 제1부시장, 구청장이 참여하고, 민간을 대표해서는 주요 위원회의 대표와 시민사회 및 지역사회의 전문가가 참여하며, 시의원과 협치추진단장이 참여한다. 협의회의 의장은 시장이 맡되 부의장은 제1부시장과 민간 위원 중에서 호선된 위원이 공동으로 맡는다. 회의는 분기별로 1회 개최하고(필요시 임시회 개최), 효율적 회의 운영을 위해 분과위원회 및 전담조직을 구성하여 운영할 수 있다.

* 2016년 9월 30일, 협치활성화 조례가 제정·공표되었다. 동 조례 7~15조에 협치협의회의 성격과 역할 및 구성방법에 대하여 정하고 있다.

서울협치추진단

협치추진단은 협치협의회의 실무위원회의 성격을 가진다. 협치의 당사자는 시민과 행정이다. 협치추진단은 협치의 당사자가 아니라 협치의 당사자를 지원하는 역할을 한다. 행정과 시민의 협력 여건을 조성하고, 협력의 장애를 발견하여 제거한다. 이러한 개선사항을 제도화하여 안정적인 협치의 기반을 구축하는 일을 담당한다. 협치조례(제7조 3항)에 따르면, 협치 정책의 실행과 제도개선 실행, 정책의제 발굴, 협치 시정 전반에 대한 민관 간 역할 조정, 협치 시정이 실질적으로 추진될 수 있도록 제도개선(안) 실행, 발굴된 정책분야를 실행할 담당부서(총괄·협조) 조정·지정 및 각 부서에서 추진하는 정책의제 및 단위사업 추진 지원·점검 등이 협치추진단의 기능이다.

행정조직의 성격으로 분류하자면 사업조직이 아니라 지원조직이며, 일종의 비서실과도 같은 역할이다. 시장의 입장에서 시정을 지원하는 비서실이라기보다는 시민의 입장에서 행정의 협력적 전환을 촉진하는 '통역사' 역할을 수행하는 '시민비서실'이라 하는 것이 더 적절한 비유다.

협치추진단의 구체적인 지원 역할의 모습은 모니터링과 컨설팅에 가깝다. 민관협력의 촉진자로서 '관-관, 민-민, 민-관' 사이의 협력이 원활하지 않은 교착지점을 파악하고, 개선안 마련을 위한 지원 및 제도화를 추진한다. 또한 행정이 협치 실행에 능동적으로 나아가도록 내적 동기화를 촉진한다. 넓고 낮은 시민참여의 기반을 마련하고, 정책 수립과 사업집행 과정에서 '행정 내부'에 '협치 지향적인 경험과 관행'이 쌓이도록 지원하는 역할을 한다. 즉 ① 협력자 연결 ② 협력지점 포커싱 ③ 협력의 의미화 ④ 협력 자원 조달 등의 지원을 수행한다. 이렇듯 협치추진단의 일상적인 업무를 체계적이고 안정적으로 수행하기 위하여 민관협력담당관과 지역공동체담당관을 사무국으로 둔다.

서울시정에는 이미 다양한 형태의 거버넌스(위원회, 정책협의회, 청책, 중간지원조직 등)가 작동하고 있다. 이들 전체가 사실상 서울시정 거버넌스라 할 수 있다. 협치추진단은 기존 '거버넌스 체제'를 활성화시키기 위한 제도개선과 실행지원을 총괄하는 '특위'와도 같은 임무를 수행하는 민관합동의 지원기구이다. 기존 거버넌스 체제의 상위에서 총괄하는 '옥상옥'의 위상일 수는 없다.

| 그림 6 | **협치서울 추진체계**

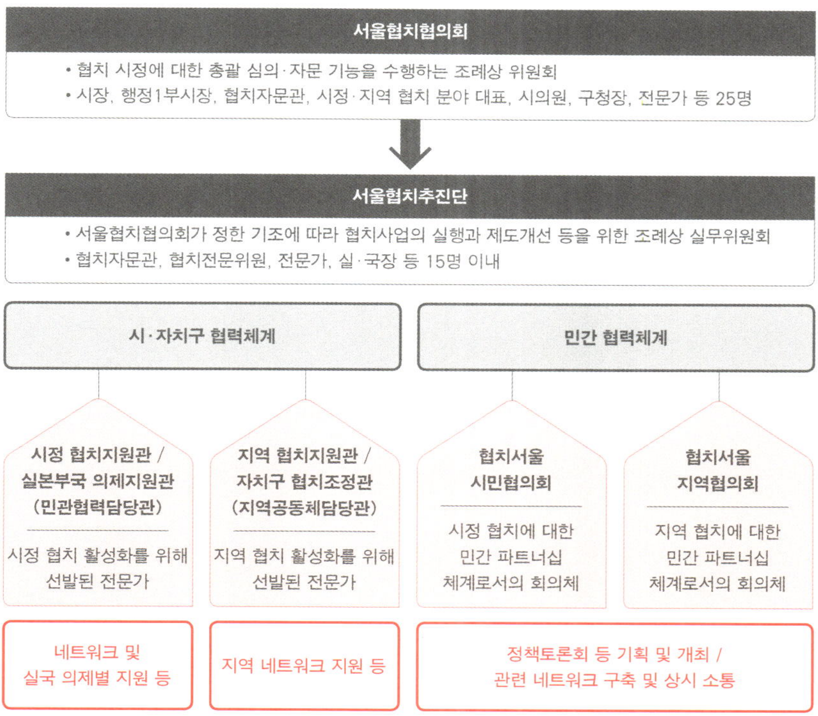

※ 서울협치추진단의 사무국 : 서울혁신기획관 내 민관협력담당관과 지역공동체담당관

협치추진단은 15명 이내로 민관합동의 워킹그룹형으로 구성된다. 먼저 행정을 대표해서는 정책기획관, 행정국장, 서울혁신기획관, 시민소통기획관, 대변인이 참여하고, 민간을 대표해서는 협치자문관, 협치전문위원, 협치총괄지원관, 전문가 등이 참여한다. 협치추진단의 단장은 협치협의회 의장인 시장이 임명한다. 논의 안건에 따라 관련 실국장 등이 추가 참석하며, 회의운영은 격월로 개최하되 필요시 수시 개최한다.

협치 서울 추진과제

01 시민참여예산제 정착
02 지역협치체제 형성
03 협치인프라 구축
04 협치 제도개선과 협치 실행

3

01

시민참여예산제 정착

협치 지향적인 예산제도를 설계하는 일은 협치제도개선의 관건이다. [입안-실행-평가]라는 사업절차에 대응하여 예산은 [편성-집행-정산]이라는 절차를 통하여 작동하는데, 부서 독립적인 예산 과정을 넘어서는 통합적인 예산절차가 필요하다. 아울러 예산 이월의 유연한 허용, 예산항목의 전용 등 실행 과정에서 유연하게 대응할 수 있는 유연예산제의 도입이 절실하다. 앞으로는 〈협치 특별회계〉와 〈협치 기금〉등이 검토될 필요가 있으나, 우선은 개선된 참여예산제를 제대로 운영하는 것이 시급하다.

협치 친화적 예산제 시범사업

2016년 협치추진단은 협치 친화적 예산제도 몇 가지를 시범적으로 실시하였다. 시정 협치와 자치구 차원의 지역 협치, 동 단위 근린 협치 세 가지의 유형으로 추진하였다. 이는 물론 민간이 주도적으로 정책발의를 하도록 유도하고, 민관 협의를 전제조건으로 하였다. 아울러 부서별 칸막이 공모사업의 부작용을 극복하기 위하여, 시정은 '의제융합형'을 권장하고, 자치구와 동 단위 협치는 '계획형' 사업을 제안하도록 하였다.

첫째, 협치 시정의 시범적 사업으로 〈협치시정의제발굴〉 사업이 진행되었다. 2016년 5월부터 정책간담회와 7·20 협치시민토론회, 협치교육 과정 등을 통하여 위원회 및 협의회, 중간지원조직, 정책의제네트워크, 민간단체 컨소시엄 등으로부터 정책을 제안받았다. 소정의 민관 협의와 심사 절차를 통하여 약 150억 원 141개 사업이 제안되었으며, 이중 의회의 예산심의를 최종 통과하여 2017년 실행되고 있는 사업은 80여억 원의 35개이다.

둘째는 자치구 차원의 지역 협치를 위한 〈지역사회혁신계획〉 및 〈시민협력플랫폼〉 사업이다. 지역사회혁신계획이란 구청장과 지역사회 민간 대표단이 합의한 정책 및 사업계획을 말하고, 여기에 시가 예산을 지원하는 시범사업이었다. 하지만 작년 하반기 동안 혁신계획을 수립하고 실행하기에는 역부족이라는 지역 현장의 진단에 따라, 혁신계획의 수립 과정만을 지원하는 것으로 목표를 낮추어 실행하였다. 또한 민간이 구청과 정책을 협의할 만큼 민간 내부의 준비가 불충분한 구가 많다는 진단이 있었다. 이에 민간들끼리 공론을 벌이고 정책숙의를 가능하게 하는 토대를 만들고, 지역사회의 다양한 주체들이 협력관계를 형성하는 과정을 지원하기 위하여 진행한 사업이 시민협력플랫폼이다. 따라서 시민협력플랫폼 사업은 지역사회에서 활동하고 있는 마을, 사회적경제, 혁신교육, 도시재생 등 다양한 민간의 주체들이 협력의 네트워크를 형성하고, 민간 주도성을 가지고 정책과 사업을 구상해 보는 과정을 지원한다.

즉 지역사회혁신계획은 '민-관 협의'의 공론장을 지원하는 사업이고, 시민협력플랫폼은 '민-민 숙의'의 공론장을 지원하는 사업인 셈이다. 두 사업 모두 공모 방식을 따랐으나, 공모 신청 접수기간을 2016년 4~9월로 6개월 동안 열어 놨다. 각각의 속도로 준비하고 준비되는 대로 사업신청을 할 수 있도록 하기 위해서였다. 신청이 접수되면 건별로 협의하는 방식으로 심사를 하고, 계획을 보완 조정하여 선정을 완료했다. 민관 워크숍을 통하여 열린 협의를 하고, 다른 자치구의 민간 신청자들이 코멘트를 하는 일종의 피어컨설팅(peer consulting) 방식을 사용하여 '함께 학습'을 유도했다. 2016년 〈지역사회혁신계획〉이 10개구, 〈시민협력플랫폼〉이 9개구로 선정되었다.

셋째는 동 단위 근린 협치를 촉진하기 위한 것으로, 2016년 시범 실시한 〈동(洞)주민참여예산〉 사업과 찾아가는 동주민센터 정책의 〈동마을계획〉 사업이다. 서울시의 주민참여예산제는 구정 단위와 시정 단위로 나누어 사업 의제를 모집하여 선정했으나, 2016년 처음으로 동 단위 참여예산제를 시범사업으로 실시하여 약 50여 개 동이 참여했다. 생활권의 중심인 동(洞)주민센터가 지역사회의 실질적인 주민활동 거점일 수 있으며, 주민참여와 근린 협치의 근간이 된다는 판단에서 추진하였다.

동마을계획 사업은 찾동 사업의 일환으로 2015년부터 이미 실행되고 있었었다. 100명 내외의 주민들로 '마을계획단'을 꾸려 6개월여의 숙의 과정을 거쳐 사업계획을 결정하는, 근린 단위에서 이루어지는 주민참여와 협치의 전형적인 형태이다. 동마을계획 과정에 동주민참여예산이 결합되면 상호 시너지가 나서 가장 바람직한 근린 협치 예산 수립 과정이 만들어질 것으로 기대된다. 찾동의 〈동마을계획〉 사업에는 별도의 실행예산이 없다. 반면 주민참여예산은 주민들의 공론 과정이 관건이다. 양자가 결합되면 주민 주체의 공론장과 예산편성권이 융합됨으로써 각각의 단점이 동시에 보완되는 효과가 있다.

참여예산제 개선

2016년 한 해 시범적으로 실시한 세 가지의 협치 친화형 예산제도와 주민참여예산제의 개선안을 토대로 서울시의 참여예산제도는 큰 폭으로 혁신된다. 개선안의 주요 내용은 ① 협치와 참여예산의 융합을 통해 시민참여예산으로 확대 개편, ② 민-민 숙의와 민-관 협의의 공론화 절차를 강화하여 사업의 품질 향상, ③ 시 전체 예산 과정에 대한 시민의 참여 확대, ④ 효율적인 사업추진을 위한 참여예산 전담조직 설치 등이다.

협치에서 시범사업으로 추진한 예산제도와 주민참여예산제가 제도적으로 융합됨으로써, 그동안 주민참여예산제의 약점으로 지적된 공론과 숙의 과정이 아래 그림과 같이 대폭 강화된다.

| 그림 7 | 시민참여예산 시정 협치형 사업 단계별 진행절차

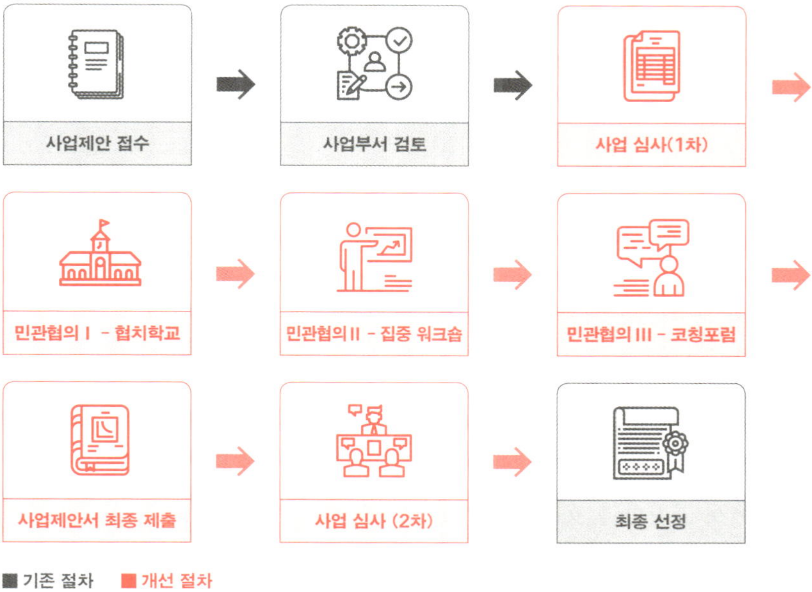

2017년에는 자치구와 동 단위의 계획형 참여예산제를 시민참여예산의 지역 협치형으로 제도화하여 본격 추진한다. 지역사회혁신계획은 구청장과 지역사회 민간의 대표로 구성되는 협치○○구회의에서 합의한 사업예산안일 것을 조건으로 하고 있어, 자치구 차원에서 민관협력이 실질적으로 작동하는 계기가 될 것으로 기대된다.

| 그림 8 | 지역사회 혁신계획 수립·실행 과정

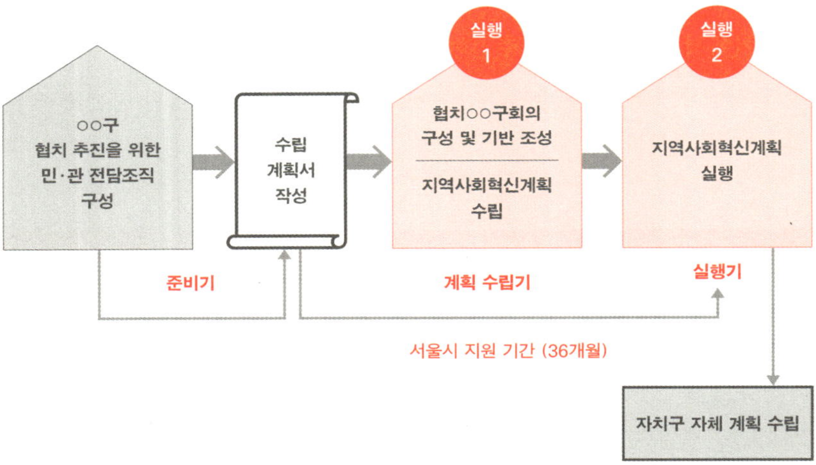

지역사회혁신계획은 일반형과 융합형으로 자치구의 선택을 열어 두고 있지만, 융합형으로 전환을 유도하기 위하여 인센티브를 적용한다. 민관이 합의를 이루면 재량 예산으로 10억 원이 보장되므로 자치구에 대한 정책 유도 효과가 클 것으로 기대된다. 이는 자치구별 특성화를 지원하고, 민관 협력을 유도하며, 종합적인 사업계획 수립이 가능한 계획형 사업이라는 점에서 권장한다. 또한 자치분권의 정신을 구현하고, 광역정부의 부서별

칸막이 부작용을 최소화할 수 있는 예산제도라는 점에서 긍정적으로 평가할 수 있다.

동 단위의 마을계획형 참여예산은 지역사회의 실질적인 토대가 되는 근린 단위에서 시민참여를 활성화하고 주민관계망을 확대·강화한다는 점에서 매우 중요한 의미를 갖는다. 특히 찾동 사업이 400여 전체 동으로 확장될 예정이므로, 동 단위 마을계획형 참여예산은 복지와 마을이 융합되는 지역생태계 조성에 기여하고, 근린 차원에서 주민자치를 활성화하는 데 커다란 기여를 할 것이다. 찾아가는 동주민센터 정책은 2017년부터 주민자치위원회의 혁신을 추가 사업으로 정하고 시범동 사업을 추진한다. 중앙정부가 시범사업으로 추진하는 〈주민자치회〉의 서울판인 셈인 이 정책은 자치위원 수를 대폭 늘리고 추첨제를 도입하는 등 획기적인 제도혁신을 꾀하고 있다. 그래서 생활권에서 시민들의 자치적 활동을 촉진하여, 자치분권 시대에 마을민주주의를 꽃피우는 계기가 될 것으로 기대하고 있다.

02

지역협치체제 형성

지역사회 시민 생태계 조성과 협치 구정의 틀 형성

마을공동체, 사회적경제, 지역복지(찾아가는 동주민센터), 도시재생, 혁신교육, 인생이모작, 청년 등의 혁신 정책을 통하여 지역사회를 기반으로 등장한 다양한 주민활동과 크고 작은 주민모임들이 서로 연결되면서 이러저러한 교류와 협력이 시도되고 있다. 이들의 연결을 촉진하고 협력을 지원함으로써 지역사회의 시민 생태계를 조성하여 지속 가능하고 문제해결 능력이 있는 지역사회의 시민력을 강화해야 한다. 이는 근린 단위의 주민활동을 더욱 확장하고, 지역사회 차원의 '공공적 협력의 공론장'을 형성함으로써 가능하다.

지역사회 내 다양한 분야에서 각기 활동하는 여러 주체들이 지역 차원의 당면과제를 합의하고, 의제를 공유함으로써 지역사회에 공론이 쌓인다. 그 과정에서 서로 신뢰가 생기고, 각자가 가진 역할과 정보와 자원을 알게 되면서 서로 협력할 수 있는 사항이 구체화되어 협력이 훨씬 쉬워진다. 지역의 공론장은 열려 있어야 하며, 그래야 다양한 주민들이 들락거리며 관계를 만들 수 있다. 공론장의 개방성을 유지하는 한편, 공론의 성과를 잘 공유하고 진전시키기 위해서는 집중해서 관리하는 사람이 필요하다. 관계는 정성이 들어가야 유지되는 법이다. 요즘처럼 어디라도 일손이 부족하고 바쁘게 돌아가는 현장의 흐름에서는 더욱 그렇다.

협력적 공론이 쌓이다 보면 자연스레 협력적 실행을 위한 '연대체'가 요구된다. 실행 과정에서 역할을 분담하고, 분담한 역할을 책임 있게 실행하며, 나아가 성과를 모으고 조율하는 비교적 안정된 조직체가 필요하다. '지역사회 시민연대체' 성격의 협력네트워크가 구성된다면, 지역의 공론장(과정)은 더욱 안정되고 그 실행의 관리가 보장되므로 지역차원의 연대와 협력 수준은 한층 진화할 수 있다. 지역사회의 협력적 공론장과 지역사회 시민연대체가 형성되면, 여기에 구청장이 결합하여 자치구 차원의 협치 테이블(협치○○구회의)을 구성한다. 자치구 행정을 책임지는 구청장과 지역사회 민간의 연대체가 지역의 문제와 과제를 협의하고 민관이 협동해서 해결할 계획을 수립하여 실행한다면 협치 구정의 기본틀이 마련된다고 할 수 있다.

지역 협치 구축 전략

분권적 특성화와 지역사회 시민 생태계 조성을 목표로 하는 지역 협치의 틀을 만드는 전략으로 네 가지 요소를 활용할 수 있다.[07] 이는 물론 앞에서 검토한 지역사회의 협력적 공론 장의 성과에 의존한다.

첫째, '협치○○구회의'의 구성이다. 지역사회 시민연대체와 자치구청장이 거버넌스 협의체를 구성하는 것이다. 둘째는 〈지역사회혁신계획〉이다. '협치○○구회의'가 지역의 핵심 과제를 협의하여 실행계획을 수립하는 것이다. 셋째는 혁신계획의 실행을 촉진, 지원할 중간지원조직을 통합하여 지원기능을 향상시키는 것이다. 현재 자치구에서는 마을공동체, 사회적경제, 찾아가는 동주민센터 분야에서 중간지원조직이 활동하고 있다. 대부분 2~3인의 실무자가 행정실무 처리하기에도 버거워서, 정책기획력을 가지거나 구청과 대등한 거버넌스 협상력을 발휘하기에는 턱없이 열악한 실정이다. 그나마도 직영으로 운영하는 자치구도 많아 민간의 주도성을 발휘하기에는 한계가 있다. 넷째는 '자치구 협치조정관'이다. '협치○○구회의'가 구성되고 융합적 중간지원조직이 활약한다 해도, 현재 자치구 민관협치의 수준을 보면 많은 시행착오와 소통의 비용을 치러야 한다. 소통장애를 효과적

| 그림 9 | 자치구 협치체제 예시

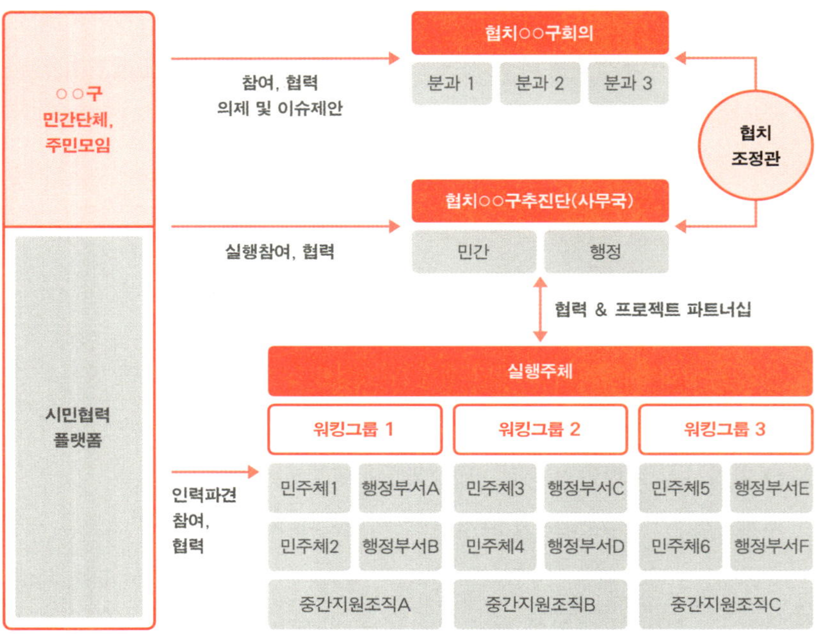

으로 극복하고 민-관 사이의 통역을 촉진할 전담인력이 절실하다. 지역사회의 민간 진영이 신뢰하고 행정의 시스템을 잘 아는 (민간)인사가 행정 공무원의 지위를 가지고 활약할 수 있도록 해야 한다.

서울시는 이러한 자치구 차원의 협치틀을 형성하는 과정에서 '지원'하는 입장을 지키는 것이 중요하다. 일단 지역사회에서 민간이 결심하고, 여기에 구청장이 동참하여야 비로소 가능한 일이기 때문이다. 서울시가 정책을 일괄적으로 시행하려고 할 때에는, 지역의 형편과 의지를 고려하지 못하게 되고 지역 나름의 속도를 추월하여 압박하게 될 가능성이 높다. 지역사회의 민간과 자치구청의 자발적 판단과 지역별 조건에 기초한 실행 과정을 존중하면서, 시는 장애를 제거하고 지원책을 제공하는 역할에 머물러야 한다. 자치구별로 형편과 속도에 따라 유형별로 맞춤형 지원책을 마련하는 유연한 자세도 필요하다. 앞서는 자치구와 좀 더 준비가 필요한 자치구 등 유형별로 시범구를 정하여 집중 지원하면서 단계적으로 확산하는 방법을 활용해야 한다. 서울시와 자치구는 '새 길'을 내는 마음으로 협치 정책의 목표와 의미를 충분히 공유해야 하고, 2인 3각으로 뛰듯 세심한 협력이 필요하다.

03

협치인프라 구축

서울시정-구정 전반에 걸쳐 협치 행정이 제대로 자리 잡기 위해서는 ① 협치에 대한 인식개선 ② 지속적인 평가와 보상 ③ 제도적 정비가 함께 어우러져야 한다. 협치는 행정부서의 직무로 설계되어 사업으로 집행하면 되는, 그런 성격의 정책이 아니다. 협치는 '행정 문화'이다. 따라서 공무원이 업무에 임하는 일상의 태도와 업무 전반을 지배하는 철학이자 사고방식이며 행동 양식이다. 행정 전반에 걸쳐 구석구석 세심하게 협치 친화적 문화가 깔리고, 공무원들이 여기에 점차 익숙해져야 비로소 협치 행정이 달성되고 진화한다. 〈협치 서울〉의 가장 기본적인 목표는 바로 여기에 맞추어진다. 협치 행정의 기반을 조성하는 일이다.

기본계획

기본계획이란 협치조례가 명시한 협치협의회의 임무다. 기본계획은 서울

시정의 민관협치 추진 여건과 실태를 분석하고, 그를 바탕으로 협치 시정의 중기 또는 장기의 기본 방향을 정립한다. 연차별 협치 정책의 목표와 추진 계획, 재원조달 방안과 추진체계 및 제도개선 방안 등이 주요 내용이 될 것이다. 이를 바탕으로 실국은 정책 영역별로 협치 수준을 업그레이드시키기 위한 실행계획을 수립하게 된다.

기본계획은 협치원리가 현실에서 구현되는 절차와 관계 중심의 계획이 되어야 하며, 정책과정에서 시민의 의견이 더욱 반영되고 실질적인 참여와 개입의 효능을 높이는 방안이 담겨야 한다. 따라서 기본계획의 수립과정에서부터 전문가 중심을 탈피하고, 다양한 시민과 민간의 활동가들이 참여해야 하며, 이 과정 자체가 협치 공론장이 되도록 해야 한다. 이미 민간영역에 구성되어 있는 〈협치서울지역협의회〉와 〈협치서울시민협의회〉는 시민과 민간 전문가들의 참여를 연결하는 중요한 네트워크 역할을 할 수 있다.

협치학교

서울시와 25개 자치구 공무원들이 모두 1년 내내 협치를 이야기하고 궁리해야 한다. 왜 협치가 필요한가? 협치는 행정의 공공정책에서 무엇을 해결할 수 있는가? (또는 무엇을 해결하려고 하는가?) 내가 실천할 수 있는 협치는 무엇일까? 협치를 위해서 필요한 정보와 자원, 네트워크는 무엇이며, 어떻게 발굴·연결해야 하는가? 이런 질문을 끊임없이 던지고 답을 모색하는 과정이 늘 이루어져야 한다. 이를 체계적으로 유도하고 지원하기 위하여 협치학교를 설립하여 운영한다.

따라서 협치학교의 목표는 공무원과 시민이 함께 관계를 맺고 협업하며,

함께 성장하는 학교로서* ① 지식과 정보를 전달하는 일방적(계몽적)인 강좌식 교육을 지양하고, ② 민관의 상호이해를 기반으로 하는 동반학습을 유도하며, ③ 공식·비공식의 정서적·문화적 교류와 공감을 촉진하여, ④ 수용적 관계에 기반한 협력의 문화를 형성하며, ⑤ 당면의 과제와 업무를 협력적으로 재구성하는 실천적 학습(액션러닝)을 지향하고, ⑥ 협치의 지식과 경험이 축적되는 아카이빙센터이며, ⑦ 민관의 협력관계가 교차 확장되는 협치 네트워크의 허브 기능을 해야 한다.

학교라면 기본적으로 교육과정, 학사일정, 운영조직, 공간 등의 요소를 갖추어야 한다. 우선 공무원과 민간, 일반 시민과 활동가 및 단체 등 주체별로 다양한 교육과정이 필요하며, 온-오프의 유연한 전달체계를 구비해야 한다. 그러나 이미 행정 안팎에서 분야별로 다양한 교육과정이 실행되고 있어, 이들 프로그램과 연계가 이루어지는 시스템을 짜는 것이 중요하다.

일반 단기강좌나 특강과는 달리 학교는 멤버십과 관계성이 중요하다. 입학과 졸업 그리고 시의적절한 통과의례가 있어야 하고, 입학자격과 졸업(수료)요건을 명확히 하고, 졸업인증과 그에 따른 혜택이 분명하면 좋다. 협치학교가 대내외적 실체감과 상징성을 가지기 위해서는 학교장이 있어야 하며, 공식적인 학교 운영주체로서 이사회(운영위원회)와 교무처(사무국)가 필요하다. 학교공간은 수업을 진행하기 위한 강의실 개념을 넘어, 일상적인 만남과 교류가 쌓일 수 있는 카페 혹은 펍(pub) 유형의 공간이 필요하다. 다양한 성격과 규모의 회의 및 워크숍 등이 가능한 다목적실, 도서, 자료, 홍보물, 행사 및 인적정보의 비치·열람이 가능한 아카이빙룸 등의 복합공간이 필요하다. 우연한 만남과 교류가 가능한 공간이 관계를 풍부하

* 인재개발원이 공무원 교육기관이고, 시민대학 및 기타 영역별 민간 교육프로그램이 민간을 대상으로 하는 교육프로그램인 반면, 협치학교는 민-관이 함께 성장한다는 차별적 목표와 지향을 가진다.

게 하고, 또 그 관계가 쌓이게 한다.

모니터링-평가시스템

모니터링-평가는 행정 내부에 협치 기반을 조성하기 위한 가장 중요한 제도적 장치이다. 모니터링-평가는 협치의 시도를 확인하고, 그 과정에서 얻은 경험을 해석하며, 경험의 의미를 행정 전체와 공유하는 절차다. 이러한 환류를 통하여 협치의 긍정적 경험을 행정 내부에 내재화시키고, 경험을 '관행'으로 지속시키며, 결국에는 '제도화'로 안정화시키는 것이다.

| 그림 10 | 협치 기반 조성 단계

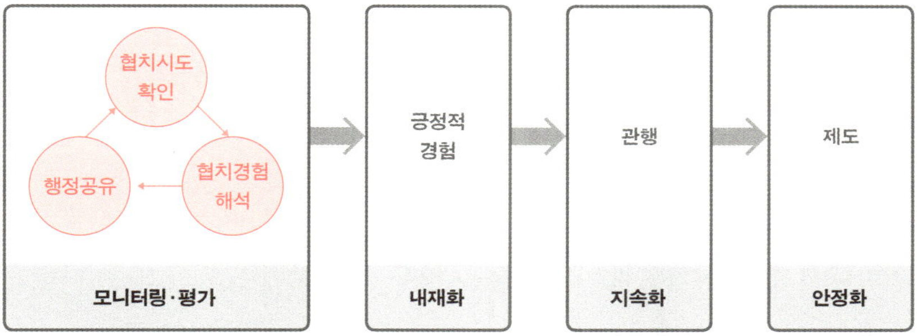

모니터링 평가는 '감시와 추궁'이 아니라 '해석과 공유'의 과정이 되어야 한다. 새로이 추진하는 일일수록 평가와 추궁보다는 '해석과 격려', '공유와 보상'이 강조되어야 한다. 특히 새로운 직무상 태도와 활동방식에 적응하는 과정에 따르는 '노고와 실패의 위험'을 조직이 감당하지 않고, 구성원인 공

무원 개인(부서)에 떠넘기는 것은 바람직하지 않다. 보상은 인사상의 이익으로 연결되어야 협치가 공직사회에서 직무상, 윤리상 추구해야 할 방향으로 안착할 수 있다.

협치 지향적 평가기준을 마련하는 일도 중요하다. 과정을 중시하는 평가기준, 참여자 자기 주도형 평가의 방식, 참여자-이해관계자 다중적 평가방식 등 혁신적인 평가제도의 설계가 필요하다. 특히 BSC 기반*의 성과 중심형 평가체계를 가진 서울시에 협치 친화적인 평가체계를 도입하여 탑재하는 일은 제도적인 충돌은 물론 공무원 사회 내부의 이해관계 차이로 인한 갈등이 유발될 수도 있어 점진적인 도입이 필요해 보인다. 한편 일반 시민이 접근하기 쉬운 '온라인 플랫폼(가칭 '협치신문고')' 형식의 모니터링제도와 전문가 중심의 '민관합동 모니터링단'이라는 온-오프라인 두 가지 경로로 운영하는 것이 필요하다.

진단과 권고

진단과 권고는 협치조례에 명시된 협치협의회의 주요 미션이다. 서울시정 전반에서 협치를 가로막는 걸림돌을 치우고, 협치에 도움이 되는 디딤돌을 놓는 일이다. 개별적인 정책 영역의 문제보다는, 개별 정책 영역에서 공통적으로 부딪치는 협치 장애물을 발견하고, 그 실태조사와 원인규명은 물

* BSC성과관리지표는 서울시가 운용하고 있는 평가시스템이다. BSC란 균형성과관리제도(Balanced Scorecard)로서, 톱다운 방식으로 조직의 미션을 근거로 하여 비전과 전략을 수립한다. 그리고 이들 전략목표를 달성하기 위한 성과목표(핵심성공요인)들을 도출한 다음에 각각의 성과목표들이 잘 수행되고 있는지를 측정하기 위한 성과지표들을 도출하게 된다. 이러한 성과지표들은 ① 재무 관점 ② 고객 관점 ③ 내부 프로세스 관점 ④ 학습과 성장 관점 등으로 균형을 이루면서 각 성과지표에 대한 이니셔티브를 수립하여 성과측정 결과에 대한 환류(feedback)를 강조한다는 점에서 혁신적인 성과관리 방법으로 평가되고 있다.

론 문제해결의 방안까지 만드는 것을 목표로 한다. 도출된 해법은 협치협의회의 이름으로 시장에게 권고하여 행정이 문제해결에 적극 나서도록 한다. 권고의 공식성과 권위를 부여하여 민간의 시정참여와 협력적 개입의 효력을 높이기 위한 제도이다.

따라서 무엇이 문제인가를 정하는 것에서부터 문제의 진단과 대안의 마련에 이르는 전체 과정에 이르기까지 공공성이 담겨야 하고, 그 진단의 내용과 권고할 해법이 충분한 타당성과 합리성을 가져야 한다. 다양한 관계자와 관련 전문가들의 참여가 중요하다. 열린 공론의 장을 펼치는 일과 집중적인 분석 및 대안으로서의 적정 수준을 담보해야 하는 이중의 과제를 안고 있다. 시행 첫해부터 완벽할 수는 없으니, 진단과 권고의 절차를 설계하는 마음으로 시범적인 성격의 과제를 잡아 실행해 보면 좋겠다. 예를 들면 '위원회 활성화를 위한 제도적 개선안'이라든지, '공모제(민간경상보조금) 실행 시 요구되는 복잡한 서식의 간소화 방안' 등 시정 전체에 도입하여 협치 수준을 끌어올릴 수 있는 가장 시급하고 절실한 과제에서부터 시작하면 좋겠다.

진단을 통해 마련한 권고안을 시장에게 전달하면, 시장은 이를 어떻게 시정에 반영할 지를 결정하고, 실행계획을 협치협의회에 전달해야 한다. 그리고 이후 적절한 시기마다 추진경과를 협치협의회에 공유해야 한다. 한 해 실행으로 종료되는 과제도 있고, 3~4년의 중기 추진을 해야 하는 과제도 있을 것이다. 어쨌든 매해 한두 가지의 권고안이 실행에 옮겨지게 되면, 몇 년만 지나도 상당한 문제해결의 성과가 드러날 것으로 기대된다. 민간 역시 시정 전반에 대한 이해를 넓히고, 문제해결의 협력 당사자로서의 전문성을 쌓아 갈 수 있다. 협치의 급소를 파악하고, 행정체제 내에서 작동 가능한 대안은 어떤 것인지에 대한 민간의 이해가 높아질수록 협치의 수준은 한층 진화할 것이다.

04

협치 제도개선과 협치 실행

지금까지 협치 시정에서 드러난 문제들을 두루 해결할 수 있는 3대 제도개선 과제를 잡아보면, 협치 제도의 가장 일반적인 형태인 위원회제 개선과 민선 5기에 적극 시도된 혁신형 중간지원조직의 민간위탁제 개선, 협치 지향적 일반 행정절차 개발이다.

위원회 운영개선

관 주도적 운영의 관행을 과감히 뛰어넘어 전문가는 물론이고 일반 시민들이 참여하여 실질적인 기여를 할 수 있도록 운영상의 개선이 시급하다. 민간위원들의 위원회 활동을 지원하는 전담공무원 및 민간인사의 배치, 민간위원 중심의 사무국 설치와 운영, 나아가 자문 청취수준을 넘어 실행참여를 보장하는 워킹그룹 운영 등이 대안이 될 수 있다. 위원회가 자율적으로 새로운 의제나 활동을 파일럿으로 시도해 볼 수 있는 예산을 마련하는 것도 매우 실효적인 대안이다. 위원회 운영상의 개선책을 마련하는 일은 이미 거의 모든 영역에서 작동 중인 시정 거버넌스 체제를 전반적으로 개선·촉진하게 되므로, 제일 우선적으로 추진해야 할 사항이다. 모든 위원회에 적용되는 일반운영 모델과 위원회별 맞춤형 운영개선안을 마련하는 것이 효과적이다.

민간위탁제 개선

혁신 정책을 수행하는 중간지원조직들이 시민(주민)의 참여를 촉진하고 참여한 시민의 실행력을 높여 가려면, 매우 실천적이고 세심한 멘토링 지원체제를 운영해야 한다. 시민과 함께하는 사업은 과업을 사전에 명백하게 정의하기 어려운 경우가 많다. 따라서 실행 과정에서 현장의 다양한 상황변화에 민감하고 유연하게 대응해야 하는 중간지원조직 업무의 특성을 감안하고 존중해야 한다. 중간지원조직에게 상당한 수준의 자율성을 부여하고, 사후평가방식을 적용할 필요가 있다. 예산편성과 예산집행의 유연성, 평가기준과 평가방식의 혁신 등 제도적 개선이 필요하다.

협치 지향적 일반 행정절차 개발

통상 행정은 실국 산하의 과(課)를 중심으로 움직인다. 따라서 이들 과가 평소에 수행할 수 있는 협치 지향적 행정 관행을 만들고 제도화하는 것이 협치 행정 혁신의 기초가 된다. 즉 정책의제의 발굴 과정(문제진단 시 시민 당사자의

| 표 7 | 정책단계별 협치 과제와 행정프로세스

정책단계	협치 과제	협치 지향적 행정프로세스
입안	시민참여형 입안	• [청책]형 의제 설정 프로세스 • 문제진단, 과제 설정, 파트너 발굴
실행	융합적 정책-사업 설계	• 공동목표와 실행계획 및 역할 분담 • 민-민-관-관 working group형 실행조직 : 합동실행단, 공동사업TF ex) 찾동추진단, 원전하나줄이기 실행본부 등 • 협치적 통합예산제 등
평가	협치적 평가시스템	• 민-민-관-관 합동 모니터링단 • 참여자 주도형/융합형 평가모니터링 • outcome/output 평가지표 개발

초대, 문제진단 및 의제 설정 워크숍 등) ⇨ 정책파트너 연결(민간 파트너와 행정 타부서 및 자치구 담당자 등 민-관-관의 협력 파트너십 형성) ⇨ 융합적 정책사업 설계(타부서의 유관 사업들과 연계하여 융합사업으로 공동설계하고 각자의 역할을 분담) ⇨ 워킹그룹형 협동적 실행조직(합동실행단, 공동사업 전담조직 등) 등 정책의 [입안]-[실행]-[평가환류] 전체 과정에 걸치는 일관된 협치 지향적 행정절차를 개발하고 이를 매뉴얼로 만들어 모든 부서가 자신의 형편에 맞게 응용할 수 있도록 하여 협치 행정을 유도해야 한다.

협치 실행의 목표

협치 실행의 목표는 협치 지향적인 정책을 실행하는 과정에서 얻어지는 경험으로 시정 및 구정의 협치 행정을 한 단계 진화시키는 것이다. 서울시는 이미 실국별로 협치 정책을 펴고 있다. 부서에 따라서는 대단히 모범적인 협치의 성과를 거둔 경우도 있는데 찾동과 원전하나줄이기가 그 대표적인 사례라 할 수 있다. 대체로 여러 부서에서 시민참여를 목표로 관리하면서 사업수행 과정에 많은 시민이 참여하고, 참여한 시민은 서로 연결되면서 더욱 높은 단계의 참여를 기대하고 있다.

마을공동체 사업 역시 대표적인 협치 성공 사례로 5년간 13만여 명의 시민이 참여하고 4천 여 개의 주민모임이 형성되었다. 이런 모임들이 서로 연결되면서 상호 교류와 협력이 모색되고, 대면 수준의 관계망으로 확장되고 있다. 푸른도시국의 '서울 꽃으로 물들다' 역시 좋은 사례인데, 2013년에 시작된 이래 3년 동안 18,000여 명의 시민이 참여하고, 조경아카데미를 이수한 시민이 무려 1,200명이나 된다. 무엇보다 3년이라는 만만찮은 교육과정을 모두 이수한 99명의 시민정원사가 탄생하였다. 이런 경우, 시민의 등장을 더욱 촉진하고, 등장한 주민의 연결망을 그다음 단계로 진화시키는 것이 협치 실행의 목표가 되는 것이다. 어딘가에 별도로 존재하는 것이 아닌, 이미 실행하고 있는 사업들을 협치적으로 유도하고, 이미 협치적으로 추진하고 있는 사업을 그다음 단계의 목표로 진화시키는 것들이 협치 실행의 목표다.

협치 실행의 전략

협치 실행을 좀 더 효과적으로 추진하기 위하여, 이미 지적한 '장소 기반', '관계 지향', '시민 주도'의 핵심가치를 전제로 몇 가지 전략적 기준을 정해 본다.

협치 실행의 '스텝업(step-up) 전략'

협치의 당사자는 '행정과 시민'이다. 이미 서울시는 협치 친화적 정책을 열심히 시행하고 있다. 따라서 시민과 행정이 협치에 대한 긍정적 경험을 공유하고, 추진 중인 협치 시정을 한 단계 업그레이드하는 것을 목표로 한다. 따라서 기존 협치 정책과 활동의 걸림돌에 대한 구체적이고 실용적인 개선안을 마련하여 추진한다. 그리하여 협치 실행의 '경험'을 촉진하고, 협치 행정의 '관행'을 강화하여 협치 시정의 '제도화'로 귀결시키는 스텝업(step-up) 전략을 추진한다.

협치 실행의 '융합 전략'

행정이 부서별로 제각각 추진하는 정책들이 서로 연결되고 융합적인 목표로 재설계되면 행정자원을 절약하면서도 시너지를 만들어 정책성과를 높일 수 있다. 정책의 수혜자인 시민의 입장에서도 종합적인 행정의 움직임이 편리하고 체감도도 높아진다. 따라서 단위 부서별 정책 칸막이를 넘나드는 '정책통합형' 협치 실행을 추진한다. 한편 시민사회(단체)도 각기 전문 분야의 활동을 넘어서서 융합적인 공동사업을 추진함으로써 민간 내부의 의제별 칸막이와 지역사회와의 분리 현상을 극복한다. 여기에 시민체감형 또는 문제해결형 미션을 내걸고, 미션 달성을 위해 개인과 단체, 영리와 비영리, 광역과 기초정부를 구분하지 않고, 각자가 하고 싶은 활동을 '따로 또 같이' 추진하는 시민행동형 협치 실행을 추진한다.

협치 실행의 '선택과 집중 전략'

〈협치 서울〉 1차 연도에는 협치를 통하여 가장 긍정적인 경험과 성과를 거둘 수 있는 정책과 사업을 중심으로 실행하는 것이 좋겠다. 협치가 아닌 시정이 없다시피한 마당에, 모든 정책과 사업을 다 잘하려고 할 때 아무것도 하지 못할 수 있다. 1~2차 연도는 '협치 도약'을 위한 디딤돌을 놓는다는 마음과 시범적인 사업을 한다는 자세로 선택과 집중을 하여 협치의 효능감을 시민들이 체감하게 만드는 일에 주력하는 것이 좋다. 선택과 집중을 위한 기준으로 SMART* 기준을 검토할 만하다.

협치실행사업 예시

협치실행사업을 그 규모와 수준에 따라 만만 협치 실행, 중범위 협치 실행, 협치 빅프로젝트 3단계로 구분한다.

'만만' 협치 실행

실국의 각 부서들이 파일럿 개념의 낮은 수준의 협치를 경험하고 나서, 차년도 협치 사업계획으로 제출할 수 있도록 하는 '작고 만만한' 협치실행사업이다. 각 부서에서 협치를 실천적으로 궁리하고 연습해 보는 정도로 부담을 낮춰 협치를 '만져 보는' 사업으로 추진하려는 것이다.

하지만 파일럿이라 해서 목표가 없지는 않다. '시민 주체의 등장'을 우선 목표로 잡는 것이 좋다. 그동안 행정이 혼자 추진한 사업이라도 시민이 함께 참여할 수 있도록 사업추진 방법을 변경하는 것이다. 시민과 파트너십을 맺는다는 자세로 대화를 시도해 보고, 그 과정에서 민관협력의 어려움과 촉진 방법을 터득해 가는 것이다.

결국 '만만' 협치 실행은 서울시정-구정 전반에 걸쳐서 시민들의 공공 참여를 널리 촉진하는 역할을 하게 된다. 행정 부서별로 추진되는 다양한 정

* Specific 구체적, Measurable 측정 가능, Action oriented 활동 지향, Realistic 현실적, Time-limited 기한 설정.

책과 사업 영역에서 시민들이 공공과 접촉하고 민관협력을 경험하면서 시민참여의 보람과 가능성을 확인하고, 참여한 시민들끼리 연결되면서 스스로 학습할 수 있는 네트워크를 가지도록 하는 것이다.

중범위 협치 실행

실국에서 추진하고 있는 전략사업 중에서 협치의 3대 핵심가치인 '장소 기반', '관계 지향', '시민 주도'에 가장 민감한 사업을 선정하여 집중 추진하는 사업이다. 이미 서울시정은 협치 지향적 노력을 하였고 그 성과도 적지 않다. 대부분의 부서 사업들이 '시민의 등장'이라는 성과를 내고 있다. 문제는 등장한 시민을 그다음 단계로 진화시키는 일인데, 사실 이는 행정 스스로 하기에 결코 쉽지 않은 과제다. 참여한 시민이 스스로 연결되면서 좀 더 주도적인 역할을 찾아가는 과정이 나와야 하는데, 더욱 세밀하고 집중적인 멘토링이 필요하기에 그만큼 손이 많이 가는 과제라는 것이다. 또한 시민은 단순 참여에서 직접적 개입으로 나아가고 싶어 하는데 이러한 욕구를 행정이 어떻게 수용하느냐가 관건이다.

따라서 시민의 욕구를 잘 알고, 시민이 어떤 과정을 거치면서 협동하게 되는지 잘 파악하면서 촉진 수단과 방법을 지원하는 시스템이 꼭 필요하다. 민간 활동가들이 참여하는 집중적인 코디네이팅과 세심한 멘토링 시스템을 구축해야 한다. 그리고 더욱 폭넓은 시민의 참여를 이끌어 내야 사업의 대중적 동력이 생겨 추가적인 추진력이 나오기 때문에, 시민체감적이고 문제해결형 사업으로 재구성해야 한다. 또한 시민 개개인 누구라도 각자의 처지와 형편에 따라 손쉽게 바로 참여할 수 있는 시민행동형 사업으로 재구성하는 것이 필요하다.

표 8 협치 실행의 유형 예시

구분	시민 분야	지역 분야	목표
'만만' 협치	부서별로 기존 사업 및 청책 100대 의제 중 실행		시민의 등장과 연결 촉진
중범위 협치	10대 시민의제	10대 시민의제 중 지역화에 적합한 의제 추진	협치 기본체계 구성
협치 빅프로젝트	빅프로젝트	주요 자치구의 혁신전략 의제 추진	국가적 의제로 진화

협치 빅프로젝트

서울시는 광역자치단체 이상의 의미를 가진다. 인구의 20퍼센트가 넘는 천만 시민이 살고 있지만, 정치, 경제, 사회, 문화 등 그 비중으로 치면 압도적이다. 블랙홀이라 부를 정도로 모든 면에서 서울 집중도가 높다. 그만큼 한국 사회의 문제도 서울에 집중되어 있다. 그래서 그 해법이 나올 가능성도 높다. 인적, 물적 자원도 서울에 집중되어 있으니 더욱 그렇다. 서울이 뭔가를 잘 하면, 다른 지역이 상대적 박탈감을 가지게 되는 경향이 있다. 정보와 인프라 모든 자원이 다른 지역에 비해 압도적으로 풍부한 데다 거의 독점적으로 집중되어 있는 기형적인 불균형 상태에서 어쩌면 당연하다. 심지어 서울이 정책적으로 성공하면 그 성공으로 인하여 오히려 서울 집중 현상을 강화하기도 한다는 점에서 더욱 심각하다. 서울은 '맏형' 같은 입장을 인정해야 한다. 따라서 서울의 성공이 우리 사회의 성공에 닿아야 한다. 서울의 희망을 우리 사회의 희망으로 연결할 수 있어야 한다. 도시로서 이미 '과밀' 상태인 서울과 사회경제적으로 '붕괴'가 가속화되고 있는 지방이 모두 함께 살 수 있는 방안이 나와야 한다. 그 공생의 길을 서울이 먼저 '자임'하고 나서야 한다. 그것이 '수도' 서울 , '맏형' 서울의 몫이다.

빅프로젝트 실행은 우리 시대의 문제를 정면으로 응시하고, 그 문제의 해법이 우리 사회의 비전 속에서 설명될 수 있는 '시도'여야 한다. 우리 시대 국가 비전을 서울시가 나서서 시범으로 돌파한다는 심정으로 추진해야 한다. 이 역시 이미 서울시가 추진했던 정책에서 나올 것이다. 다만 부서별로 따로 추진되던 정책 사업들을 융합적인 목표와 추진체계로 재구성하는 것이다. 그리고 무엇보다 지역사회와 적극 결합하는 사업모델을 만들어야 한다. 자치구도 중요한 주체로 나서고, 지역사회의 주민이 다양한 방식으로 연결되는 모양이 되어야 한다. 지역에서 이미 활동하고 있는 공공기관(단체)의 결합을 전략적으로 도모할 필요도 있다. 자치구 단위의 영역개념을 가지되 몇 개의 자치구가 연결되는 권역별 영역 규모도 검토할 수 있다.

민선 7기 협치제도의 진화, 서울민주주의위원회

4

앞에서 살핀 대로 민선 6기 중반에 추진된 협치 정책은 〈민관협치 활성화 기본조례〉 제정을 통해 법적 근거를 마련하였다. 또한 이미 시행되고 있는 대표적인 협치제도인 위원회제도와 민간위탁제도를 개선하기 위한 노력도 진행되었다. 아울러 전문가 중심의 제한적 참여구조를 탈피하고 일반 시민들의 의견 반영을 위해 기존의 공청회, 주민감사청구제 등 전통적 시민참여제도 이외에 청책토론회, 현장시장실, 정책박람회 등 다양한 시민참여제도를 도입하였다.

그렇지만 시민 주도의 협치를 지속 가능하도록 하고, 협치 시정을 질적으로 고도화하기 위한 제도적 기반을 더욱 단단하게 마련하는 일은 여전히 중요하다. 특히 지속 가능한 협치 시정의 추진을 위해 특정 사업영역에 국한되지 않은 행정체제 전반에 걸쳐 협치 친화적 개선을 하는 일이 필수적인 과제로 남겨져 있었다.

민선 7기를 맞이하며 서울시는 시민 주도의 지속 가능한 협치를 위한 전환 전략을 가다듬었다. 추진방향은 첫째, 정책과정에 민간이 실질적으로 참여하기 위한 핵심 제도들(협치선도제도)의 구조를 고도화하고, 둘째 시민참여제도, 위원회제, 민간위탁제도의 실효성을 강화하여 현재의 운영 과정에 내재한 다양한 현안들을 합리적으로 개선하는 것이다. 전환의 핵심 내용은 서울민주주의위원회의 설치, 숙의민주주의, 5퍼센트 시민숙의예산제, 협치 친화형 평가제, 네 가지이다.

01

협치 전환의 주요 내용

서울민주주의위원회

보통의 위원회와 마찬가지로 자문위원회의 성격을 가진 서울협치협의회를 독립적 위상과 권한을 갖는, 시장 직속의 합의제 행정기관인 행정위원회로 전환하여 적극적인 실행력을 갖도록 한다. 행정 부서와 동일하게 행정행위의 권한을 부여받음으로써 부서 간 협의·조정 과정을 실질적으로 주도할 수 있는 기반을 마련할 수 있게 된다. 그리고 그 산하에 실행부서를 두고, 협치 시정 활성화를 위하여 필요한 주요 협치 기반 제도를 개선하고 각종 협치사무를 통합적으로 직접 수행하게 된다. 서울시에는 이와 유사한 합의제 행정기관으로 감사위원회, 시민감사옴부즈만위원회가 이미 운영되고 있다.

숙의민주주의

민주주의를 숙의민주주의 단계로 끌어올리기 위하여 온-오프라인에 시민참여 공론플랫폼을 설치하여 운영한다. 온라인 시민참여 공론장인 '민주주의 서울'은 기존의 단순 제안, 건의를 넘어서 온라인 공론장을 활성화하고 행정의 책임 있는 답변을 유도하는 통합 플랫폼으로 기능하도록 강화한다. 오프라인 공론장인 '서울시민회의'는 시민 3천 명으로 구성하고, 정책 의제별로 필요한 시민참여위원회를 조직하여 운영한다. 위원회는 시민 공모를 통해 지역, 성, 연령 대표성을 고려한 개방형 위원회 후보군을 구성하여 상시적으로 운영·관리한다. 여기서는 이슈 발굴과 공론 조사, 시민배심 기능은 물론이고, 정책 우선순위 선정과 예산편성 결정, 주요 제도나 사업에 대한 모니터링과 평가 등의 기능을 담당한다.

5퍼센트 시민숙의예산제

2018년 기준, 서울시 일반예산 기준으로 5퍼센트에 해당하는 약 1조 원 범위에서 시민(주민)이 직접 결정할 수 있는 숙의예산제를 운용한다. 기존 예산 가운데 시민생활과 밀접한 분야들을 숙의예산 대상으로 선정한 후에, 광역 단위와 자치구 단위에서 민관합동의 시민숙의 과정을 거쳐서 예산계획을 수립한다. 사업의 실효성 강화를 위하여 단계적으로 사업을 추진하고 실행에 따른 사후 평가·환류체계를 확립하여 프로세스를 고도화해 나갈 예정이다. 2018년 사업 준비를 거쳐 2019년부터 약 2000억 원 수준의 시범 사업을 시행하고, 2020년부터 확대하여 2021년에는 5퍼센트까지 숙의

예산계획 수립이 가능하도록 단계적으로 확대 시행할 예정이다.

협치 친화형 평가제

성과 일변도의 시정평가 제도를 탈피해 협치의 '과정'과 '노력'까지 평가하는 통합적 성과관리제도를 도입한다. 현재 BSC 기반의 성과평가체계에 협치 기반 조성 노력과 정책 추진 과정에서의 협치 수행 역량에 대한 평가를 결합하여, 서울시의 거버넌스 환경과 목표에 부합하는 특화된 성과관리제도를 끌어 들인 것이다. 또한 민간위탁 성과평가, 지방보조사업 성과평가 등 다른 시정 주요 평가에도 역시 사회적가치 지향과 협치 수행 역량 평가를 추가하게 된다. 계획수립, 지표 선정, 환류 등 평가 프로세스 등 시정 평가제도 전반에 걸쳐 민간 주체의 참여를 보장하고, 행정 주도의 폐쇄적·일방적 평가 프로세스를 전면적으로 개선하여, 민관 사이의 협력을 유도하는 참여형 평가 프로세스 구축할 계획이다.

02

전환 과정의 아쉬움과 숙제

이상에서 본 대로 민선 7기의 협치체제는 제도로서는 매우 진화된 시스템을 구현하고 있다. 이후 운영 과정에서 그 내실을 다지고, 숱한 시행착오를 거쳐 합리적인 관행이 쌓이게 해야 한다. 하지만 아쉬운 대목도 없지 않다.

비상임 위원

첫째는 의회 심의 과정에서 상임위원회 제도가 사라지고, 위원장을 제외한 위원 전원이 비상임으로 결정난 점이다. 당초의 원안에는 '위원장을 제외한 상임위원은 시간선택제 임기제 공무원으로 임용'하는 것으로 되어 있었으나 심의 과정에서 수정되어 '위원은 비상임으로 위촉'한다로 확정되었다. 합의제 행정기관이 가지는 가장 중요한 본질적 요소인 '합의제적 운영'을 어떻게 가능하게 할 것인가에 대한 심각한 의문이 든다. 사실상 [위원장 독임제 +

자문위원회]로 운영될 가능성이 있어 염려가 된다. 따라서 '비상임위원들의 책임성 있는 참여'를 어떻게 보장할 것인가 하는 숙제가 남는다. 가능한 대안의 하나로, 월 1회 정기 전원회의와 분과별 주 1회 회의를 기본으로 하기는 하되, 이외에 수시로 의견을 공유하고, 정책에 대한 과제를 분담하여 고민하며 실행부서와 의논할 수 있는 체계를 마련할 필요가 있다.

소관 업무 한정

둘째, 조례 제정 과정에서 소관 사무가 오직 '계획수립'에 한정되고, 실행관리, 평가 등이 삭제된 대목이다. 원안에서는 '시민 주도의 마을공동체 조성 및 주민자치 관련 정책 수립·시행에 관한 사항'이 수정안에서는 '마을공동체 계획에 관한 사항'으로 변경되는 등 대체로 계획수립으로 위원회의 소관사항을 제한한 것이다. 가뜩이나 상임위원 폐지로 독임제와 다를 바 없이 운영될 우려가 있는 마당에 그 업무의 영역까지 한정되어, 위원회 전원회의는 일종의 '의결위원회'처럼 운영될 개연성이 커졌다. 현재로서는 소관 사무 규정을 포괄적으로 해석하고, 위원장이 '서울민주주의위원회'의 모든 업무를 위원들과 긴밀히 의논하여 공동결정하게 하며, 위원들이 위원회의 다양한 소관 사무를 분담하도록 해서 참여를 유도하는 방법이 강구되어야 한다. 운영의 기술을 살리는 방법이 현실적인 대안일 것이다.

협소한 시민 규정

셋째, 시민에 대한 규정이 오직 '개별적 유권자 시민'으로만 제한된 점이다. 원안에서는 '시민 및 지역사회 내 다양한 주체들의 정책 과정 참여를 확대하고'라고 되어 있었지만, '시민의 정책 과정 참여를 확대하고'라고 수정되었다. 즉 수정된 조례에 따르면, 엄격한 주거제한을 둔 '유권자 시민 개인' 외에는 시민단체나 지역 커뮤니티 등 일체의 결사체 민주주의 요소가 배제되고 있다. 이는 기존 참여예산조례나, 협치조례로부터의 후퇴이고, 이후 현실적인 시민사회와의 협력에 장애가 될 소지가 있다. 현재로서는 특별한 대안이 없어 추후 개정이 필요하다고 본다.

사회적 우정청의 유실

무엇보다 제일 아쉬운 것은 '사회적 우정청'의 유실(遺失)이다. 사회적 우정청은 당초에 민주주의위원회의 부설 기구로서 사업실행을 전담하는 일종의 사업단 같은 성격의 기구로 설계되었다. 물론 논의 초기에는 별도의 재단으로 설립하는 방안도 거론되었지만, 재단 설립에 따르는 많은 행정 비용과 부담을 고려하여, 조직적으로 무겁지 않고 당장 사업 추진이 가능한 방안을 선택하기로 한 것이다.

사회적 우정청은 민선 7기 임기 동안 혁신 정책이 풀어야 할 핵심 과제들을 추려서, 문제해결에 필요한 다양한 영역과 성격의 자원과 주체들이 모두 협력해서 전략적인 '융합 실행'을 추진하는 일종의 '워킹그룹'의 역할을 기대했다. 이미 지적한 바대로 마을공동체, 사회적경제, 도시재생, 혁신교육

등의 여러 혁신 정책들이 민이나 관이나 할 것 없이 모두 제각각 움직여 온 터라, 이들 간의 조직적 융합은커녕 협력사업도 여의치 않은 상황에서, 칸막이를 일거에 허물기 위한 특단의 실행 조직이 필요했다. 즉 부서의 이해관계를 뛰어넘고 가로지를 수 있는 위상을 가지도록 민주주의위원회의 부설로 별도의 실행사업단을 설치하려던 것이었다.

사회적 우정청이 추진하는 융합적 전략사업은 다름 아닌 '커뮤니티에 기반한 주민조직화와 사회연대경제의 생태계의 구축'을 목표로 하는 것이었다. 또한 지역사회에서 주민의 참여를 지속적으로 유도하고 참여한 주민들의 조직화를 촉진하는 인프라(시민자산) 구축을 위하여 커뮤니티 공간의 '설치와 재구성 및 활성화'에 중점을 두었다.

행정은 그 존재의 본질적 속성이 칸막이로서, 분과주의와 위계적 지휘체계로 작동한다. 반면에 지역사회는 일상생활의 장소이므로 본성상 통합적으로 구성되고 작동한다. 따라서 행정자원을 중심으로 행정이 주도하는 한 칸막이는 불가피하고, 지역사회의 통합성과 충돌할 수밖에 없다. 이제는 해결해야 할 '문제를 중심'으로 문제해결을 원하는 '주체가 있는' 현장에서 다양한 자원과 주체들이 융합하고 협력하는 실천모델을 만드는 것이다. 이 과정에서 행정이 혁신에 참여하는 방법과 역할을 재구성해야 한다. 비록 사회적 우정청을 통한 서울시 차원의 전략적 추진은 불가능해졌지만, 혁신 정책 담당자들은 모두 그 필요성을 알고 있고, 사회적경제의 〈특구사업〉, 마을공동체의 〈로컬랩〉 등과 같이 이미 각자 나름의 시도를 하고 있다. 이에 대해서는 3부에서 본격적으로 다루기로 한다.

03

서울민주주의위원회와 관련된 의문과 답변들*

(질문)

왜 '민주주의' 제도를 조직으로까지 만들며 정책화하려는가?

(답변)

민관협력 구조의 일상화, 제도화 목표

서울시정은 지난 8년 동안 일관되게 '시민의 참여'의 원칙을 고수했다. '시민이 시장이다'라는 원칙이나 '현장에 답이 있다'는 원칙 아래 청책, 현장시장실, 각종 위원회제도 운영 등 다양한 정책들을 시도했다. 하지만 여전히 실국별로 행정이 중심이 되어 간헐적으로 시민의견을 자문한다는 근본적인 제한을 넘어서기가 어려웠던 것도 사실이다. 민선 7기에는 기존의 시민참여, 협치 성과를 계승하되, 시민들의 핵심적인 관심 사안이나 참여예산 등에 대해서 '행정 안에 행정과 민간의 일상화된 논의 틀'을 제도적으로 확

* 이 내용은 필자에 이어 제2대 서울시협치자문관을 역임(2017.12.~2019.6.)한 김병권 전 자문관과 나눈 대담을 그대로 살려 편집한 것이다. 김병권 전 자문관은 서울민주주의위원회 추진단의 일원으로 서울민주주의위원회 설계에 참여하였다.

보함으로써 민관협력과 협치, 시민참여의 일상화, 제도화, 안정화 등의 과제를 정착시키기 위해서이다.

시민들의 필요를 더 깊숙이 시정에 반영할 조직적 장치

민선 7기에는 '더 넓고, 더 깊고, 더 오래가는 변화'를 모토로 내걸었다. 이를 시정에서 실현하기 위해서는 필요한 변화의 동력은 기존 행정조직이나 소수 전문가 집단만으로는 쉽게 만들어지지 않는다. 1천만 서울 시민 속에서 '더 많은 힘, 더 많은 지혜, 더 다양한 이해관계 집단의 연대'가 보태질 때 가능하다. 그래서 시민의 참여를 더욱 강력한 의지로 실천하기 위해서 이를 조직적으로 반영할 필요가 있었다. 특히 최근 경제적 어려움이 가중되고, 각계각층의 생활적인 불만과 목소리가 커지는 와중에 서울시가 좀 더 적극적으로 시민의 요구를 제도적으로 수용하려는 시도를 할 필요가 있고, 이를 조직으로 담아내야 했다.

> "경제적 필요가 절실한 사람은 정치적으로 목소리를 내고 싶어 합니다. 민주주의는 전체적으로 번영이 올 때까지 기다릴 수 있는 사치품이 아닙니다."
>
> – 아마티아 센

서울민주주의위원회는 향후 서울 시민을 대상으로 더욱 다양한 방법으로 시민들의 참여와 풀뿌리 민주주의, 숙의민주주의, 직접민주주의를 활성화시키는 임무를 맡게 될 것이고, 그를 통해 오히려 대의민주주의 역시 시민과 접촉기회를 늘리게 됨으로써 성숙하게 될 것으로 기대한다.

혁신과 협치, 시민참여를 선도해야 할 서울시의 사명

지난 민선 5·6기를 통해 서울시가 발전시켜 온 혁신과 협치 방식, 시민참여 방안들이 현재 전국 광역과 기초 단위에서 다양하게 전파되고 수용되고 있는 추세이다. 하지만 민선 5·6기의 시민참여나 협치방식이 결코 완성된 제도가 아니고, 여전히 초기적 진화 과정에 있는 제도여서, 더욱 진화 발전시켜야 할 여지가 많다. 서울민주주의위원회는 민주적 시민참여의 공간을 만드는 데 선도했던 서울시가 책임성을 가지고 이를 한발 더 진전시키기 위한 노력으로 볼 수 있다.

(질문)

민주주의위원회는 어떤 기능을 하며 서울시정에 어떤 영향을 주게 되는가?

(답변)

행정 내부로 구조화된 민관협력

이제까지 서울시가 시도한 다양한 시민참여와 협치 제도들은 그 다양성과 활발함에도 불구하고, 기본적으로 각 부서의 외곽에 조직된 단속적인 자문기구나 의견 청취공간의 수준을 크게 벗어나지는 못했다. 그 결과 '행정 중심 협치'라는 비판의견이 시민사회에서 많았던 것도 사실이다. 대표적으로 서울협치협의회와 협치추진단이 그동안 자치구 협치 활성화를 촉진시켜 내고, 민관협력의 주요한 제도개선 과제 도출에 성공했지만, 제도적 불안정성으로 기대했던 성과를 충분히 내지는 못했다.

이제는 행정 내부의 안정적인 구조 아래서 행정과 민간이 긴밀히 의논하고 정책화하는 공간을 마련함으로써, 체계적으로 시민들의 핵심 필요사안이나 문제제기를 수렴하고, 이들을 적절하게 정책으로 반영할 수 있는 공적 틀을 확보하게 될 것이다. 이는 서울민주주의위원회가 앞으로 다양한 공론장을 기획하고 체계적으로 운영하는 과정에서 담보하게 될 것이다.

행정의 부서 칸막이를 넘어 시민의 의견을 제도적으로 수렴

지금까지 다양한 차원에서 실국별로 시민참여 통로를 열어 주고, 위원회 제도를 통한 심의 과정을 두었지만, 기본적으로 실국의 벽을 넘는 시민의견 수렴이나 정책화 등에는 제약이 뚜렷했다. 독립적인 합의제 행정기구를 신설함으로써, 각 실국과는 독립적으로 '서울시 행정 + 시민'의 논의 틀을 행정 안에 제도화함으로써, 실국의 제약을 넘어선 시민의 정책적 의견이나 서울시에서 긴요한 공공정책 논의가 가능해지고, 정책화나 예산반영도 훨씬 안정화될 것이라고 기대한다.

재정민주주의에 대한 통합적 안정적 지원

서울시는 현재 약 700억 원 규모의 참여형 예산과 협치형 예산편성 제도를 두고 있다(심의 의결의 권한은 의회에 있음). 그러나 아직은 규모(일반회계의 0.3퍼센트)도 크지 않고, 대부분 단년도 공모사업에 그치고 있어 시민 체감도는 기대만큼 높다고 할 수는 없다. 현재까지의 참여예산제도를 잘 발전시키고, 이후 더 확장된 참여예산, 숙의예산제를 운영하기 위해서는 행정 안에 보다 책임 있고 독립된 민관 협의구조가 마련될 필요가 있다.

(질문)

민주주의위원회를 개방형 임기제인 위원장, 시민대표 등으로 구성한다고 하는데 정책 기획이나 수행에 책임성에 대한 우려가 있지 않은지?

(답변)

민주주의위원회에 시민대표 등이 참여한다고 해도 합의제 행정기구인 이상, 위원장은 공무원으로서 명확하게 책임성이 부여된다. 특히 민간에서 공모하여 참여하는 개방형 임기제는 서울시에서 매우 다양하게 적용되어 이미 상당히 안착된 제도라고 할 수 있다. 기타 시민대표 등으로 참여하는 위원들 역시, 자문기구와 달리 책임성을 갖는다는 사실은 잘 인식되고 있고, 시민들에게 운영 과정을 투명하게 공개함으로써 그 역할과 책임을 시민 앞에 다할 수 있는 환경을 조성하면 큰 무리는 없다고 판단된다.

(질문)

감사위원회 운영도 신속한 의사결정이 이루어지지 않아 여러 문제가 제기되었다. 월 1회 정기회, 임시회나 상임위, 분과위 등에도 불구하고 정책결정이 지연되는 조직운영의 구조는 비합리적이다. 굳이 합의제 행정기구를 꼭 만들어야 하는지?

> 제15조(회의) ① 위원회의 회의(이하 "회의"라 한다)는 정기회와 임시회로 구분하며, 정기회는 월 1회 개최하고, 임시회는 위원장이 필요하다고 인정하거나 재적위원 3분의 1 이상의 회의소집 요구가 있을 때에 위원장이 소집한다.

(답변)

합의제라고 해서 운영의 신속성이 보장 안 되는 것은 아니라고 생각한다. 위원장 – 상임위원회 – 전원위원회로 이어지는 시스템이 효과적으로 기능배분을 한다면 신속한 운영이 가능할 수 있다. 오히려 시민의 생활적 이해와 밀접히 연결된 정책과제들은 독임제에서는 시민들 사이의 서로 다른 이해관계에 대한 조정이 불충분해지거나, 시민적 관점에서 놓치지 말아야 할 요소들이 충분히 고려되지 않을 수도 있다. 그런데 이렇게 시민적 합의와 조정이 미흡

| 참고 | 민선 7기 지자체별 시민협력, 협치 도입과 발전 사례

구분	지자체	내용
광역	경기도	• 2017년 11월 조례 제정 • 2018.8.14. 소통협치국 신설(소통협력과, 민관협치과, 사회적경제과, 공동체지원과) • 2018년 10월 조례 개정 • 2018.12.27. 경기도 민관협치 활성화를 위한 정책토론회 • 2019년 1월 경기도민관협치위원회를 출범 예정
	인천	• 2019년 1월부터 인천 시정부의 협치·혁신·소통 활성화를 위한 시민정책자문단이 구성 운영 • 민·관 협치 활성화 기본조례 제정 및 민관협치위원회를 구성 준비 중 • 공론화위원회 상설운영 계획 • 2018년 10월 민관협치담당관 설치
	부산	• 오거돈 시장 공약사업으로, 시민행복지표 개발, 부산시민협의회 신설, 시민청원제도 도입 등 직접민주주의 확대와 실질적인 민관협치를 위한 14개 사업 추진 예정 • 시민참여담당관 협치기획팀
	대전	• 2018.11.8. 시민이 주민이 되는 시민의 정부의 실현을 위해 민관협치 거버넌스인 '지역공동체 워킹그룹' 출범 운영 • 2018년 11월 공동체지원국 및 지역공동체과 신설, 자치분권과 협치업무 담당 • 시민이 주인 되는 시정을 꼽으며 주민참여예산제 확대, 시민참여형 정책 플랫폼 조성, 시민 감사위원회 도입 등 공약
	충남	• 2018.10.1. 충청남도 민관협치 활성화를 위한 기본조례 공포 • 충남민관협치회의 운영 • 공동체정책관(공동체정책팀, 사회혁신팀, 새마을지원팀, 협치정책팀, 갈등정책팀)
	충북	• 2018년 10월 지역공동체과를 민간협력공동체과로 확대, 강화 • 민관협치 활성화를 위한 기본조례 제정 및 충북도 민관협치협의회 구성 예정
	경남	• 사회혁신추진단 민관협력담당
	광주	• 2018.11.28. 민관합동정책워크숍, 시민참여 확대와 자치분권 선도도시 실현을 위한 광주광역시 협치 제도화 추진 협약서에 서명, 광주 협치 시스템을 구축, 민간 주도적인 실무부서를 운영, 광주형 선진 자치모델 구축을 위해 협력 합의
기초	안산시	• 2018.12.27. 안산시 협치 활성화를 위한 기본조례 공포 • 자치행정과 민간협력팀
	광명시	• 2018.12.24. 광명시 민관협치활성화를 위한 기본조례 제정 • 자치분권과 민관협치팀
	수원시	• 2019.1.10. 수원시 협치조례 공포 • 기획조정실·정책기획과·시민협치팀
	군포시	• 2018.1.4. 민관협치기구 전담부서인 100인위원회팀(정책감사실) 신설 • 민관협치기구 TF준비위원회 운영, 2019년 7월까지 조례 제정 예정
	용인시	• 2018년 7월부터 민관협치준비위원회 운영, 용인시 민관협치 활성화를 위한 기본조례(안) 준비 중 • 2018년 10월 시민협치팀 신설
	양평군	• 2018년 11월 소통협력담당관 신설(협치, 소통 담당)
	양구군	• 2018년 12월 '양구군 민·관 협치위원회' 구성, 민관협치조례 준비 중 • 자치행정과
	춘천시	• 2018년 9월 시민주권담당관 신설(참여기획팀, 시청참여팀)
	서울	• 관악, 종로, 양천, 노원, 성북, 동작, 강동, 성동, 강서, 영등포, 동대문, 은평, 금천, 도봉 등 14개 자치구 협치조례 제정

한 채 독임제라는 제도 아래에서 정책이 강행될 경우, 결국 시민들의 문제제기나 갈등으로 인해 행정절차 중간에 우여곡절을 겪으면서 운영이 더 늦어질 수도 있다. 사실 이런 이유 때문에 현재도 중요 사업에서는 각종 자문회의나 토론회, 공청회를 통한 절차들이 있지만, 여전히 형식화되거나 효율적으로 진행되지 못하고 있는데, 합의제로 하면 더 생산적인 토론회나 의견 반영을 적절한 시점에 적절한 방식으로 수행할 수 있다.

(질문)

민주주의위원회를 설계하던 초기에는 '사회적 우정청'이라는 기구를 설치하기로 논의했던 것으로 아는데 최종안에는 이것이 빠져 있는데 이유가 무엇인가.

(답변)

당초에는 행정체계로서 합의제 의결기구인 민주주의위원회가 민관협치적인 의사결정과 조정을 주로 맡고, 행정 칸막이의 영향이 덜 미치는 행정 밖에 마을과 사회적경제, NPO, 청년 등 민간의 혁신 주체들에 대한 통합적인 지원체제로 '사회적 우정청'을 설치하는 방안을 계획하였다. 물론 사회적 우정청은 민간 쪽이 만들어 주도하면 좋겠으나, 현실적으로 민간의 역량이 여의치 않았다. 또한 반대로 공공 재단으로 꾸리는 방안도 검토되었으나, 재단 설립에 따르는 절차상 어려움도 있고, 무엇보다 행정의 하부조직이 되어 융합적 실행을 하기에는 어려움이 많을 것이라는 염려가 있었다. 절충안으로 민관 합작 얘기까지 나왔지만, 역시 민간 쪽에서 나서서 꾸릴만한 주체가 마땅치 않아 주저하고 있었다.

결국 우선 서울민주주의위원회 산하에 '사회적 우정 사업단' 형식으로 사업

추진단을 만들어 '업무부터 시작하고 이후 독립'하는 것을 생각했지만, 막상 서울민주주의위원회 '설치' 그 자체를 두고 워낙 행정 내부에서 그리고 의회와의 관계에서 복잡한 논쟁이 1년 가깝게 이어지면서, 민주주의위원회를 어떻게 구성하느냐만 남고 사회적 우정청 논의는 사실상 사라지고 말았다. 사회적 우정청이 의제에서 빠지게 되면서, 서울민주주의위원회 산하에 다소 비대(?)하게 4개의 과 조직을 두는 방향으로 결론이 나게 되었다.

〈자료〉
협치선언문, 협치조례
서울민주주의위원회 조례

01

2016 협치서울선언문

서울이 도전받고 있다. 민주화와 산업화, 도시화의 상징인 서울은 지금 대한민국의 위기와 함께 있다. 고용 없는 성장, 불평등, 저출산, 고령화는 넘어야 할 과제다.

서울은 협치로 다시 시작한다. 시민의 참여 없이는 당면한 과제를 해결할 수 없다. 마을공동체, 도시재생, 사회적경제, 찾아가는 복지, 교육혁신, 원전하나줄이기, 주민참여예산제도가 시행되었다. 정책의 결정 과정에서 위원회와 민관협의체가 활성화되었다.

중간지원기관이 늘었고 시민의 참여공간도 확충됐다. 청책토론회, 현장시장실, SNS는 행정의 문턱을 낮추고 함께 시정을 설계하는 기회를 제공했다. 시민과 행정이 사회문제 해결을 위한 창의적 에너지를 만들면서 협치가 발현됐다. 그러나 서로의 눈높이는 여전히 다르다.

이제 협치는 한 걸음 더 도약해야 한다. 신뢰와 소통의 기초 위에 '참여에서 권한으로' 나아가는 새로운 협치가 시작된다. 시민과 행정이 공동으로 정책을 결정하고 집행, 평가하는 협치 시정으로의 대전환이다. 그리하여 효율성에 기초한 행정의 관리방식이 민주성에 기반한 시민의 창의 및 자율성과 함께 어우러진다. 협치는 생활 곳곳으로 스며들어 현장의 문제해결력을 높이도록 도울 것이다.

'2016 협치서울선언'은 이러한 시대적 과제와 목표를 담아 지속 가능한 미래 서울을 위한 민관 공동의 약속이다.

하나, 협치 체계를 시민 주도형으로 바꾼다.
시민의 참여와 권한을 강화하고, 창의와 자율성이 살아날 수 있도록 행정제도를 개선하는 등 공공 주도형 협치에서 시민 주도형 협치로 바꾼다.

하나, 시민참여제도를 완성한다.
시민이 의제를 발의하여 정책을 추진할 수 있도록 서울시와 자치구의 시민참여제도를 완성한다. 행정은 시민의 실질적 참여를 보장하고, 정보를 투명하게 공개한다. 시민은 행정과 협력하고 함께 책임을 진다.

하나, 재정민주주의를 강화한다.
서울시 예산편성과 집행을 협치 원칙에 맞게 개선하고, 시민의 자기결정권을 강화한다. 주민참여예산을 혁신하여 참여, 자치, 분권에 기반한 예산제도를 실현하고 재정협치기구를 운영한다.

하나, 공동의 역량을 높인다.
협치가 공동의 행동 양식으로 뿌리내릴 수 있도록 공무원과 시민이 함께하는 교육 프로그램을 확대하고, 다양한 협력네트워크를 만든다.

하나, 협치의 걸림돌은 걷어 내고, 디딤돌은 단단히 한다.
'행정과 시민의 협치 경험부족'은 걷어 내고, '다양한 시민 주체 등장, 열린 행정 도입'은 단단히 한다.

하나, 협치서울선언의 실현을 위해 실천계획을 수립한다.
협치서울선언의 구체적 실천을 위하여 정책별 이해관계자 등과 협약을 체결하고, 실행계획을 수립한다.

2016년 11월 27일

협치서울시민대회

02

서울특별시 민관협치 활성화를 위한 기본조례

[시행 2016.9.29.] [서울특별시 조례 제6317호, 2016.9.29. 제정]
서울특별시 (민관협력담당관) 02-2133-6555

제1장 총칙

제1조(목적) 이 조례는 민관협치를 활성화하는 데 필요한 사항을 규정함으로써 시민과 지역사회의 시정참여를 통한 민주주의 가치 실현에 기여함을 목적으로 한다.

제2조(정의) 이 조례에서 사용하는 용어의 뜻은 다음 각 호와 같다.
1. "민관협치"란 사회문제 해결을 위해 민간과 서울특별시(이하 "시"라 한다)가 공동으로 정책을 결정하고 집행·평가하는 시정 운영 방식 및 체계 등을 말한다.
2. "협치자문관"이란 민관협치 사업 전반에 대한 자문을 위해 「서울특별시

민간전문가의 시정 참여 및 지원에 관한 규칙」에 따라 시장이 위촉한 민간 전문가를 말한다.

제3조(기본원칙) 민관협치 활성화는 다음 각 호의 기본원칙에 따라 추진하여야 한다.

1. 민관협치는 참여자들의 자발성과 수평적 협력관계에 기반하여 이루어지도록 한다.
2. 모든 참여자들은 민관협치 과정 자체가 중요한 가치임을 인식한다.
3. 민관협치의 모든 과정은 민간과 시의 상호 신뢰를 바탕으로 한다.

제4조(시민의 권리와 의무) ① 시민은 누구나 시의 정책 결정·집행·평가 과정에 참여할 권리를 가진다.

② 시민은 정책 과정 참여에 대한 책임과 역할을 인식하고, 공익적 가치의 실현을 위해 노력하여야 한다.

제5조(시장의 책무) ① 서울특별시장(이하 "시장"이라 한다)은 민관협치 활성화를 위하여 정책을 수립·시행하여야 하며, 지속 가능한 민관협치 환경 조성을 위해 노력하여야 한다.

② 시장은 시민 및 지역사회 내 다양한 주체들의 정책 과정 참여를 확대하고, 참여자들의 민관협치 역량을 향상시키기 위해 노력하여야 한다.

제6조(다른 법령 또는 조례 등과의 관계) 민관협치에 대한 정책 추진에 관하여는 다른 법령이나 조례에 특별한 규정이 있는 경우를 제외하고는 이 조례가 정하는 바에 따른다.

제2장 서울협치협의회

제7조(설치) ① 시장은 민관협치 체계의 구축 및 활성화에 관한 사항을 심의·조정하기 위하여 서울협치협의회(이하 "협의회"라 한다)를 설치·운영한다.
② 협의회의 원활한 운영을 위하여 분과위원회를 협의회에 설치·운영할 수 있다.
③ 협치사업의 실행과 제도개선 등을 위한 실무위원회로 서울협치추진단을 협의회에 설치·운영할 수 있다.

제8조(기능 등) ① 협의회는 다음 각 호에 관한 사항을 심의·조정한다.
1. 민관협치 활성화 정책의 수립·시행에 관한 사항
2. 민관협치 활성화를 위하여 필요한 제도개선에 관한 사항
3. 그 밖에 민관협치 활성화를 위하여 필요하다고 인정되는 사항
② 협의회는 시정활동에 대한 평가 및 공론화 절차를 통해 이루어진 사회적 합의사항을 시장에게 권고할 수 있고, 시장은 이를 실행하도록 노력하여야 한다.

제9조(구성) ① 협의회는 의장 1명, 부의장 2명을 포함하여 25명 이내의 위원으로 구성한다. ② 의장은 시장이 되고, 행정1부시장과 위촉직 위원 중에서 호선으로 선출된 사람이 공동부의장이 된다.
③ 위촉직 위원은 민관협치에 관한 학식과 경험이 풍부한 다음 각 호의 사람 중에서 시장이 위촉한다. 위촉직 위원은 특정 성별이 10분의 6을 초과하지 않도록 한다.

1. 시민단체 또는 직능단체의 추천을 받은 사람
2. 자치구의 추천을 받은 사람
3. 시의회에서 추천한 시의원
4. 협치자문관
5. 그 밖에 민관협치 활성화를 위하여 시장이 필요하다고 인정하는 사람

제10조(임기) ① 위원의 임기는 2년으로 하며, 1회에 한하여 연임할 수 있다. 다만, 공무원의 임기는 해당 직에 재직하고 있는 기간으로 한다.
② 위원 중 공무원이 아닌 위원의 사임 등으로 인하여 새로 위촉된 위원의 임기는 전임위원의 남은 기간으로 한다.

제11조(위원의 위촉 해제) 시장은 위원이 다음 각 호의 어느 하나에 해당하는 경우에는 위원을 위촉 해제할 수 있다.

1. 위원 스스로가 위촉 해제를 희망한 경우
2. 장기 치료를 요하는 질병 또는 6개월 이상의 해외여행 등으로 직무를 수행하기 어려운 경우
3. 위원회 직무와 관련하여 알게 된 비밀을 누설하였거나 그 내용을 개인적으로 이용한 경우
4. 위원회의 직무와 관련하여 비위 사실이 있거나 위원직을 유지하기에 적합하지 않다고 인정되는 비위 사실이 발생한 경우
5. 직무태만, 품위 손상이나 그 밖의 사유로 인하여 위원으로 적합하지 아니하다고 인정되는 경우

제12조(의장의 직무) ① 의장은 협의회를 대표하고, 협의회 업무를 총괄한다.
② 의장이 부득이한 사유로 직무를 수행할 수 없을 때에는 의장이 미리 지명한 위원이 그 직무를 대행한다.

제13조(회의) ① 회의는 정기회와 임시회로 구분하며, 정기회는 연 4회 개최하고, 임시회는 의장이 필요하다고 인정하거나 재적위원 3분의 1 이상의 회의소집 요구가 있을 때에 의장이 소집한다.
② 회의는 재적위원 과반수의 출석으로 개의하고 출석위원 과반수의 찬성으로 의결한다.
③ 회의의 원활한 운영을 위하여 간사를 두며, 간사는 민관협치 업무를 주관하는 부서의 장이 된다.

제14조(의견 청취 등) ① 협의회는 민관협치의 활성화를 위해 필요하다고 인정하는 경우에는 전문기관 또는 관련 단체 등에 조사·연구를 의뢰하거나 세미나 등을 개최하여 관계 전문가 및 시민의 의견을 청취할 수 있다.
② 시장은 제1항에 따른 조사·연구 활동 및 세미나 개최 등에 소요되는 경비를 예산의 범위에서 지원할 수 있다.

제15조(수당 등) 협의회에 참석한 위원에게는 예산의 범위에서 「서울특별시 위원회 수당 및 여비지급조례」에 따라 수당과 여비를 지급할 수 있다.

제3장 민관협치 활성화 등

제16조(민관협치 활성화 기본계획) ① 협의회는 정책 과정에서의 시민의견 반영 및 참여 확대를 위한 민관협치 활성화 기본계획(이하 "기본계획"이라 한다)을 3년마다 수립한다.

② 기본계획은 다음 각 호의 사항을 포함한다.

1. 민관협치 활성화 정책의 기본방향
2. 민관협치 분야별 정책목표 및 추진계획
3. 기본계획의 실행을 위한 재원 조달
4. 그 밖에 민관협치 활성화를 위한 주요 사항

③ 시장은 기본계획 수립을 위한 협의회의 업무를 지원한다.

제17조(민관협치 실행계획) 시장은 제16조의 기본계획에 따라 연도별 민관협치 실행계획(이하 "연도별 실행계획"이라 한다)을 수립하여 시행한다.

제18조(민관협치 협약) ① 시장은 사회문제 해결을 위한 정책의 추진을 위하여 이해관계자 등과 민관협치에 관한 협약을 체결할 수 있다.

② 시장은 제1항에 따른 협약의 이행을 위하여 필요한 사항을 기본계획 또는 연도별 실행계획에 반영하여 추진할 수 있다.

제19조(제도개선 및 정책평가) 시장은 민관협치 활성화를 위하여 행정절차와 제도를 개선하고, 민관 간 수평적 협력관계에 기반한 정책평가를 시행할 수 있다.

제20조(지역사회 민관협치 지원) 시장은 지역사회 발전을 위한 민관협치 정책의 발굴과 집행 등을 활성화하고자 노력한다.

제21조(백서 발간) 시장은 민관협치 활성화의 내용과 추진상황 등을 시민에게 알리기 위하여 서울협치백서를 매년 발간하여야 한다.

부칙 〈제6317호, 2016.9.29.〉

제1조(시행일) 이 조례는 공포한 날부터 시행한다.

03

서울민주주의위원회 조례

서울특별시 조례 제 호

서울특별시 시민민주주의 기본조례안

제1장 총칙

제1조(목적) 이 조례는 시민의 시정 참여를 촉진 하고 정책 추진에서 민관 협치를 활성화함으로써 시민민주주의 실현에 기여함을 목적으로 한다.

제2조(정의) 이 조례에서 사용하는 용어의 뜻은 다음 각 호와 같다.

1. "시민"이란 「지방자치법」 제12조에 따라 지방자치단체의 구역 안에 주소를 가진 자를 말한다.
2. "시민민주주의"란 시민이 서울특별시 정책과 관련된 시의 의사결정 과

정에 자발적으로 참여하는 시정운영 체계를 말한다.

3. "민관협치"란 시와 시민이 정책의 입안·시행·평가 과정에서 의견을 공유하거나 협의하는 등 공동으로 정책을 결정하는 방식을 말한다.

4. "숙의예산"이란 민주적 절차를 통해 시민이 서울특별시의 예산편성의 과정에 참여하는 예산 제도를 말한다.

제3조(기본원칙) 시민민주주의는 다음 각 호의 기본원칙에 따라 실현하여야 한다.

1. 시민민주주의 실현에 참여하는 시민에게 정책참여의 실질적 기회와 공정한 절차를 보장하여야 한다.

2. 시민민주주의 실현의 모든 과정은 시민과 서울특별시의 상호 신뢰를 바탕으로 한다.

3. 시민민주주의 실현은 참여자들의 자발성과 수평적 협력관계를 기반으로 이루어지도록 한다.

제4조(시민의 권리) 시민은 시의 정책 제안·심의·결정·평가 과정에 참여할 수 있다.

제5조(시장의 책무) ① 서울특별시장(이하 "시장"이라 한다)은 시민민주주의 실현을 위하여 정책을 수립·시행하여야 하며, 지속 가능한 시민참여 환경 조성을 위해 노력하여야 한다.

② 시장은 시민의 정책 과정 참여를 확대하고, 참여자들의 역량을 향상시키기 위해 노력하여야 한다.

③ 시장은 시민민주주의 실현에 참여하는 시민에게 법령의 범위에서 신

뢰할 만한 정보를 충분히 제공하도록 노력하여야 한다.

제6조(다른 조례와의 관계) 시민민주주의 실현을 위한 정책 추진에 관하여는 다른 조례에 특별한 규정이 있는 경우를 제외하고는 이 조례가 정하는 바에 따른다.

제2장 서울민주주의위원회

제7조(서울민주주의위원회 설치) ① 시장은 시민민주주의 실현을 위한 다음 사항을 심의·조정하기 위하여 합의제 행정기관으로 서울민주주의위원회(이하 "위원회"라 한다)를 설치·운영한다.

1. 시민민주주의 계획에 관한 사항
2. 민관협치에 관한 사항
3. 서울특별시 위원회 운영 계획에 관한 사항
4. 마을공동체 계획에 관한 사항
5. 시민참여·숙의예산제 운영 계획에 관한 사항
6. 위원회 사무기구의 조직 및 정원 요구에 관한 사항
7. 위원회의 예산 요구 및 결산에 관한 사항
8. 위원회 운영규정의 제정 및 개정·폐지에 관한 사항
9. 위원의 제척·기피에 관한 사항
10. 그 밖에 위원장이 필요하다고 부의하는 사항

② 위원회는 시장 소속으로 설치한다.

제8조(사무기구 및 소속 직원) ① 위원회 산하에 사무기구와 소속 직원을 두며, 그 조직과 정원에 대하여는 각각 「서울특별시 행정기구 설치 조례」와 「서울특별시 지방공무원 정원 조례」에 따른다.

② 사무기구에서는 위원회 소관 사무를 처리하며, 그 밖에 위원회 운영 등을 위하여 위원장이 정하는 사무를 처리한다.

제9조(위원의 구성) ① 위원회는 위원장을 포함하여 15명 이내의 위원으로 구성한다.

② 위원은 시장이 상임 또는 비상임으로 임명 또는 위촉한다.

③ 위원장은 개방형 직위로 보할 수 있고, 위원은 비상임으로 위촉한다.

④ 위원은 다음 각 호의 사람 중에서 시장이 임명 또는 위촉할 수 있다. 다만, 위촉직 위원의 경우에는 「양성평등기본법」 제21조 제2항에 따라 특정 성별이 10분의 6을 초과하지 아니하도록 하여야 한다.

1. 서울특별시의회에서 추천하는 사람 3명 이내
2. 서울특별시구청장협의회에서 추천하는 사람 2명 이내
3. 예산, 협치, 혁신 등 소관 실·본부·국장 또는 기획관
4. 그 밖에 시장이 필요하다고 인정하는 사람

제10조(위원의 자격) 위원은 다음 각 호의 어느 하나에 해당하는 자격을 갖추어야 한다.

1. 지방자치단체 또는 중앙행정기관에서 4급 이상 공무원으로 5년 이상 재직 경력이 있는 사람
2. 대학이나 공인된 연구기관에서 부교수 이상의 직이나 이에 상당하는 직에 5년 이상 재직 경력이 있는 사람

3. 법률·회계 등 전문 자격을 소지하고 해당 분야에 5년 이상 재직 경력이 있는 사람
4. 사회적 신망이 높고 의회 및 행정에 관한 식견과 경험이 풍부하며 시민단체에서 10년 이상 경력이 있는 사람

제11조(위원의 임기) ① 위원의 임기는 2년으로 하며, 한 차례만 연임할 수 있다. 다만, 공무원인 위원의 임기는 해당 직에 재직하고 있는 기간으로 한다.
② 위원 중 공무원이 아닌 위원의 사임 등으로 인하여 새로 위촉된 위원의 임기는 전임위원의 남은 기간으로 한다.

제12조(위원의 제척·기피·회피) ① 위원 중 심의·조정 등과 관련한 안건에 이해관계가 있는 위원은 해당 안건의 심의·조정 등에 대하여는 위원의 자격이 없는 것으로 본다.
② 위원장은 위원에게 해당 안건의 공정한 심의·조정을 기대하기 어려운 사유가 있는 경우에는 해당 위원을 해당 안건에서 제척하여야 한다.
③ 위원회 안건에 이해관계가 있는 자가 위원에게 공정한 심의·조정을 기대하기 어려운 사정이 있는 경우에는 위원회에 기피 신청을 할 수 있고, 위원회는 의결로 해당 위원의 기피 여부를 결정한다. 이 경우 기피 신청의 대상인 위원은 그 의결에 참여하지 못한다.
④ 위원이 제1항 또는 제3항에 해당하는 사유가 있는 경우에는 스스로 해당 안건의 심의·조정 등에서 회피하여야 한다.

제13조(위원의 해촉) 시장은 위원이 다음 각 호의 어느 하나에 해당하는 경우에는 임기 중이라도 해촉할 수 있다.

1. 위원 스스로 직무를 수행하기 어렵다는 의사를 밝힌 경우
2. 장기 치료를 요하는 질병 또는 6개월 이상의 해외여행 등으로 직무를 수행하기 어려운 경우
3. 위원회 직무와 관련하여 알게 된 비밀을 누설하였거나 그 내용을 사적으로 이용한 경우
4. 위원회의 직무와 관련한 비위 사실이 있거나 위원직을 유지하기에 적합하지 않다고 인정되는 비위 사실이 발생한 경우
5. 직무태만, 품위손상이나 그 밖의 사유로 인하여 위원으로 적합하지 아니하다고 인정되는 경우

제14조(위원장의 직무) ① 위원장은 위원회 사무를 총괄하며, 소속 직원을 지휘·감독한다.

② 위원장이 부득이한 사유로 직무를 수행할 수 없을 때에는 위원장이 미리 지명한 위원이 그 직무를 대행한다.

제15조(회의) ① 위원회의 회의(이하 "회의"라 한다)는 정기회와 임시회로 구분하며, 정기회는 월 1회 개최하고, 임시회는 위원장이 필요하다고 인정하거나 재적위원 3분의 1 이상의 회의소집 요구가 있을 때에 위원장이 소집한다.

② 위원장은 회의 시 의장으로서 회의를 운영하며, 위원장이 회의를 운영할 수 없는 경우에는 위원장이 미리 지명한 위원이 회의를 운영한다.

③ 회의는 재적위원 과반수의 출석으로 개의하고 출석위원 과반수의 찬성으로 의결한다.

④ 위원장은 회의의 원활한 운영을 위하여 위원회의 사무기구 중 회의에 상정된 의안의 소관 부서장에게 회의에 참석하여 의안을 설명하도록 할 수 있다.

⑤ 회의결과는「서울특별시 각종 위원회의 설치·운영에 관한 조례」제9조의2에 따라 공개한다. 다만,「공공기관의 정보공개에 관한 법률」제9조에 따른 비공개 대상 정보의 경우에는 그러지 아니한다.

제16조(분과위원회) 위원회의 원활한 운영을 위하여 분과위원회를 설치·운영할 수 있으며, 분과위원회의 설치·운영 등에 필요한 사항은 위원회의 의결을 거쳐 규칙으로 정한다.

제17조(수당 등) 회의에 참석한 위원에게는 예산의 범위에서「서울특별시 위원회 수당 및 여비지급 조례」에 따라 수당 및 여비 등을 지급할 수 있다.

제3장 시민민주주의 확산 등

제18조(시민민주주의 기본계획) ① 시장은 시민민주주의 정책의 지속적 추진과 시민의 자발적 참여를 촉진하기 위하여 시민민주주의 활성화 기본계획(이하 "기본계획"이라 한다)을 4년마다 수립한다.

② 기본계획에는 다음 각 호의 사항을 포함한다.

1. 시민민주주의 활성화를 위한 시정 여건의 진단·평가
2. 시민민주주의 활성화 정책의 기본구상
3. 시민민주주의 활성화를 위한 분야별 정책목표와 추진계획
4. 기본계획 실행을 위한 재원조달 방안
5. 그밖에 시민민주주의 활성화를 위해 고려해야 할 주요 사항

③ 시장은 제1항의 기본계획에 따라 연도별 실행계획을 수립하여 시행하

여야 한다.

④ 시장은 제1항의 기본계획과 제3항의 연도별 실행계획을 수립한 경우 서울특별시의회 소관 상임위원회에 보고하여야 하며, 주요 사항을 변경하는 경우 또한 같다.

제19조 (제도 진단 및 개선) 시장은 민관 간 신뢰와 협력 관계를 촉진하기 위해 지속적이고 체계적으로 행정절차와 제도를 마련·개선하고, 그 결과에 대해 정책평가를 시행할 수 있다.

제20조(시행규칙) 이 조례의 시행에 관하여 필요한 사항은 규칙으로 정한다.

부칙

제1조(시행일) 이 조례는 공포한 날부터 시행한다.

제2조(다른 조례의 폐지) 「서울특별시 민관협치 활성화를 위한 기본조례」는 폐지한다.

미주

01 최홍원 블로그, 〈뉴거버넌스〉.

02 한국NGO학회. (2014). 『서울시 시민참여행정의 성과와 과제』 에서 인용, 정리.

03 한국NGO학회. (2014). 『서울시 시민참여행정의 성과와 과제』 에서 인용, 정리.

04 한국NGO학회. (2014). 『서울시 시민참여행정의 성과와 과제』 에서 인용, 정리.

05 서울시장 비서실 보고자료. (2016).

06 서울연구원. (2016). 〈서울형 거버넌스 모델 구축방안〉 참조.

07 서울연구원. (2016). 〈서울형 거버넌스 모델 구축방안〉 참조.

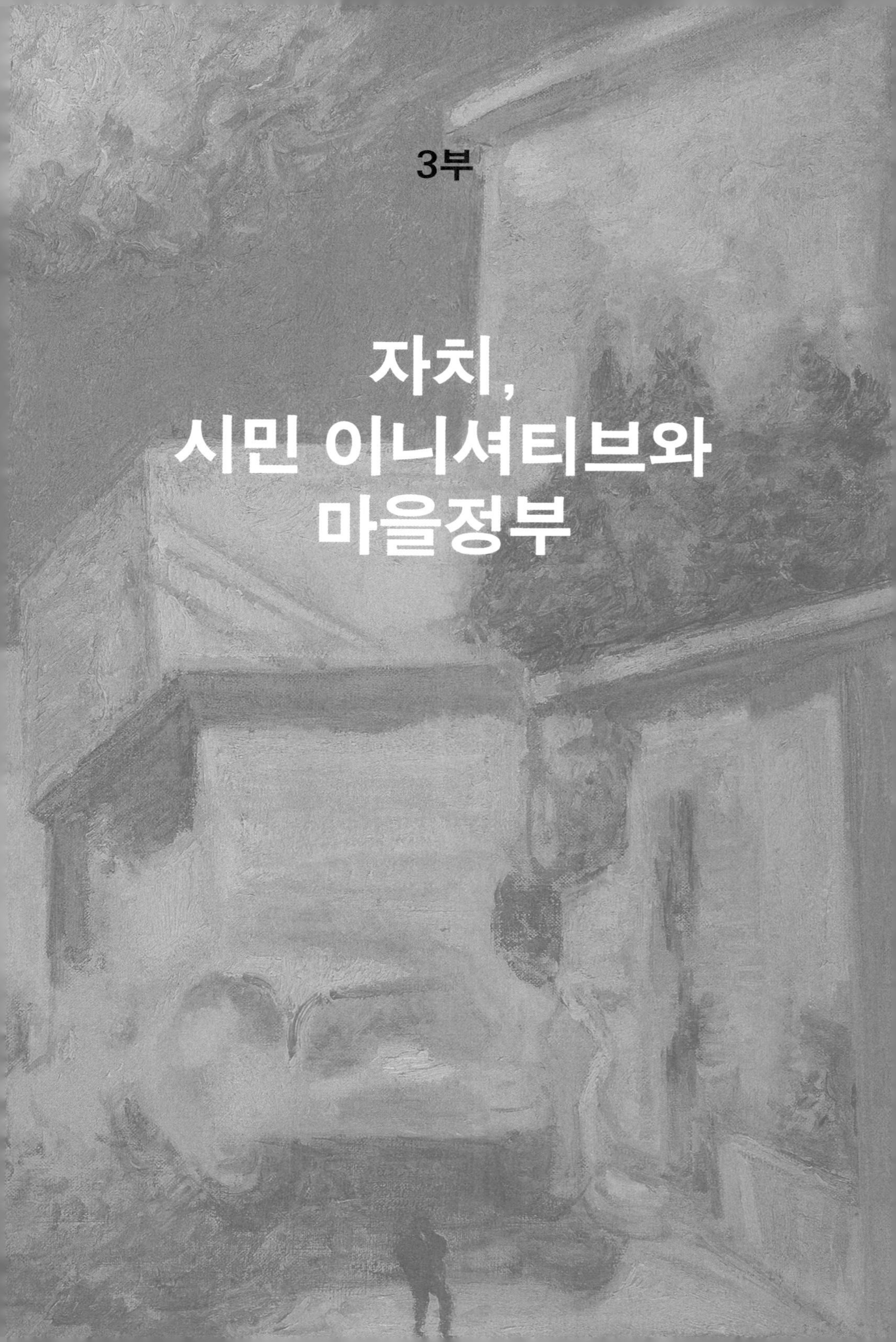

3부

자치, 시민 이니셔티브와 마을정부

로컬과 시민 이니셔티브

1

01

시민참여와 시민 이니셔티브

기후변화와 불평등

2014년 2월, 언론에 보도된 이른바 '송파 세 모녀 자살' 사건은 우리 사회에 산재한 복지 사각지대를 환기시켰다. 지난 7월 관악구에서 탈북민 한 씨 모자가 죽은 채 두 달여 만에 발견되었는데 굶주려 죽은 것으로 추정되었다. 물질적 풍요가 넘치는 우리나라에 누군가가 굶어 죽었다는 것도 충격이었고, 그 시신이 두 달여 만에 발견되었다는 것은 더 큰 충격이었다. 최근 고독사(孤獨死)가 급증하는 추세다. 말 그대로 외롭게 홀로 세상을 뜨는 사람들이 많다는 것인데, 가족과 이웃이 방치하고, 사회와 국가가 방치한 방치사(放置死)라 해야 맞다. 지난해 서울에서만 무연고자 사망자가 382명이라고 한다. 보건복지부 자료에 따르면, 2013년에 1,200여 명이던 무연고자 사망자 수가 2018년에 2,400여 명으로 5년 사이 거의 2배가 되었다고 한다.

요즘에도 부자가 되겠다는 '헛꿈'을 꾸는 청년들이 있는지 모르겠다. 아무리 노력해도 불가능하다는 것을 안다. 청년들 사이에 희망 없는 세상을 빗댄 말로 떠돌던 헬조선이 요새는 이생망(이번 생 망했다)이라는데, 다음 생이 있기라도 한가. 초등학교 5학년을 대상으로 장래의 꿈을 물어본 설문조사에서 '건물주'가 최고로 꼽혔다고 한다. '조물주 위에 건물주'가 있다는 세상의 이치를 초등 5학년이면 꿰뚫고 있다는 얘기인데, 씁쓸하다.

드라마에서나 그러려니 하고 넘겨보던 '특권사회'가 실제 존재한다는 사실에 새삼 놀란다. 불평등은 기득권으로 확고히 고착되고, 기득권은 대물림된다. 태어날 때 물고 나온 수저에 따라 그 인생이 결정난다는 것이다. 그런데 여기에 아무런 '불법'이 없단다. 누굴 탓할 수도 하소연할 수도 없는 외통수 같은 무력한 세상사다.

고령화 속도가 가팔라 걱정이 많다. 노인들의 자살률이 높아 문제가 심각하다. 전체 연령대에서 65세 이후 노인들의 자살률이 급증하고, 연령이 높을수록 자살률은 더 높아진다. 노인의 빈곤문제가 심각하다는 것이다. 경제적 어려움과 질병, 고립과 외로움은 한꺼번에 찾아온다. 고령화와 함께 우리 사회의 가장 큰 문제로 저출생(低出生)을 꼽는다. 한 여성이 가임기간(15~49세)에 낳을 것으로 기대되는 평균 출생아 수를 뜻하는 합계출산율이 2018년 기준으로 0.98명이다. 1명의 선이 깨진 것이다. 정부는 최근 10년간 150조 원이라는 천문학적인 재정을 저출생 문제해결에 투입했지만 개선이 되기는커녕 오히려 악화되고 있다. 지금 젊은이들이 출산을 하지 않는 것은 오히려 합리적인 선택이라고 한다. 그만큼 결혼도 버겁고 결혼을 해도 아이를 낳아 기르기가 엄두가 나지 않는 세상이니 당연한 선택이라는 것이다.

지방 소멸이 화두다. 대부분의 지방에서 점점 인구가 감소하여 지방이 소멸할 위기에 처했다고 한다. 도시에 비해 농촌이, 대도시에 비해 중소도시가, 서울에 비해 지방이 경제와 금융, 교육과 문화 등 모든 면에서 인프라와 자원이 열세이다. 불균형 해소를 위해 재정을 투입하고, 인구유입을 위해 여러 가지 보조금 정책을 쓰지만, 그 격차는 좁혀지지 않고 악화되어 간다. 근본적인 대책이 서지 않는 한, 이 불균형은 심각한 파국으로 연결될 것이라는 진단이다.

기후변화는 이제 위기국면에 달해 기후비상사태라고 한다. 지금의 추세대로 탄소 배출을 계속하게 된다면 평균온도 2도 상승은 머지않은 장래에 현실이 된단다. 평균온도 2도가 상승하게 되면 자연계에 '피드백' 효과가 발생하여, 지구온도가 걷잡을 수 없이 급속도로 상승하여 인간의 힘으로는 통제가 불가능한 파멸상태에 빠지게 된다는 것이다. 과학자들은 이제 10년 남짓 남은 2030년을 파국의 결정적 시기로 지목하고 있다. 시간이 없다.

융합과 시민 이니셔티브

셀 수 없을 만큼 많은 문제들, 해법이 무엇인지도 막연한 문제들, 해법이 보여도 어떻게 손을 댈지 난감한 문제들, 손을 대려고 하면 곧바로 부딪치며 상충하는 복잡한 이해관계들. 어느 문제 하나 해결이 쉽지 않다. 불확실성의 세계는 예측이 불가능한 세계를 말한다. 원인이 무엇인지 알 수 없어 예측이 불가능하다. 자연계의 현상만 불확실성의 세계가 아니라, 사회현상도 불확실성의 세계란다. 공공의 과제들 중 어느 것 하나 원인이 명쾌하고 해법이 분명한 것이 없다. 동일한 문제에 대해서도 계층에 따라 장소에 따라, 아니 한 사람 한 사람마다의 처지에 따라 모두 그 입장이 다르고 이해가 달라지는 복잡계이다.

융합이 필요하다. 다양한 자원이 협력하고, 다양한 처방을 복합적으로 써 봐야 한다. 기계적으로 분업화된 칸막이 행정과 전문가들의 분과주의적 지식으로는 문제해결이 어렵다. 복잡성과 우연성이 작동하는 현장에서는 계획보다는 문제를 풀려고 하는 의지가 중요하다. 문제가 풀리지 않으면 고통받게 되는 당사자 시민들의 의지가 더욱 중요하다. 문제를 해결하겠다는 주체가 있어야 다양한 자원과 다양한 설루션이 융합하고 협력이 지속된다. 이제 시민이 나서서 주도해야 문제가 풀리는 시민 이니셔티브의 시대다.

복지국가의 위기와 시민참여

양차대전을 겪은 유럽의 선진국들은 1960년대에 혁명을 '예방'하는 차원에서 복지국가 프로젝트를 추진한다. 국가 공동체에 속한 국민들에게 '요람에서 무덤까지' 인간으로서 최소한의 존엄을 보장하겠다고 선언했다. 하지만 70년대 초에 닥친 오일쇼크로 세수가 줄어들자 그동안 국가가 제공하던 서비스를 줄인다. 심지어 '줬다 빼앗는' 일이 벌어진다. 국가가 재정이 부족해지면, 서비스를 꼭 제공해야 할 사람과 아직 급하지 않은 사람을 구별하는 일에 집중하게 된다. 그 과정에서 국민에게 스스로 가난을 증명할 것을 요구하는 상황이 생긴다. '존엄'을 목표로 한 복지국가가 '모멸감'을 주는 전달체제를 만들어 버린 것이다.

80년대 초 '작은 정부론'을 앞세우고 등장한 이른바 신자유주의 정부(영국의 대처 정부와 미국의 레이건 정부)는 국가가 주도하던 사회서비스 전달체계를 시장의 경쟁적인 방식으로 돌리지만, 공공요금이 오르고 복지 사각지대가 발생한다. 다시 복지국가로 돌아갈 수도 없고 시장에 방치할 수도 없는 정부는 시민에게 협력을 요청한다. 시민은 정책의 수립 과정에 직접적으로 개입하고 실행 과정에도 참여한다. 그러자 정책의 성공률이 높아지고, 설령 실패를 하더라도 만족도가 떨어지지 않는다. 시민이 참여한 실패는 실패가 아니라 학습이 되기 때문이다.

공동생산자, 로컬과 커뮤니티

시민의 참여는 정책 수립 과정에 그치지 않고 직접 서비스를 생산하고 전달하는 역할로 나아간다. 이른바 정책의 수혜자와 서비스의 소비자에 그치는 것이 아니라, 정책과 서비스의 생산 주체인 '공동생산자'의 지위로 진화한다. 이제 시민은 서비스의 생산·공급자와 이용·소비자 역할을 함께하는 프로슈머(prosumer)가 되는 셈이다. 이렇게 시민이 프로슈머로서 역할을 할 때는, 그 활동의 범위는 불가피하게 '로컬(local)'이 되어야 한다. 시민들이 일상을 살아가면서 문제에 부딪치고 또한 문제를 풀어야 하는 삶의 현장인 지역사회를 기본 무대로 활동을 하게 된다. 지역사회는 일상의 대면관계에 기초한 친밀한 이웃관계를 기본으로 한다. 이웃관계로부터 점차 쌓여 가는 신뢰를 기반으로 자원이 융합하고 이웃들이 협력한다. 즉 로컬은 '커뮤니티(community)'의 원리로 조직되고 작동한다.

공동생산자로서 지역사회에서 역할을 하려면, 상응한 권한이 부여되어야 한다. 민간이 스스로 조달하는 자원에 행정의 자원을 적절히 융합하고, 주민이 실효적으로 집행하려면 의사결정의 권한이 동반해야 한다. 민과 관 사이에는 단순한 위수탁 관계를 넘어서는 수평적인 협력의 파트너십이 만들어져야 한다. 물론 권한에는 책임이 따른다. 주민들에게는 민주적인 공론장을 설치하고 운영하는 일이 가장 중요한 책임이다. 다양한 주민들의 요구를 파악하고, 형편과 처지가 달라서 발생하는 이해관계의 충돌을 조절하고, 민주적인 합의를 끌어내는 일은 주민이 스스로 통제할 수 있어야 한다. 아울러 문제를 해결하는 실력을 갖추어야 한다. 즉 지역사회의 필요와 주민의 요구를 충족시킬 수 있는 서비스를 제대로 생산하고 전달할 수 있어야 한다. 생산·전달하는 서비스의 수준을 올리고 이용자의 체감적 만족을 이끌어 내야, 비로소 서비스생산 활동이 지속 가능하기 때문이다. 관은 시민을 파트너로 여기고 시민들이 스스로 문제를 해결할 수 있는 능력을 높이도록 행재정적 자원을 동원하여 지원해야 한다. 그것이 바로 협치이고, 협치 속에서 자치의 능력이 성장한다.

02

한국 사회의 변화와 시민사회의 미시적 재구성

위임(委任) 및 자임(自任)의 거버넌스

1960~1980년대에 우리 사회의 근대적 과제를 주도한 것은 국가였다. 엘리트 관료와 선거를 통해 권력을 위임받은 정치인이 국가기관을 구성하고 공익의 실현을 담당했다. '산업화 시대'의 폭발적인 경제성장을 동력으로 교육, 의료, 교통, 주거 등 후발국가의 근대적 과제를 대부분 국가 주도 아래 빠른 속도로 달성했다. 하지만 이 과정에서 발생한 권위주의와 획일성, 기득권과 양극화는 공공성의 위기로 진단되었다. 1980년대 격변의 민주화운동 시기를 거치면서 1990~2000년대에 우리 사회 공공성 확보의 과제는 시민사회로 주도권이 넘어갔다. 1990년대 초에, 경실련, 참여연대, 여성민우회, 녹색연합, 환경운동연합 등 이른바 메이저 시민단체들이 속속 결성되었다. 국가가 주도한 공공성을 혁신하는 일을 자임한 시민단체들은 절차적(형식적) 민주주의를 넘어 실질적인 삶의 질 향상이라는 '민주화 시대'의 과제를 목

표로 삼았다. 이들은 사회의 다양한 분야에 파고들어 혁신을 시도했다. 정부에 정책대안을 제시하고, 국회를 통해 법과 제도를 개혁하는 합법적이고 비폭력적인 투쟁을 했다. 1987년 이전 독재시기의 민중운동에서 벗어나 시민운동으로 전환하였으며, 경제정의와 사법개혁, 복지실현 등을 주요한 목표로 삼았다. 1990년대 대표적인 법제도 혁신의 사례를 보면, 금융실명제, 한약분쟁 조정, 소액주주운동, 국민생활최저선, 동강댐 반대, 호주제 폐지, 국가인권위 설치, 보행권조례 등이 있다. 당시 혁신의 주역은 해당 분야의 전문가인 교수들과 법률 전문가인 변호사들이었다. 언론과 정부(1992년 김영삼 정부, 1997년 김대중 정부) 역시 시민운동에 대해 우호적이었다.

시민단체가 주도하는 시민적 공공성은 2000년에 정점을 찍었다. 그해 경실련이 167명의 국회의원 후보 부적격자 명단을 발표한 것을 계기로 전국 1,000여 개의 시민단체가 집결하여 총선시민연대를 꾸리고 대대적인 낙선운동을 벌였다. 총선시민연대는 그해 4월 3일 반인권 전력을 가진 인사, 납세 비리자, 저질 언행자 등 총 86명의 낙선 대상자를 공개했다(한나라당 28명, 민주당 16명, 자민련 18명, 민국당 8명, 무소속 13명, 한국신당 3명). 이 가운데 22명을 집중 낙선운동 대상자로 정하고, 총력을 기울여 낙선운동을 벌였다. 선거결과 낙선대상자 86명 중 59명이, 집중 낙선 대상자 22명 중 15명이 낙선을 했다. 낙선율이 무려 70퍼센트에 달했다. 무엇보다 수도권에서는 낙선 대상자 20명 중 19명이 낙선하는 엄청난 결과를 낳았다.

하지만 총선연대 이후 시민운동계는 내우외환에 시달렸다. 총선 개입을 둘러싸고 시민단체 내부에서 입장이 갈렸다. 이른바 '중립화 논쟁'이었다. 시민단체의 진정성은 중립성에 있으므로 총선에 개입해 후보자의 당락에 영향을 미치는 활동을 한 것은 잘못이라는 비판과 기본적인 자질이 부족한 후보자는 가려내는 것이 마땅히 시민단체의 역할이라는 입장으로 나뉘었다.* 또한 이른바 뉴라이트라 불리는 시민운동 우파세력이 등장한 시기도 이 즈음이다. 한편 정치권과 언론계는 시민단체의 총선 개입을 못마땅해 하면서, 시민단체에 대한 우호적인 입장을 거두고 견제하기 시작했다. 2000년을 접어들면서부터 내부적으로도 '시민운동에 시민이 없다'는 반성이 나오기 시작했으며, 시민단체들이 시대적 과제를 떠안기보다는 분과적인 '전문가주의'에 갇히는 것이 아닌가 하는 우려가 제기되기도 하였다. 더욱이 급격한 IT 환경의 변화 속에서 시민기술(civic technology)**을 장착한 새로운 시민들이 공공부문에 등장하여 기존의 전문가 영역을 추월하면서 소위 전문가들의 입지는 더욱 좁아지고 있었다.

시민운동의 전환과 시민의 등장

2000년대에 들어 시민단체가 주도하는 시민운동은 절정을 넘어 하향곡선을 그림과 동시에 새로운 전환의 계기들이 나타났다. 첫째, 시민 개인의 자발적인 직접행동과 광장의 촛불시위 문화였다. 시민운동단체의 조직행동에 의하기보다는, 시민 개인의 작은 행동이 누구도 예측 못할 우연적인 계기를 통하여 삽시간에 엄청난 대규모 시위로 이어졌다. 광장에 삼삼오오 자발적으로 모여든 시민들은 별도의 시위 지도부 없이도 마치 축제를 벌이듯이 자유롭고 활기찬 시위를 만들어 냈다. 이는 시민단체들의 조직 동원과 단체 대표들의 성명 발표, 명망가들의 연설로 이어지는 1990년대까지 익숙

* 대법원은 총선 이듬해 2월, 16대 총선에서 총선시민연대가 벌인 낙선운동은 선거법 위반이라고 판결했다.

** 시민기술(civic technology, civic tech)은 소통, 의사 결정, 서비스 전달, 정치 프로세스를 위해 사람과 정부 간 관계를 강화하는 소프트웨어를 말한다. 여기에는 커뮤니티가 주도하는 자발자, 비영리 단체, 컨설턴트, 사기업 팀이 만드는 소프트웨어를 통해 정부를 지원하는 정보통신기술이 포함된다(위키피디아).

했던 일반적인 시위문화와 확연히 구분되는 것이었다. 집회를 주도했던 시민단체들은 집회의 원활한 진행과 안전을 돕는 '집사' 역할에 그쳤다. 2002년 월드컵축구 응원과 효순·미선 촛불시위는 새로운 시위문화의 시작을 알렸고, 그 후 2004년 고(故) 노무현 대통령 탄핵 반대 촛불시위, 2008년 광우병 촛불시위로 발전하였다. 2016년 박근혜 탄핵 촛불시위는 이러한 시민행동 문화의 연장선에 놓여 있다고 볼 수 있다.

둘째, IT기술의 획기적 발전과 온라인의 활성화에 따른 시민 개인의 소통과 네트워킹의 혁명적인 전환이었다. 천리안 PC통신 시대를 넘어, 인터넷의 활성화와 개인통신 기술의 급격한 발전에 힘입어 시민들은 엄청난 속도와 규모로 스스로 소통하면서 여론을 형성하고, 신문방송이 독점적으로 주도한 매스미디어 권력을 압도하는 새로운 미디어 권력을 만들어 냈다. 더욱이 온라인 소통망은 '정모'라는 오프 모임으로 이어지고, 일상적이고 지속적인 커뮤니티(온라인 카페)를 형성하기에 이르렀다. 이러한 온라인 기반의 개인 커뮤니케이션 네트워크의 활성화는 시민참여의 패러다임을 완전히 바꾸어 놓았다.

끝으로, 생활운동을 기반으로 한 주민조직화 양상이 있다. 1970년대 이래 철거투쟁을 중심으로 전개된 도시빈민 운동의 전통은 대규모 아파트 중심의 주거단지 재편의 흐름 속에서 임대아파트 공급으로 수그러들었다. 1990년대 들어 지역사회에서 소소하게 시작된 생활운동의 싹들이 2000년대 접어들면서 새로운 시민참여형 지역운동의 성과들을 만들었는데, 참여한 주민들이 스스로 주민조직화로 발전하는 양상이 곳곳에서 나타나기 시작했다. 이러한 아래로부터의 움직임에 호응하여 2010년 민선 5기 기초지자체들은 마을공동체 정책을 체계적으로 추진하였고, 민선 6기에 들어서는 대부분의 광역지자체가 마을공동체 정책을 실시하면서 전국적으로 확대되었다.

새롭게 등장한 시민들은 지역과 동네라는 생활세계에서 생활상의 시급하고 절실한 문제를 해결하기 위하여 이웃들과 협동을 시도했다. 이들은 또 모바일과 SNS를 통하여 강력하고 일상적인 소통네트워크를 스스로 만들면서 활동을 확장해 나갔다.

마을공공성과 시민사회의 미시적 재구성

위임(委任)된 권력에 기초한 국가의 통치든(국가적 공공성), 자임(自任)의 진정성에 기초한 시민단체의 계몽이든(시민적 공공성), 엘리트주의적인 방식으로는 더 이상 국가발전이나 사회혁신을 이루기 어렵다. 이제 거대한 관료조직과 분야별 전문가로는 복잡한 공공 문제에 대하여 제대로 된 답을 내기 어렵다. 그런 의미에서 우리 사회의 공공성은 위기에 처했다. 공공성을 다시 일으키고 공공의 문제를 해결할 주체는 누구인가? 아쉬운 사람이 우물을 파야 한다. 생활의 필요를 절실하게 느낀 이들이 함께 모여 하소연하고, 함께 모여 궁리하고, 함께 협동하면서 문제를 해결해야 한다. 개인의 필요를 이웃과 협동해서 공공의 필요로 전환하고 확장하면서, 지속 가능한 협동적 생활관계망을 형성해야 한다. 이것이 바로 마을이고 지역이며, 마을과 지역사회가 공공성을 주도하는 방식이다. 민선 5기에서 7기에 걸쳐 계속 확장되고 본격화되는 '정책으로 마을하기'는 새로운 공공성의 주역으로 마을과 지역사회를 불러내고 있다. 물론 시민사회와 지역사회는 서로 대립하는 말이라기보다는, 시민사회가 지향하고 뿌리를 두어야 하는 곳이 바로 지역사회이다.

마을과 지역사회는 지역 주민이 참여하고 이끌어 가는 다양한 공론장을 통해 형성되고 건강하게 확장된다. '마을공공성'은 국가가 주도하거나 시민단체가 대변(advocacy)하는 것이 아니라, 주민 스스로 생활의 필요를 이웃과 함께 나서서 해결해 가는 과정에서 만들어진다. '나'의 필요가 '이웃'의 필요가 될 때 문제가 해결되고, 나아가 '동네'의 필요로 확장될 때 문제해결의 수준은 한층 높아진다. '나'에서 '이웃'으로, 이웃에서 '동네'로 이어지는 공감대의 확장은 주민들 사이에서 공식-비공식으로 형성되는 다양한 공론장을 통하여 가능해진다. 이런 공감의 확대 과정에서 개인의 사적인 이해관계는 지역사회의 공적 과제로 통합되기도 하고, 지역 차원의 새로운 과제로 합의되기도 한다. 주민의 공적 합의가 지역사회의 건강성을 지켜주는 공공성의 바탕이 된다. 생활세계를 중심으로 작동하는 마을은 지역사회의 토대가 되고, '시민사회를 미시적으로 재구성'하는 공간이 된다.

"한국은 국민에서 시민이 되기 위해 달려왔는데, 그 시민이 지금 난민이 되어 있다. 그 난민에서 탈출할 수 있는 길은 주민이 되는 것이다."*

마을과 지역에서 공론장을 복원해 내는 것이야말로 민주주의에 이르는 지름길이다. 복원된 마을공공성이 시민공공성을 다시 불러일으키고 국가 거버넌스를 바로잡는 힘이 된다. 마을은 공공성을 융합하고 재구성하는 엔진이며, 거버넌스의 내용을 채워가는 장소다. 마을공공성은 우리 사회의 공공성을 혁신하는 계기가 된다. 그래서 마을이 혁신이고 지역이 미래다.

* 2015년 5월, 조한혜정 교수가 서울시 마을공동체위원장 퇴임식에서 발언한 말이다.

마을에서 자치로

2

01

마을,
협치의 입구

민과 관이 서로 신뢰하며 대등한 위치에서 각자의 권한과 책임을 나눠 가지며 협력하는 '파트너십'은 어떻게 가능할까? 대부분의 서울시민들은 살기 바빠 정부와의 협력에 나서기 쉽지 않다. 관심을 가지고 싶어도 서울시 행정에 관한 정보를 쉽게 취득하기 어렵고, 더욱이 수많은 정책의 영역과 거대한 규모의 서울시 행정부서에 어떻게 접근할 수 있을지 난감하다. 공무원들 역시 함께 협력할 시민을 찾는다고 하지만 시민들이 대부분 '민원인'으로 보일 뿐, 서로 믿고 책임 있게 협력할 파트너로서의 시민은 잘 찾기 어렵다. 물론 활동가들이 있지만 공무원 입장에서 상대하기 만만치만은 않다. 더구나 한 결같이 까칠(?)하고 원칙에는 강하나 디테일로 들어가면 아쉬움이 많다. "시민이 시장이다." 시민과 정부가 협력해서 함께 시정을 끌고 가자는 박원순 서울시장의 협치 철학은 어쩌면 초장부터 벽에 부딪힐 상황이었다.*

* 취임 초 여론에서는 박 시장이 시민단체 출신이니, 시민단체와 협력하여 시정을 이끌어 갈 것이라 예상했다. 하지만 박 시장은 시민단체보다는 '시민'과 협력하기를 원했다.

넛지전략과 마을공동체

서울시가 선택한 돌파작전은 이른바 넛지전략이었는지도 모른다. 넛지(nudge)란 '옆구리를 쿡쿡 찌르다'로 번역되는데, 행동경제학에서 공공정책과 시민들의 행동 간의 관계를 설명하는 용어다. 남성용 화장실에서 청결유지를 위해 계몽적인 홍보를 하기보다, 소변기 하단에 그려놓은 파리 한마리가 더욱 효과적이었다는 사례가 넛지를 설명할 때 자주 드는 예다. 현대의 시민들은 계몽적인 방식으로 동원되거나 조직되지 않는다. 사소한 이유라도 스스로에게 동기 부여되지 않으면 행동하지 않기 때문이다. 그래서 정책목표와는 직접적 관련이 없어 보이더라도 특정한 '계기'가 개개인에게 부여되어 스스로 행동하게 함으로써, 결국에는 정책목표를 달성시킬 수 있게 한다는 것이다.

마을공동체 정책이 바로 '넛지전략'이었다. 마을공동체 정책의 핵심은 '뜻과 맘이 맞는 3인 이상의 이웃'이라면 누구든 생활의 필요를 해결하기 위한 시도를 지원한다는 것이다. 그래서 '서울시정을 위해서'라는 거창한 목표를 내려놓고 '소소하고 만만한 마을작당'이라는 슬로건을 내세워 시민이 쉽게 참여할 수 있도록 유도한다는 것이었다. 하지만 '3인 이상 이웃들의 마을작당'이라는 말을 행정의 언어로 정의하는 것이 필요했다. 그래야 행정이 사업계획을 수립하고 집행에 나설 수 있기 때문이다. 마을작당을 통하여 만들려고 하는 목표를 정책의 효과로 설명하는 것이 필요했다. 우리는 "생활의 필요를 함께 하소연하고, 궁리하며, 협동으로 해결하는 과정에서 형성되는 이웃들의 관계망"으로 마을을 정의했다. 즉 관계망이 목표이고, 이 관계망은 최소 3인 이상의 이웃들이 모이면 시작할 수 있으며, 각자 공통되는 생활의 필요를 함께 해결하는 과정을 통하여 모임이 형성되고, 나아가 확장된다고, 마을에 대한 일종의 '조작적 정의'를 내린 것이다.

무엇보다 도시에서 공동체적 생활이 가능할 것인가라는 근본적인 회의가 있었고, 더욱이 이를 행정 주도의 정책과 사업으로 가능할 것인가에 대해서는 부정적인 견해가 있었던 터라, 직관으로 금방 이해할 수 있는 구체적인 모델이 필요했다. 일상에서 주민들이 절실하고 시급하게 느끼는 필요를 이웃들과 함께 해결해 가다 보면 '마을의 씨앗'이 형성되더라는 협동의 성공적 성취의 경험이 더 큰 협동을 도모할 용기를 주었으며, 그렇게 반복적으로 하나하나 생활의 필요를 함께 해결하다 보니 어느새 마을이 되어 있더라는, 필자가 성미산 마을살이를 통해 얻은 경험과 감각이 그 바탕이 되었던 것은 물론이다.

이로써 서울시는 정책의 목표(이웃관계망 형성), 목표 달성의 방법(생활의 필요를 해결하는 협동 활동), 지원의 수단(보조금 직접지원과 교육, 컨설팅 등의 간접지원) 등을 확정할 수 있게 되었다. 아울러 지원업무를 전담할 중간지원조직인 서울시 마을공동체종합지원센터를 민간위탁의 방식으로 설립하게 됨으로써 집행체계까지 완비하게 된다.

주민의 등장과 협치의 입구

넛지전략을 추진했던 2012년~2017년 6년 동안 23만여 명의 서울 시민이 참여했고, 3인 이상의 이웃들로 구성되는 주민모임이 1만여 개가 넘게 만들어졌다. 나아가 이들 1만여 개의 [주민모임]은 이른바 동네 '오지라퍼'들의 자발적인 활약으로 서로 연결되면서 근린(동네) 단위의 [마을모임]을 형성했다.* 서울시가 '3인 이상'의 [점]을 찍는 지원을 했다면, 주민들은 스스로

[선]으로 연결하며, 어느덧 네트워크 [면]을 형성한 것이다. 비로소 본격적인 면 전략을 시도할 수 있게 되었다. 또한 서로 의제도 다르고 실제로 서로 알지도 못하는 주민모임들을 일상에서 연결하는 주민 주체인 '오지라퍼'가 동네마다 마을마다 실재함을 발견한 것이다. 더욱이 실제 거주하는 주소를 입력하여 지도에 올려 보니 대부분, 지리적으로 가까운 '동네'라는 범위 안에 자리 잡고 있음을 확인했다. 이는 서울시 전체 25개 자치구에서 보편적으로 나타나는 주민 연결망의 모습이었다.

이런 면 단위의 관계망(마을모임)은 '5분 동네' '10분 동네'의 특성을 가진다. '쓰레빠 찍찍'이 가능한 공간 범위이고 츄리닝 바람으로 마실 다니고, 우

| 그림 11 | **점-선-면 주민모임과 마을모임의 형성**

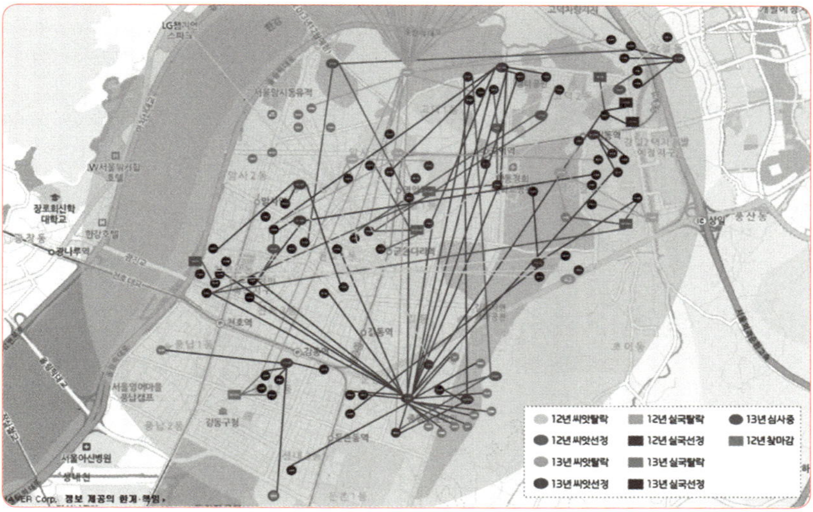

* '주민모임'이란 3인 이상의 친밀한 이웃 간의 모임을 의미하고, '마을모임'은 주민모임이 서로 연결되어 상호 정보를 교류하고 나아가 공통의 의제를 공유하는 좀 더 확대된 주민들의 근린 네트워크(neighborhood network)를 가리키는 말로 사용한다.

연히 골목을 지나다 이웃들과 마주치는, 일상의 대면관계가 작동하는 관계망이다. 여기서는 나의 필요가 이웃의 필요로 동의되고, 동의하는 이웃들과 함께 나의 필요가 해결된다. 나아가 더 큰 관계망인 마을모임에서 동네의 필요로 합의되면 문제해결의 수준이 훨씬 높아진다. 즉 의제에 대한 공감의 범위가 나에서 이웃으로, 동네로 확장되고 합의의 수준 역시 높아지면서 '공공성'의 감각이 높아진다.

물론 방향을 합의해도 그 결이 다르고, 실행하기로 모두가 결정해도 그 방법과 속도 어느 것 하나 같은 경우가 없다. 그러니 항상 '지지고 볶는' 갈등이 일상이다. 하지만 그 갈등을 통해서 서로 간의 차이를 이해하고 수용하며, 처지와 형편이 다름을 배려하고 나아가 모두가 흔쾌히 만족하는 창의적인 대안을 만들어 내는 다중지성의 지혜를 끌어올리는 힘을 가지게 된다. 즉 '시민성'이 싹트고 다져진다.

이렇게 시민성을 획득한 주민들은 지역과 동네의 문제를 공공성의 원리에 맞추어 이웃들과 협력하여 해결하고, 행정과도 협력적으로 관계를 맺을 수 있는 공공적 주체로 거듭나게 된다. 비로소 행정은 주민들을 개인적인 민원인으로서가 아니라, 공적으로 연결된 주민들, 즉 민관협치의 파트너로서 마주하게 된다. 그래서 마을공동체 정책은 협치의 민간 당사자를 등장시키는 입구전략이라고 할 수 있다.

02

마을에서 자치로

'3인 이상'에서 '동(洞)'으로

민선 5기의 3년(마을 정책 1기, 2011.11.~2014.6.) 동안 8만여 명의 서울 시민이 참여했다고는 하지만 (2017년 말 기준으로는 23만 명), 1천만 명의 서울 시민 전체로 보면 매우 일부의 시민들만 참여한 것이다. 2~3퍼센트의 벽을 넘기 위해서는 아직 참여하기 않은 대다수의 서울 시민들을 나서게 할 수 있는 수를 내야 했다. 아니 이미 나선 사람들이 지속적인 관계를 유지하기 위해서라도 새로운 주민들의 참여를 끌어낼 수 있는 방안이 필요했다.

많은 시민들이 참여하고 마을관계망을 형성하긴 했지만, 일상의 생활 관계 안으로 그 활동을 뿌리내리게 하는 수준까지는 도달하기 어려웠다. 따라서 마을 정책은 '추상적 이웃' 또는 '관계'로서의 마을을 넘어, 일상적인 주민들의 생활 동선에 밀착하고, 행정 단위와도 연결된 공간, 즉 생활과 행정이 결합된 동(洞)에 주목하게 된다.*

또한 동은 적게는 1~2만, 많게는 4~5만의 주민들이 모여 사는 적지 않은 행정 단위이다. 같은 동네라는 이유로 공통의 관심사가 생기는 곳이기는 하지만, 서로 알고 지내기에는 큰 규모의 사회이다. 따라서 동에서 주민들의 참여를 끌어내고 이웃관계망을 만든다는 것은 '맘 맞고 뜻 맞는 3인 이상의 이웃'들이 관계를 만들어 가는 것과는 사뭇 다른 양상이 벌어지게 될 것이다. 평소에 이래저래 알고 지내는 '끼리끼리' 시작하는 마을관계망이 지속가능하려면 그 '끼리끼리'를 넘어서야 지속 가능한데, 이제는 '맘도 뜻도 맞지 않는' 이웃들 간의 관계망을 만들어야 했다.

동으로 마을관계망을 결합시키기 위한 방법은 마을계획과 마을총회였다. 마침 동 단위로 복지전달체계를 촘촘히 짜서 복지의 사각지대를 없앤다는 목표로, 민선 6기 들어서자마자 추진된 〈찾아가는 동주민센터〉 정책과 맞물려 설계되었다. 동별로 마을계획단을 꾸리고, 6개월여의 분과별 숙의 토론을 거친 후, 마을총회에서 최종적으로 실행 의제를 확정하고, 그 후 1년 동안 실행해 보는 2년짜리 '계획형' 사업이었다. 이는 단년도 소액 공모형 사업과는 확연히 구별되는 사업의 방식이었다. 또한 100여 명으로 구성된 계획단과 3~400여 명이 참여하는 마을총회는 동네에서 집단적 공공성을 체험하게 했으며, 주민들이나 공무원들이나 새로운 주민참여의 절차이자 방법으로 자연스럽게 받아들이게 했다.

* 이는 1980년대 대학가 학생운동의 주요 조직이 써클에서 학생회로 전환된 것과 유사한 맥락을 가진다. 80년 민주화의 봄 당시 학생운동은 주로 소수의 비합법 조직인 '이념 써클'이 주도했다. 그러나 박정희 대통령이 저격으로 사망한 사건으로 일시적으로 열린 민주적 공간에서 대다수의 학생 대중들이 참여할 수 있도록 하기 위해서는 '과 학회'가 활성화되어야 했다. 대학에서는 학과와 단과대학이 학생들의 일상적인 생활 단위이고, 자연스러운 활동공간이기 때문이다. 그 결과 단과대학 및 과별로 학회 조직이 결성되고, 이들 학회를 토대로 상향식으로 구성된 학생회가 학생운동을 주도하게 된다. 박정희 군사독재 치하에서 오랫동안 관변적 성격의 학생조직이었던 학도호국단이 비로소 학생회라는 민주적인 학생대표조직으로 대체되었다.

마을계획에서 주민자치회로

동 단위로 추진된 마을계획단은 주민자치위원회와는 별도의 조직이었다. 마을총회 역시 주민자치위원회와 별개로 마을계획단이 주관하였다. 이는 같은 동 안에서 벌어지는 일이면서 동을 대표하는 주민자치위원회와 별개로 진행되었던 것이다. 당시에는 주민자치위원회가 〈마을계획단〉 사업을 맡아서 추진하기에는 다소 역량이 부족하다고 보았고, 그런 상태에서 마을계획단과 협력하는 것 역시 오히려 갈등만 유발할 가능성이 높다고 판단했다. 물론 판단은 옳았지만 바람직한 것은 아니었다. 동 단위 사업으로서 동민들 누구에게나 열려 있고 동 주민이라면 누구나 참여하는 사업이니, 궁극적으로는 명실상부한 동주민대표조직에서 맡아야 할 일임이 분명했기 때문이다. 또한 당시에는 주민참여예산제를 동 단위로 추진하는 것을 시범사업으로 진행하고 있었는데, 참여예산 동지역회의가 동별로 설치되어 주민참여예산의 편성을 결정하는 역할을 담당했다. 이렇게 주민자치위원회 말고, 마을계획단과, 참여예산 동지역회의가 동별로 각기 활동하게 되면서, 동 단위로 단일화해야 한다는 의견과 주장이 자연스럽게 나타나게 되었다.

이렇듯 서울 전역에 형성된 크고 작은 근린 단위의 마을모임은 민선 6기(2014~2018)에 들어서면서 '찾동(찾아가는 동주민센터)' 정책의 〈마을계획단〉사업의 토대가 되었고, 동 단위 주민들이 보여 준 감동적인 마을총회는 동(洞) 단위의 공론장이 가능하다는 것을 증명했다. 이 과정에서 많은 마을의 리더가 탄생했다. 풀뿌리 시민단체 활동가가 아니라, 동네의 평범한 주민들 중에서 주민들의 신망을 받는 리더가 등장했다. 또한 참여한 주민들은 좀 더 민주적인 '주민공론장'의 필요를 더욱 절감하게 되었고, 주민자치위원회가 진정한 주민대표체가 되었으면 좋겠다는 희망을 품게 된다. 민선 6기 중반부터, 마을계획 사업을 1단계부터 추진한 자치구(도봉구, 성북구, 금천구, 성동구)를 중심으로 주민자치회 전환이 시작되었고, 민선 7기 4년 동안 424개의 주민자치위원회를 명실상부한 주민대표체인 〈주민자치회〉로 전환하는 담대한 계획이 수립되었다. 이른바 서울형 주민자치회 정책이다.

03

서울형
주민자치회의 전환

주민자치위원회와 서울형 주민자치회의 차이

양자 사이의 가장 결정적인 차이는 기관의 성격이다. 주민자치위원회는 심의 및 자문기구로서 결정의 권한이 없다. 말 그대로 자문의견을 제출할 수 있을 뿐이다. 동장으로부터 동정과 관련한 보고와 협조요청을 받지만, '동원' 요청을 받는 경우도 많다. 반면 주민자치회는 명실상부한 주민자치 대표기관으로서 자율적인 의사결정과 독자적인 사업추진의 권한을 가진다. 구청이나 동센터로부터 일정한 사무를 위탁받아 수행할 수 있다. 예를 들면 주차장이나 체육시설의 관리업무를 수탁받아 운영할 수도 있고, 행정에서 직접 수행하거나 외주(위탁이나 용역)로 해결하던 업무를 주민자치회에 위탁하여 처리할 수 있다는 것이다.

무엇보다 자치계획을 수립하고 주민총회를 개최하여 동 주민의 총의를 모으고 결정할 수 있는 권한을 가진다. 자치계획은 말 그대로 주민이 자율

|표 9| 주민자치위원회와 주민자치회의 비교

명칭	주민자치위원회	주민자치회
기능	심의 및 자문 기구	주민자치 대표기구
권한	주민자치센터 위탁운영 주민자치사업	민간위탁, 자치계획 수립, 주민총회 개최 자치예산편성과 집행
위촉권자	동장	구청장
구성방법	선정위원회 (25명) 선임 위촉	추첨제 (50명) 공개 모집과 기관 추천 방식 병행 비례 쿼터 적용
실행방법	자치센터 보조금	주민세, 동주민참여예산 간사 및 사무국

적으로 필요하다고 판단하는 사업계획을 말한다. 또한 자치계획을 실행할 예산을 편성하고 집행할 수 있다. 재원은 주민세(개인균등분), 참여예산, 민주주의위원회 협치예산 등이 있다. 물론 각종 공모사업에 참여하여 보조금을 교부받아 사용할 수 있는 것은 주민자치위원회와 마찬가지로 가능하다. 자치회 활동을 활발하게 하기 위하여 사무국을 둘 수 있고, 현재는 간사를 선정하여 사무국 역할을 할 수 있도록 했다. 다양한 주민들이 더 많이 참여할 수 있도록 위원의 정원을 25명에서 50명으로 배로 늘렸다. 선정방식 역시 추첨제로 하여, 참여의 의사가 있는 주민이라면 누구나 위촉될 수 있도록 했다.

이른바 〈서울형 주민자치회〉는 명실상부한 풀뿌리 민주주의의 기초를 서울 구석구석에 구축하는 프로젝트다. 서울형 주민자치회는 "참여에서 권한으로"를 핵심 내용으로 삼고, 결정의 권한을 관(官)에서 민(民)으로, 광역에서 기초로, 나아가 생활세계의 현장인 동(洞)으로 전환시키려는 것이다. 동에서도 소수의 주민이 차지한 권한을 다수의 주민으로 확대하는 정책이다.

즉, 서울형 주민자치회 정책의 목표는 '권한의 민주화'다. 생활세계의 주민들이 주인이 되는 민주주의, '풀뿌리 민주주의'의 출발이다.

권한의 민주화, 대표성과 민주성

물론 넘어서야 할 장벽도 만만치는 않다. 주민자치회가 명실상부한 주민자치기구로서 역할을 하려면 '대표성과 민주성'을 어떻게 확보하느냐가 성패를 좌우할 것이다. 그동안 주민자치위원회의 가장 기본적인 문제로 지적되어 온 것 역시 대표성과 민주성이기 때문이다. 소수의 지역 '유지'를 중심으로 주민자치위원회가 구성되고, 선정위원회가 있지만 동장의 '낙점'으로 자치위원이 선정되다시피 한 것이다.

우선, 동 주민의 인구 구성비에 따른 성별/연령별 쿼터제를 지켜서 '비례성'이 달성되도록 해야 한다. 15세 이상 주민의 참여를 보장하는 것도 중요한 대목이다. 주민자치회 위원의 선임 방식도 '추첨제'를 적용함으로써 직접민주제적 장점을 도입한 것 역시 주목할 점이다. 주민자치회 위원을 직선으로 선출하는 방안도 좋지만 선출에 따른 행정비용의 문제도 있다는 점을 감안하면, 소정의 교육을 수료한 희망자 중에서 인구 구성비 쿼터에 따른 무작위 추첨으로 선발하는 방안이 현실적이며 효과적이다.

하지만 여기서 간과해선 안 될 문제가 있다. '접근성'의 문제다. 인구비례 추첨제가 동 주민 모두가 주민자치회 위원이 될 수 있도록 하는 '열린' 선발 방식으로서 민주적으로 대표성을 확보할 수 있게 하는 절차상의 장치이지만, 형편상 참여가 불가능한 주민들이 있다. 즉, 실질적인 민주성을 확보하려면 형편이 안 되거나 처지가 어려운 주민들도 참여할 수 있는 여건을 만들어야 한다. 주민의 상당수는 마을 바깥에 직장을 가지고 있어서, 일과 중에는 참여하고 싶어도 참여가 불가능하다. 따라서 마을 밖 직장인들을 위한 '마을참여 유급휴가제'를 제도적으로 도입하는 것이 필요하다. 주민자치회와 관련한 회의 등의 업무에 대하여 직장에서 공가(公暇)처리를 할 수 있도록 제도화하는 것이다. 그밖에도 바쁜 일상으로 참여가 여의치 않은 주민들을 위한 유연한 회의시간대 조정, 온라인 및 SNS 참여 방안들이 적극 고안되어야 한다. 특히 중고등학생들이 마을일에 관심을 가지고 참여할 수 있도록 학교 당국의 관심과 협조가 필요하다.

'마을참여수당제'도 검토되어야 한다. 마을일에 참여한 주민에게 소정의 물질적·금전적 보상을 하자는 것이다. 지금까지 행정은, 주민들의 마을참여는 자발적인 봉사로 이루어져야 한다는 전제를 가지고 있었다. 하지만 가장 1인의 돈벌이만으로 다른 부양가족들의 생계가 보장된다는, '가족임금제'를 전제로 한 '자원봉사'의 프레임이 더 이상 여의치 않은 마당에, 마을참여를 사회적가치를 가지는 공적 활동으로 적극 '인정'하고 '보상'하는 것이 필요하다. 그렇지 않으면, 그나마 형편이 좀 되는 소수의 주민들만 참여할 수 있게 되고, 대다수 나머지 주민들은 구조적으로 참여할 수 없게 될 것이다. 물론 당장 본격적인 실시가 어려울 수 있다. 법제도적인 정비도 필요하고, 기존의 자원봉사 관행과의 마찰도 있을 수 있고, 자원봉사 영역*에서 추구한 가치와 철학과 조율도 필요할 것이다. 그래서 참여에 대한 보상으로 현금보다는 소정 액수의 '지역화폐'를 지급하여 지역시장과 자영업을 지원함으로써, 지역상생의 순환경제를 촉진하는 것도 시도할 만하다.

* 서울시는 물론 25개 자치구별로 자원봉사센터가 모두 설치되어 있고, 연간 봉사활동에 참여하는 인원도 60만여 명에 이른다고 한다.

권한의 실질화, 정책결정권과 예산편성권

주민자치회가 민주적인 구성 절차를 통해 명실상부한 주민대표성을 획득하더라도, 권한이 없으면 종이호랑이다. 권한 없는 참여는 필시 동원으로 귀결될 것이라는 점은 주지의 사실이다. 따라서 주민자치회는 스스로 정책을 결정할 수 있는 '정책결정권'과 결정된 정책에 응당 예산이 따라붙도록 하는 '예산편성권'도 가져야 한다. 즉, 권한을 실질화해야 한다. 권한의 민주화는 반드시 권한의 실질화와 병행해야만 비로소 민주주의에 닿는다.

그동안 서울시는 주민참여예산제(500억 원), 협치예산제(100억 원), 시민참여예산제(700억 원)* 등 주민(시민)이 직접 정책을 발의하고, 일정한 심사와 투표 절차를 통해 예산이 편성되도록 하는 참여예산제도를 실험적으로 추진하였다. 하지만 서울시 전체 28조 예산규모에 비하면 0.2~0.3퍼센트 정도에 그치는 극히 미미한 수준이다. 방식도 아직은 공모제 방식을 약간 변형하거나, 정책내용에 대한 숙의가 누락된 인기투표 방식으로 결정되고 있어 대폭적인 보완이 필요했다. 서울시는 민선 7기 공약사항으로 주민세(개인균등분)를 주민자치회가 결정하도록 하였으며, 2019년 하반기부터 시범 실시되었다. 한편 서울시는 예산 5퍼센트를 시민이 결정하게 하는 획기적인 공약을 내걸은 바 있으며, 합의제 관청의 성격을 가지는 서울민주주의위원회가 2020년부터 단계적으로 실행할 계획이다. 매년 2퍼센트(4000억 원), 3퍼센트(6000억 원), 5퍼센트(1조 원) 단계적으로 증액·시행할 방침으로 알려져 있다. 아마도 지난 8년간 실험했던 시민참여예산제-협치예산제보다는 획기적인 진화가 이루어질 것으로 기대된다.

---

* 2016년 과도적으로 100억 원의 협치예산제를 실시하였고, 2017년부터는 500억 원 규모의 주민참여예산제와 통합하여 총 700억 원으로 증액하고, 이름을 시민참여예산제로 변경하여 실시하였다.

민주적 공론장

주민에게 권한을 되돌리고 주민을 제대로 대표하도록, 주민자치회를 중심으로 권한의 민주화와 실질화를 추진한다면, 역으로 주민(시민)이 져야 할 책임은 무엇인가? 행사할 수 있는 권한이 많으면 많을수록 책임 부담이 따른다. 주민이 져야 할 책임은 '공론장'을 민주적으로 운영하는 것이다.

하지만 이 과정은 다양한 이해관계의 충돌, 형편과 처지의 차이에 따른 불협화음을 동반한다. 따라서 차이와 공존하면서 마침내 합의에 도달해 내야만 비로소 협력적 행동이 가능해진다. 이 과정은 다름 아닌 '시민성'이 발현되고, 주민이 시민으로 성장하는 과정이다. '나와 다름'을 '틀림'이 아니라 차이로 받아들이고, 형편이 다르고 의견이 다른 이들과 함께 공존하며 동행할 수 있는 근육을 키우고, 나아가 서로의 차이를 뛰어넘어 함께 만족시킬 수 있는 대안을 모색하는 다중지성의 문화(시민성)가 만들어지고 작동하는 곳이 바로 공론장이다. 이런 문화를 만들어 가는 주체가 바로 시민이다. 공론장은 시민이 만들고 그 속에서 시민으로 성장하는 민주주의의 학교다. 〈서울형 주민자치회〉는 우리 사회 실질적 민주주의를 실현하고, 시민성의 대중적 확산을 가능하게 하는, 풀뿌리 민주주의를 향한 담대한 '정치 프로젝트'다. 따라서 주민자치회가 자유롭고 열린 공론장을 열고 민주적인 소통을 통해 합의를 도출해 내는 과정을 달성했다면, 그로써 책임을 다한 것이다. 그러므로 권한, 즉 정책결정의 권한과 예산편성의 권한이 주어져도 무방하다.

주민자치회는 민주적 공론장의 성공적인 운영 모델을 만들어 내야 한다. 하지만 그게 쉽지 않다. 이는 제도를 만든다고 바로 달성된다기보다는, 경험이 쌓이다 보면 어느덧 도달해 있는 그런 과제다. 참으로 끈질기고도 치밀한 노력이 요구되는 일이다. 시간이 필요하고, 시행착오가 불가피하다.

그 과정에서 사람들이 익숙해지고 훈련되며 공감과 소통의 능력이 성장하면서 달성되는 것이다. 세심하고 인내심 많은 퍼실리테이터(촉진자, 안내자)의 역할이 중요하다.

한편 민주적 공론으로 도출한 합의가 실질적인 효험을 가지려면, 현실의 문제를 실제로 해결할 수 있어야 한다. 주민 공론장에서 공론을 벌일 때, 동원 가능한 자원의 규모와 문제해결을 위한 설루션의 수준이 열려 있지 않으면, 주어진 자원과 정보의 한계 내에서만 발상하게 되어 오히려 문제의 본질에 닿지 못하고 뻔한 민원성 제안이나 개별적 실행의 과제만을 제출하게 된다. 결국 문제해결로부터 멀어지게 되어, 주민의 역량에 대한 불신의 근거가 되고 전문가주의로 되돌아가게 하는 빌미가 된다. 이는 부서별 칸막이 아래, 각개약진으로 집행되는 공모제 보조금 지원제도에 대한 근본적인 혁신이 필요한 이유다.

융합적 문제해결과 커뮤니티 이니셔티브

3

01

혁신의 정체와 '커뮤니티 승수효과'

문제해결력, 융합과 협력

그렇다면 이렇게 민주화되고 실질화된 권한으로 무엇을 해결할 것인가? 주민자치회가 정책결정과 예산배분의 권한을 가지게 된다면, 이제는 지역의 문제를 구체적으로 해결할 수 있어야 한다. 그래야 설득력을 갖고 확장력이 생기며 주민자치가 주류로 자리를 잡을 수 있다. 주민자치에 무관심하거나 반대의 입장을 가졌던 주민(세력)들도 공감할 수 있도록 문제해결 능력을 가져야 한다. 결국, '실력'이 있어야 한다.

특히 최근 정부정책이 읍면동 단위로 하향하는 경향이 두드러진다. 대단히 바람직한 추세이다. 현장을 중심으로 정책을 설계한다는 것이기 때문이다. 시민들이 겪고 있는 삶의 어려움에 천착하고 그 속에서 시급하고 절박한 문제를 발견해야, 문제해결력을 높이고 시민의 체감적 만족도에 더욱 민감하게 반응할 수 있다. 이렇듯 정부정책의 하방화 경향과 더불어 동주민자치회가 문제해결력을 가지려면 '융합과 협력'이 필수적이다.

사실 부서 독립예산제 아래에서 행정의 칸막이는 불가피하고, 융합은 구조적으로 불가능하지 않을까. 100개가 넘는 과가 각기 분업적으로 움직이는 서울시 행정의 거대 조직이 칸막이를 허물고 자유롭게 협력한다는 것은 애초에 불가능한 상상인지도 모른다. 6년 전, 민선 6기 지방선거를 앞두고 마을공동체, 사회적경제, 청년 등 주요 중간지원조직의 통합을 시도했지만 별 진전이 없었다. 통합에는 모두 동의하지만 통합을 위한 행동을 하지는 않는다. 대안으로 자치구에서라도 통합적인 지원센터를 설립하는 방향으로 유도해 보았지만 그 성과는 미미하다. 설령 동일한 수탁법인이 마을공동체와 사회적경제 등 두 개 이상의 사업을 위탁받는다고 해도, 예산이 나오는 곳이 다르니 융합적 예산집행도 융합적 정책집행도 하기 어렵다. 그렇다면 이제는, "행정자원을 가지고 있는 자(공무원)도 그 자원을 전달하는 자(중간지원조직)도 칸막이를 허물 수는 없다"고 판단하는 것이 맞지 않을까.

칸막이 부작용

아래 그림에서 보듯이 지난 8년간 지속적으로 시민참여형 혁신 정책을 통하여 시민들을 행재정적으로 지원함에 따라 어느 지점까지는 시민의 만족도가 높아진다. 하지만 그 지점을 넘어서면 반대로 시민의 체감적 만족도가 떨어지게 된다. 시민참여의 수준이 높아져 가면 갈수록 시민들의 자율적 권한에 대한 요구가 강해진다. 또한 다양한 영역과 의제의 시민들과 협업의 기회가 늘고 협업의 필요가 증대하면서 실제 협업을 시도한다. 때론 갈등을 유발하기도 하지만 자연스런 성장통이고 갈등을 통해 협력의 토대가 쌓아

간다. 그러나 행정은 여전히 칸막이가 엄연하고, 심지어 시민참여에 대한 '관리'를 점차 강화해 간다. 특히 임기 후반에 접어들면 늘 그러하다. 이렇게 되면 정부의 시민참여 지원정책은 기대와는 반대로 시민의 활동력을 억누르고 협력을 가로막는 역할을 하게 된다. 행정 칸막이의 부작용을 좀 더 자세히 살펴본다.

| 그림 12 | 칸막이 행정의 부작용

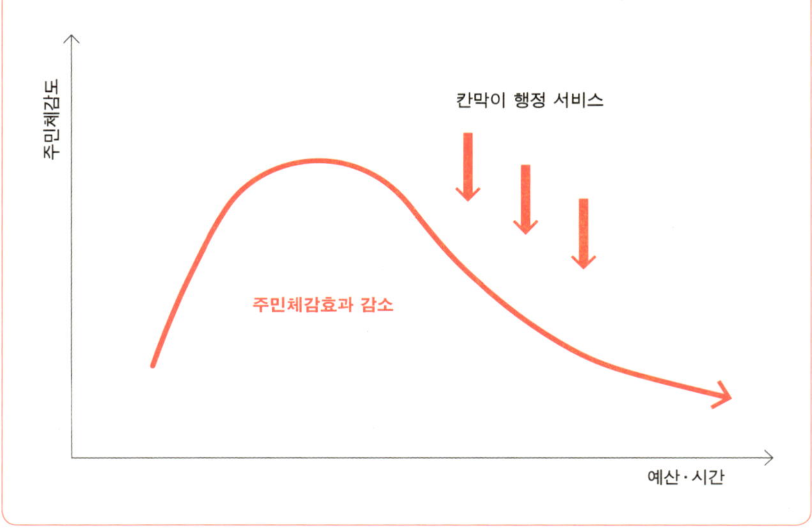

편중과 소외

행정이 정책과 사업을 처음 기획하고 추진할 때, 대체로 일부 지역이나 일부의 주민들만을 대상으로 삼는, 이른바 시범사업을 한다. 본격적인 정책 시행에 앞서서 시행착오를 줄이기 위해서다. 물론 모두를 대상으로 재정을 집행할 만한 예산상의 여력이 없고, 행정력도 부족한 경우가 대부분이기 때문이기도 하다. 그러다 보니 정책의 효능이 가장 빨리 잘 나타나고, 피드백이 민감한 지역이나 대상에 한정하는 선택과 집중을 하게 된다. 대체로 취약계층에 집중하는 경우가 많다. 특히 복지와 관련한 사안인 경우에는 대부분 그렇다. 문제는 다른 부서들도 비슷하게 특정한 대상층에 집중하다 보니 중복이 되는 경우가 많다. 중복이 되든 말든 다양한 서비스가 많이 제공되면 좋다고 할 수 있을 지도 모르지만, 수혜자에게 시급하고 절실한 꼭 필요한 서비스의 리스트를 균형 있게 작성해서 필요한 만큼을 적절한 시기와 방법으로 전달하는 것이 더욱 중요하다. 하지만 순전히 개별 사업부서의 특정한 정책목표에 근거하여 각기 서비스를 전달하게 되기 때문에 수혜자 입장에서는 그 만족도가 떨어지게 된다.

한편 취약계층 분류에서 빠지는 주민들은 아무런 혜택을 받지 못하게 된다. 정부는 이것저것 안하는 것이 없을 정도로 다양한 서비스를 제공하는 사업을 한다고 하지만 정작 '나와는 관계없는 그림의 떡'이다. 취약계층이 아니면 살 만한가? 아쉬움 없이 지낼 만하다면야 좋겠지만 중산층이 무너져 버린 우리 사회에서 절실하고 아쉽기는 이들도 매한가지다. 결국 취약계층의 일부를 제외한 대다수의 주민들은 정부의 혜택에서 소외된다는 것이다.

중복과 낭비

행정의 입장에서 볼 때 칸막이가 항상 유발하는 문제점은 정책(사업)을 추진하는 데 필수적인 행정절차를 중복적으로 실시함으로써 행정이 낭비된다는 점이다. 예를 들어 사업추진 전에 모든 부서가 조사활동을 각기 실시한다. 조사결과는 당연히 공유하지 않는다. 심지어 유사한 조사를 하고 있는지도 모르는 경우가 많다. 더 중요한 문제는 현장에서 실제 사업의 성패를 좌우하는 민간의 네트워크를 부서들이 함께 공유하지 못하고 부서별(사업별)로 각기 구축하려 하기 때문에, 모든 부서가 '현장에 역량 있는 민간 활동가가 없다'는 문제에 봉착한다. 현장의 활동가들도 이 부서 저 부서의 사업에 중복적으로 대응하느라 실속 없는 행정업무에 동원되면서 정작 주민들과의 관계를 강화하고 사업의 실질적인 효능감을 높이는 일에는 집중하지 못하게 된다. 결국 활동가들은 소진해 나가떨어지게 되는 악순환을 만들게 된다.

사실 현장의 사정을 잘 알고 있고 주민들과 네트워크도 밀착해서 구축해 온 활동가들은 주민들의 요구와 필요, 형편과 처지를 아주 구체적으로 고려하여 다양한 서비스를 융합적으로 제공할 수 있는 시스템을 잘 설계할 수 있는 위치에 있다. 그래서 다양한 부서의 사업이 융합하면 할수록 그 민간의 네크워크 능력은 기하급수로 커지게 되므로 정책적 효과가 극대화되고, 행정은 행정대로 행정비용을 절약하면서도 더 큰 정책성과를 거둘 수 있다.

행정의 피로도와 무능

행정이 읍면동 레벨의 현장에 다가서는 것은 정책적으로 대단히 바람직하지만, 그렇다고 행정이 현장에서 훌륭하게 활약하기는 쉽지 않다. 모든 업무가 '보고와 결재'로 돌아가는 행정시스템 안에 있으면서, 현장에서 주민들과 관계도 잘 맺고, 현장을 세세히 관찰할 수는 없기 때문이다. 아니 어쩌면 불가능한지도 모른다. 사업을 설계하는 단계에서야 그럴 수 있다 해도, 본격적인 사업추진 시기에도 그렇게 충분히 현장에 체류하는 것은 불가능하다. 그러다 보니 현장의 변화에 민감한 태도를 계속 견지할 수 없게 되고, 결국은 가시적이고 계량적인 성과평가 방식으로 회귀하게 된다. 즉 공무원은 공무원대로 가랑이 째지듯 버겁고, 현장에서는 공무원들의 업무태도에 불만을 가지게 된다.

결국 공무원은 공무원대로, 현장의 주민과 활동가들은 그들대로 모두가 애쓰고 고생하면서도 일은 잘 안되게 된다. 정책과 사업이 읍면동 수준으로 내려오면 올수록 현장의 '복잡계와 우연성'이 더욱 영향력을 발휘하기 때문에, 그만큼 세밀하고 민감한 사업 수행 체계를 갖추어야 한다. 역시 이는 민간의 활동가들과 주민들이 잘 하는 영역이다. 그들에게 자원과 권한이 주어지고, 행정은 행정이 잘 할 수 있는 일에 전념하는 상호 간의 역할 분담이 이루어져야 한다. 그렇지 않으면, 정책의 중심이 읍면동이라는 생활세계로 향하는 바람직한 흐름은 부작용을 강화해서, 도리어 후퇴하게 되는 이유를 만들 수도 있다.

여기서 공무원의 역할이라 함은, 행정 역시 공무원들에게는 실천이 현장이므로 행정 내부에서 공무원이 특히 해야 할 역할이 있다는 것이다. 즉 자원의 소재지(부서의 정책 및 사업)를 파악하고, 의회를 설득하여 예산을 편성하는 일이 제일 중요하다. 더욱이 현장이 쓰기 좋게 예산을 설계하는 일이 관건이다. 행정의 편의보다는 현장의 형편에 맞게 주민의 편의를 고려한 예산을 만드는 역할을 해야 한다. 이것은 공무원보다 잘 할 사람이 없다. 또한 여러 유관 부서들을 초대하고 협력의 필요성을 설득하고 자원을 결합하도록 조직하는 일을 맡아줘야 한다. 이 역시 행정 내부의 일처리 시스템과 관행을 잘 아는 공무원의 몫이다.

*

시민동원과 소비자화

칸막이 효과가 야기하는 가장 큰 부작용은 '시민 동원'이 더욱 강화되는 것이다. 정책이 읍면동 수준의 범위에서 설계되면서, 행정력은 일상의 생활세계로 더욱 깊이 파고들게 된다. 주민들은 일상의 한가운데로 더욱 강력하게 다가온 행정의 요구에 맞추어 움직이게 되며, 행정이 기대하고 예상하는 효과를 입증하는 데 유용한 결과를 내도록 직간접적인 압력을 받게 된다. 또한 주민들은 서비스를 제공하는 행정에 대하여 서비스의 '소비자·수혜자'라는 위치에 더욱 고정된다. 주민들이 스스로 결정할 수 있는 권한을 강화하고, 다양한 자원의 융합과 협력을 주도하는 '시민 이니셔티브'를 강화해 가기보다는, 오히려 그 반대로 정부가 일방적으로 전달하는 서비스를 수동적으로 소비하는 위치에 머물게 된다. 마치 신자유주의 아래에서 '고객'이 되어 가듯이 말이다.

민선 5기, 6기를 거쳐 7기 중반에 접어든 현재 시점에서, 8년여라는 짧지 않은 기간 동안 혁신 정책의 체감도는 상승기를 지나고 이미 하강기에 들어섰다. 하강의 주된 원인은 '칸막이 효과' 때문이다. 융합과 협력으로 문제가 해결되는 성공 사례가 나타나고, 따라서 혁신이 지속 가능할 수 있는 환경이 만들어지면서 시민이 주도하는 시민 이니셔티브를 만들어야 할 때, 칸막이의 부작용은 도리어 융합과 협력을 억제한다. 다시 혁신이 필요하다. 이제 혁신을 혁신해야 한다.

커뮤니티 승수효과(community multiple effect)

행정 주도의 칸막이 효과를 완화시켜야 정책효과가 올라간다. 정책이 읍면동이라는 생활세계로 접근하면 할수록 그 부작용은 그만큼 더 크게 작동할 수 있기 때문에, 칸막이의 부작용을 제어할 수 있는 방책을 서둘러 만들어야 한다.

현장 중심의 문제해결형 융합

그럼, 칸막이를 극복하는 방안은 무엇일까? 과연 융합은 어떻게 가능할까? "융합은 문제가 있는 곳에서, 문제를 해결하고 싶은 주체가 문제해결의 설루션을 가진 자를 초대하면서 시작된다." 이해관계가 있는 주민이든 활동가든,

해당 분야의 전문가든 공무원이든, 오로지 당면한 문제를 해결하기 위해 자신이 가진 자원을 투입하고 문제해결을 위해 뛰어들 때, 비로소 융합적 공론장이 만들어지고 융합적 협력이 시작된다. 행정자원을 앞세워서는 칸막이 현상을 피할 수 없다면, 이제는 그 출발선을 옮겨야 한다.

행정자원으로부터가 아니라, 시급하고 절실한 문제가 있고, 그래서 그 문제를 해결하고 싶은 욕망과 주체가 있는 곳, 바로 그 문제의 '현장'에서부터 시작해야 한다. 그래야 문제해결에 의지가 있고 오로지 문제에 집중할 수 있으며, 문제해결에 적합한 자원을 가진 주체들의 수평적 협력이 가능하다. 이렇게 현장을 중심으로 주체와 자원이 협력적으로 재구성되고, 그러고 나서 현장의 조건과 요구에 따라 행정자원(보조금)이 전달되어야 한다. 지금의 칸막이 공모형 보조금 방식의 전달체계는 확실히 달라져야 한다.

공동생산자로서의 주민조직

현장에서 문제해결의 주체가 모이고 이들이 협력을 할 때, 가장 중요한 주체가 주민이다. 문제로 인하여 가장 고통을 겪고 있고, 그래서 그 문제를 해결하고 싶은 욕구가 누구보다 강력한 당사자인 주민들의 참여가 관건이다. 이제 참여는 정책의 수혜자, 서비스의 소비자로서의 참여에 그치지 않는다. 정책설계의 주체이자 서비스의 생산자인 공동생산자로서의 참여를 의미한다. 또한 공동생산자로서 참여할 때 시민의 참여는 더욱 강력해지고 지속 가능하다. 공동생산자로서 참여하는 주민들의 역할은 크게 두 가지로 구분할 수 있다.

첫째 정책을 설계하는 과정에 참여하는 '정책의 공동생산자' 역할이다. 문제의 당사자이므로 문제의 현상을 구체적으로 잘 파악하고, 주민들이 느끼는 필요와 욕구를 잘 정의할 수 있어서, 무엇을 해결해야 하는지 결정하는 데에 매우 중요한 역할을 한다. 둘째는 필요한 서비스를 직접 생산하고 전달하는 '서비스의 공동생산자' 역할을 한다. 참여방식은 개인적일 수도 있고 마을기업, 비영리민간단체 등의 조직의 이름으로 참여할 수도 있다. 또한 자원봉사로 참여할 수도 있고, 서비스의 판매 및 위탁으로 소정의 보상(수익)을 대가로 받을 수도 있다. 이러한 서비스 생산자로 참여함으로써, 마을 차원의 경제활동(커뮤니티 비즈니스, community business)이 활성화되고 일자리든 일거리든 마을차원의 고용도 발생하게 된다. 이렇듯 마을 사람들에게 일자리와 일거리를 만들어 주면서, 마을에 필요한 서비스를 생산하는 '경제조직'으로까지 진화할 때, 주민 참여의 힘이 커지고 결속도도 매우 강력해진다. 주민의 주도성, 주민의 자치력은 바로 이러한 주민들의 경제적 조직력이 바탕이 되어야 한다.

커뮤니티 임팩트(community impact)

커뮤니티 임팩트의 개념은 미국 최고의 자선단체인 유나이티드 웨이(United Way)가 자신의 미션을 변화시키면서 제기한 것이다. 유나이티드 웨이는 모금과 사업환경의 변화에 대응하기 위하여 기존의 사업체제를 변화시킨다. 즉 기존의 "지역사회의 돌보는 힘을 동원하여 삶의 질을 개선하는 것(To improve lives by mobilizing the caring power of communities)"이라는 미션 정의에 "지역사회의 환경을 지속적으로 변화시키는 것(Create lasting changes in community conditions)"이라는 내용을 추가했다. 커뮤니티 임팩트의 핵심적인 의미는 "지역사회의 환경을 지속적으로 변화시키기 위하여, 지역사회의 돌보는 힘을 동원하여 삶의 질을 개선하는 것(Improving lives by mobilizing the caring power of communities to create lasting changes in community conditions)"이라 할 수 있다.[01]

여기에는 세 가지의 주요한 내용이 있다. 1) '커뮤니티의 자원 동원'을 통하여 2) '지역사회 환경의 지속적인 변화 창출'을 꾀하며, 3) 궁극적으로는 '개인의 삶의 질을 개선하는 것'을 목표로 한다는 점이다. 기존에는 자원의 개념을 재정적 자원, 즉 기부금을 통해 조성된 돈을 의미했다. 그러나 커뮤니티 임팩트 체제에서는 재정 자원을 넘어 파트너십, 인력, 상호 관계, 전문적 지식, 영향력, 기술 등 지역사회 내의 비재정적, 무형의 자산을 포함하는 훨씬 더 넓은 개념으로 이해한다. 또한 커뮤니티 임팩트는 개인과 가족 단위의 삶의 터전이며 환경이 되는 '지역사회'의 질 그 자체를 변화시킴으로써 사람들의 삶의 질을 변화시키고자 하는 것이다. 생활환경, 제도, 조직, 시스템을 변화시켜 지역사회를 터전으로 살아가고 있는 개인의 삶의 질을 변화시키려는 좀 더 거시적인 접근을 하고 있다. 즉, 복지서비스 프로그램에 참여하는 개인(그룹)을 지원하는 것에 머물지 않고, 지역사회의 전체를 변화시켜 지역사회의 구성원들이 혜택을 받을 수 있도록 한다는 것이 커뮤니티 임팩트의 핵심 개념이다. 끝으로 지역사회의 변화는 궁극적으로 '개인의 삶의 질을 개선'을 목표로 한다는 점이다. 지역사회에 살고 있는 개인의 삶의

| 표 10 | 유나이티드 웨이의 '커뮤니티 임팩트' 개념의 세 가지 핵심 요소02

기존 모델	→	커뮤니티 임팩트 모델
유나이티드 웨이 지원 프로그램에 참여하는 클라이언트의 삶의 질 개선	→	커뮤니티의 중요 이슈에 영향을 받는 사람들의 삶의 질 개선
의료·휴먼 서비스 영역	→	커뮤니티 내 영향을 미치는 전 영역, 시스템, 관계망, 단체, 환경
유나이티드 웨이의 특정 기능	→	지역사회 전 영역

커뮤니티 자원 동원	→	커뮤니티의 환경에 지속적인 변화 창출	→	삶의 질 개선
수단(method)		목표(goal)		목적(purpose)

질이 개선되어야 비로소 커뮤니티 임팩트의 목적을 달성했다고 할 수 있다.

커뮤니티 임팩트의 가장 중요한 요소인 커뮤니티 자원의 동원이란 지역 주민들이 필요한 서비스를 직접 생산하고 전달하는 역할을 할 때 가장 잘 달성된다. 문제해결을 위한 서비스 생산에 직접 참여할 때, 해당 문제에 대한 지역사회의 관심이 증폭되고 직간접의 다양한 참여가 뒤따르게 된다(활성화된다). 지역사회에 숨어 있던 자원이 발굴·추천되고, 주민들의 참여문턱이 아주 낮아진다. 주민들의 관심과 참여의 확대가 문제해결의 핵심 조건인 참여의 지속성을 보장한다. 또한 주민들이 직접 서비스를 생산하고 전달하게 되면 무엇보다 서비스의 품질이 높아진다. 서비스 수요자의 입장에서 최적화된 서비스를 제공받을 가능성이 높아진다. 평소 알고 지내는 친밀권 영역 내의 이웃들이기에 신뢰할 수 있고, 서비스 이용 이후의 의견을 직접 전달하고, 신속하게 직접 피드백을 받을 수 있다. 특히 감정노동을 수반하는 돌봄 등의 사회서비스 경우에는 이러한 신속하고 직접적인 피드백이 서비스 만족도를 좌우한다.

주민들이 직접 수혜자를 발견하고 선정할 수 있어서, 더욱 절실하고 꼭 필요한 주민들에게 서비스가 돌아가도록 할 수 있다. 행정자원 이외에 추가적으로 민간의 자원을 조달할 수 있고, 더 많은 주민들에게 혜택이 돌아가도록 함으로써 '편중과 소외' 문제를 줄일 수 있다. 이렇게 주민들의 자체적인 서비스 생산-전달망이 갖추어지면 이후 추가적으로 다른 정책을 적용하거나 다른 서비스를 전달하는 정책을 기획할 때, 이 체계에 얹으면 되기 때문에 '중복 행정'을 방지해 행정비용을 줄일 수 있다. 무엇보다 주민들의 현황을 가장 잘 파악하고 직접적이고 신속한 피드백이 일상적으로 가능한 주민주도의 서비스 생산조직이 작동하고 있으면, 공무원들은 익숙하지 않은 현장 조직화 업무의 부담을 덜고 행정 본연의 업무에 집중할 수 있어서 민관의 역할 분담이 더욱 합리화된다. 커뮤니티 임팩트로 편중과 소외, 중복과 낭비, 공무원의 피로도 가중 등 칸막이로 인한 부작용의 문제들을 해결할 수 있다.

커뮤니티 이니셔티브(community initiative)

커뮤니티 임팩트는 정책의 효능감을 극대화함과 동시에 무엇보다 가장 중요한 효과는, 시민을 정책수혜자로 대상화하여 동원하거나 단순한 서비스 소비자로 강요하는 일이 사라진다는 점이다. 더 나아가 행정은 정책의 기획 단계에서부터 지역사회 주민들의 의견과 판단에 귀를 기울이고, 관 주도의 서비스(행정) 전달체계를 별도로 구축하지 않고, 주민들이 짜서 운영하고 있는 서비스 생산 및 전달의 체계를 이용할 수 있게 된다. 따라서 서비스가 전달되는 실제 집행단계에서 주민들의 개입이 보장되고 주도성이 발휘된다. 주민이 주도하는 커뮤니티 [자원 조달]-[서비스 생산]-[서비스 전달] 체계

| 그림 13 | 칸막이 행정의 부작용과 커뮤니티 승수효과

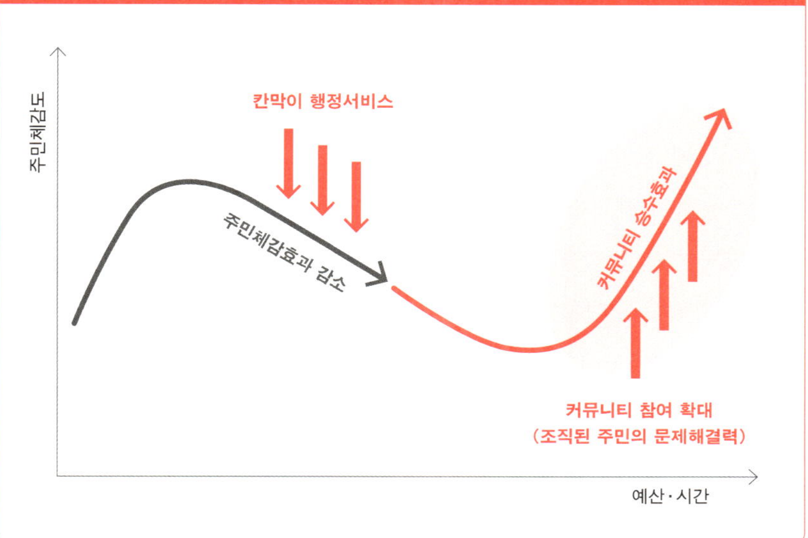

가 효과적으로 작동하고 그로 인하여 더 나은 정책효과가 나타날 때, 행정은 기존의 '관행과 편의'에 기대기보다는 주민의 '조건과 판단'을 존중하게 된다. 이러한 상태를 우리는 커뮤니티의 주도성(community initiative)이 작동하고 있다고 말한다.

로컬과 커뮤니티 승수효과

주민이 서비스 생산-전달체계에 참여함으로써 다양한 방식으로 지속적으로 참여하는 주민들의 참여 조직망이 만들어질 때, 커뮤니티 임팩트가 발휘되고 나아가 커뮤니티 이니셔티브도 관철된다. 이로써 칸막이 행정의 부작용이 제어되고, 행정자원의 투입 대비 산출의 효율성이 높아지며, 주민들의 체감적 만족도 역시 극대화된다. 커뮤니티 임팩트와 커뮤니티 이니셔티브가 동반하는 이런 효과를 필자는 커뮤니티 승수효과(community multiple effect)라 부른다.

민선 5·6기를 지나 7기에 이른 지금 서울은 물론 전국의 지방자치단체에서 주민참여, 민관협치, 주민자치가 정책으로 추진되고 있다. 물론 바람직한 흐름임에 틀림없다. 하지만 그 이면에는 행정 주도의 칸막이 효과가 일으키는 부작용이 드러나고 있으며, 정책의 목표를 훼손하는 수준에 이르고 있다. 현장의 조건과 형편을 중요하게 고려하며 정책을 설계하고, 주민들의 협력을 통하여 필요한 서비스를 생산하는 커뮤니티 주도의 서비스 전달체계를 만드는 데 중점을 두어야 한다. 그래야 정책의 효능감과 만족도가 올라가고, 정책이 오랫동안 지속적으로 유지되면서 안정적으로 뿌리를 내릴 수 있다. 이제 칸막이 효과를 누르고, 커뮤니티 승수효과를 만드는 데에 지혜와 힘을 모아야 할 때다. 어쩌면 지금이 골든타임일지도 모른다.

02

융합적 혁신의 실천을 위하여, 동(洞) 현장으로

혁신의 도구, 중간지원조직의 명암

서울시를 비롯한 대부분의 지방자치단체에서 혁신 정책의 주요한 수단으로 사용하는 것이 중간지원조직이다. 마을공동체지원센터, 사회적경제지원센터, 청년허브센터, 도시재생지원센터 등 각종 지원센터가 그것이다. 서울에서 마을공동체와 사회적경제, 청년허브센터는 박원순 시장 임기가 시작되자마자 추진된 소위 1기 센터들이다. 이들 1기 센터는 비교적 정책적 자율성을 누린 편이다. 혁신 정책에 대하여 행정이 경험이 없으니 민간의 주도성을 인정하고 민간의 자율적 정책형성 기능을 상당한 수준으로 '허용'한 탓이다. 하지만 2~3년이 지나면서 행정은 빠른 속도로 학습을 완료(?)하고, 센터에 개입한다. 리스크 관리를 이유로 개입하기 시작하여, 아예 정책형성의 주도성까지를 넘나들며 개입의 수준을 높인다. 한편 현장은 주민들의 등장이 활발해지면서 주민들의 주도성은 더욱 두드러진다. 나아가 의제(영역) 간 접촉과 연결이 빈번해지면서 때로 갈등을 유발하기도 하지만, 협력에 대한 공감은 커지고 실제 협력의 필요성도 높아진다. 즉 행정의 관리 강화와 현장의 융합적 주도성의 강화가 서로 충돌한다. 이른바 공모제 피로도, 협치 피로도 등으로 표현되는 갈등적 상황이 빈번해지고 확대된다.

또한 중간지원조직에 소속된 활동가들은 행정으로부터의 '존중'이 급격히 줄어든다. 행정이 어느 정도 학습을 한 것이다. 특히 중간지원조직의 법적 지위가 대부분 민간위탁제에 근거한 수탁자인데, 민간위탁제는 행정이 민간에게 일종의 '하청'을 주는 방식이다. 그래서 철저히 '을'을 관리하는 방향으로 진화되어 왔다. 혈세를 집행하는 일이니 당연하지만, 시민의 참여와 시민의 자율적 창의를 촉진해야 하는 혁신 정책에서는 근본적으로 잘 들어맞지 않는 방식이었다.

게다가 중간지원조직에 대한 현장으로부터의 '신뢰' 역시 줄어들고 있다. "센터도 갑질하느냐? 공무원 다 됐다." 혁신 정책의 초기단계에 혁신의 필요성을 널리 알리고, 소소한 실천을 독려하면서 시민 주체를 등장시키는 데에는 중간지원조직이 큰 역할을 했지만,* 이제는 해가 갈수록 공모사업의 규모와 종류도 대폭 늘어나고, 그 사업을 관리해야 하는 업무 비중이 더욱더 커진다. 어느덧 행정과 크게 다를 바 없는 모습으로 되어 가기 십상이다.

이제는 문제를 해결해야 할 때다. 중간지원조직들은 그 어느 때보다도 현장에 더욱 방점을 두고 현장의 움직임에 아주 민감한 몸을 만들어야 한다. 그러기 위해서는 동(洞)을 정책의 중심으로 세우는 일에 집중해야 한다. 서울은 다행히도 마을계획과 마을총회에 이어 이미 주민자치회 전동 전환을

* 8년 전 '정책으로 마을하자'고 나서면서, 중간지원조직을 통하여 민간이 축적한 풀뿌리 활동의 경험을 활용하기로 결정한 바 있다. 그때 중간지원조직은 궁극적으로는 소멸이 불가피한 조직이라고 했다. 아주 없앨 필요는 없더라도, 최소한 기능은 많이 바뀔 것이라 예상했다. 물론 아직 주민의 등장은 이르고, 자치구 차원에서도 여전히 지원이 필요한 상황이므로 당장 소멸하지는 않겠지만, 새로운 혁신적 실천의 방안이 준비되어야 한다.

선언하고 추진 중이다. 하지만 주민자치회 전환이 주민자치를 보장하지 않는다. 오히려 조직의 형식적 전환은 두드러지는 반면, 주민자치력의 실질적인 성장은 몹시 더디게 나타날 것이므로, 이에 대한 구체적이고 집중적인 노력을 기울여야 한다.

풀뿌리(시민단체) 활동가들, 동(洞) 현장으로

민간의 활동가들은 어떤가? 박원순 시장 임기 초에 비해서 서울 전역에 걸쳐 무척 많은 주민들이 새로이 등장해서 활발한 활동을 벌이고 동네마다 주민관계망을 확장해 가며, 그 과정에서 수많은 주민리더들이 탄생하고 있다. 하지만 해가 갈수록 서울시와 구청이 추진하는 사업의 종류는 늘고 규모는 커지다 보니, 어느 정도 마을 경험이 있거나 행정과의 협력적 경험이 쌓인 주민(활동가)들은 서울시와 구청에 '어공'* 으로 진입하거나 각종 중간조직에 직원으로 '흡수되듯' 충원된다. 현장에서는 항상 활동가 부족에 허덕인다.

여전히 지역 현장에서 활동하고 있는 이른바 풀뿌리 지역 활동가들의 경우를 살펴보자. 이들은 대부분 자치구 차원에서 법인 또는 비영리민간단체를 운영하거나, 그런 민간조직에 연결되어서 지역활동을 해 오고 있다. 물론 지역활동의 범위는 대부분 자치구 수준이다. 즉 동 단위에서 활동하는 경우는 매우 드물다. 그러다 보니 활동의 방식은 자연스레 특정 의제를 중심으로 하는 애드버커시(advocacy)가 주된 방식이고, 다른 의제영역의 주체

* 어공은 개방직 공무원을 뜻하는 우스개인 '어쩌다 공무원'을 줄여 부르는 말이다. 반면 정규직의 일반 공무원은 우스개로 '늘공(늘 공무원)'이라 부른다.

들과 네트워크를 통하여 구청과 거버넌스 활동을 하는 것이 일반적이다. 하지만 자치구 레벨에서 특정 의제 중심의 분과활동으로는 지역의 문제를 실제로 해결해낼 정도의 설루션을 만들기는 어렵다. 더욱이 일상에 밀착해서 상시적인 주민관계망을 형성하지 못하기 때문에 주민을 조직화하는 일은 더더욱 불가능하다.

이제는 동으로 활동무대를 과감히 이동해야 할 때다. 그래야 설루션이 나오고, 문제를 주도적으로 해결해갈 주민조직도 만들 수 있다. 다행이 행정도 동을 중심으로 정책전환을 서두르고 있는 추세이고, 동 차원의 민간 활동가가 매우 아쉬운 상황이므로 전환하기엔 지금부터가 아주 적절한 타이밍이다.

로컬리스트, 지역 활동가의 상

지금 우리에게 필요한 지역 활동가를 새로이 정의하고 그 전형을 만들어야 한다. 지역 활동가란 '커뮤니티 이니셔티브를 구축하는 것을 목표로 삼고, 생활세계에 뿌리내리고 동네 수준의 문제를 파악하고 해결하는 과정 속에서 주민조직력을 강화하는 일에 온 힘을 쓰는 활동가(localist)'라고 정의해 본다. 로컬리스트에게는 세 가지의 능력이 필요하다.

첫째, 로컬리스트는 지역연구자다. 지역연구자는 지역 현장의 실태에 대한 객관적인 자료를 수집하고, 주민들의 형편과 요구, 주민역량과 관계망을 구체적으로 파악하여 데이터로 확보하고 축적하는 사람이다. 특히 민관협력의 관계 속에서는 행정이 가질 수 없는 현장 기반의 데이터를 가지고 있는 것이 매우 중요하다. 그래야 행정에게 정책 설계의 근거를 제시할 수 있고, 행정 역시 지역 주민(활동가)과 협력해야 할 이유가 생긴다. 현장 기반의 데이터 없이 행정과 대등한 관계를 만들 수는 없다. 데이터는 커뮤니티 이니셔티브의 매우 중요한 요소이다.

둘째, 로컬리스트는 조직가다. 조직가란 주민 개인들의 형편과 처지는 물론 주민들 간의 관계에 대한 구체적인 이해를 가지고 있어서, 주민들 사이에서 공식·비공식의 크고 작은 공론장을 만들고, 원활하고 민주적인 회의진행을 촉진하면서, 관계망을 튼실하게 만들어 가는 조직자의 역할을 한다. 나아가 주민 내부의 리더십-팔로워십 관계가 잘 형성되게 촉진하고 건강하게 유지되도록 지원하는 사람이다. 조직은 딱 들인 품만큼 성과가 난다고 한다. 최근에는 촉진(facilitating)과 조직(organizing)을 혼동하여, 촉진을 조직으로 오해하는 경우가 있다. 촉진이 주민의 참여를 독려하고 민주적인 '공론을 촉진'하는 역할이라면, 조직은 주민관계망 속에서 리더십-팔로워십을 만들고 '협력하여 실행하는 관계'를 만드는 것이다. 촉진을 통해 조직화가 쉽게 이루어지도록 할 수는 있지만, 촉진한다고 조직이 되지는 않는다. 촉진은 외지인이 수행할 수 있지만 조직은 내부자가 할 수 있다.

셋째, 로컬리스트는 융합적 정책 디자이너다. 지역이 당면한 문제를 해결하기 위한 '융합적 설루션'을 설계하고, 문제해결에 도움이 되는 영리-비영리, 민-관, 개인-조직을 넘나드는 다양한 '자원을 설득하고 초대하여 효과적인 협력실천 모델을 구축'하고 진행할 수 있는 정책설계 능력을 가져야 한다. 문제를 복합적인 시각으로 파악할 수 있어야 하므로, 특정한 영역에 전문적인 지식과 정보를 가지기보다는 다양한 영역의 지식정보를 가지고 있고, 탐색하고 수집할 수 있는 '두루두루 잘 아는' 사람(generalist)으로서의 능력이 필요하다. 문제해결에 도움이 되는 자원이 어디에 있는지 잘 알고 있어야 한다. 또한 이들 자원을 동원하려면 어떠한 정책논리를 동원해야 설득이 쉬운지를 잘 알아야 한다. 서로 다른 정책을 통합적으로 설계하고, 서로 다른 정책담당자들이 무리 없이 협력하도록 성과에 대한 확신을 주고, 적절한 역할 분담의 구조를 만들어서 운영할 수 있어야 한다. 일종의 프로젝트 매니저나 조직의 CEO 역할에 가깝다.

지역연구자, 조직가, 정책디자이너, 세 가지 역할 하나하나가 모두 간단치 않은 능력이다. 이를 위해서 많은 훈련과 경험이 필요하다. 하지만 대부분의 활동가들은 이 세 가지를 모두 조금씩 가지고 있으므로 셋 중 하나의 자질을 좀 더 특화시켜 계발하는 것이 바람직해 보인다.

이제 로컬리스트를 '양성'하는 방안을 찾아야 한다. 조직가, 연구자, 정책디자이너, 셋 모두 중요하지만 그래도 현장에서 지속적으로 활동을 이어오면서 관계능력이 탁월한 조직가의 면모를 보이는 활동가들은 많이 나타나고 있다. 특히 지역 주민(시민)단체의 활동가 출신이 아니라 '보통'의 주민이었던 분이 이러저러한 계기를 통해 주민모임을 나서서 이끌게 되고, 나아가 동네 리더의 반열에 오른 분들 중에 탁월한 조직가의 자질을 가진 분들이 많다. 이 분들을 더욱 성숙한 지역조직가로 성장하도록 돕는 일이 필요하다.

소위 전문가로 불리는 사람들은 대체로 특정 분야의 연구자이거나 정책적 대안을 모색하고 제안하는 정책 디자이너의 역할을 하는 분들을 말하는 경우가 일반적이다. 이들 전문가들은 거의 대부분 특정 현장에 뿌리를 내리고 그 현장에 집중하여 활동하는 경우는 없으며, 여러 다양한(전국적인 범위의) 현장을 대상으로 활동을 한다. 그러다 보니 현장의 구체성에 닿기가 쉽지 않고, 무엇보다 현장의 다이내믹한 맥락을 생생하게 포착하고 이해하기란 더더욱 어렵다. 그래서 전문가의 역할이 일반적인 평가나 조언의 수준을 넘기가 어렵고, 그 조언 역시 틀린 말은 아닌데 시원하지는 않은 경우가 많다. 현장의 문제를 해결하려는 당사자로서의 입장이 없기 때문에 불가피한 아쉬움이다. 이제 현장의 문제를 실제로 해결해 내려면, 해당 지역에서 살면서 그 현장의 문제 당사자로서 문제를 분석하고 해결의 돌파구를 찾아내는 연구자와 정책디자이너가 절실하다.

최근 몇몇 자치구에서 구정연구단을 설립하여 지역정책을 체계적으로 연구하기 시작했는데, 서울연구원이 연구 성과의 교류뿐만 아니라 연구원 인건비를 지원하는 정책에 따른 것이라고 한다. 지역에 터 잡은 로컬 연구자들과 정책디자이너를 양성하는데 한층 진일보한 길이 열리게 된 셈이다. 그러나 지역시민사회 내부에서 연구자와 정책디자이너의 자질을 가진 사람을 발굴하고 양성하는 노력에 힘을 더 기울여야 한다. 서울시 역시 사업비 위주의 보조금 지원에서 인력(로컬리스트)을 양성하는 방향으로 지원을 집중할 필요가 있다. 물론 자질을 가진 사람들이 발굴되고 훈련되어야 하는데, 이는 지역사회(동네)에서 함께 논의하고 일하는 특정한 협업 구조(조직 또는 협의 구조 등)에서 일어나는 일이다. 자질을 가진 사람들은 이미 있다. 이들이 '문제해결 중심의 융합적 실천'이라는 일에 먼저 초대되고, 그리고 새로운 일 방식에 배치되어 일을 해보는 과정에서 성장하는 것이다.

보조금 지원 방식의 전환

무엇보다 중요한 문제는 보조금 집행의 방식이다. 그동안의 주된 재정 지출의 방식은 보조금 '공모제'다. 공모제는 철저히 부서별로 기획되고 집행된다. 보조금이 전달되는 방식이 철저히 칸막이라는 것이다. 이른바 〈부서 칸막이형/공모형〉 보조금 집행방식에서 〈현장융합형/공론형〉 방식으로 대전환을 해야 한다. 정부의 보조금은 바로 현장의 민주적 공론장에서 결정된, 문제해결을 위한 융합적 협력체계와 정책에 '직접' 전달되도록 해야 한다. 공론을 통한 융합적 협력이 작동되는 곳(현장)에 보조금이 연결되어야, 문제해결력(이른바 '성과')도 커지고 무엇보다 예산의 효율을 높일 수 있다.

보조금의 용도 면에서 보자면, 지역연구자, 조직가, 정책디자이너로서의 로컬리스트가 활약할 수 있도록 사람에게 투자하는 '인건비'의 비중이 더 늘어나야 한다. 지역에서 주민들의 형편과 관계를 세세하게 파악하고, 서비스 생산-전달체계를 만드는 데까지 나아가기 위해서는 사람, 조직하는 사람의 역할이 매우 중요하다. 주민들의 관계에 몰입하고 주민조직화에 집중할 사람이 절대적으로 필요한 단계이다. 로컬리스트가 발굴되고 성장할 수 있는 환경과 재정지원의 방법이 절실하다. 재정의 규모 역시, 소소한 동아리활동을 통하여 시민의 등장을 촉진하는 데 유용했던 소액보조금에 머물 것이 아니라, 문제를 해결하는 데 필요한 규모의 보조금이 편성되어야 한다. 소액보조금은 주민들의 상상력을 미리 제한한다. 예상되는 예산의 범위 안에서 상상하고 계획하게 된다. 규모와 용도 양면에서 포괄적으로 계획하고 집행할 수 있는 유연한 예산제가 필요하다. 그래서 최고 1조 원의 예산을 시민의 참여로 편성하게 될 민주주의위원회의 협치예산제에 대한 기대가 크다.

03

무엇을 해결할 것인가?

우리 사회는 저출산 · 고령화, 저성장, 도시쇠퇴, 인구감소, 지방소멸, 1인 가구 증가, 4차 산업혁명 등 하나하나 열거하기 어려울 만큼 다양한 변화에 직면하고 있다. 더욱이 이러한 변화들은 한꺼번에 동시다발로 밀어닥치고 있어 그 충격은 실로 엄청날 것이고, 그 충격을 가장 먼저 직격탄으로 맞는 곳이 바로 사람들이 살아가는 일상의 생활공간인 지역이고 마을이다. 멀리 떨어진 중앙정부 정책의 효과가 동네에까지 도달하는 데에는 시간이 오래 걸리고, 도달해도 체감하기에는 미미하다. 이제는 동네에서 지역에서 문제를 직접 대면하고, 동네에 적합한 해결책을 궁리하고 모색해야 한다.

커뮤니티에 기반한 생산·재생산의 로컬 생태계

지역에서 동네에서 문제를 해결한다는 것은 무엇일까? 무슨 문제를 어떻게 해결한다는 것일까? 그동안 혁신의 가능성을 확인할 수 있게 해 준 다양한 혁신의 미담, 혁신의 실험적인 시도, 초보적 단계의 혁신 성공 사례들은 많이 나왔다. 이제는 지역민 모두에게 영향을 주는, 지역 주민 모두가 혜택을 받을 수 있는 수준으로 확장되어야 하고, 일시적인 실험적 성공 사례를 넘어 지속 가능한 '산업'의 단계로까지 진화되어야 한다. 이른바 '커뮤니티에 기반한 생산-재생산의 로컬 생태계'를 목표로 삼아야 한다. 그래야 정책이 보편적인 설득력을 가지고, 지속 가능할 수 있는 기반이 마련된다.

문제해결을 하는 이유도 목표도 주민이 지금보다 더욱 행복해지는 것이다. 일자리가 생기거나 수익이 늘어 필요한 서비스를 더 충분하게 사서 이용할 수 있거나, 살고 있는 동네에서 그럭저럭 살아가는데 필요한 돌봄서비스 체계가 잘 운영되어서 그 혜택을 받는 것이다. 한마디로 '일자리와 복지'다. 따라서 문제해결이란 지역에서 동네에서 체감 가능한 '복지와 일자리' 해법을 만드는 것이다. 지역 차원에서 안정적이고 친밀한 관계망을 기초로 주민들에게 생활형 복지서비스가 제공되고, 동시에 지역의 일자리-일거리가 만들어지도록 하는 것이다.

지난 8년 동안 추진한 마을공동체 정책의 목표 역시 주민들의 행복이었다. 특히 '없는 사람들'이 지금보다 인간답게 함께 살아갈 수 있는 지역을 만드는 일이다. 복지의 목표도 마찬가지 아닌가. 소득 없이 한시도 살아갈 수 없는 세상에서 (특히 도시에서) 일자리는 생존의 문제다. 하지만 일자리가 늘어날 가능성은 희박하다. 아니 점점 줄어든다. 지금의 글로벌 경제체제 아래에서 성장하면 할수록 일자리는 줄어들게 되어, 국가 차원에서 일자리를 늘리기가 쉽지 않다.

관계 기반형 돌봄과 '커뮤니티 케어'

최근 15년 동안 우리나라 업종별 종사자 수의 증가추이를 보면, 향후 일자리가 어디서 어떻게 만들어질 것인가를 쉽게 추정할 수 있다. 다음 표에서 보듯이 제조업에서는 총 30만 명이 증가했다. 연간 2만 명 정도 증가한 셈이다. 건설업은 그 절반에 해당하는 15만 명 증가에 불과하다. 그런데 같은 기간 동안 무려 130만 명이 증가한 영역은 바로 공공부문, 의료와 돌봄 등 사회서비스 영역이다. 이제는 더 이상 산업단지를 유치한다고 해서 일자리가 늘지 않고, 공사판에서 일자리가 생기지도 않는다. 사람들이 일상을 살아가는 지역과 동네에서 사람들을 돌보는 일자리가 지속적으로 큰 폭으로 증가하고 있다. 이제 일자리는 동네에서 로컬에서 만들어진다.

| 그림 14 | 업종별 종사자 증가 추이 (단위: 천 명)

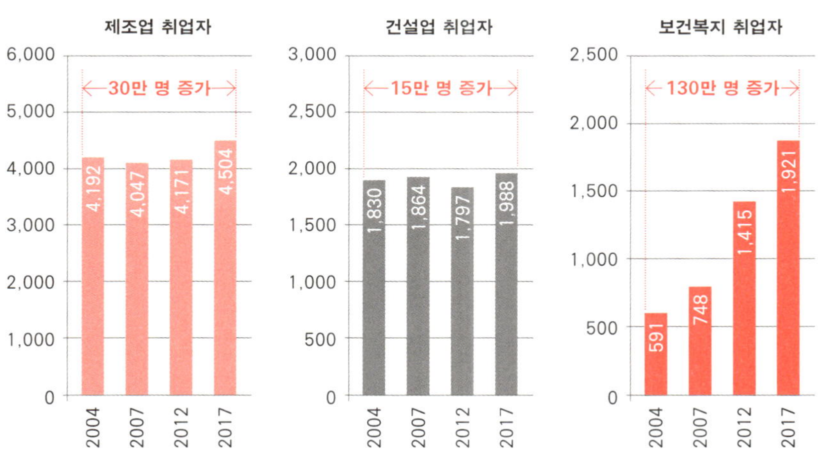

돌봄(care)은 지역사회에서 이웃주민들의 친밀한 신뢰관계를 기반으로 하기 때문에, 가장 효과적이며 성장가능성이 높은 산업영역이다. 보건과 의료, 보육과 교육, 문화와 로컬푸드 등의 관계 기반형 돌봄 영역에서 로컬형 생산체계를 갖춘다는 것은, 돌봄서비스를 생산-제공하고 전달-관리하는 사회서비스 일자리가 지역에서 새로이 생기는 것을 의미한다. 동시에 호혜적인 신뢰관계망에 기초한 지역복지 시스템을 구현하는 '커뮤니티 케어(community care)'를 달성하는 것이기도 하다. 이렇게 복지와 일자리가 함께 도모되고 달성되는 최적의 장소가 바로 로컬이며, 최적의 방식이 커뮤니티다.

재생에너지와 지역자산화

지역에서 성장 가능하며, 심지어 비교우위까지 가지는 또 다른 산업 영역이 생산·소비의 로컬시스템 구축을 지향하는 재생에너지 산업이다. 재생에너지는 기후위기 시대의 탈출구이며, 나아가 경제성장의 효과적인 대안이라고 논의되고 있다. 환경정의와 경제정의가 양립 가능하다는 '획기적인' 대안으로 제기되고 있는 이른바 '그린 뉴딜' 담론은 기본적으로 '로컬'을 핵심으로 한다. 기존의 화석연료를 사용하는 에너지 생산-소비 패러다임에서 로컬을 기반으로 생산하고 소비하는 '분산형' 재생에너지 패러다임으로 전환하는 것을 기본 방향으로 삼고 있다.

한편 태양광 패널의 설치와 관리는 물론이고, 건축물의 에너지 효율을 높이기 위한 리모델링 사업은 적지 않은 일자리를 창출한다. 특히 신축한 지 오래된 노후 건물의 리모델링은 대기업이 참여하기 곤란한 영역으로 지역 중소업자들의 사업으로 연결하고 동네 건설노동자들의 일자리로 활용하기가 상대적으로 쉽다. 나아가 에너지를 생산하는 발전설비와 충전-배전설비는 '지역자산화'로 연결된다. 이미 개인이나 공공의 소유로 되어 있는 자산을 커뮤니티의 자산으로 돌리는 일은 무척 어렵다. 동네 빵집과 찻집, 동네 미용실과 가게조차도 모두 프랜차이즈에 포섭된 지 오래다. 기존 산업에서 경제적 거점을 만들고 자산화의 길을 찾기란 어렵다. 하지만 새로이 생겨나는 산업영역에서 자산을 '선점'하여 지역자산화(마을에너지협동조합)하는 일은 상대적으로 수월하다. 진정한 의미의 〈로컬형 사회연대경제〉 생태계를 조성하는 데에 재생에너지 생산설비의 자산화가 중요한 역할을 할 것이다.

마을관리기업

주거는 생존과 생활의 기본조건이다. 종일 힘들게 일하고 돌아와 몸을 뉘어 쉬며 내일을 충전할 수 있고, 가족들이 함께 만나 가족임을 확인하며 미래를 꿈꾸는 희망의 공간이다. 아파트는 구조와 시설이 표준화되어 있고 관리사무소가 기본적인 관리를 맡아 하기 때문에 선호하는 주거 형태이다. 하지만 비아파트 단독 또는 빌라지대의 주택들은 관리가 쉽지 않다. 더욱이 지은 지 오래된 노후 주택들은 위생과 안전, 단열 등의 문제가 심각하다. 세입자는 주택 보수에 비용을 들일 수도 없고 주인이 무관심한 경우에는 속수무책이다.

특히 고령자의 경우에는 그 어려움이 더욱 커진다. 스스로 주택을 관리할 여력도 부족하고 수리비용도 부담이지만 믿을만한 업체와 기술자를 만나기도 어렵다. 고령일수록 집에 있는 시간이 점점 길어지기 때문에, 노인들의 삶의 질을 가장 직접적으로 좌우하는 것이 바로 주거이다. 거동이 불편하기 때문에 자칫 집 안에서 넘어질 우려가 크고, 낙상은 곧 치명적인 결과로 이어지기 때문에 집안의 안전관리가 중요하다.

비아파트 주거지대에 집 내부의 안전, 위생, 단열 등을 관리할 뿐만 아니라, 집 주변 골목의 안전(CCTV, 제설, 경사로 등)과 경관까지 챙기는 믿을 만한 주거관리조직이 필요하다. 아파트 관리사무소의 역할을 하는 마을관리소를 주민들이 나서서 출자하고 운영하는 마을기업을 설립하는 것이다. 출자한 주민이 주인이니 믿을 수 있고, 소소한 기술과 품을 낼 수 있는 사람들은 자원봉사 또는 유급 일거리를 얻고, 주택설비기술자나 업체들에게는 지역에서 계절을 타지 않는 안정적인 일이 생기는 것이다. 마을 사람들의 주택을 마을 사람들이 챙겨서 안심하고 믿을 수 있고, 마을 일자리고 일거리도 만들어 지역경제에 보탬이 되는 길이다. 특히 기후위기 시대에 노후 건물의 에너지 효율을 높이는 일이 매우 중요하므로, 지역별로 마을관리기업이 생긴다면, 도시재생 사업과 연결하여 정책 간의 융합의 묘를 거둘 수 있는 좋은 기회가 될 것이다.

물론 마을돌봄, 재생에너지, 마을관리기업 외에도 동네에서 지역이 당면하는 일상생활의 문제들은 많다. 예를 들면, 깨끗한 먹거리와 건강한 채식을 안정적으로 보급하기 위한 로컬푸드 시스템이 동네에 필요하다. 먹거리 시스템은 식자재 가공과 급식을 위한 동네 일거리를 만들어낸다. 또한 쓰레기 문제는 사람들이 살아가는 모든 장소, 특히 도시 지역에서는 예외 없이 큰 골칫거리다. 배출된 쓰레기를 소각하고, 매장하는 방식은 벌써 처리 한계를 넘어섰다. 대부분의 지역사회에서는 이미 민원과 갈등의 원인이 되고 있으며, 생태적인 자원순환 시스템을 지역에서 자체적으로 구축하지 않으면 안 된다.

내연자동차는 탄소 배출과 미세먼지의 주요한 원인으로 꼽히고 있어, 10~20년 안에 최소 절반 이상 퇴출시켜야 하는 상황이다. 이제 자동차 없이도 살아갈 수 있는 보행친화 도시로의 전환이 시급한 과제로 지목되고 있다. 동네와 지역에서 자동차 없이 걷거나 자전거로 이동이 자유롭고, 꼭 필요한 대중교통은 공유(共有) 전기차로 해결하는 등 로컬 모빌리티(local mobility)의 혁신이 시대적인 과제로 코앞에 닥쳤다.

이들 과제들은 단지 환경보호 차원의 의제에 머물지 않는다. 기후위기 시대에 도시 전체를 탈탄소, 탄소 제로 방향에 맞추어 전면적으로 전환하고, 산업과 경제체제 역시 탄소를 배출하지 않도록 급격히 재편되는 흐름 속에서 지역이 풀어야 할 당면의 과제들이다. 하지만 이 책에서는 위의 여러 과제들을 다 다루지는 않는다. 가장 시급하면서도 또 이 문제가 풀리는 과정에서 위의 다른 과제들도 해결이 쉬워지는 긍정적인 영향을 미치는 마을돌봄, 마을관리기업, 재생에너지에 대하여 주로 검토해 보기로 한다.

04

커뮤니티 케어와 동(洞)사회서비스원

초고령사회와 커뮤니티 케어

초고령사회와 노인 자살률

우리나라의 고령화 속도는 OECD 국가 중에서도 단연 앞선다. 이미 2000년에 고령화사회(7퍼센트)에 진입하였고, 2017년에 고령사회(14퍼센트)가 되었으며, 2025년에 초고령사회(20퍼센트)에 접어들 예정이다. 이미 노인 인구 1천만 명(2016년 1,111만 명) 시대가 되었다. 1955~1963년생들을 일컫는 이른바 베이비부머 세대*의 맏형 격인 55년생들이 2020년부터 노인으로 진입하면서 노인 인구가 급증할 예정이다. 게다가 출생률은 계속 줄어들고 있으니 고령화 추세는 더욱 가파르게 증가할 예정이다.

OECD 국가 중 자살률이 가장 높은 우리나라에서는 특히 노인의 자살률이 심각하다. 그림에서 보듯이 우리나라 자살률은 미국, 일본에 비교해 현

* 베이비부머 세대는 1955년부터 1963년 동안 매해 70~90만 명씩 출생했으며, 현재 723만 명에 달하고, 전체 인구의 14퍼센트를 차지한다.

| 표 11 | **한국, 미국, 일본 자살률 비교** (단위: 명, 인구 10만 명당 자살자)

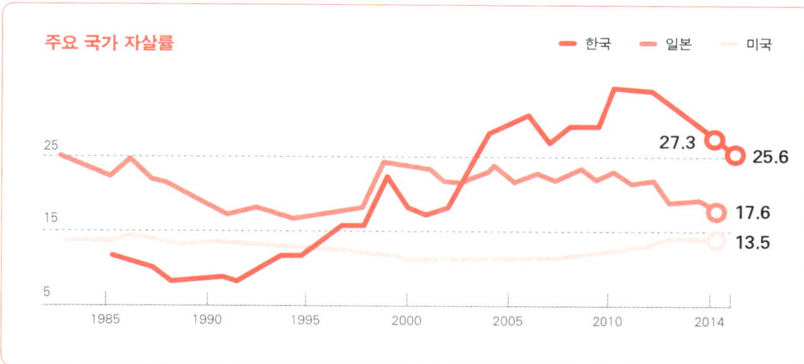

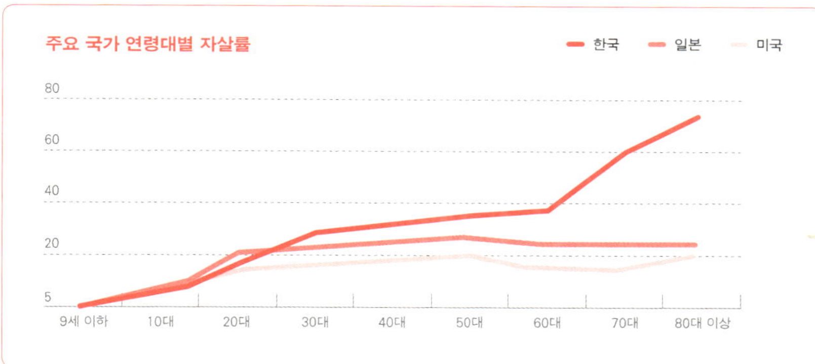

격하게 높다. 더욱이 미국, 일본은 연령대별 자살률이 대동소이 한 반면에 우리나라는 60대 이상 노인의 자살률이 월등히 높다. 70·80대로 가면 그 격차가 더욱 크게 벌어진다. 참으로 충격적인 자살률이다. 이는 노인의 빈곤과 밀접하다. 우리나라 노인들이 빈곤에 허덕인다는 것이다. 일본과 유럽 등지의 노인들은 연금과 사회보장시스템으로 상대적으로 안정적인 노후가 보장되지만, 우리나라의 노인들은 그렇지 못하다. 최근 들어 이런 심각성이 반영되어 노인연금 등 노인복지가 주요 정책현안으로 다루어지고 대책도

나오고 있지만 언 발에 오줌 누기다.

'탈시설-탈가족' 방향

옛 어르신들은 객사를 제일 큰 불행으로 여겼다. 나고 자란 고향에서 가족과 이웃들의 애도 속에 돌아가는 것을 큰 복으로 여긴 것이다. 지금이라고 다를 리 없다. 다만 사는 방식이 다르고 형편이 여의치 않을 뿐이다. 실제 대부분의 경우 병원에서 죽음을 맞이한다고 한다. 병원에서 마지막까지 최선을 다하려다 보니 불가피한 것이기도 하다. 하지만 모든 의료와 복지체계가 병원과 시설을 중심으로 연결되어 있어, 퇴원해서 집으로 돌아가고 싶어도 그럴 수 없는 형편도 있다. 시설과 병원에서 생활하는 노인이 총 50만 명에 달한다고 한다. 심지어 집에 돌아가도 돌봐 줄 사람이 없거나 주거환경이 열악하여 병원에 계속 입원해 있을 수밖에 달리 방법이 없는 경우도 많다. 2016년 보건사회연구원의 조사에 따르면 의료급여 장기입원자의 48퍼센트가 의료적 필요가 아니라, 간병인 부재, 주거의 열악함 등으로 인한 이른바 '사회적 입원'에 해당한다고 한다.

그나마 제공되고 있는 재가노인 돌봄서비스는 주로 취약계층 중심으로 설계되어서 대부분의 보편적인 돌봄의 욕구를 충족하기에는 턱없이 부족한 상태이다. 또한 서비스 공급 역시 짜여진 예산규모에 맞추어 서비스 공급기관들이 각기 따로 단편적이고 분절적으로 제공하고 있다. 이른바 칸막이의 폐해가 커서, 수요자 입장에서는 실질적인 돌봄을 체감하지 못하고 있다. 한편 집에서 노인을 돌볼 수 있는 인프라와 제도적인 준비가 없다 보니,

* 2016년 장기요양보험 통계에 따르면, 노인장기요양서비스를 이용하는 노인(52만 명)을 수발하는 가족 중에 여성이 73퍼센트(38만 명)를 차지하고, 자녀 중에서는 딸과 며느리가 86퍼센트를 차지한다고 한다. 그만큼 여성가족, 특히 비속 여성가족의 부담이 절대적인 현실이다.

가족 특히 여성가족의 부담이 가혹할 정도로 심하다.* 언제 끝이 날지 모르는 돌봄 부담에 지친 가족들이 육체적, 정신적 한계에 달해 자살하거나 살인을 하는 극단적 선택을 하는 가슴 아픈 일에 생기기도 한다.

무엇보다 향후 재정적인 한계가 노인돌봄의 패러다임을 전환하지 않으면 안 되는 중요한 이유이다. 2016년에 비해 2025년에는 배가 넘는 노인돌봄 재정이 필요해서, 근본적인 시스템전환이 불가피하다. 건강보험에서 차지하는 노인진료비 비중이 2016년 38.7퍼센트(25조 원)에서 2025년에는 50.8퍼센트(58조 원)로 급증하고, 의료급여에서 노인진료비가 차지하는 비중 역시 2016년 46.3퍼센트(3.1조 원)에서 2025년에는 51.5퍼센트(5.7조 원)로 크게 늘어난다고 한다. 결국은 시설에서 벗어나고, 가족이 '독박' 쓰지 않는 '탈시설-탈가족'의 노인돌봄 시스템이 절실하다.[03]

일본의 커뮤니티 케어와 포괄지원센터

일찍이 고령사회에 진입한 일본은 2005년 일대 전환을 시도했다. 노인 요양 및 의료복지 시설을 중심으로 노인 케어를 감당하던 일본 정부는 치솟는 재정 부담을 이유로 '탈시설' 정책으로 전환했다. 시설을 통한 복지재정이 그렇지 않은 경우에 비해 3배에 달한다는 계산에 따른 것이다. 물론 가족에게 떠맡긴다는 것은 아니니, '탈시설-탈가족' 돌봄체제 구축을 목표로 했다. 즉 지역사회에서 커뮤니티가 노인을 돌보는 시스템을 만드는 것이다. 도보 30분 거리에서 이루어지는 근린 케어망을 구축하는 것인데 그 중심에 포괄지원센터가 있다.

포괄지원센터는 고령자의 존엄한 생존과 자립적인 생활을 목적으로, 가능한 한 본인이 살아온 지역에서 자연스럽게 생활을 계속할 수 있도록 지역별로 포괄적인 지원과 서비스를 제공하는 시스템이다. 즉 개호(介護)가 필요한 상태가 되어도 시설에 머무는 것이 아니라, 노인이 살던 지역에서 인생의 마지막까지 생활할 수 있도록 주거, 의료, 개호, 질병 예방, 생활 지원이 일체로 제공되는, 지역사회에서 작동하는 돌봄 시스템이다. 이러한 '지역포괄케어' 시스템은 고령화로 인해 계속해서 늘어나는 의료 · 개호 보험료의 부담을 줄이고, 동시에 의료와 돌봄을 비롯한 복합적 욕구를 지닌 노인들이 살고 있는 지역사회에서 존엄한 생활을 보낼 수 있는 시스템이 필요하다는 인식에서 출발하였다.

일본보다 더욱 가파른 고령화 추세를 보이는 우리나라 역시 재정적 여력과 돌봄 인력의 수급을 고려할 때, 지역사회에서 포괄적인 돌봄 서비스를 제공하는 커뮤니티 케어에 대한 본격적인 시도가 필요하다. 더욱이 '국가가 치매를 책임진다'고 공약한 문재인 정부에서 앞으로 치매 노인이 계속 증가하게 되는데, 치매 노인이 본래 거주 지역에서 계속 생활할 수 있도록 지원하기 위해서도 지역포괄케어 시스템의 구축이 시급하다.

보건복지부의 지역사회 통합 돌봄 추진[04]

보건복지부는 2018년 말에 노인복지의 기본 방향으로 지역사회가 중심이 되는 커뮤니티 케어 체제로 전환할 것을 선언하고, 몇몇 시군구에서 시범사업을 추진하고 있다. 정부는 '모두가 누리는 포용적 복지국가'를 20대 국정 전략으로 추진하기로 하고, 경제성장의 과실과 복지서비스를 모두가 골고루 누리고, 개개인이 인간으로서 가치를 존중받는 국가를 실현한다는 목표를 세웠다. 이를 위하여 '소득보장(기초연금 · 장애인연금 인상, 아동수당 등 도입)'과 '건강 및 의료보장(건강보험의 보장성 강화, 치매국가책임제 도입)'을 중점으로 추진하기로 하였다. 그 방법으로 '지역사회 통합 돌봄(커뮤니티 케어)'를 기본적인 방안으로 발표하였다.

| 표 12 | **포용적 복지와 커뮤니티 케어**

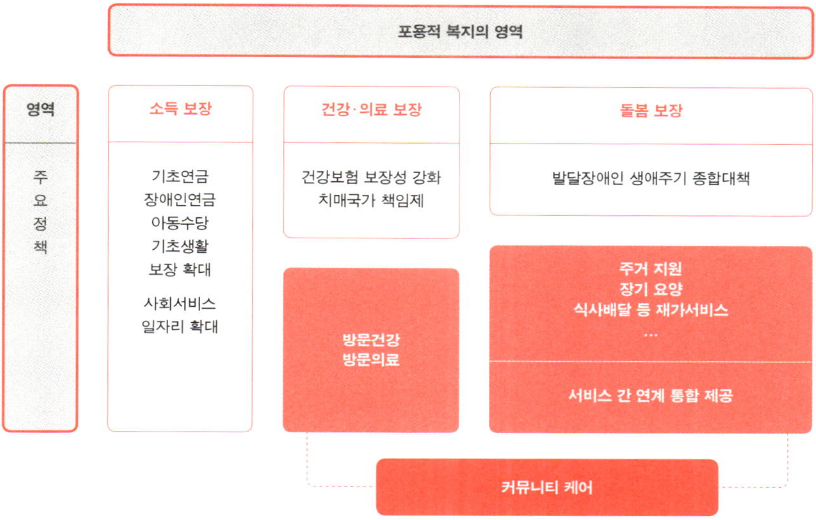

복지부는 커뮤니티 케어를 "주민들이 살던 곳(자기 집이나 그룹홈 등)에서 개개인의 욕구에 맞는 서비스를 누리고 지역사회와 함께 어울려 살아갈 수 있도록 주거, 보건의료, 요양, 돌봄, 독립생활의 지원이 통합적으로 확보되는 지역 주도형 사회서비스 정책"으로 정의하고 2025년까지 기반 구축을 완료하고, 2026년부터 보편화를 목표로 단계적으로 추진하겠다고 발표했다.

커뮤니티 케어, 마을돌봄망 구축

수요자 중심의 복지

기존의 복지전달체계는 국가의 책무성에 기초하여 복지재정을 기반으로 서비스를 제공하는 복지체계이다. 하지만 한정된 재정 여건 속에서 '긴급

| 표 13 | 커뮤니티 케어의 핵심 요소와 추천 로드맵

구분	내용	
비전	노인이 살던 곳에서 건강한 노후를 보낼 수 있는 포용국가	
목표	2025년까지 지역사회 통합 돌봄(커뮤니티 케어) 제공 기반 구축	

4대 핵심 요소	내용	
주거	• 노인 맞춤형 케어안심주택 • 집수리 사업	• 커뮤니티 케어형 도시재생뉴딜
건강 의료	• 집중형 방문건강서비스 • 노인 만성질환 전담 예방·관리	• 방문의료 • 병원 '지역연계실' 운영
요양 돌봄	• 차세대 노인장기요양보험 구축 • 식사 배달 등 다양한 신규 재가서비스	• 재가 의료급여 신설 • 회복·재활서비스
서비스 연계	• '케어안내창구' 신설(읍면동) • 지역케어회의 등 지역사회 민·관 서비스 연계·협력(시군구)	

추진 로드맵

① 선도사업 실시 및 핵심 인프라 확충 단계(2018~2022)

- 선도사업 실시: 커뮤니티 케어 모델 개발
- 생활 SOC 투자: 케어안심주택, '주민건강센터', 커뮤니티 케어 도시재생뉴딜
- 법·제도 정비: '(가칭)지역사회 통합 돌봄기본법' 제정, 개별 법 및 복지사업지침 정비

② 지역사회 통합 돌봄(커뮤니티 케어) 제공 기반 구축 단계(~2025)

- 장기요양 등 재가서비스 대대적 확충
- 인력 양성, 케어매니지먼트 시스템 구축 및 품질관리체계
- 재정 전략 마련

③ 지역사회 통합 돌봄(커뮤니티 케어) 보편화 단계(2026~)

한' 수요에 우선 대응하고 꼭 필요한 수요자에 '선별적'으로 다가가는 복지체계다. 반면에 커뮤니티 케어는 커뮤니티에 기반한 복지체계로서 생활권을 중심으로 주민들이 '공동생산자'로서 서비스 생산과 전달에 참여하고, 자조적 관계망을 기초로 하여 전 주민들을 대상으로 하는 '보편' 복지이며,

'예방적' 서비스 제공을 목표로 한다. 즉 커뮤니티 케어는 공급자 중심에서 수요자 중심으로 복지 패러다임을 전환하는 것이다.

커뮤니티 기반의 서비스공급 생태계 조성

일상적인 만남과 그를 통해 형성되는 친밀한 신뢰감을 바탕으로, 마을 단위의 이웃들이 마을돌봄 공동체로서 일종의 사회적 가족으로 조직될 수 있다면, 개인마다 돌봄이 필요한 각자 다른 상황과 필요한 서비스에 대한 세심한 판단을 할 수 있어서, 획일적인 기준에 의해 일방적으로 제공되는 정부 중심의 전달체계의 문제를 극복할 수 있다. 호혜성을 바탕으로 마을공동체의 삶의 질을 높이고, 동시에 이에 기여하는 주민들이 자기가 살고 있는 지역에 대한 소속감과 공동체로서의 정체성도 높일 수 있다.

커뮤니티 케어의 궁극적인 목표는 주민들이 일상생활에서 가능한 한 완전하고 자립적인 삶을 주도할 수 있도록 지원하는 것이다. 따라서 지역에 충분하고도 사용 가능한 사회서비스 공급망을 갖추지 않은 채 '탈시설'을 하게 되면, 그 부담을 모두 당사자와 가족들이 떠안아야 된다. 그러므로 지역사회가 돌봄의 역할을 충분히 할 수 있도록 시스템을 구축하는 일이 선행되어야 한다. 이는 지역에 복지 인프라를 만들고 필요한 서비스의 공급망을 구축하는 것이다. 이 과정에서 지역의 주민들이 직간접적으로 서비스 공급에 참여하면서 마을고용이 발생한다. 지역의 주민들이 지역의 돌봄과 관련하여 수요자와 공급자의 경계를 없애고(프로슈머), 다양한 인프라를 구축하여 공급자 생태계를 육성하는 것이다. 물론 이 생태계에 참여하는 주체는 복지와 주거, 보건과 의료, 체육 등 필요한 모든 영역에서 서비스를 생산·제공하는 개인과 조직, 영리와 비영리, 민과 관 모두를 망라한다.

세세하고 복합적인 서비스

노인을 돌보는 일에는 무척 다양한 보살핌이 필요하다. 전문적인 보건의료적 보살핌은 차치하고라도, 우선 생활의 보금자리가 안전하고 편안해야 한다(주거복지). 이웃들과 안정감 있는 일상적인 관계를 맺고 있어야 하며(관계증진), 균형 있는 식사와 기본적인 운동을 통하여 신체의 건강을 꾸준히 관리할 수 있어야 하고(식사와 운동), 일상생활을 위한 자잘한 보살핌(생활지원)이 필요하다. 그야말로 세세하고 복합적인 보살핌들이 노인 한 분 한 분에게 맞춤으로 제공될 때, 비로소 한 노인의 삶의 질이 개선될 수 있다.

주거와 에너지 복지

쇠퇴한 저층주거지대의 오래된 주택들은 구조가 부실하고 시설도 낡았지만 오랫동안 보수하지 못하고 그냥 살아온 경우가 많다. 자기 집이어도 집 고치는 데에 돈 들일 형편이 안 되고, 세 들어 사는 경우에는 집주인이 관심이 없어 방치된다. 무엇보다 낙상방지를 위한 보살핌이 중요하다. 70대 고령 노인은 급격한 근력저하, 운동능력 상실로 낙상의 위험이 높다. 이 연령대에 낙상은 회복이 어렵고 치명적인 결과를 가져오기 때문에 예방이 중요하다. 우선 문턱 제거 및 완화, 미끄럼 방지 및 안전바 설치 등 집 내부의 구조를 조금만 개선하더라도 예방이 가능하다. 동시에 낙상예방에 필요한 특정 부위의 근력을 강화하는 운동을 함으로써 실제 낙상사고를 크게 줄일 수 있다.

노인들은 간단한 감기만으로도 급성질환으로 발전할 수 있기 때문에, 춥고 더운 계절에 집 실내 온도를 적정하게 유지하는 일은 노인 건강에 필수적인 조건이다. 많은 노인들이 전기세를 걱정해서 난방을 틀지 못하고 떨고 지낸다. 여름철에도 에어컨 설치는 엄두도 내지 못하고, 좁은 실내에서 버티다 보니 더위에 기력이 떨어져 사망에 이르는 경우도 많다. 특히 기후위기로 인하여 갈수록 심해지는 폭염은 노인에게 치명적인 위험이다. 없이 사는 주민들이 대부분 에너지 부문에서도 취약계층이다. 노후 주택에는 단열이 부실한 경우가 많으므로 집수리로 단열 보강하거나, 보일러, 온열기기 및 에어컨 등을 설치하는 보살핌이 필요하다. 에너지 바우처 제공으로 전기세 부담을 덜어 주는 직접적인 조치도 필요하다. 지역에 재생에너지 기업이 있으면, 거기서 생산한 전력을 지원하는 것도 좋은 방법이다.

지지와 관계증진 지원

평소 자주 얼굴을 마주할 수 있는 이웃이 절대적으로 필요하다. 특히 홀로 사는 노인은 종일 아무와도 말 한마디 섞지 않고 하루를 보내는 경우도 많다. 고립은 정서적으로 피폐해지게 하고, 삶의 의욕을 갉아먹는다. 매일 얼굴을 마주하고 안부를 묻고, 힘들 때 하소연할 수 있고, 먹을 걸 나누는 관계는 가장 기본적이고 중요한 생존의 조건이다. 그러면 '밤새 안녕'도 챙길 수 있고 위급한 상황에 골든타임을 놓치지 않을 수 있다. 우울증과 자살예방을 위해서도 이러한 기초적인 이웃관계는 최소한의 돌봄망이자 안전망이다. 이렇게 부담 없이 얼굴을 마주할 수 있는 이웃이 있으면 아주 자연스럽게 골목에서 수다 떨기, 동네 한바퀴, 동네시장 나들이, 병원-복지관 마실 가기 등 일상적인 근거리 산책을 하게 되고 몸을 움직이게 해서 생활의 활력을 줄 뿐만 아니라 건강을 지키게 한다. '어딘가 갈 곳이 있고, 누군가 만날 사람이 있다는 것'은 일상의 행복이며 하루하루 삶의 이유가 된다.

식사와 운동 지원

매일 끼니를 챙겨 먹는 일은 젊고 건강한 사람에게도 쉽지 않은 일이다. 하물며 기력이 떨어지거나 아프기라도 하면, 더욱이 혼자 살아가는 노인들이 제대로 챙겨 먹기란 불가능한 일이다. 그러면 건강은 더욱 나빠지고, 다시 식사는 부실해지고 악순환에 빠지게 된다. 적정하고 균형 있는 영양 식단의 반찬을 지원하고, 이가 부실하거나 소화능력이 떨어지는 경우 이유식을 지원해야 한다. 건강을 지키는 데 먹는 것은 기본이다. 또한 지역사회의 헬스장이나 생활체육시설과 연계해서 건강체조나 근력운동을 실시함으로써 질병을 예방할 수 있다.

일상생활서비스 지원

집 안 위생이 문제다. 반지하 벽면의 곰팡이는 물론이고 화장실과 씽크대 관리가 부실해서 악취가 심하고 심지어 바퀴벌레가 출몰하는 등 집안 곳곳의 위생관리가 필요하다. 노후한 저층 주거에는 정기적인 집 안팎 청소와 소독 등의 방역이 필요하다. 좁은 집에 살림살이 보관도 여의치 않아, 집안 구석구석마다 박스며 물건들을 쌓아 두다 보니 정리정돈이 엄두가 나지 않는다. 그러다 걸려 넘어지거나 사고를 당하는 경우도 많다. 간단한 수납도구 배치와 정리정돈 지원도 현실적으로 매우 중요한 생활지원서비스 중에 하나다. 지은 지 오래된 집인 데다가 관리도 안 되다 보니 이곳저곳 고장도 많다. 상하수도 고장도 잦지만 손수 고칠 수도 없고 사람을 부를 돈도 없다. 불러도 돈이 안 되니 안 오는 경우도 많다. 전등이 나가도 교체할 수가 없어 그냥 깜깜한 상태에서 버티다 다치는 경우도 많다. 이웃의 간단한 도움으로 해결이 가능한 아쉬운 순간이 너무 많지만 그냥 방치된다. 소소한 일상생활 서비스가 절실하다.

세대별 건강문제

사실 건강에 대한 문제는 노인에 국한되지 않는다. 20·30대의 젊은이들은 그들대로, 40·50대 장년들 역시 그들대로의 애로사항과 걱정꺼리가 있다. 20·30대는 주로 먹거리에 대한 관심이 높다. 잘 먹지 못할 뿐더러 직접 해 먹기도 어렵다. 돈이 없고 시간이 없어서다. 인스턴트 식품으로 대충 끼니 때우기 일쑤이고, 집에서 해 먹는다는 것은 더더욱 엄두도 나지 않는다. 40·50대의 경우는 신체적 건강에 대한 관심이 높다. 갱년기 증세 등 몸이 전같이 않은 것이 확연히 느껴지고, 몸에 대한 구체적인 걱정이 생긴다. 60대 이상의 노인들은 "이곳저곳 안 아픈 데가 없다", "돌봐 줄 사람이 없어 불안해", "잘 죽을 수 있길 바래" 등 신체적 건강을 중심으로 건강을 인식한다. 질병에 대한 적절하고 신뢰할 수 있는 치료에 대한 요구가 강하다. 그런데 세대를 넘어 공통된 요구는 관계다. 이는 불안에서 오는 요구다. 건강에 대한 막연한 불안이 있고, 서로 의지하고 서로 돌볼 수 있는 친밀해서 편하고 신뢰할 수 있는 이웃, 언제나 찾을 수 있어 안심이 되는 동네친구에 대한 요구가 공통이다.

커뮤니티 케어 시스템의 단계적 구축

커뮤니티 케어 시스템이 완성되어 제 기능을 다하기까지 2단계의 수준으로 나누어 추진할 수 있다. 가장 기초가 되며 전제가 되는 [1단계]는 다시 이웃 간의 일상적인 관계망을 형성하는 〈기초〉와 실제 예방적 돌봄서비스가 이루어지는 〈발전〉으로 구분한다. [1단계] 〈기초〉에서는 일상에서 이웃들이 대면관계를 통하여 정서적 지지가 이루어지고 상호 신뢰가 형성되는 이웃관계로 발전시키는 단계다. 〈발전〉에서는 필요한 서비스를 지역에서

| 표 14 | 마을돌봄의 단계적 구축05

CC-시스템의 단계적 구축			시스템의 성격	주요 기능과 역할
[1단계] 자치적 케어	기초	정서적 지지	상호 지지의 '일상적 관계망' 형성	대면과 신뢰
	발전	돌봄	돌봄서비스 공급자 양성과 '공급자 생태계' 조성	예방과 조기 발견, 케어 플랜 수립
[2단계] 전문적 케어	심화	보건·의료	수요자 중심의 '융합적 의료·보건서비스 연결망' 구축	치료와 악화 지연, 복귀 지원

생산하고 공급하는 서비스 공급자들이 많이 만들어지고, 그들 간의 협력의 플랫폼이 형성되는 단계다. 공급자 생태계 안에서 주민들은 생산에 직간접적으로 참여하기도 하고, 또한 필요한 서비스를 이용하게 되므로, 생산자와 공급자의 구별이 희미해지는 이른바 프로슈머(prosumer)가 된다.

그래서 [1단계]를 '자치적 케어'가 달성되는 단계로 본다. 여기서는 건강한 노인이 더 건강을 유지할 수 있도록 돕고, 질병을 조기 발견하는 것이 목표다. 반면 [2단계]는 경증 및 중증의 노인들에게 적절한 치료 프로그램을 연결하여, 증세의 악화를 지연시키고 회복시키는 전문적인 의료·보건 케어가 실시되는 단계를 말한다. 그러기 위해서는 노인의 개별적인 상황이 고려되는 수요자 중심의 '융합적 의료·보건서비스 연결망'이 구축되어야 한다.

이렇듯 동 단위 마을돌봄망을 구성할 때는 단계적인 접근이 필요하다. 경증, 중증의 증세를 가진 노인에 대한 돌봄보다는 조기 발견과 예방을 목표로 하는, 건강한 노인이 더욱 건강을 유지하도록 보살피는 일에 우선 주력할 필요가 있다. 이는 전문적인 보건의료서비스 공급기관의 지원 없이도 마을에서 주민들이 동네 돌봄의 관계망으로 어느 정도는 감당할 수 있기 때문이다. 또한 이렇게 [1단계]의 커뮤니티 차원의 돌봄의 조직망이 형성이 되고 동네에서 주민들이 함께 돌보는 서비스가 이루어지고 있어야 [2단계]로 진입하기 쉽다. 즉 기존의 보건의료서비스체계를 수요자 중심의 '동네 맞춤형'으로 재구성해 가는 것이 용이하다. 이미 기존의 보건의료서비스체계는 각기 따로 전달체계를 구축하고 있어서 이를 커뮤니티 케어 시스템으로 재편하는 과정은 상당한 진통과 갈등, 심지어는 보건의료기관 간의 주도권 다툼의 소지까지 있다. 서비스 수요 당사자인 주민들이 커뮤니티에서 조직되어 있어서 서비스를 재구성하는 과정에 이니셔티브를 발휘해야, 비로소 원활하고 바람직한 방향으로 재편될 것이다.

1, 2단계의 케어 시스템이 갖추어지면, 병원이나 요양(재활) 병원(기관)에서 입원 치료를 마치고 퇴원을 준비 중인 환자들이 거주하던 지역사회로 잘 복귀할 수 있도록 보살피는 일도 가능하다. 치료 후, 보살핌의 공백이 생기지 않고 바로 지역사회로 안심하고 복귀할 수 있어야 하고, 그래야 원활한 회복도 가능하다. 따라서 커뮤니티 케어는 전문 의료기관과의 원활한 연계 속에서 빈틈이 없이 세심하게 작동해야 한다. 이렇게 될 때 비로소 돌봄망은 한 개인을 중심으로 융합적으로 작동하게 되고, 비로소 커뮤니티 케어의 효능감이 실현된다. 커뮤니티 케어 시스템은 국가를 정점으로 하는 서비스 공급자들의 전달 '효율'이 아니라, 수요자 개인의 '만족도'를 목표로 하기 때문이다.

아동 돌봄[06]

저출생 현상은 고령화와 함께 우리 사회가 직면한 커다란 과제라고 한다. 저출생의 가장 큰 원인 중의 하나는 이른바 '독박육아' 문제다. 더욱이 부부가 함께 벌지 않으면 생계를 끌어가기 어려운 형편에서, 사회적으로 육아의 인프라와 제도 및 관행은 제자리걸음이다 보니, 모조리 여성에게 과중한 육아의 짐이 떠맡겨진다. 출산보조금 몇십, 몇백만 원을 준다 해서 해결될 일이 아니다. 살고 있는 집 근처에 '믿고 맡길' 수 있는 영유아 보육시설이 절실하다.

육아, 왜 마을돌봄인가?

심심찮게 언론을 장식하는 영유아 폭행사건은 이제 새롭지도 않다. 생면부지인 남이 들어도 기막힌 일인데, 피해 아동의 부모는 어떨까? 하지만 두렵다고 애를 끼고 살 수도 없다. 당장 맞벌이 처지에 직장을 그만둘 수는 없는 일이고, 설령 전업주부라 하더라도 고립된 도시에서 혼자서 아이 키우는 일은 만만치 않다. 여성의 사회적 활동을 보장하면서 안심하고 아이 키울 수 있는 대안을 마련해야 한다. 최근 온 나라를 떠들썩하게 한 유치원 비리 파동은 가뜩이나 불안하고 부실한 영유아 보육의 현실에 대한 젊은 엄마, 아빠들의 불만에 불을 질렀다.

문제는 모든 가정의 꿈이자 우리 사회의 미래인 아이들을 돌보는 일이 '시장 원리'에 내맡겨지거나 공공의 '행정 관리'로 충분히 달성되지 않는다는 점이다. 돌봄이란 기본적으로 친밀한 관계를 전제로 하며, 생명에 대한 정성으로 이루어지는 특별한 노동이기 때문이다. 여기서 친밀한 관계란 단지 서로 친한 사이를 뜻하는 말은 아니다. 대가를 조건으로 서비스를 제공하거나, 지불한 대가에 상응하는 서비스를 요구하는 거래관계를 넘어서는 관계를 말한다.

이제 '다시 마을'일 수밖에 없다. 일상의 사소한 이야기를 공유하고, 길거리에서 심심찮게 마주치고, 마음먹으면 금방이라도 만나서 차 한 잔, 술 한 잔 할 수 있는 관계, 불같이 화를 내도 뒤끝 없다는 것을 아는지라 그리 노엽지 않고, 다 된다고 큰소리치지만 말뿐이라는 것을 아는지라 그저 웃고 넘길 수 있는 관계, 층간 소음이 심각한 사회문제가 되고 있는데, 평소 아는 아이가 내는 소리는 작게 들린다는 그 관계가 바로 마을이다.

돌봄이 필요한 주민들이 모여 돌봄 계획을 짜고, 이웃 중에서 돌봄이 능숙한 주민이 나서서 아이들을 맡는 것이다. 한 아이가 크는 데에 온 마을이 필요하다고 한다. 보통은 부모가 되어서야 비로소 이웃이 궁금해지고 동네가 눈에 들어온다. 아이를 잠시도 품에서 내려놓을 수 없을 때에는 지친 육신과 우울한 심정을 하소연할 이웃이, 함께 의논하고 품을 나눌 이웃이 절실하다. 아이가 걷기 시작하면서는 집 앞 골목길이 다시 보이고, 친구들과 어울려 뛰어놀 운동장이 걱정되고, 아이가 매일 지나칠 문방구 앞 게임기가 눈에 거슬리기 시작한다. 비로소 마을이 내 아이가 살아갈 터전으로 보이기 시작하는 것이다. 육아라는 절실하고 시급한 필요를 해결하기 위해 이웃과 만나고 마을을 알게 되고, 그렇게 형성된 이웃들의 관계망이 다시 내 아이가 살아갈 터전이 되는 것이다.

이미 시작된 마을돌봄

도시에서도 이미 오래전부터, 골목 곳곳에서 소소하게 꼬물꼬물 마을이 움터 왔다. 서너 살 어린아이들 공동육아와 초등 아이들 방과후로 엄마들이 만나 '이웃'이 만들어지고, 그 이웃이 동네로 야금야금 넓어졌다. 시민단체 사무실 한 쪽이 큰 아이들에겐 제집 마냥 들락거리는 도서관이 되고, 아파트 관리실 일부가 마을사랑방으로 변신했다. 아이들 돌봄으로 시작된 마을살이가 협동조합으로 마을축제로 다양한 마을사업으로 번졌다. 이렇게 넓어진 마을의 관계망은 다시 아이들이 안심하고 누비는 안전지대가 된다.

계획하지 않았지만 아이들이 한 살 두 살 커감에 따라, 함께 이룬 협동의 경험도 차곡차곡 쌓여 가고, 친밀한 이웃들도 늘어 간다. 마을은 거창한 마스터플랜으로 건물 짓듯 만들어지는 것이 결코 아니다. 아이들 돌봄이든 깨끗한 먹거리든, 동네 위험한 시설문제든, 마을버스 노선문제든, 그저 마을에 살면서 필요한 것들을 친밀한 이웃들과 함께 해결하다 보니 마을이 되어 있는 것이다. 그래서 '마을만들기'가 아니라 '마을살이'다.

이렇듯 아이를 돌보는 일은 모든 부모들의 공통의 과제이면서, 마을살이를 잇는 중요한 지렛대 역할을 한다. 아이도 돌보고 마을도 만드는 일거양득의 결실을 거두는 일인 셈이다. 부모들의 형편과 조건에 따라 시도해 볼 수 있는, 마을에서 아이 함께 기르기의 방법들이 있다. 우선 20여 년의 역사가 증명하듯이, 이미 성공적인 육아시스템으로 검증된 공동육아협동조합이 단연 일순위로 꼽힌다. 부모들이 출자하고, 부모들이 운영하는 공동육아, 친밀한 관계와 협동으로 운영하는 마을육아의 대표적인 대안모델이다. 1994년 성미산마을에서 처음 시도된 이래 지금은 전국에 걸쳐 약 60여 개의 어린이집과 방과후 공동육아협동조합이 설립되었다. 최근 서울시는 시가 공급하는 임대아파트(강서구 가양동)에 공동육아협동조합 프로그램을 적용해서, 아파트의 설계에서부터 입주예정자들의 의견을 반영하여 시공한 바 있다. 대부분의 입주자들은 젊은 맞벌이 부부들로서, 자기들이 사는 아파트 안에 공동육아 시설을 만들어 운영할 수 있게 됨으로써 육아문제와 주거문제를 동시에 해결할 수 있게 되었다.

또한 국공립어린이집에서 '부모참여형'으로 운영시스템을 혁신하는 모델도 적극적으로 시도할 만하다. 어린이집을 직접 설립하고 운영하는 공동육아협동조합에 비해 부모들의 부담이 적으면서도, 교육과정이나 어린이집 운영에 부모들이 참여할 수 있게 해서 투명성과 신뢰도를 대폭 높이고 결과적으로 부모들의 만족도를 크게 개선할 수 있는 대안적인 모델이다. 현재 (사)공동육아공동체가 위탁받아 운영한 사례는 3개로, 마포구 〈성산 어린이집〉이 있고, 은평구 뉴타운 아파트 단지 내에 있는 〈푸른숲 어린이집〉, 서대문구 아현동 재개발지구에 있는 〈산마루 어린이집〉이 있다.

이보다 좀 더 간편하고 쉽게 시도해 볼 수 있는 모델은 품앗이 공동육아이다. 각자의 집을 돌거나 공간이 마땅한 집을 정해서 편한 요일을 하루씩 나누어 맡아서 아이들을 돌보는 것이다. 아이들을 부모가 직접 돌보기 때문에 운영상의 복잡한 절차나 조직이 필요치 않으니, 마음 맞는 부모들이 모이면 바로 쉽게 시도해 볼 수 있다. 제 아이를 여러 부모가 번갈아 살피게 되니 아이에 대한 다양한 정보를 얻게 된다. 또한 이를 서로 공유하며 토론을 하게 되니 아주 유익할 뿐 아니라, 부모들에게 매우 의미 있는 학습의 계기가 된다. 서울시 여성가족실에서 지원하는 부모커뮤니티 사업이나 공동육아 지원사업을 통하여 품앗이 공동육아의 다양한 성공적인 사례가 만들어지고 있다. 이렇게 시작한 품앗이 공동육아가 좀 더 체계적이고 안정적인 공동육아협동조합으로 발전해 가는 경우도 있다.

동(洞)사회서비스원

커뮤니티 케어 시스템을 동 단위로 구축하려면, 적절한 조직과 운영 모델을 검토해봐야 한다. 읍면동 수준의 근린지역을 서비스 범위로 삼는 동(洞)사회서비스원을 제안한다.

저출생, 고령화로 돌봄의 한계가 드러나고 공백이 커지는 상황에서 국가가 돌봄을 책임지는 '돌봄의 사회화'에 대한 사회적 요구가 지속적으로 높아지고 있는 상황에서, 사회서비스원이 해결책으로 제시되고 있다. 더욱이 민간 중심으로 사회서비스가 성장하면서 과도한 시장화에 따른 종사자의 낮은 처우, 서비스 질 저하, 시설 사유화에 따른 회계 불투명 등의 문제점들이 드러나면서, 중앙정부는 물론이고 지방정부에서도 사회서비스원을 설치하여 높아 가는 돌봄의 요구를 정부가 공공의 영역으로 끌어들여 해결하겠다는 것이다. 보건복지부가 2019년 3월 6일 〈2019년 사회서비스원 시범사업 추진계획〉을 발표하며 2022년까지 17개 광역자치단체로 확대하겠다고 밝혔다.

한편 서울시는 사회서비스 직접 제공은 물론, 종사자를 직접 고용해 사회서비스 공공성을 높이고 품질을 향상시키는 동시에 종사자의 처우까지 개선하는 것을 목표로 사회서비스원이 2019년 하반기에 설치됐다. 서울사회서비스원의 주요 사업은 국공립 사회복지시설 위탁 운영, 종합재가센터 신설 및 운영, 민간서비스기관 지원 등인데, 시급성과 체감도가 높은 장기요양, 장애인 활동 지원, 보육을 중심으로 보건복지부 시범사업과 연계해 실시한다. 또한 종합재가센터는 장기요양, 노인 돌봄, 장애인 활동 지원 등 재가(在家)서비스를 종합적으로 제공하는 시설로, 올해 4개소를 시작으로 2020년 14개소, 2021년 25개소로 늘릴 예정이다. 이중 장애인 활동 지원을 제공하는 곳은 총 25개소로, 올해 2개소를 시작으로 2020년 4개소, 2021년 6개소로 확대한다. 고용되는 활동지원사는 정규직 형태의 상용직 풀타임, 시간제로 채용될 예정이며, 서울시 생활임금에 맞춰 지급될 예정이다.

이미 사업주인 기존의 사회서비스기관(업체)들의 반발에 직면해 있어서 갈등이 예상되기는 하지만, 시급하고 절실한 사회서비스를 시장의 경쟁원리에 방치하지 않고 지방정부가 직접 챙긴다는 점에서 매우 바람직한 정책 흐름이다. 그러나 사회서비스원은 대부분 광역 또는 기초 단위로 추진되므로, 생활권에 기초한 커뮤니티 방식의 호혜적인 공동생산자 방식과는 거리가 멀다. 보건복지부가 복지정책의 방향으로 선언한 커뮤니티 케어와도 기본방향부터 다르다. 사회서비스원은 읍면동 수준의 생활권으로 더 내려와야 하고, 정부의 일방적인 전달체계가 아니라 '민관협력형'으로 전환되어야 한다. 그래야 커뮤니티 케어와 사회서비스원은 하나의 정책목표를 향해 시너지를 만들 수 있다.

통합 서비스 모델

동 수준의 인구 규모와 지리적 범위에서 커뮤니티에 기반한 마을돌봄망을 구축한다고 했을 때, 케어의 영역은 매우 다양하다. 노인과 아동이 주요한 영역이지만, 아동만 하더라도 영유아와 초등 및 중등 청소년으로 세분된다. 100세 시대에 노인 역시 '65세 이상'으로 통칠 수 없다. 60대와 70대 다르고, 80대와 90대 역시 겪는 어려움과 고통이 다르다. 노인성 질환이 깊어지거나 사고 등으로 거동이 어려워지면 장애인의 삶을 살게 된다는 점에서 노인과 장애인은 유사한 조건에 처하게 되는 것은 맞지만, 비노인 장애인과 지적 장애인은 또 다른 어려움을 겪고 있다. 돌봄의 대상별로 세분된 서비스 체계를 구현하기는 어렵다. 물론 대상별로 제공해야 할 서비스의 내용이 다르고 특화된 돌봄이 필요하더라도, 통합적인 전달체계가 필요하다. 이는 서비스 전달의 효율성과 통합적 시너지를 낼 수 있을 뿐 아니라, 돌봄의 대상들이 서로 연결되어 관계를 형성함으로써 돌봄의 효능감을 높일 수 있기 때문이다. 각각 따로 노는 서비스체계를 동 단위로 융합하여 재구성해야 한다.

공동육아어린이집 초창기에 대전에서 〈뿌리와 새싹〉이라는 공동육아협동조합이 시도되었다. 여기서는 노인(뿌리)과 아동(새싹)을 함께 연계해서 돌보는 시스템을 염두에 둔 것이다. 핵가족 시대에 조부모와의 삶의 경험이 거의 없는 아이들과 동네의 어르신들이 '따로 또 같이' 지내며 서로를 돌본다. 마포에 있는 대안학교인 성미산학교는 초중고 12년제여서 8살짜리부터 20살짜리가 한 지붕 아래 함께 지낸다. 큰 아이들이 어린 아이들을 동생으로 여기고 돌보는 것이 자연스럽다. 저학년 아이들도 언니들과 지내면서 그 관계 자체만으로도 학습하고 성장한다.

아이들을 매개로 부모들 역시 자연스레 관계를 맺게 되고, 아이들도 친구 엄마, 아빠의 존재를 자연스레 수용하면서, 다양한 인간관계 속에서 풍부한 정서적 유대를 몸에 새긴다. 이모, 삼촌이 여럿 생기는 것과 마찬가지다. 이렇듯 세대가 함께 어울려 일상을 공유하고, 친숙한 관계를 맺고, 나아가 서로 돌보는 수준으로 나아갈 때, 공동체적 관계망은 훨씬 풍부하고 강력해진다. 이른바 '사회적 대가족'이 만들어지고, 그 속에서 개인들은 '따로 또 같이' 친숙함과 안전함을 누리게 된다. 돌봄의 기초는 바로 이것이다. 도봉구 방학동에서 주민자치회의 복지분과에서 활동을 하는 한 주민의 경험에 따르면, 돌봄이 필요하지만 서비스 받기를 거부하는 노인들은 청년이나 청소년들이 찾아가서 말벗도 되어 주고 팔다리를 주물러 주면 훨씬 즐거워하면서 이웃들에게도 마음을 열게 된다고 한다.

통합적 돌봄이 가능하려면 통합적 기능을 하는 복합공간이 필요하다. 우선 동네 사람들이 수시로 드나들며 일상적으로 만나는 공간이다. 서비스의 공급과 이용이 함께 이루지는 플랫폼과 같은 기능을 한다. 마을의 일반 정보는 물론, 서비스와 관련한 정보가 모이고 교류되며, 진전된 아이디어가 만들어지는 마을거점 역할을 한다. 카페와 작은 도서관이 있고, 간단한 영상 상영이 가능한 시설이 있고, 학습과 교육이 가능한 교실과 각종 동아리들의 활동공간이 함께 있으면 좋다. 서울시가 꾸준히 추진하는 '마을활력소'가 그런 용도의 공간으로 운영되고 있다. 중앙정부도 최근 생활SOC 사업을 추진한다고 한다. 커뮤니티의 형성과 진화에서 공간은 절대적이다. 공간이 스스로 운동하기 때문이다.

마을형 일자리와 일거리

커뮤니티 케어와 기존의 복지체계를 구분하는 가장 큰 특징은 주민들이 단순한 서비스의 이용자나 정책의 대상자 및 수혜자가 아니라, 서비스의 공급자, 정책의 생산자로 역할을 한다는 점이다. 그래야 돌봄의 품질이 좋아지고 만족도가 높아진다. 정책의 효능감을 높이기 위해서도 당사자인 시민이 직간접으로 참여해서 행정과 협력적으로 추진해야 한다.

시민의 참여를 달리 표현하면, 마을에서 일거리와 일자리가 생기고, 주민들이 유급활동 또는 무급 봉사활동의 기회가 생겨난다는 뜻이다. 마을에서 일자리 또는 일거리를 가지게 되면, 이른바 직주통합(職住統合)이 실현되는 것이다. 마을에 거주하며 마을 사람들과 함께 마을 사람들을 위한 일을 하는 것이다. 보통의 직장에 다닐 때에 비해 실질소득이 높고, 마음도 편하다. 무엇보다 출퇴근 시간의 압박 없이, 아이들도 동네에서 챙기며 일을 할 수 있다. 미래의 새로운 일자리는 이제 산업단지도 공사판도 아닌, 동네에서 생겨난다. 다양한 돌봄서비스 관련 마을기업들이 동네에 생기고, 케어 매니저, 방과후 코디들이 골목을 누비며 활약을 하게 될 것이다.

당사자 참여형 모델

동사회서비스원은 일종의 다중 이해관계자 협동조합과 유사한 모델이 적합하다. 서비스를 제공하는 공급자와 이용하는 소비자가 함께 참여해서 설립하는 조직이어야, 주민의 참여와 주도성이 보장되고 지속성이 만들어진다. 공동육아어린이집이 육아 당사자인 부모들과 교사들이 함께 설립하여 운영하듯이, 사회서비스원 역시 주민들이 프로슈머의 정체성을 지켜갈 수 있도록 참여형 모델로 설립되는 것이 바람직하다.

민관합작 모델

나아가 민간의 주체들만이 아니라, 자치단체도 당사자로서 참여하는 민관합작 모델도 검토해 볼 만하다. 서비스의 수요는 있지만 개인별로 지불능력이 여의치 않은 경우, 공공의 복지재정에서 감당해 주어야 한다. 또한 의료보험, 요양보험 등의 공적 공제시스템과도 밀접하게 연계되어 있다. 행정이 지출하는 복지재정은 물론이고 각종 공제시스템과의 연계가 원활해야 비로소 동 단위의 돌봄망이 현실적으로 작동할 수 있다. 따라서 커뮤니티 케어의 핵심 엔진이 사회서비스원이라면, 이 원의 설립과 운영에 행정이 상당 부분 당사자로서 책임감을 가지고 참여하는 것이 필요하다.

주민자치회 연계형

뒤에서 다시 검토할 예정이지만, 동 단위의 규모에서 주민들이 생산자이자 소비자라는 주도적인 역할을 가지고 참여하여 돌봄의 문제를 해결한다는 프로젝트는 그야말로 '주민자치'의 궁극적 목표라 할 수 있다. 그만큼 쉽지 않기도 하지만, 꼭 달성하도록 노력해야 하는 과제다. 마을공동체 정책을 지나 동 단위로 주민들이 동네문제를 고민하고 실행에 참여하는 마을계획-마을총회를 거쳐, 이를 단단히 동여매듯 제도적인 장치를 만들려는 시도가 주민자치회 전환이다. 따라서 사회서비스원의 설립과 운영에 주민자치회가 명실상부한 주민의 대표로서 참여하도록 해야 한다. 따라서 주민자치회가 사회서비스원의 공식적이고 조직 단위로 참여하는 주체가 되거나 최소한 운영에 개입하여(운영위원회 등) 직접 간접으로 역할을 하는 것이다.

05

주거복지와 마을관리기업

왜 '마을관리소'인가?

사람들은 왜 아파트를 선호하나. 깔끔한 새 건물에 표준화된 설계, 사생활이 보장되는 주거환경 등 이유야 많겠지만 관리가 용이하다는 점이 제일 크지 않을까. 웬만한 아파트에는 관리사무소가 다 있다. 매달 관리비를 부담하지만 주거관리를 알아서 해 주니 신경 쓸 일이 없다. 게다가 아파트 값이 올라 투자가치까지 있으니, 아파트 당첨은 마치 로또와 같은 횡재고 아주 효과적인 투자수단이었다.

이제는 아니다. 서울 '뉴타운 개발'을 마지막으로 부수고 짓는 개발의 시대는 종 치고, 있는 그대로 고쳐가며 살아야 하는 '재생의 시대'로 넘어왔다. 하지만 그게 감질 난다. 골목을 가꾼들 오래갈 리 없고, 집안 수리는 집주인 각자 책임이고, 내 집만 고친다고 전체적인 주거환경이 나아지는 것도 아니다. 마을공동이용시설이라지만 나에게 직접 도움 되는 일이 아니니 그저 남일 같고 실감이 나지 않는다.

그래서 재생이 어렵다. 재생사업(주거환경관리사업)으로 마을공동이용시설 등을 짓지만, 마을공동체적 관계망이 없이는 소용이 없다. 관리할 사람도 활용 방안도 찾기 쉽지 않다. 결국 행정의 입장에서는 돈 들여 지어놓고 애물단지가 된다. 살고 있는 집을 제대로 관리해서 편하게 살 수 있는 방법이 나와야 한다. 저층 주거지대에서도 아파트 관리사무소와 같은, 주민들이 직접 통제하는 주거관리조직이 필요하다. 그래야 주민들이 참여해서 협력하고, 협력의 효능을 경험하면서 마을공동시설의 관리, 나아가 지역의 공동체적 개발까지 주민이 주도하는 재생사업도 할 수 있게 된다. 동 단위로 주거관리를 담당할 마을관리소는 노후한 주거와 골목을 개선하고 관리하면서, 주민의 역량을 강화하고 궁극적으로 주민자치를 확립하는 목표를 가진다.

마을관리소의 역할과 의미

강남북 균형발전과 도시재생의 모델

마을관리소는 서울 강남북 간의 균형발전을 도모하는 대안으로, 토건적 개발 모델을 탈피하고 삶의 질을 높이며 실질적인 균형회복을 시도하는 계기가 될 것이다. 강남이 '자본과 욕망'으로 발전했다면 강북은 '사람과 관계'로 재생해야 한다. 같은 방식으로 접근하면 강남북 균형발전은 결코 달성될 수 없다. 마을관리소는 마을 주민의 참여와 관계를 통해 설립되고 운영된다. 도시 쇠퇴에 대한 대안으로 등장한 도시재생 사업이 2010년대 이후로 중앙정부와 서울시가 모두 막대한 예산을 투입하여 추진되고 있다. 재생 정책이 성공하느냐 마느냐의 관건은 주민 주도성이고, 이는 주민의 실질적인 삶의 개선을 이루어 내는 일에 주민이 얼마나 참여하고 조직적으로 개입하는 가에 달려 있다. 마을관리소는 주민이 주체로 나서서 마을을 관리하고, 그 속에서 조직적인 경제활동을 활성화하여 이를 토대로 지역경제의 자생력을 강화하는 역할을 한다. 그러니 마을관리소는 도시재생 사업의 성공과 직결된 관건이라 할 수 있다. 나아가 희망지 도시재생활성화사업, 중심시가지, 경제 기반형, 관리형 주거환경개선사업이라는 네 가지 유형 어느 것에도 해당하지 않는 지역에서는 더욱더 필요한 정책수단이 된다.

동 단위 정책과 행정의 협치 플랫폼

인구 2~3만 명으로 이루어진 서울의 동(洞)은 규모가 크고 내부적으로 다양한 사람들이 살고 있다. 그만큼 다양한 문제가 존재한다. 또한 동네마다 다른 특성을 가지고 있다. 그러나 정책은 동네맞춤형이 아니라 중앙정부-광역-자치구를 따라 하향식으로 동네에 투입된다. 다양한 정책과 사업이 동 단위에서 진행되고 있지만 이것이 왜 이 동네에서 진행되고 있는지 아는 사람도 없고 설명해 주는 사람도 없다. 동네에 맞지 않는 정책은 예산 낭비로 마무리된다. 동네에 맞는 정책이 필요한데 현재의 주민센터는 이러한 역할을 감당할 수 없다. 따라서 마을관리소가 어느 정도 그 역할을 할 수 있을 것으로 기대한다.

마을관리소가 기초·광역 정부에서 추진되는 각종 사업들을 지역의 형편과 주민들의 역량 조건에 맞게 조율하고 조정함으로써 행정력과 예산의 낭비를 줄이고 적재적소에 필요한 지원을 제공하게 되어 정책의 효과성을 극대화 시킨다. 이른바 '우리동네 맞춤형 정책 깔때기' 역할을 함으로써 상위정부의 다양한 정책사업을 지역의 필요에 따라 수용하고, 역으로 현장의 경험을 광역과 중앙정부 정책에 제안하여 지역 실정에 맞는 정책 수립을 견인하는 역할을 할 수 있다.

마을관리소 사례

2010년 전후하여 전주를 필두로 하여 혁신적인 자치단체장들이 마을 단위의 관리사무소를 설치하여 소수의 상근 인력을 배치하고 집수리와 복지지원, 상담과 교육 등의 업무를 담당하도록 시도한 사례가 있다. 특히 부산, 전

| 표 15 | 마을관리소 선행 사례 분석

주요 사례	주요 특징
프랑스 지역관리기업	• 사회적·경제적·정치적 차원의 다중적 역할 수행 • 140개 지역관리기업이 존재 • 표준화된 모델 없이 지역의 상황과 주민의 요구에 기초하여 맞춤형 지역관리기업 설립
시흥시 동네관리소	• 2015년부터 일반주택지역 환경개선 추진 • 시흥시 도시재생지원센터에서 운영경비 지원(1개소당 최대 7,500만 원) • 코디네이터 1명(총괄)+마을돌보미 3명(공동체+집수리기술자+보조기술자) • 집수리와 공구임대라는 공통사업+각각 커뮤니티 공간 운영/돌봄/골목길 환경개선이라는 세 가지 유형이 존재
경기도 행복마을관리소	• 2019년 1월 조례 제정 후 현재 5개동에서 시범 실시 • 10명이 기간제근로자로 채용되어 5명씩 2교대로 근무 • 1개소당 약 7,600만 원 지원
인천 마을주택관리소	• 2015년부터 사업추진 • 기초생활수급가구, 장애인, 독거노인 등 대상으로 간단한 개·보수 지원 • 관리소마다 1,500만 원의 리모델링 비용, 월 100만 원씩 운영비 지원 • 주로 자원봉사인력에 의존하다 보니 정상적 운영이 불가능하다는 비판
부산시 마을지기사무소	• 2015년부터 추진. 자치구마다 전담공무원이 있고 현장에는 2인의 상근 인력(마을지기, 만물수리공) 고용 • 1개소당 연 2억 원 지원 • 주택유지관리서비스(수급자·차상위/독거노인·장애인·저소득층/일반 주민에 따라 차등 지원), 집수리교육 및 공구대여, 무인택배 등 주민생활편의사업, 공공근로·복지관 연계사업, 공동체활성화 사업 등 다양한 역할 수행
서울시 주거복지지원센터	• 일부 자치구에서 서울시 25개 자치구로 확대(주로 민간위탁이었으나 SH직영센터 확대) • 센터별로 사회복지직을 채용하여 운영. 즉, 집수리 자체보다는 사례관리에 초점을 두고 있음을 알 수 있음 • 취약계층에 대한 간단한 집수리 서비스를 제공하지만 주로 상담서비스 위주이며 일반 가구의 지원은 제약
전주시 해피하우스	• 2009년 국토해양부 시범사업으로 실시, 2012년부터 자체적으로 추진 • 주택유지관리, 에너지 효율 개선, 지역공동체 활성화가 주요 사업 • 초기에는 주로 집에 초점을 맞췄지만 점차 골목, 담 등 마을환경개선으로 확대 • 지원대상도 취약계층에서 일반 가구로 점차 확대 • 센터별로 담당공무원 1인, 전문인력 3인으로 구성

주, 인천, 시흥시 등은 도시재생사업을 추진하기에는 예산상 여력이 부족하고 주민들 역시 참여가 약한 상태에서, 지역 쇠퇴를 둔화시키고 적정 수준에서 관리하려는 목적으로 마을관리소를 운영했다.

선행모델의 공통되는 주요 특징을 살펴보자. 첫째, 부산, 전주, 시흥, 경기도, 인천 모두 동(洞) 단위를 기본으로 한다. 반면 서울시 주거복지지원센터는 자치구 단위로 사업을 추진하고 있으며 대상지가 너무 넓어서 충분한 효과를 거두기 어렵다. 따라서 마을관리소는 동을 기본 활동 단위로 설립하는 것이 타당하다. 둘째, 서비스의 대상을 취약계층에 한정할 경우 오히려 주민 간의 갈등을 유발할 위험이 크므로 '보편적' 주거복지서비스의 성격을 애초부터 가지고 출발하는 것이 바람직하다. 단 일반 가구의 경우 실비 차원에서 비용을 청구하고 중장기적으로 회원, 조합 방식으로 진행하는 것이 좋다. 셋째, 시범사업을 실시한 자치단체들이 대체로 사업을 확대하는 경향이어서 정책의 효과는 이미 검증되었다고 보면, 단기 시범운영을 넘어 중장기적인 운영방안이 마련되어야 한다. 특히 서울은 서울형 주민자치회가 임기 내 전체 동으로 확대 전환 실시될 계획이므로, 주민자치회와 연결하는 것이 용이하고 필요하다. 넷째, 안정적 전문 인력이 필수다. 2~4인의 소수로는 부족하고 5인 이상의 안정적인 전문 인력이 필요하다. 기존의 마을관리소가 주로 집수리, 택배, 공공근로라는 정도의 업무에 한정했지만, 마을의 '종합관리'라는 차원에서 보면 전문 인력의 규모는 자명하다.*

* 법정 도시쇠퇴 지표로 분석하면, 서울시 424개 동에서 도시쇠퇴가 진행 중인 지역이 323개동으로 약 76퍼센트가 해당한다. 이중에서 3개 지표 모두에서 쇠퇴가 나타나는 심각한 동네는 약 141개로 파악된다(2014년 자료). 141개 동에서 재개발·재건축이 추진되거나 가능성이 있는 지역과 여러 도시계획의 규제로부터 비교적 자유로운 지역을 제외하면 마을관리소가 필요한 심각한 지역은 100개 미만으로 줄어들 것으로 판단된다. 즉 향후 연 예산 10억 원의 예산을 투입할 경우, 마을관리소를 서울시 전체로 확대하더라도 연간 1000억 원 이하의 예산이 가능할 것으로 예상된다.

마을관리소 모델의 단계적 구축

마을관리소 세부업무(안)

마을관리소가 담당할 수 있는 업무를 보면, 우선은 주거환경 관리가 중심이겠지만 여기에 그치지 않고 더욱 확장된다. 물론 이는 동네의 조건과 형편에 따라 우선순위와 단계적 확대의 범위가 다를 것이다.

첫째, 주거환경관리는 주택 안팎을 모두 포함하여 필요한 서비스를 한다. 청소와 소독방재, 철물점이나 전파사가 담당했던 소소한 일상생활지원서비스 등이 주요 내용이다. 아파트 관리사무소와 주거복지센터의 기능이 합쳐진 것으로 볼 수 있다.

둘째, 주민생활관리는 복지사각지대를 살피고 동네에서 상호 보살핌을 해결하는 커뮤니티 케어 [1단계]에 해당하는 활동을 할 수 있다. 특히 고령사회를 대비하여 다양한 대응방안을 실험하는 사회혁신 리빙랩 방식의 고령화 실험실의 기능을 할 수 있다.*

셋째, 마을경제를 활성화하고 마을일거리와 일자리를 만들어 마을고용을 창출하는 활동을 한다. 정규적인 일자리만이 아니라, 집수리, 돌봄서비스, 택배 대행과 같은 생활지원서비스 등 다양한 마을서비스 공급자로서 활동할 사람들을 발굴함으로써 소소한 일거리를 만들 수 있다. 고령화 시대를 맞아 소일거리의 중요성은 점차 커진다. 또한 제설업무, 공원, 주차장 등 시설관리 등 지역자산을 관리하는 공공업무를 위탁하여 일거리를 창출하는 방법도 있다. 소위 '마을형 시설관리공단'의 역할을 하는 것이다.

넷째, 마을형 지역개발회사의 역할을 하는 것인데, 지역자산 관리를 넘어

* 뒤에서 살피겠지만 마을관리소, 재생에너지 가상발전소, 커뮤니티 케어 등은 서비스의 성격상 독립적으로 운영될 수도 있지만, 통합적으로 운영될 수 있다. 지역의 여건과 역량에 따를 일이다.

| 표 16 | 마을관리소의 역할

주거환경관리	주민생활 관리	공동체 형성 및 강화
• 주택 안팎에 대한 관리 • 아파트 관리사무소 + 주거복지센터	• 복지사각지대 해소 및 커뮤니티 케어 추진 • 복지관 + 보건소 + 주민센터	• 주민교육 및 주민조직화 • 주민자치회 촉진자 또는 향후 주민자치회 연계
마을경제 활성화	**지역자산 관리 및 지원**	**마을연구소**
• 일자리 + 소일거리 제공 • 소상공인 협동조합 등 • 자활센터 + 사회적경제통합지원센터 → 마을형 센터	• 공동이용시설 등 관리지원 • 공공시설의 위탁운영 추진 • 마을형 시설관리공단	• 지역연구 및 정책자원 연계 • 마을 단위에서 중앙정부, 서울시 등의 정책 연계 시도 • 마을차원의 정책 제안자
새로운 서비스 제공자	**고령화 실험실**	**마을형 지역개발회사**
• 택배, 제설, 공원관리 등 • 서비스 사각지대 해소 • 다른 지역 마을관리소	• 고령화에 따른 다양한 대응방안 실험 • 사회혁신 리빙랩	• 관리를 넘어 지역에 필요한 개발의제를 주도 • 필요한 개발사업을 촉진하는 한편 개발이익의 공공화

지역에 필요한 개발의제를 주도하고 실제 개발사업을 추진하는 것이다. 예를 들어, 현재 도시재생사업에서 추진하는 소규모 주택정비사업, 가로주택정비사업을 마을관리기업이 일종의 시행사 역할을 담당하여 추진할 수 있을 것이다. 이렇게 발생하는 개발이익은 마을의 중요한 공공기금이 된다.

다섯째, 이러한 모든 역할에 바탕이 되어야 하는 가장 기본적인 역할이 주민참여를 촉진하고 조직화하는 일이다. 공동체적 관계망이 만들어지고 확대되지 않으면 앞서 거론한 모든 기능은 아예 불가능하다. 항상 '주민의 참여와 참여한 주민들의 조직화'라는 관점에 사업이 기획되고 실행되며 평가되어야 한다.

끝으로 마을연구소의 역할이다. 지역의 구체적인 데이터를 체계적으로 구축하지 않으면 구체적인 정책이 나오지 않고, 정부와의 협력적 관계를 주도적으로 이끌 수 없다. 더욱이 정부의 재정을 적극적이고 효과적으로 조달 활용하기 위해서는 데이터 구축과 정책설계 능력이 필수적이다.

마을관리소의 단계적 구축

아래 표는 삼양동 마을관리소 설립의 연차별 추진계획을 담은 것이다. 삼양동이라는 특수성이 작용한 것이나 대체로 최소 3년 정도의 설립과 시범운영의 시간이 필요하다. 1차 연도에는 마을관리소의 효능감을 주민들이 체감으로 공감할 수 있도록, 시급하면서 실질적인 서비스를 시범적으로 제공한다(낙상예방 교육 실시와 낙상방지 집수리, 가꿈주택 사업 상담 및 신청서 작성 지원 등).

| 표 17 | 삼양동 로컬랩 마을관리소 단계적 실행계획(안)

	1년차	2년차	3년차
공동체	• 주민교육 • 주민 발굴	• 주민 주체화 및 주민 역량 강화	• 주민자치회 연계
주거환경관리	• 기초적 집수리 • 공원 등 공공인프라 관리	• 집수리 심화 • 공공인프라 심화관리 • 새로운 주거환경관리 요소 개발	• 고령친화주택 • 리모델링 • 공공인프라 개선 • 다양한 서비스 제공
주민생활관리	• 사각지대 발굴 • 기존 복지전달체계 파악	• 동 단위 복지네트워크 형성 • 사각지대 해소 • 프로젝트 추진	• 00동 커뮤니티 케어 추진
지역자산관리	• 공동이용시설 등 관리지원	• 공동이용시설 등 위탁운영 추진	• 지역자산화 확대추진
新서비스 공급	• 택배, 제설 등 기본 서비스 제공	• 기본 서비스 제공 • 지역 맞춤형 서비스 제공	• 지역 맞춤형 서비스 제공
마을경제 활성화	• 소일거리 제공 • 일자리 교육 • 00동 마을경제 연구	• 소일거리 제공 • 일거리 교육/숙련 형성 • 00동 마을경제모델 마련	• 소일거리 제공 • 일자리 교육/숙련공 • 협동조합, TMO 등 마을 경제조직 출범
마을연구소	• 조사연구 • 데이터 축적 • 정책역량 강화	• 관련 중앙정부 및 서울시 정책 모니터링 • 가능한 정책 연계	• 마을 정책랩으로서 정책 제안
고령화 리빙랩	• 조사연구 • 데이터 축적	• 고령화 관련 외부자원 연계	• 고령화 관련 산업 및 연구기관 유치
지역개발회사	• 학습: 마을형 지역개발회사 모델 마련	• 준비: 공모사업 등 참여	• 출범: 00동 지역개발회사 창립

이를 통해 마을관리소의 필요성에 동의하고 설립의 주체로 나서도록 조직하는 것이 관건이다. 아울러 서비스 공급자망을 구축하여 동 차원에서 필요한 주거관리 등의 서비스를 완결적으로 감당할 수 있는 생태계를 구축하는 로드맵을 만들어 가야 한다.

장기적으로는 주거관리 업무에서 더 확장하여 동네 골목 관리, 동네 주차 및 안전시설 등의 관리, 커뮤니티 공간 관리와 운영 등 지역사회 공공의 손길이 필요한 관리업무를 공공으로부터 위탁받아 수행할 수 있다. 궁극적으로는 앞에서 검토한 커뮤니티 케어(마을돌봄) 영역이나 뒤에 이어서 살펴볼 지역재생에너지 영역도 마을관리소의 중요한 활동 및 사업대상이다. 주민들의 참여를 확대하고, 서비스의 직접 생산과 공급의 경험을 쌓아가면서, 영역 확장을 위한 조사와 시범사업을 실시하여 자연스럽게 마을관리소의 업무 영역을 확장해 간다.

또한 주민자치회와 조직적으로 연결한다는 목표를 세우고 추진해야 한다. 그래야 주민참여의 폭이 넓어지고 수준도 깊어질 수 있다. 주민자치회로의 전환이 아직 이루어지지 않은 경우에는 전환하는 프로세스에 적극적으로 참여할 준비를 해야 한다. 이미 전환한 경우에는 주민자치회 또는 관련 분과위원회와 협력사업을 하면서, 일을 중심으로 결합하는 프로세스를 만들어 가야 한다. 정확히 양분할 수는 없지만 주민자치회가 의사결정기구라면 마을관리소는 일종의 집행기구로서 역할을 할 수 있을 것이다. 마을관리소는 아파트 관리사무소의 역할에서 시작하더라도, 공동체 활성화 지원, 주민생활 관리, 지역자산 관리, 지역 관리 서비스, 마을경제 활성화, 고령화를 대비한 커뮤니티 케어, 지역재생에너지기업으로서의 역할로 발전하고 근린재생형 개발회사(CDC, community development corperate)로 진화하는 '마을관리기업'의 비전을 가져야 한다.

앞의 커뮤니티 케어의 모델을 검토하면서 제기한 몇 가지의 방향이 마을관리소에서도 적용할 수 있다. 다양한 서비스를 통합적이고 원스톱으로 제공할 수 있는 통합서비스 공급 시스템을 갖추어야 한다. 물론 시장과 경쟁에서 살아남을 수 있는 양질의 서비스를 위한 끊임없는 노력이 필요할 것이다. 또한 이들 서비스는 지역의 주민들이 생산하고 공급하는 역할을 할 수 있어서 마을 차원의 일자리와 일거리를 창출한다. 마을관리소의 기업형태는 주민들이 주주(출자자)로 참여하는 기업(협동조합)으로 구성되는 것이 바람직하다. 그래서 마을관리를 통해 발생하는 경험과 이익, 자산은 모두 주민들에게 돌아가도록 해야 한다. 선순환 구조를 잘 만든다면 마을관리소는 의미 있는 동네 단위 공동체경제 모델로 자리 잡을 수 있을 것이다. 아울러 행정 역시 일정한 공공적 책임과 자원을 가진 중요한 공급 당사자이므로 민관이 합작으로 설립하고 일정한 지분을 가지는 방안이 좋다. 그래야 공공의 위탁사무를 수탁하는 데 있어서도 공공성을 유지할 수 있다.

06

기후위기와 로컬 가상발전소

기후위기와 패러다임 전환

2019년 9월 9일, 664명의 원로 지식인과 연구자들은 정부에 기후위기에 적극 대응할 것을 촉구하는 선언문을 발표했다. "문재인 정부의 탈핵·에너지전환 추진력이 약하다는 비판이 제기되고 있고, (특히) 온실가스 감축 정책은 전환의 의지 자체를 의심할 수준"이라며 "한국은 이산화탄소 배출량 세계 7위, 기후악당 국가의 불명예를 안고 있다"고 비판했다. 선언문 말미에 정부를 향해 구체적으로 1) 기후위기 비상선언을 실시하고 온실가스 배출 제로 계획을 수립하고, 2) 기후정의 원칙에 입각해 기후변화 대응 정책을 포괄적으로 재검토하며, 3) 신속한 탈핵·에너지전환을 추진할 수 있도록 국가 특별기구를 설치하고 관련 법과 제도를 정비할 것을 주문했다.[07]

기후위기

기후변화에 관한 최고 권위를 가진 과학자집단인 IPCC(Intergovernmental Panel on Climate Change)는 2018년 특별보고서를 제출했다. IPCC는 1988년 설립되었고 전 세계 195개국이 참여하고 있으며, 2007년 노벨평화상 수상하기도 했다. 그동안 총 5회 보고서를 UN에 제출한 바 있다. 5차 보고서는 2014년 제출되었고, 그를 토대로 파리협정이 체결되었다. 그런데 2018년 인천 송도에서 개최된 총회에서 이례적으로 특별보고서가 제출되었다. 이는 〈지구온난화 1.5° C에 대한 특별보고서〉로, 5차 보고서에 대한 회원국의 의구심이 제기되면서, 기후변화를 너무 안이하게 보았다는 반성에 따른 것이다. 이 보고서는 2017년에 이미 평균온도 1도 상승을 돌파한 이래, 2040년에 1.5도 상승 돌파할 것이라는 예측을 담고 있다. 겨우 20년 남짓한 미래에 지구가 회복 불가능한 마의 1.5도 상승에 도달할 것이라는 비관적인 예측이다.[08] 이 보고서는 지구온난화를 1.5도로 제한하기 위해서는 석탄발전을 제로화하고 전력 생산의 70~85퍼센트를 재생에너지로 대체할 것을 주장하고 있다.

그러나 호주국립기후복원센터는 2019년 5월 이보다 더욱 충격적이고 비관적인 보고서 〈실존적인 기후 관련 안보 위기-시나리오적 접근〉을 내놓았다. 이 보고서는 20년 후가 아니라, 10년 후인 2030년이 되면 이미 1.6도 상승에 도달할 것으로 예측하고 있다. 당장 긴급한 행동을 하지 않으면 지구는 재앙 수준으로 빠져들 것이라고 경고하고 있다. 이 보고서에 따르면 파리협약과 IPCC 보고서는 2030년까지 특별한 변화가 없다고 진단하였고, 그래서 각국은 기후 비상 상황을 대비한 탄소 배출 절감 및 제로 배출 경제 체제로의 전환을 위한 즉각적인 행동에 나서지 않았다는 것이다. 2030년경 대기 중 이산화탄소의 농도는 437ppm에 이를 것이며 평균온도 상승은 이미

1.6도에 달할 것이고, 2050년에 2.4도에 이를 것으로 예상되는데, 문제는 자연의 복잡한 상호작용에 따라 다양한 시너지 효과가 생겨 실제 온도 상승은 3.0도가 될 것이라고 한다. 지구 스스로 피드백 궤도에 올라 탄소 배출 외의 다른 요인으로 지구 스스로 0.6도를 더 상승시킨다. 예를 들어 아이스 알베도(Ice Albedo) 피드백 현상, 즉 북극의 빙하가 녹아내려 늘어난 바닷물이 더 많은 태양열을 흡수하여 평균온도를 상승시켜 결국 빙하가 더 녹아내리는 상승 작용이 나타나게 된다. 또한 미국 알래스카의 영구 동토층이 기후변화로 빠른 속도로 녹고 있다. 이 지역의 땅 속에는 몇십억 톤의 메탄이 갇혀 있는 것으로 추정되는데, 땅이 녹으면서 메탄이 대기 중에 방출되는 것이다. 미국 과학전문지 〈사이언스〉에 따르면 대기 중에 포함된 메탄의 양은 적은 편이지만, 지구온난화에 미치는 영향은 이산화탄소보다 무려 20배나 크다고 한다. 결국 기온 상승으로 동토가 녹아 메탄이 방출되면 기온이 더 올라 메탄이 더 많이 방출되는 악순환이 진행되는 것이다.

이렇게 지구가 일단 피드백 궤도에 들어서게 되면 자연계 스스로의 상승 작용이 작동해서, 인간의 어떠한 인위적인 노력도 소용이 없어져 심각한 통제 불능의 상태에 빠지게 된다는 것이다. 결국 지구 육지의 35퍼센트나 되는 면적이 인간의 생존 한계 상황에 다다르게 되고, 전체 인구의 55퍼센트가 생존이 불가능한 상태에 처하게 된다.[09] 기후변화가 아니라 '기후위기'이며, 기후 '비상사태'다. "행동에 나서야 할 티핑 포인트가 10년밖에 남지 않았다."

기후위기와 불평등

기후위기는 미래의 위험이 아니라 현재의 재앙으로 닥쳐와 있다. 또한 그 재앙은 가난한 사람들에게 가장 먼저 들이닥치고 가혹한 결과를 만든다.

자연재해가 전 세계적으로 빈발하고, 그 피해 규모는 가히 천문학적이다. 2017년 미국 자연재해 규모는 역대 최고치를 기록하고 있으며, 피해액이 10억 달러를 넘는 자연재해만 16회에 달했다고 한다. 자연재해의 유형을 보면 최근 40여 년간(1980~2017년) 10억 달러가 넘는 피해가 발행한 자연재해의 종류도 가뭄, 홍수, 한파, 태풍, 열대저기압, 산불, 눈보라 등 매우 다양한 재해 양상을 보이고 있다. 또한 빈발하고 있는 자연재해의 피해액 역시 지속적으로 증가 추세를 보인다. 미국의 해양대기청(NOAA, National Oceanic and Atmospheric Administration)에 따르면, 2017년 미국의 자연재해 피해액은 3000억 달러를 넘어섰다. 대규모 피해 사례로 꼽히는 태풍 하비는 역대 최고 강수량인 500억 톤과 함께 피해액 125억 달러를 기록했다. 산불은 유타, 캘리포니아, 콜로라도, 네바다, 오리건, 워싱턴주가 큰 피해를 보았고, 캘리포니아주에서는 동시다발적으로 발생한 산불만 20건에 달했다.[10]

인도 대부분의 지역에서 발생한 폭염은 말 그대로 살인적인 수준이었다. 수도 뉴델리는 47도, 라자스탄의 사막도시 추루는 최고 50.6도를 기록했다. 2015년 폭염으로 인도에서 최소 2,000명, 파키스탄에서는 1,200명이 사망했다. 우리나라에서도 2018년 폭염으로 4,526명의 온열질환자가 생겼으며 그중 48명이 사망하였다. 지난가을 일본에 덮친 19호 태풍 하기비스의 폭우로 인해 13개 광역지자체에서 88명이 사망했고 7명이 행방불명됐다. 일본 농림수산성이 밝힌 농림수산업 관련 피해만 1조 3085억 원이다. 침수된 호쿠리쿠 신칸센 96대의 차량의 장부상 가격이 지난달 말 기준으로 1200억 원에 달한다고 한다.[11]

2018년 세계불평등리포트에 따르면, 미국의 상위 1퍼센트가 거둬 들인 수입이 1980년 전체 소득의 10퍼센트였으나 2016년에는 20퍼센트로 두 배가 증가했다. 반면 하위 50퍼센트는 같은 기간 동안 전체 소득의 20퍼센트에서 13퍼센트로 줄어들었다. 빈곤문제를 다루는 옥스팜에 따르면 1988년과 2011년 사이 전 세계 상위 1퍼센트의 소득증가율이 하위 50퍼센트의 소득증가율의 182배에 이르렀으며, 세계에서 가장 부유한 8명과 하위 50퍼센트의 인류가 동일한 부를 소유하고 있다고 한다. 작년 초에 나온 옥스팜 자료는 전 세계 상위 1퍼센트가 2017년 한 해 동안 새로 창출된 부의 82퍼센트를 독식했음을 보여 준다.[12] 최근 30·40년 동안 전 세계적으로 불평등의 양극화 현상은 격심해지고 있음을 알 수 있다.

2011년부터 7년 동안 끌어온 시리아 내전으로 엄청나게 많은 인명피해와 수많은 난민이 발생하였고, 유럽의 각국들은 이 난민들의 수용 여부를 둘러싸고 엄청난 사회적 갈등과 혼란을 겪고 있다. 시리아 내전의 직접적인 원인은 각 이슬람 세력이 주도권 다툼에서 비롯된 것이었지만, 중동지역의 가뭄에 따른 '물 부족'이 근본적인 원인이라고 한다. 시리아 내전이 일어나기 전인 2007~2010년, 사상 최악의 가뭄이 발생하자 곡물 수확이 격감하고 식량 가격이 폭등하면서 생존의 위기에 내몰린 농민들이 도시로 몰려들면서 정치 불안이 격화되고 급기야는 내전으로 이어졌다고 한다. 가뭄, 한파, 폭풍, 지진 등 다양한 양상의 기후변화는 단순히 기후문제로 그치지 않는다. 식량과 자원의 수급 균형을 일거에 파괴하여, 극심한 식량부족과 기근을 야기하고 이로 인해 생존을 위협받는 사람들 간의 폭력적 갈등을 불러일으킨다. 이는 일국의 안보를 위협할 뿐만 아니라 국제적 분쟁의 원인으로 직결된다. 오바마 전 미국 대통령은 '기후위기는 안보의 문제'라고 했다. 이 와중에 가난한 사람들이 먼저 생존의 위기에 내몰리고 전쟁의 피해를 고스란히 다 받아안게 된다.

미세먼지와 탈탄소

파란 하늘에 뭉게구름을 보는 일이 드물다. 뿌연 잿빛 하늘에 숨이 막힐 것 같은 날이 잦다. 외출을 자제해야 하는 수준이다. 세계보건기구(WHO)는 2014년 전 세계에서 미세먼지로 조기 사망한 사람이 700만 명을 넘었으며, 미세먼지로 인류의 수명이 짧아지고 있다고 했다. 국제 암연구소는 미세먼지를 1군 발암물질로 분류했다. 한국환경정책평가연구원의 자료에 따르면 초미세먼지(PM2.5) 농도가 10$\mu g/m^3$ 증가할 때 호흡기 질환 입원환자 수는 1.06퍼센트 늘고, 특히 65세 이상 노인층에서는 8.84퍼센트나 급증했다고 한다.[13] 우리나라의 연평균 초미세먼지는 주요 선진국(OECD) 대비 2배 수준이다. 시민 10명 중 9명이 미세먼지로 인해 생활에 불편을 느끼며, 건강 악화와 실외 활동 제약을 호소하고 있다. 최근 시민들이 미세먼지가 심하다고 느끼는 이유는 특히 겨울과 봄에 미세먼지가 고농도인 날이 많아지고 있기 때문이다. 또 이 시기에 난방 등 국내외에서 배출량이 증가하는 데다가 기후변화로 인한 풍속 저하로 대기가 정체되기 때문이다. 그렇기 때문에 미세먼지 배출량을 줄인다 해도 대기정체 현상이나 겨울 가뭄 같은 기상현상으로 인해 시민들이 체감하는 개선 효과를 거두기 쉽지 않다.

그렇다면 미세먼지의 원인과 해결법은 무엇일까. 중국 산업지대에서 날아오는 미세먼지의 영향이 32퍼센트를 차지한다는 한중일 합동연구 결과가 최근 발표되었지만, 미세먼지는 대부분 석탄, 석유 등의 화석연료를 태울 때나 공장, 자동차 등의 배출가스에서 발생한다고 알려져 있다. 그런데 우리나라 2000~2017년 에너지소비 추이를 보면 총에너지가 연평균 2.7퍼센트씩 증가하고 있고, 전력, 도시가스, 석탄이 최종에너지 소비 증가를 주도하고 있다고 한다. 결국 미세먼지 정책은 에너지 수요를 줄이고, 효율을 개선하며 화석연료를 대체하는 정책들이 모두 융합적으로 계획되고 추진

되어야 비로소 효과가 나타난다.[14]

반기문 전 UN사무총장이 회장으로 있는 국가기후환경회의가 개최한 전문가 컨퍼런스에서 논의된 미세먼지 감축방안으로 인공강우는 현재의 기술 수준에서는 효과가 미미하며, 최근 이슈화된 대형 야외공기청정기 또한 비용-효과 면에서 실익이 없다고 평가되었다. 녹지벽과 도시숲은 미세먼지 저감에 매우 제한적 효과가 있다는 의견이 주를 이루었으며, 대기·기후·생태·경관 등 종합적인 관점에서 다루어야 한다는 의견이 제시되었다.[15] 결국 장기적이고 근본적인 해결책은 미세먼지 배출량을 줄이기 위한 에너지 저소비 사회로 전환하는 것이다.

원전의 비용과 위험

최근 정부의 탈원전 정책을 반대하는 측에서는 기후변화의 원인인 온실가

| 표 18 | 미국의 발전원별 평균 균등화발전 단가(2016년 기준) (단위: 달러/MWh)

구 분	연료비 (변동비)	건설비 (환경설비 포함)	유지비 (고정비)	송전 투자비	계	세금 감면	총합계
석탄발전 (온실가스 30퍼센트 제거 설비)	34.6	94.9	9.3	1.2	140.0	0.0	140.0
석탄발전 (온실가스 90퍼센트 제거 설비)	33.1	78.0	10.8	1.2	123.2	0.0	123.2
LNG발전 (최신 복합설비)	38.1	15.8	1.3	1.2	56.5	0.0	56.5
LNG발전 (최신 복합설비+CCS)	47.4	29.5	4.4	1.2	82.4	0.0	82.4
원자력발전 (최신 설비)	11.7	73.6	12.6	1.1	99.1	0.0	99.1
원자력발전 (육상 설비)	0.0	47.2	13.7	2.8	63.7	-11.6	52.2
태양광발전	0.0	70.2	10.5	4.4	85.0	-18.2	66.8

스 배출이 거의 없는 청정한 에너지이고, 생산비용이 저렴하다는 이유로 원전이 탈탄소의 대안이라고 주장한다. 원전 사용을 줄이면 오히려 가스나 석탄과 같은 화석연료 사용량이 증가해, 온실가스 배출이 더 많아지고 지구온난화를 심화시킬 수 있다는 것이다. 하지만 원전의 생산비가 저비용이 아니다. 단순히 '발전 단가'만으로 보면 안 되고, 유지비용과 해체 및 처리비용을 감안한 '사회적 비용'이라는 관점으로 보아야 비로소 제대로 된 비용이 계산된다.

원전을 해체하는 데 15년이 소요된다고 한다. 해체 과정에는 폐기물 처리비용이 발생한다. 하지만 원자력 폐기물은 영구적이어서 영원히 '처리'가 불가능하다. 영원히 '관리'되어야 하는 것이다. 10만년을 보관해야 하는 고준위 핵폐기물 처리장은 후손들에게 엄청난 애물단지이다. 결코 원자력에너지는 저렴한 에너지가 아니며, 더욱이 한 번 사고가 나면 그 처리비용은 더욱 어마어마한 수준이다. [표 18]은 미국의 발전원별 평균 '균등화 단가'를 나타내고 있다. 균등화 단가란 사회적 비용을 감안한 소비자가 최종적으로 감당해야 할 비용을 의미한다. 태양광의 발전 단가가 현저히 낮은 것을 알 수 있다.[16]

최근 일본의 민간 싱크탱크인 일본경제연구센터(JCER)는 후쿠시마 원전 처리비용이 2050년까지 최대 81조 엔(810조 원)에 달할 것으로 추산된다고 밝혔다. 2016년 일본 정부에서 밝힌 22조 엔의 4배에 가까운 규모다. 2년 전 JCER에서는 처리비용을 최대 70조 엔으로 전망했지만, 오염수가 증가하는 등의 영향으로 비용을 더 늘려 잡았다. JCER에서는 원자로를 폐로하지 않고 오염수를 그대로 배출한다는 전제 아래 처리 비용을 4조 엔 가량으로 잡았다. 오염수를 희석해 방출할 경우에는 이 비용은 11조 엔으로 증가했고, 바다로 흘려보내지 않을 때에는 51조 엔까지 치솟았다. 현재 일본 정부는 원전 인근에 저장탱크를 만들어 오염수를 보관하고 있다. 2020년까지 137만 톤을 저장할 수 있는 탱크를 만들겠다는 계획이지만 2019년 2월 기준으로 나온 오염수만 이미 112만 톤을 넘어선 상태다. 국제원자력기구(IAEA) 등에선 3~4년 내에 저장공간이 모두 찰 것으로 보고 있다.

문제는 탱크를 더 설치할 공간도 없어, 이후 처리 방안을 결정해야만 하는 상황이다. 처리 방식에 따라 비용이 눈덩이처럼 늘어나다 보니 도쿄전력 등에선 바다에 흘려보내는 방안을 중심으로 고려하고 있다.[17] 일본 환경성 하라다 요시아키(原田義昭) 환경상(환경부 장관)은 국무회의 후 기자회견에서 후쿠시마 제1원전에서 방출되는 방사성 물질인 트라이튬을 포함한 처리수에 대해 "(태평양 바다에) 방출해 희석하는 방법 밖에 없다"고 공공연하게 오염수 방출을 거론하였다.[18] 만일 방류를 결정한다면, 후쿠시마 주변지역의 주민들은 물론이고 인근 해역의 우리나라와 환태평양 지대에 속한 모든 나라가 방사능 오염수에 그대로 노출되는 것이다.

반면 태양광을 필두로 하는 신재생에너지의 단가는 계속 떨어지고 있다. 태양광은 태양광 모듈, 인버터의 가격이 떨어지고 기술발전으로 효율이 좋아져 수익성이 높아지고 있기 때문이다. 새롭게 시작된 기술과 산업영역이기 때문에 기술발전의 여력과 산업적 성장의 잠재력은 앞으로 무궁무진하다. 세계 150개국이 가입한 국제 재생에너지기구(IRENA)는 재생에너지 전원의 비용 동향을 정리한 보고서를 매년 발표하는데, 2018년 보고서에 따르면 2010년부터 2017년까지 태양광발전 비용은 73퍼센트, 육상풍력발전 비용은 약 25퍼센트 감소한 것으로 드러났다. 이렇듯 태양광 등 재생에너지 관련 기술이 발전함에 따라 발전비용이 절감되게 되면 원전은 더 이상 값싼 에너지가 아니다.

기후위기 선포를 촉구하는 지식인·연구자 선언

지구의 미래를 위한 저항이 확산되고 있다. 지난 3월과 5월, 전 세계 수백 개의 도시에서 청소년들이 앞장 선 '기후를 위한 학교 파업(School Strike for Climate)'에 수십만 명의 시민들이 동참했다. 화석연료 사용의 신속한 중단을 요구하며 점거 시위를 펼치는 멸종저항(Extinction Rebellion)과 토지의 종말(Ende Gelände) 운동을 지지하는 목소리도 전 세계로 퍼지고 있다. 기후위기에 대한 전면적인 대응을 촉구하는 시민사회의 요구는 '기후행동 정상회의'(Climate Action Summit)가 열리는 기간에 맞춰 펼쳐질 전 지구적인 기후 파업에서 다시 한 번 분출될 것이다.

기후행동이 세계 각지에서 지지를 받는 까닭은 무엇보다 일상에서 기후변화의 위험을 체험할 수 있을 만큼 지구의 기후가 급변하고 있기 때문이다. 우리는 기후변화가 아닌 기후위기의 시대를 살고 있다. 그동안 경험할 수 없었던 폭염이 더 자주, 더 오랫동안, 더 많은 곳을 강타하고 있다. 예기치 못한 폭우, 폭설, 가뭄, 홍수, 한파 소식 또한 더 이상 낯설지 않다. 급변하는 기후로 인해 수십 년 내 전 세계의 주요 도시가 인간의 생존이 어려운 곳으로 변할 수 있다는 암울한 경고까지 나오고 있다. 기후위기는 부정할 수 없는 사실이자 외면할 수 없는 현실이다.

나아가 기후위기가 다차원적인 위기를 촉발할 수 있다는 사실을 직시해야 한다. 단적으로 기후변화로 인한 가뭄과 사막화, 토지 이용방식의 변화는 식량 생산의 감소를 야기할 수 있다. 그리고 식량 생산 감소로 인한 식량 가격의 상승은 가난한 지역과 계층의 식량위기를 촉발할 수 있다. 또한 기후위기와 식량위기는 물 공급과 사용에 지대한 영향을 미친다. 이처럼 기후위기는 에너지위기이자 식량위기, 나아가 물위기를 포함하는 총체적인 위기의 징후라는 사실을 직시해야 기후위기에 제대로 대응할 수 있다.

다행히 최근 들어 기후위기에 적극적으로 대응하는 국가가 늘고 있다. 2019년 들어 영국, 아일랜드, 캐나다, 프랑스 등이 앞장서 기후위기 또는 기후비상사태를 선포했다. 지방정부로 내려오면, 세계 각지에서 수백 곳 이상의 지방정부가 기후위기 비상 선언에 동참하고 있다. 또한 미국과 유럽의 주요 선거에서 기후변화가 주요 쟁점으로 부상하면서, 그린 뉴딜(green new deal)과 같은 전향적인 정책들이 제안되고 있다. 국가적 차원에서 자원과 역량을 동원해서 2030~2050년 탄소 배출 제로, 신속한 재생가능에너지로의 전환, 2030~2040년 내연기관 차량의 판매 중단과 같은 장기적인 전환 계획을 수립·실행하는 것이 시대적 과제로 부상하고 있다.

하지만 안타깝게도 한국은 한참 뒤쳐져 있다. 문재인 정부가 탈핵 · 에너지전환으로 에너지정책의 방향을 돌린 것은 환영할 만한 일이지만, 기후위기의 현실에 비춰 보면 전환의 속도는 느리고 포괄 범위도 제한적이다. 한국은 이산화탄소 배출량 세계 7위, 기후악당국가의 불명예를 안고 있으나 석탄화력발전에 대한 투자는 여전히 많고 폐쇄 계획은 더디다. 도전적인 '탄소 배출 제로' 목표가 필요한 상황이지만, 한국은 아직 국제적으로 매우 불충분한 것으로 평가받는 BAU 대비 2030년 온실가스 감축 목표에 머물러 있다. 문재인 정부의 탈핵·에너지전환의 추진력이 약하다는 비판이 제기되고 있지만, 온실가스 감축 정책은 전환의 의지 자체를 의심할 수준이다. 기후변화 대책의 사각지대가 곳곳에 존재할 뿐만 아니라 통합적인 기후위기 대응방안은 잘 보이지 않는다. 그 어느 때보다 기후위기에 대한 정확한 인식, 기후변화 및 에너지전환 정책에 대한 통렬한 성찰이 필요한 상황이다.

기후위기 비상 선언과 장기적인 온실가스 배출 제로 계획의 조속한 수립은 기후위기를 헤쳐가기 위한 최소한의 조치다. 한 걸음 더 나아가려면, 기후위기 대응이 불평등을 심화시키거나 위험을 새로운 형태로 전가시키는 것을 막을 수 있도록 '기후정의'와 '정의로운 전환'을 기후위기 대응의 원칙으로 확립해야 한다. 누구도 기후위기로부터 자유로울 수 없지만, 기후위기의 책임과 피해가 동등한 것은 아니다. 기후재난의 피해는 역설적으로 기후위기의 책임이 가장 적은, 가난한 지역과 취약한 계층에 집중되어 이들의 삶의 권리 자체를 위협하고 있다. 국내적으로 보면, 대기업의 온실가스 배출의 책임은 점점 더 느는 데 반해 폭염과 같은 기후재난은 야외 노동자나 주거 빈곤층과 같은 취약 계층에 집중되고 있다. 따라서 기후위기 대응 정책은 국제적 차원과 국내적 차원을 모두 고려해서 기후변화의 책임과 피해 간의 불일치를 교정하는 역할을 해야 한다. 나아가 전환 과정에서 발생하는 피해나 비용이 특정 지역과 집단에게 전가되지 않도록 사회적인 지원책을 마련할 필요가 있다.

기후정의의 문제는 기후위기가 복합적인 사회위기의 산물이라는 사실을 다시 한번 상기시킨다. 따라서 기후위기는 에너지원의 변화를 넘어서 에너지 다소비적인 산업구조의 변화, 사회적 불평등의 해소, 고용 및 복지 체계의 변화, 사회경제적 풀뿌리 민주주의 강화 등 사회 구조의 변화를 동반할 때 해결의 실마리를 찾을 수 있다. 다시 말해 기후위기 대응은 재생에너지로의 전환을 위한 대규모 투자, 녹색 일자리의 창출을 넘어서서 산업구조의 개편, 발전모델의 전환으로 나아가야 한다. 기후위기 대응은 새로운 기술적 해결책을 도입하거나 새로운 성장동력을 찾는 정책으로 국한될 수 없으며 핵발전의 유혹에 흔들려서는 더더욱 안된다. 전 지구적으로 '기후변화가 아닌 시스템 변화(system change, not climate change)'를 요구하는 목소리가 높아지고 있는 이유를 곱씹으며 지속가능한 사회로의 전환을 위해 필요한 변화를 사회적으로 폭넓게 논의해야 한다. 그 시점이 늦어질수록 우리가 배출할 수 있는 탄소 예산(carbon budget)은 더 빠르게 줄어들고 기후위기의 파국을 막을 수 있는 1.5~2도 상승 억제는 요원해질 것이다. 우리에게 주어진 시간은 이제 몇 년이 채 남지 않았다.

9월 21일, 전 지구적 기후 파업의 일환으로 국내에서도 기후위기 비상행동이 전국 곳곳에서 개최된다. 우리는 기후 파업을 적극적으로 지지하며 기후행동 정상회의를 계기로 한국 정부가 기후위기 대응에 적극적으로 나설 것을 촉구한다. 기후위기를 해결하기 위해서는 기업과 개인을 아우르는 변화가 필요하지만, 정부가 변화를 이끄는 마중물 역할을 할 수 있다. 우리는 한국 정부가 국제적인 책임을 다하며 국내적으로 정의롭고 신속한 전환을 이끌기를 기대하면서, 전환의 출발점으로 다음의 세 가지 사항을 요구한다.

○ 정부는 기후위기 비상선언을 실시하고 온실가스 배출 제로 계획을 조속히 수립하라.

○ 기후정의의 원칙에 입각하여 기후변화 대응 정책을 포괄적으로 재검토·강화하라.

○ 신속한 탈핵·에너지전환을 추진할 수 있도록 국가 특별기구를 설치하고 관련 법·제도를 정비하라.

2019. 9. 9.

기후위기 비상 선포를 촉구하는 지식인·연구자 일동 (664명)

패러다임 전환과 그린 뉴딜

지구 온난화에 따른 기후변화 대응을 위해 시급한 행동이 필요하다는 국제적인 경고가 급박해지고, 미세먼지 저감을 위한 핵심 대안으로 석탄발전소의 대체와 친환경 에너지원의 확산이 국민적 관심사로 크게 부상하고 있다. 또한 원전의 위험과 고비용에 대한 관심과 이해가 높아지면서 탈원전의 로드맵을 체계적으로 추진하라는 국민적 요구가 커지고 있다. 그야말로 '탈탄소(Beyond Carbon)', 탄소문명을 넘어서는 문명적인 전환을 해야 하는 상황이다. 현재의 기후위기와 불평등의 근원이 지구와 인간을 소모품으로 취급하며 성장만을 추구했던 자본주의에 있다면, 그 자본주의 패러다임을 극복해야 한다. 그린 뉴딜은 기후위기와 경제적 양극화가 현 경제 시스템의 실패로부터 유래한다는 인식에서 출발한다. 그리고 이 두 문제의 해결을 위해서는 국지적, 기술적 대책이 아닌 사회, 경제, 정치의 영역을 포함하는 포괄적 패러다임의 전환이 필요하다고 본다.

그린 뉴딜은 대규모 정부 개입과 공공투자로 집중할 것을 요구하고, 탈탄소화의 과제를 노동자와 사회적 약자들의 삶과 권리가 증진될 수 있도록 하는 '정의로운 전환'을 목표로 추진할 것을 요구한다. 즉, 주거·교통·정보 등 모두에게 이익이 돌아가는 인프라 강화를 통하여 새로운 산업적 기초를 형성하고 일자리가 창출되는 성장동력을 만들며, 소수 기득권 체제에 포섭되지 않고 사회·경제·정치 전반을 아래로부터 전환할 수 있는 사회운동의 동력으로 추진해야 한다. 그린 뉴딜의 궁극적 목표는 기후위기와 불평등 극복이며, 환경 혹은 노동과 같이 부분적인 문제를 다루는 정책이 아니라 '전체적인 경제시스템을 재구성하는 것'이다.

세계 각국의 그린 뉴딜

미국의 그린 뉴딜

2019년 2월 미국 최연소 하원의원인 알렉산드리아 오카시오 코르테스(Alexandria Ocasio Cortez)를 포함해서 민주당 하원의원 64명과 상원의원 9명이 '그린 뉴딜 결의안' 제출했다. 그린 뉴딜은 환경과 경제의 상충관계라는 고정관념에서 벗어나서 저탄소·친환경 경제체제로의 전환과 경기부양을 동시에 추구하는 녹색 부양책(green stimulus)이다. 그린 뉴딜 결의안은 10년 내 온실가스 배출 제로(net zero)를 목표로 기후변화에 대응하기 위한 인프라 개선, 신재생에너지 100퍼센트 전력 생산 등 14개 부문의 국가적 목표와 프로젝트를 제안하고 있다. 중심적인 내용은 녹색산업에 대한 대규모 재정지출을 통해 기후변화와 금융위기에서 이중으로 고통 받고 있는 사회경제적 취약계층의 고용 보장과 소득 증대이다. 이른바 환경정의와 경제정의를 동시에 달성하려는 야심찬 시도이다.[19]

미국 민주당이 그린 뉴딜 결의안을 의회에 제출하면서 미국 사회에서 기후변화 대응 논쟁이 촉발되기는 하였지만, 그린 뉴딜 담론은 과거 오마바 정부의 그린 뉴딜 정책에 기초하고 있다. 오바마 정부는 2007년 금융위기를 타개할 대안으로 핵심 경제부문인 에너지, 수송, 건물, 인적자본 등 4개의 영역에 대한 집중적인 예산 투입과 규제 및 인센티브제를 내용으로 하는 그린 뉴딜 정책을 실행한 바 있다. 10년 후, 다시 등장한 미국의 그린 뉴딜 정책은 기후위기 대응을 더 강조하고, 차별과 불평등 해소를 전면에 내세우고 있다. 여기서 '그린'은 환경파괴와 기후위기에 대응하면서 사회적 약자와 노동자에게 부담을 전가하지 않는 경제방식을 상징하고, '뉴딜'은 대규모 재정정책으로 일자리를 늘리고 번영을 이루는 것을 의미한다. 즉 국가적

| 표 19 | 오염과 온실가스를 줄이기 위한 14개 부분의 국가적 목표 및 프로젝트

No	주요 내용
1	기상이변과 같은 기후변화 관련 자연재해로부터 회복력 구축
2	미국의 인프라 시설을 기후변화 대응, 오염 및 온실가스 제거, 깨끗한 물 제공 차원에서 개선
3	청정·재생·탄소 배출 제로 에너지를 통한 100퍼센트 전력 생산
4	에너지 효율적이고 분산된 지능형 전력망을 구축해서 합리적 가격으로 전기 사용 보장
5	에너지 효율을 최대치로 달성하도록 모든 기존 건물을 개량하고 신규 건물 건설
6	청정 제조업의 성장을 자극해서 제조업 및 산업에서 오염과 온실가스 배출 제거
7	농민과 목장주가 협력해서 농업부문에서 오염과 온실가스 배출 제거
8	수송시스템을 점검해서 수송부문에서 오염과 온실가스 배출 제거
9	오염 및 기후변화에 따른 장기 건강, 경제 등의 부작용을 완화하고 관리
10	토양 탄소 저장 기술로 자연생태계를 복원해서 대기로부터 온실가스를 제거하고 오염 감소
11	생물다양성 및 기후회복력 지원사업으로 절멸 위기에 있는 취약한 생태계 복원 및 보호
12	기존 유해폐기물 및 버려진 부지를 정화하고 그 부지에서 경제발전과 지속가능성 보장
13	다른 배출 및 오염 원천을 파악하고 그것들을 제거하는 해결책 마련
14	미국이 기후행동에서 국제적 리더로 나설 것을 지향하며, 기술·전문지식·제품·재원·서비스의 국제적 교류를 촉진하고, 다른 국가들이 그린 뉴딜을 달성할 수 있도록 도움

[출처] H. Res.109 (2019-2020 하원 결의안 109)

으로 대규모의 인력과 자원을 동원해 온실가스를 감축하고, 동시에 일자리를 만들어 차별과 불평등을 해소하겠다는 것이다.[20]

트럼프 대통령은 민주당의 그린 뉴딜 결의안을 '사회주의'라고 비난한 가운데, 실현 가능성과 재원확보 방안을 둘러싼 논쟁이 가열되고 있다. 하지만 최근 기후재난 피해로 기후변화에 대한 인식이 높아지면서, 그린 뉴딜은 2020년 대통령 선거를 맞이하는 민주당에게 매우 매력적인 정책으로 떠오르고 있다. 특히 당선 이후 파리 기후협정 탈퇴를 선언하고 자동차 연비 규

표 20	미국 버니 샌더스의 그린 뉴딜 핵심 정책 내용21

• 2030년까지 전기와 교통 100퍼센트 재생에너지로 전환 및 2050년까지 완전한 탈탄소화
• 2000만개의 새로운 일자리를 통해 무실업 사회로 진입
• 정부의 직접 공공투자 16.3조 달러(한화 약 2경 원)
• 5년의 실업보험, 직업전환임금 보장, 주거지원, 직업교육, 의료, 연금지원, 새로운 일자리 제공 등 노동자들의 정의로운 전환
• 기후위기 국가긴급사태 선포
• 단열 등을 통한 전기료 인하, 공공교통 강화, 전기차로 트레이드인 지원, 고속 인터넷 제공 등 인프라 재건을 통한 생활비 감축
• 재생 가능하고 생태 친화적인 농업에 대한 투자를 통해 소규모 가족농장 지원
• 빈곤층, 원주민, 장애인, 어린이, 노인 등 기후위기의 영향에 가장 노출된 기후위기 최전선 커뮤니티(frontline communities)의 정의 구현
• 녹색기후펀드 설립, 파리기후협약 재가입 등을 통해 전 세계 탄소 배출 감축에 기여
• 국내 목표 달성과 발전도상국 지원을 통해 전 지구적 탄소 배출 저감목표 초과 달성
• 지속 가능한 재생에너지를 위한 R&D 대규모 투자
• 기후정의운동 확장 및 주변화된 사회집단들을 운동의 주체로 세우기 위한 지원 및 환경보존과 공공토지에 대한 투자

제 완화, 석탄발전 이산화탄소 배출규제 완화, 전기차 보조금 폐지 등 다수의 반환경적 정책을 발표한 트럼프 대통령과 차별성을 부각시킬 수 있는 상황에서 민주당의 유력 대선주자인 조 바이든, 버니 샌더스, 엘리자베스 워렌 모두 그린 뉴딜 공약을 경쟁적으로 발표한 바 있다. 이들은 그린 뉴딜 예산으로 각기 1.7조 달러, 16조 달러, 2조 달러라는 천문학적인 금액을 제시했다. 트럼프 미국 대통령이 2019년 예산으로 의회에 요청한 금액이 4.4조 달러였으니, 대선 주자들의 그린 뉴딜 공약 예산의 규모가 어느 정도인지 쉽게 짐작이 된다.

유럽과 로컬의 대응

2019년 9월 20일, 앙겔라 메르켈 독일 총리는 540유로(약 70조 원) 규모의 기후변화 대응 종합정책을 발표했다. 이 대책은 2030년까지 온실가스 배출량을 1990년 대비 55퍼센트로 줄일 것을 목표로 하고 있으며, 주요 내용은 전기차 보조금 확대, 내연기관 자동차 연료 및 난방유 탄소 배출량 가격제 실시이다. 10월 9일에는 덴마크 코펜하겐에서 열린 C40* 회의에서 LA시장을 의장으로 선출하고, 기후비상 시기에 글로벌 그린 뉴딜 정책을 지지하는 성명을 채택하였다. 성명은 그린 뉴딜로 도시산업, 건물, 교통, 폐기물에서 온실가스 배출을 감축하여, 2030년까지 배출량을 절반으로 줄여 1.5도 이하로 안정화시킬 것을 선언했다. 또한 무엇보다 모든 의사결정 과정에 기후위기를 고려하고, 기후위기에 가장 취약한 사람들을 위한 안전망을 구축할 것을 명기하였다. 서울시도 물론 이 선언에 동참하였다. 4월 18일, 미국 뉴욕시는 기후동원법안(Climate Mobilization Act - A Green New Deal for NYC)을 통과시켰다. 이 법안은 뉴욕시 온실가스 배출량의 3분의 1을 차지하고 있는 중대형 빌딩에게 2030년까지 40퍼센트, 2050년까지 80퍼센트라는 배출량 감축 목표를 주고 강제하는 획기적인 조치를 담고 있다.

지방정부는 지역에서 화석연료 인프라를 거부하고, 탈탄소 인프라로 전환 구축하는 정책을 추진함으로써, 지역사회가 적극적으로 탄소 배출을 줄이고 재생에너지를 생산하는 일에 나서도록 지원해야 한다. 아울러 지역사회 주민들이 그린 뉴딜에 적극 동참하도록 촉진하고 지원함으로써 '주민참여형' 그린 뉴딜 정책을 추진해 가야 한다. 그래야 그린 뉴딜이 지속 가능한 사회전환의 동력을 만들어 낼 수 있고, 또한 이를 바탕으로 중앙정부가 그

* C40은 기후변화를 다루기 위해 헌신하는 세계 대도시들의 네트워크다. C40은 도시들이 효과적으로 협력하고, 지식을 공유하며, 기후 변화에 대해 의미 있고, 측정 가능하며, 지속 가능한 조치를 취할 수 있도록 지원한다(www.c40.org).

린 뉴딜 정책을 적극적으로 수용하도록 압박할 수도 있다.

사회운동으로서의 그린 뉴딜

미국에서 그린 뉴딜이 유력한 정치인들의 국가적 정책으로 채택되는 데에는 미국녹색당의 역할이 컸다. 버니 샌더스와 오카시오 코르테스의 그린 뉴딜 계획 역시 미국녹색당의 그린 뉴딜에 많은 빚을 지고 있다. 그럼에도 무엇보다 결정적인 계기는 그린 뉴딜이 광범위한 사회운동과 결합됐기 때문이다. 기후정의 운동과 풀뿌리 민중운동이 결합되고, 기후위기와 불평등의 대안으로 그린 뉴딜이 힘을 받을 수 있게 된 것도 아래로부터의 저항을 통해서였다.

기후정의 운동이 대중적으로 확장되는 데에는 청소년과 젊은 층의 참여가 역할이 크다. 살아갈 날이 많이 남은 젊은 세대에게 지구의 위기는 더 이상 미룰 수 없는 절박한 문제이기 때문이다. 2018년 가을, 스웨덴의 16세 활동가 툰베리가 학교수업을 거부한 채 스웨덴 의회 앞에서 즉각적인 기후위기 대응을 요구하며 벌인 일인시위는, 이후 스웨덴에서 유럽으로, 전 세계로 퍼져갔다. 150여 개 국가의 9,000여 학교에서 수백만의 학생들이 수업을 거부하고 시위에 참여했다.

미국에서는 10대와 20대를 주축으로 2017년 구성된 썬라이즈무브먼트(Sunrise Movement)가 앞장을 섰다. 풀뿌리 운동에 뿌리를 두고 선출직의 당선에 조직적으로 개입하는 방식으로 적극적인 시민정치운동을 벌여온 이들은 2018년 미국 중간선거가 끝나자마자 하원의장 낸시 펠로시 사무실 앞에서 농성을 벌이며 여론의 관심을 받았다. 여기에 새로 당선된 오카시오 코르테스가 공개적인 지지를 선언하며 미국 기후행동의 새로운 아이콘으로 등장했다. 이들은 기후정의 운동의 일환으로 버니 샌더스의 그린 뉴딜을 지원하고 있다.

영국에서는 2018년 말에 조직된 멸종저항(Extinction Rebellion: XR)이 기후정의 운동을 이끌고 있다. 이들은 2019년 4월 트래펄가 광장 등 런던 시내 주요 공공장소를 점거하고 교통 대란을 야기하며 주목을 받기 시작했다. XR은 이후 교통요지인 도로와 다리를 점거하고 강력 접착제로 재무부 건물, 기차, 비행기 등에 자신의 신체 일부를 붙이는 등의 비타협 비폭력 시민불복종 운동을 전개했다. 정부와 언론의 부정적인 반응에도 이들의 행동은 기후변화에 대한 위기감을 고조시켰고, 노동당 당수 제러미 코빈의 적극적 지지까지 이끌어 내며 노동당 내 그린 뉴딜 그룹의 입지도 강화시켰다.*

그레타 툰베리의 UN연설 전문

이건 아니라고 생각합니다. 제가 이 위에 올라와 있으면 안 돼요. 저는 대서양 건너편 나라에 있는 학교로 돌아가 있어야 합니다. 그런데 여러분은 희망을 바라며 우리 청년들에게 오셨다고요? 어떻게 감히 그럴 수 있나요? 여러분은 헛된 말로 저의 꿈과 어린 시절을 빼앗았습니다. 그렇지만 저는 운이 좋은 편에 속합니다.

사람들이 고통받고 있습니다. 죽어 가고 있어요. 생태계 전체가 무너져 내리고 있습니다. 우리는 대멸종이 시작되는 지점에 있습니다. 그런데 여러분이 할 수 있는 이야기는 전부 돈과 끝없는 경제 성장의 신화에 대한 것뿐입니다. 도대체 어떻게 그럴 수 있습니까?

* 영국 노동당의 그린 뉴딜 정책의 주요 내용은 다음과 같다. 30년까지 탄소 제로 배출, 단기간 내 화석연료 사용 폐지, 재생에너지에 대규모 투자, 노조가 보장된 고임금 녹색 일자리로의 정의로운 이행, 공공적이고 민주적인 소유의 확대, 통합적 녹색 공공교통, 발전도상국들의 기후전환 지원, 모두에게 보편 서비스를 제공하는 등 기본권 보장, 이미 생긴 기후 난민을 받아들이고 더 이상 기후 난민이 생기지 않도록 예방(김선철, 〈미국과 영국의 그린 뉴딜로부터 무엇을 배울 것인가〉, 민중언론 참세상, 2019).

지난 30년이 넘는 세월 동안, 과학은 분명했습니다. 그런데 어떻게 그렇게 계속해서 외면할 수 있나요? 그리고는 이 자리에 와서 충분히 하고 있다고 말할 수 있나요? 필요한 정치와 해결책이 여전히 아무 곳에서도 보이지 않는데요.

여러분은 우리가 하는 말을 '듣고 있다'고, 긴급함을 이해한다고 합니다. 그러나 아무리 슬프고 화가 난다 해도, 저는 그 말을 믿고 싶지 않습니다. 만약 정말로 지금 상황을 이해하는데도 행동하지 않고 있는 거라면, 여러분은 악마나 다름없을 것이기 때문입니다. 그래서 저는 그렇게는 믿고 싶지 않습니다.

지금 인기를 얻고 있는, 앞으로 10년 안에 온실가스를 반으로만 줄이자는 의견은, 지구온도 상승폭을 1.5도 아래로 제한할 수 있는 가능성을 50퍼센트만 줄 뿐입니다. 이는 또한 인간이 통제할 수 있는 범위를 넘어서 되돌릴 수 없는 연쇄 반응을 초래할 위험까지 안고 있습니다.

50퍼센트는 여러분에게는 받아들여지는 수치인지도 모릅니다. 그러나 이는 여러 티핑 포인트, 대부분의 피드백 루프, 대기오염에 숨겨진 추가적 온난화는 포함하지 않고 있는 수치입니다. 기후 정의와 평등의 측면도 고려하지 않았습니다. 또한 이는 여러분들이 공기 중에 배출해 놓은 수천억 톤의 이산화탄소를 제거할 임무를 우리와 우리 자녀 세대들에게 떠넘긴 것이나 다름없습니다. 그렇게 할 수 있는 기술도 나오지 않았는데 말입니다. 그래서 기후위기가 초래한 결과를 떠안고 살아가야 할 우리는, 50퍼센트의 위험을 감수하라는 것을 받아들일 수 없습니다.

1.5도 아래로 머무를 수 있는 (IPCC가 제시한 현재로서는 최상의 가능성인) 67퍼센트의 기회를 잡으려면 세계는 2018년 1월 1일을 기준으로, 420기가 톤 이상의 이산화탄소를 배출하면 안 되는 상황이었습니다. 오늘날 이 숫자는 이미 350기가 톤 아래로 떨어졌습니다. 어떻게 감히 여러분은 지금까지 살아온 방식을 하나도 바꾸지 않고 몇몇 기술적인 해결책만으로 이 문제를 풀어 나갈 수 있는 척할 수 있습니까? 오늘날처럼 탄소 배출을 계속한

다면, 남아 있는 탄소예산마저도 8년 반 안에 모두 소진되어 버릴텐데요.

오늘 이 자리에서 제시될 어떠한 해결책이나 계획도 이 남아 있는 탄소예산을 고려한 것은 없을 것입니다. 왜냐하면 탄소예산을 나타내는 이 수치는 매우 불편한 것이기 때문입니다. 그리고 여러분은 여전히 사실을 있는 그대로 말할 수 있을 만큼 충분히 성숙하지 않기 때문입니다.

여러분은 우리를 실망시키고 있습니다. 그러나 우리의 세대는 여러분이 배신하고 있다는 걸 이해하기 시작했습니다. 모든 미래세대의 눈이 여러분을 향해 있습니다. 여러분이 우리를 실망시키기를 선택한다면, 우리는 결코 용서하지 않을 것입니다. 여러분이 이 책임을 피해서 빠져나가도록 내버려 두지 않을 것입니다. 바로 여기, 바로 지금까지입니다. 더 이상은 참지 않습니다. 전 세계가 깨어나고 있습니다. 여러분이 좋아하든 아니든, 변화는 다가오고 있습니다. 감사합니다.

한국의 그린 뉴딜

이명박 정부와 녹색 성장[22]

이명박 정부는 2009년 1월, 국무회의에서 일자리 창출을 위한 〈녹색 뉴딜〉 사업을 통과시켰는데, 총 9개 핵심사업과 27개 연계사업으로 구성되어 있다. 핵심사업 중 4대강 살리기, 녹색 교통망 확충, 우수유출시설, 중소댐, 에코리버 조성은 대표적인 토목사업이다. 연계사업도 재해위험지구 정비사업, 수변지역 녹색화, 전국 자전거도로 네트워크, 농어촌 테마공원 조성, 에코로드 조성 등 대부분이 토목사업이다. '녹색 뉴딜' 예산 50조 원 중에 '4대강 정비' 토목공사에 32조 원이 투입된 것이다. 환경 관련 영역의 모든 사업을 모아 '녹색 뉴딜'로 포장하고, 예산을 쏟아 부은 셈이다. 오바마의 그린 뉴딜 정책이 에너지, 수송, 건물 분야에 대한 재정투자를 바탕으로 규제와 세금감면 정책을 통해 재생에너지 산업생태계를 구축하는 정책이었다면, 이명박의 녹색 성장은 건설, 토목, 제품 보급사업 위주였다.

온실가스 배출량만 봐도 확연한 차이가 있다. 오바마 전 대통령의 재임 기간 동안 석탄발전은 2008년 48퍼센트에서 2016년 30퍼센트로 감소하고, 화석연료 연소로 인한 이산화탄소 배출량 11퍼센트를 감소시킴으로써 파리협정에서 미국이 주도적인 역할을 할 수 있었다. 반면 이명박 정부는 2020년까지 온실가스를 배출 전망치(BAU) 대비 30퍼센트 감축을 약속했으나, 6차 전력수급 기본계획에 석탄발전을 대규모로 추가했다. 기후변화 정책과 에너지 정책이 따로 놀았고, 온실가스 감축 목표는 숫자에 불과했다. 결국 이명박 정부에서는 그린 뉴딜 정책을 제대로 하지도 못하고, 오히려 정책을 오염시켰다.

세계 각국은 2000년을 기준으로 해서 2017년까지 온실가스 배출을 줄여, 영국이 35퍼센트, 유럽연합이 15퍼센트, 미국이 11퍼센트, 일본이 6퍼센트를 각각 줄였다. 그러나 우리나라에서는 같은 기간 동안 온실가스 배출이 무려 25퍼센트나 증가했다. 2016년 우리나라는 국제기후변화대응행동 연구기관들로부터 '기후악당' 선두 국가로 지목되었다. 기후악당국가란 기후변화대응에 가장 무책임하고 게으른 국가를 말한다. 한겨레신문(2016.11.6.) 김정수 기자에 따르면, 한국이 기후악당국가로 지목된 이유로 1인당 온실가스 배출량의 가파른 증가속도, 석탄화력발전소 수출에 대한 재정지원, 2020년 온실가스 감축목표 폐기 등이 지적되었다고 한다. 한국에너지신문의 보도(2017.11.17.)에 따르면 전 세계적으로 기후변화대응 방안이 논의되는 가운데 우리나라의 대응 성적이 '최하위 수준'이라는 평가가 발표됐다. 독일 본에서 진행된 23차 기후변화협약 총회에서 민간평가기관인 저먼워치, 뉴클라이밋연구소 평가, 유럽 기후행동네트워크가 발표한 '기후변화대응지수(CCPI) 2018 보고서'에 따르면 우리나라는 기후변화대응지수에서 이란과 사우디아라비아에 이어 최하위인 58위로 평가됐다.

문재인 정부의 전환 정책

문재인 정부는 2030년까지 재생에너지 발전 비중을 전체 에너지 소비량의 20퍼센트까지 확대하고, 신규 재생에너지 발전설비의 95퍼센트 이상을 태양광 및 풍력 중심의 청정에너지로 보급하기로 계획을 수립하였다. 제3차 에너지기본계획에서도 재생에너지의 비중을 30~35퍼센트로 권고함으로써, 국내 재생에너지의 시장이 크게 확장될 것으로 예상되며, 더불어 다양한 비즈니스 모델이 출현할 것으로 기대된다. 중앙집중형 에너지 산업이 분산자원의 확산과 지자체 활성화에 따른 지방분권 강화로 지역 단위로 급속히 이관되고 있으며, 4차 산업혁명 기술의 접목을 통해 스마트에너지 산업이 빠르게 부상하고 있다.

서울시는 기존의 에너지자립마을 공모 방식 및 지원체계를 개선하여 에너지 절약을 통해 경제적 이익을 얻을 뿐 아니라 일자리까지 만드는 등 그동안 발굴된 우수 사례를 서울 전역에 확산하는 서울시 에너지자립마을 2.0사업 추진계획을 발표하였다.[23] 또한 에너지 신산업 및 신기술을 선도적으로 도입하고, 마을 주민, 기업, 전문가들과의 민관협치를 더욱 강화하는 에너지전환 선도사업을 추진하고, 이의 일환으로 〈에너지자립 혁신지구〉를 조성하기로 하였다.

에너지자립 혁신지구란, 전기와 수도, 가스 등 에너지의 소비와 생산과 관련한 실시간 데이터를 수집하고 모니터링하며, 그 결과를 시각화할 수 있는 '에너지데이터 플랫폼'을 구축한다. 그리고 정보통신기술(ICT)과 연계한 데이터를 통해 에너지 수요관리를 효율적으로 추진하고, 새로운 수익모델을 개발하는 에너지공동체 사업 실증지구를 말한다. 다음 세 가지로 혁신지구 사업의 목표를 정리하고 있다. 첫째, 공동체의 에너지 수요관리, 생산 실험을 통해 자립을 구축하는데, 혁신적인 기술, 제도, 방법을 실험하고 둘째, 에너지 자립 과정에서 에너지데이터를 효율적으로 구축하고 활용해 에너지 저소비 공동체를 구축하며 셋째, 에너지 일자리와 수익을 창출하는 에너지자립 혁신지역을 시범적으로 지정해서 확산 모델을 만들겠다는 것이다.

동작구 성대골의 가상발전소 실험

성대골에너지협동조합은 2018년 8월, 국내 에너지자립마을 운동의 선두주자인 동작구 상도 3·4동 주민들과 성대전통시장의 상인들이 지역에너지전환 운동을 본격화하기로 마음을 모아 창립하였다. 마을과 지역에서 활동한 민간 주체들이 동작구 지역사회를 기반으로 조직적인 에너지 절감운동을 추진하고, 나아가 태양광발전과 중개를 시도하는 '가상발전소'를 설립했다는 것은 우리나라 에너지전환 운동의 새로운 장을 여는 것이었다.

성대골에너지협동조합은 창립 1년이 된 지난 8월부터 서울시 동작구에서 아파트, 학교, 민간 및 공공건물 옥상을 빌려 태양광발전소와 에너지 저장장치(ESS)를 무료로 설치하고, 생산한 전력이나 절감한 전력을 판매하여 거기서 나오는 수익을 참여 조합원들과 공유하는 일종의 발전소 사업을 추진하고 있다. 산업자원통상부가 실시한 '2019년 지역 에너지신산업 활성화 지원사업'에 선정되어 11억 원을 지원받고, 지역의 주민들과 신협이 출자하여 22억 원 규모의 초기 투자금을 이미 확보했다.

| 표 21 | 참여 형태별 수익

구분	수익 형태	설치용량 기준	첫해 지급액 (1년차)	연간 지급액 (2~15년차)	예시 건물
옥상 및 지붕 태양광	부지제공 임대료	30kW	750만 원	195만 원	일반 주택, 상업시설 등
		100kW	2,500만 원	650만 원	학교, 아파트 단지 등

태양광을 설치할 수 있는 옥상을 임대해 주는 입장에서는 투자비 없이 옥상(또는 지붕)을 사업기간(7년 이상) 동안 제공하고 임대료 등의 수익을 보장받게 된다. 사업기간 중 태양광 패널 관리, 인버터 교체 등 유지보수에 대한 부분도 협동조합에서 모두 관리하기 때문에 임대인이 부담해야 하는 금액은 없다.

옥상 임대인은 첫해에 임차료와 사업참여 인센티브로 750만 원을 받고, 그 이후에는 연간 195만 원의 임차료를 받는다(설치용량 30kW 기준). 설치용량이 100kW인 경우에는 첫해 2,500만 원, 그 후 매년 650만 원의 안정적인 임대수익을 올릴 수 있다.

로컬에서 커뮤니티로, 가상발전소

서울시의 에너지자립마을 정책을 통하여 서울 전역에 100여 개 주민모임이 등장하였고 절전 캠페인과 태양광 설치 운동을 벌여 왔다. 지역사회에서 주민들이 이웃들과 일상 속에서 에너지 위기 문제를 공유하고 태양광 설치를 확대하며 공동체적인 관계망을 확장시키는 활동을 해 온 것이다. 기후위기에 대한 인식을 대중적으로 확산시키고, 태양광 설치라는 실천 활동을 통해 재생에너지의 필요성에 대한 인식을 확대한 점은 긍정적으로 평가된다. 하지만 이제는 본격적인 재생에너지 생산시스템을 산업적으로 전환하고, 내연기관을 사용하지 않는 교통 정책의 전환, 에너지 사용이 많은 건물이나 시설들에 대한 효율화 정책, 그리고 에너지 관련 빅데이터 기반의 플랫폼을 통하여 에너지생산-소비를 효과적으로 통제할 수 있는 기술 개발 등 복합적이고 전면적인 전환을 해야 한다. 그러기 위해서는 소수 개인들의 소소한 캠페인과 실천 활동을 더욱 규모 있게 시스템적으로 추진할 필요가 있다. 그래야 지속적이며 확장적인 동력을 만들 수 있다.

소비 절약과 시민참여

무엇보다 에너지 소비 자체를 줄이는 일이 기본이다. 가정과 사무실, 산업현장 등 각각의 소비현장에서 낭비를 줄이고 저에너지 생활을 습관화해야 한다. 우선 가정에서는 개인적인 절약을 호소하기보다는 지역사회에서 이웃관계망을 통하여 조직적으로 참여하도록 유도하는 것이 효과적이다. 특히 아파트 지대에서는 공용시설 관리를 담당하는 관리사무소를 활용하여 아파트 단지 차원에서 동별로 절약행동을 활성화하면 공용 용도의 전기절약과 연동해 시너지를 낼 수 있다.

초기에 가볍게 공동행동의 물꼬를 트는 방안으로, 아파트 전기 기본요금 낮추기 캠페인을 벌이는 방안도 효과적이다. 전기요금은 전체 평균사용량을 기준으로 모든 세대에 일률적으로 적용되는데, 공용전기는 물론 전기를 과다하게 사용하는 세대들이 전기사용량을 줄이면 전체 세대의 기본요금을 낮출 수 있어 짧은 시간 안에 눈에 보이는 성과를 경험할 수 있다. 또한 저층주거지대의 단독 및 빌라 주택은 에너지효율화사업이 시급하다. 우선 지은 지 30년이 넘는 노후 주택의 에너지 효율을 개선하는 리모델링을 추진하여, 주거복지와 에너지 효율화를 동시에 달성하고, 이 과정에서 지역에서 일자리와 일거리를 발생시킬 수 있다.

물론 에너지 절약 공동행동을 효과적으로 촉진하기 위하여, 세대별 전기사용량을 실시간으로 확인할 수 있는 데이터 플랫폼을 구축하여 세대별로 전기 사용량 데이터를 확인하면서 스스로 절약의 동기를 느끼도록 해야 한다.

DR시장과 중개시장

2단계는 본격적인 절약활동으로서 전력시장의 수요반응제도(DR, Demand Response)를 활용하는 것이다. 이는 전기 사용자가 전력 가격이 높을 때나 또는 전력 계통(전력을 생산하는 발전설비, 생산된 전력을 수송하고 분배하는 송전선로, 변전소, 배전선로 등 일련의 전기설비) 위기 시에 절약한 전기를 전력시장에 판매하고 금전으로 보상받는 제도로서 한국전력거래소(KPX)가 주관하는 사업이다. 전기를 절약하는 만큼 수익으로 돌려받을 수 있다는 점에서 주민들이 절약운동에 참여하는 데에 강한 동기를 줄 수 있다. 수요반응제도는 '신뢰도' 수요반응(신뢰도 DR) 프로그램과 '경제성' 수요반응(경제성 DR) 프로그램, 두 가지로 구분된다.

신뢰도 DR은 국가적인 전력 비상상황, 즉 가장 춥고 더운 계절에 전력수요가 높아져 전력공급이 어려운 이른바 피크(peak)를 대비하기 위한 프로그램이다. 사전에 감축 가능한 전력용량을 수요관리 사업자와 약정하고 전력피크(어떤 일정한 기간 내에서 가장 많은 전력 부하) 시 한국전력거래소가 감축 지시를 발령하면 약정한 감축량만큼 의무적으로 전기사용을 줄이는 것이다. 경제성 DR은 전력시장에서 가격입찰을 통해 거래하는 수요관리 형태로 전력시장 가격의 급격한 변동을 완화시키고 전력공급 비용을 줄이기 위해 운영되는 수요반응 프로그램이다. 즉 빌딩이나 공장, 아파트 등에서 아낀 전기(수요자원)를 모아 전력시장에 판매할 수도 있다. 한국전력거래소에서는 화력, 수력, 원자력의 발전기로 얻은 고비용 발전 자원 대신에 저렴한 수요자원을 구매함으로써 에너지 절감과 비용 절감 효과를 동시에 달성할 수 있다. 실제로 전력거래소는 발전사의 전력공급가격과 수요자원(경제성 DR)의 입찰가격을 비교해 더욱 저렴한 쪽에서 공급받을 수 있도록 운영하고 있다.

절약 활동의 소소한 성공적인 경험이 쌓이면 본격적으로 신뢰성 DR 프로그램을 도전해 보는 것이다. 에너지 사용감축 약정을 맺고 전력피크 시에 약정한 감축목표를 달성하는 것이다. 이는 1년 내내 감축활동을 해야 하는 것이 아니라, 1년에 몇 차례 피크 시에만 집중적인 절약활동을 하는 것이므로 2단계 목표로 도전할 만한 과제이다. 3단계에는 피크 시에만 절약활동을 집중하는 것이 아니라, 연중 내내 일상적으로 절약활동을 체계적으로 하여 절약된 에너지를 충전장치(ESS)에 비축했다가 판매하는 경제성 DR 프로그램에 참여하는 것이다. 그렇게 되면 에너지 절약만으로 수요자원을 만드는 것에 더해, 더욱 적극적인 방법인 태양광을 직접 설치해서 전기를 발전시켜 수요자원을 생산을 하는 것이다. 이렇게 되면 참여의 수준이 질적으로 높아지는 것이고 그로 인한 수익도 마을(아파트 단지), 지역사회에서 의미 있게 사용할 수 있는 규모가 된다.

가상발전소

절약과 생산을 통해 수요자원을 판매함으로써 에너지소비를 줄이고 탄소배출을 줄여 기후위기에 대처하면서 동시에 수요자원을 판매하여 수익을 올리는 일거양득의 활동이다. 이러한 활동을 지속적으로 유지해야 참여자를 확대할 수 있고, 참여자가 확대되면 될수록 활동의 지속성이 담보된다. 지속성적인 참여와 활동을 유지하기 위해서는, 마을 단위로 에너지기업을 설립하고, 주민들이 주주 또는 조합원으로 참여하여 DR사업을 추진할 필요가 있다.

에너지마을기업은 에너지 절약 캠페인을 꾸준히 벌이고, 주민들의 에너지절약활동 참여를 체계적으로 독려하며, 태양광의 설치와 관리업무를 전문적으로 담당한다. 아울러 주택이나 건물 등의 효율화사업을 병행할 수 있다. 도시재생 정책과 연계하여 집수리사업을 에너지 효율화 성능을 높이는 방향으로 유도하고, 건물 역시 에너지 효율화 리모델링을 상담하고 설계시공을 담당해 갈 수도 있다. 또한 에너지마을기업은 필요한 인력을 고용하고, 크고 작은 일거리를 만들어 지역의 주민들이 참여할 수 있는 '마을고용'의 기회를 창출할 수 있다.

수요반응제도가 가지는 장점은 첫째, 원전 등 발전소의 문제로 인해 전력 공급이 원활하지 않거나 일시적으로 전력 수요가 급증할 때 전력수급을 안정시킬 수 있어 효과적이다. 둘째, 에너지 사용자가 생산한 수요자원을 판매하여 수익을 얻을 수 있게 함으로써, 에너지 절약 또는 재생에너지 생산 활동에 강력한 동기부여가 되므로, 매우 합리적인 에너지 절약과 탄소배출 저감의 수단이 된다. 셋째, 전력수급망 위에 사용자정보가 생성-공유되게 하는 스마트 그리드(Smart Grid)를 활성화시킴으로써, 전기수급관리를 더욱 효율적으로 할 수 있게 된다. 넷째, 무엇보다 중요한 역할은 탄소 배출을 감축시켜 온실가스로 인한 기후변화에 대응할 수 있다는 점이다. 에너지마을기업은 바로 이러한 수요반응제도의 장점을 로컬에서 주민들이 참여하는 방식으로 현실화시키는 거점 역할을 한다. 이렇게 해서 에너지의 절약과 직접 생산을 통하여 실질적인 발전소의 역할을 하는 것이다. 거대한 발전소 건물과 설비 없이도 발전소의 역할을 하는 '가상발전소'가 되는 것이다.

주민자치회 주도 민관 합작형 가상발전소

가상발전소는 (시군)구 단위로 건립하되 동별(아파트 단지별)로 소발전소가 조직되고, 이들 소발전소들이 플랫폼으로 연결되는 분산-네트워크형 모델이다. 가상발전소 역시 동(洞)사회서비스원이나 마을관리기업과 마찬가지로 동 단위의 지역사회에서 동네의 문제를 해결하는 주체이자 방법이므로, 문제해결에 필요한 자원이 융합하고 주체들이 협력하는 플랫폼인 동주민자치회를 주요한 거점으로 삼아야 한다. 소발전소의 설립과 운영 즉 에너지 절약과 생산 활동을 동주민자치회를 중심으로 벌여감으로써 다수 주민의 참여를 가능하게 할 수 있다. 또한 그 결실(수익)을 동 주민들의 복지와 일자리를 위해서 사용하는 데에도 주민자치회가 공식적인 역할을 당당하도록 하는 것이 바람직하다.

이렇게 동 단위의 소발전소가 만들어지고, 이들 소발전소들이 연합하는 방식으로 구 단위 가상발전소가 설립되어야, 안정적인 주민참여가 가능하고 지속적인 전력 생산이 이루어진다. 여기에 구의 행정력이 결합함으로써, 가상발전소에 대한 주된 지배력은 지역의 주민들이 가지되 행정이 협력하는 협치형 체제가 만들어진다. 특히 에너지 사용과 관련한 데이터는 아주 예민한 개인정보일 수 있어서 더더욱 공공적으로 관리되어야 하므로, 가상발전소의 공공성이 보장될 수 있도록 민관협력형 합작회사의 성격을 가지는 것이 바람직하다.

시민의 직접행동과 전환정치

미국과 유럽이 그린 뉴딜과 탈원전의 기조 아래 에너지전환을 활발하게 추진하는데 반해 우리나라는 지금 너무 느리게 가고 있다. 오히려 탄소 배출을 줄이기는커녕 더욱 증가하고 있다. 속도 지체에는 여러 가지 원인이 있지만 결국 '정치'의 문제다. 탄소산업과 탄소문명에 기득권의 뿌리를 내리고 있는 세력이 자신의 기득권을 내려놓도록 해야 하기 때문이다.

21대 총선을 앞두고 최근 2월에 그린 뉴딜 정책을 발표한 녹색당과 정의당을 제외하면, 그린 뉴딜이나 에너지전환을 강력하게 주장하는 정치세력이 없다. 주류 정당에서는 몇몇 정치인을 제외하면 전혀 무관심해 보인다. 서울시와 서울시 교육청이 2019년 생태전환을 위한 공동선언을 발표했지만 크게 주목받지 못했다. 기성 정치세력에게서 기대할 수 없다면 결국 시민들이 움직여야 한다. 기후위기에 맞서는 것은 정권교체보다 더욱 커다란 일이며 시민의 일상과 삶, 생존권의 문제이다.

기후위기는 다른 재난처럼 매우 불평등하게 작동할 것이다. 〈2012〉를 비롯한 많은 관련 영화들의 묵시록적 예언을 보면, 기득권층과 달리 평범한 시민들은 생존조차도 보장받지 못할 확률이 크다. 최근 호주 산불사태에서도 총리는 휴가를 떠났지만, 시민들은 집을 잃고 피난을 가야 했다. 우리는 생존을 위해 '전환가정'을 만들고 '전환거리'를 조성하고 '전환마을'을 만들어야 한다. 그러나 이것으로는 부족하며 '전환정치'가 필요하다. 기후위기를 막기 위해 아무것도 하지 않았다고 비판하며 세계정상들을 날카롭게 바라보던 툰베리처럼, 시민들도 정치인들이 기후위기를 막기 위해 무엇을 약속하고 실천했는지 매의 눈으로 바라봐야 한다. 전환정치는 거기에서부터 시작될 것이다.

07

커뮤니티 이니셔티브와 로컬랩

로컬랩(Local Lab)을 우리말로 풀자면 동네연구소다. 학식 높은 전문가들이 모여 논문을 써내는 연구소가 아니라, 동네에서 골목골목 주민들이 나서서 함께 머리 맞대고 동네의 문제를 찾아내고, 해법을 궁리하고, 당장 실행이 가능한 실천계획을 세워 실제로 실행하는 전체 과정을 지원하는 일을 하는 연구소다. 연구소 연구원들도 동네에서 활동하는 사람들이고, 그들이 중심이 돼서 외부의 전문가들을 초대하여 협력하는 역할을 한다. 나아가 행정의 공무원과도 협의하고 지역 내 다양한 기관과 단체들과도 긴밀한 연계를 맺으며 협력방안을 강구하는 역할을 한다. 다른 말로 하자면 '마을현장연구소'라 할 수 있다.

> "실제 삶의 현장인 마을, 동(洞) 단위 지역사회의 문제를 발견하고, 공공, 지역전문가, 마을공동체, 비영리단체, 사회적경제, 일반 시민 등 다양한 지역사회 이해당사자와 전문가가 공동으로 참여하는 마을(커뮤니티) 기반의 융합적 사회문제해결 혁신방법이다."

로컬랩 시도의 배경

소소하고 만만한 마을작당, 이른바 넛지전략으로 추진한 마을공동체 정책은 서울 전역에서 다수의 주민들이 등장하고 등장한 주민들이 스스로 연결하면서 '내 문제'에서 '동네 문제'로 옮아가고 있었다. 하지만 참여한 시민은 1천만 시민 중 3퍼센트 남짓한 30만 명에도 채 미치지 못하는 소수에 불과하였다. 사실 대다수의 서울 시민은 살기 바빠 참여가 어렵다. 그래도 참여한 시민들의 관계망이 지속 가능하려면 참여가 더욱 확대되어야 했다. "프로그램을 통한 미미한 손질과 근린생활권에 대한 적은 투자로는 회복력 있는 공동체를 조성하기가 어렵다. 사실, 제한되고 정해진 보조금 활동은 그와 반대의 현상이 일어난다. 그 결과 분리와 차별을 강화시키며, 심지어 공동체를 파괴시키는 경우도 있다."[24] 소소하고 만만하고 이웃 서너 명이 맘 맞추어 하는 수준의 일로는 문제를 해결하지 못한다. 오히려 제한된 소액 예산의 제약은 미리부터 상상력의 한계를 두게 하여 문제해결의 핵심을 겉돌게 한다.

이제는 맘과 뜻이 맞는 이웃 세 사람이 아니라, 뜻도 맘도 맞지 않는 동네 사람들과 함께해야 한다. 사실 대다수의 주민들의 입장에서는, 소소하게라도 동네일에 참여하려면 조금이라도 내 생활에 도움이 되어야 하는 것이다. 그렇다, 내가 하고 싶은 일이 아니라 다수의 주민들에게 공감이 되는, 아니 일상에 도움이 되는 문제를 걸고 해결해 내야 참여가 확대된다. 더욱이 이제 빠른 속도로 전환되고 있는 주민자치회가 명실상부한 주민자치체로서 뿌리를 내리려면 동네문제를 해결하는 주체로 서야 한다.

그러나 오늘날 우리가 직면하는 대부분의 문제들은 복합적인 원인이 작용하여 발생한다. 개별적이고, 단편적인 방식으로는 문제가 해결되지 않는다. 문제해결력의 핵심은 '융합'이다. 행정 내 칸막이와 시민사회의 칸막이를 그대로 두고는 문제를 해결할 수도 없고 변화를 만들 수도 없다. 그렇다고 기존 행정부서를 하나로 통합한다거나 지원기관을 통합하는 방식은 가능하지도 않고 오히려 문제해결을 저해한다. 융합은 "문제가 있는 곳에서, 문제를 해결하고 싶은 주체가, 문제해결의 설루션을 가진 자를 초대하면서 시작하는 것"이다. 그곳이 바로 지역 '현장'이며, 주민들이 일상생활을 영위하는 장소인 '동'이다. 로컬랩은 바로 동 현장을 중심으로 칸막이를 넘어서려는 혁신의 시도이다. 결국 동네에서 기존의 칸막이 부작용을 극복하고, 융합적인 설루션을 만들어 내는 활동이 일어나야 한다. 주민이 나서서 융합적 설루션을 만들고 지속 가능한 실행체를 만드는 것을 목표로 동네에서 주민들이 직접 실행해 볼 수 있는 모델이 필요했다. 현장의 문제를 중심으로 다양한 자원이 모이고, 해결의 의지가 있는 사람들이 협력하는 실행모델을 구상해야 했다.

첫째, 동네의 많은 주민들이 관심을 가지고 참여하기 위한 프로세스를 개발하고, 주민들이 가장 절실하고 시급하게 여기는 동네문제가 무엇인지를 묻고, 다양하게 제출되는 문제들에서 핵심적이고 우선적으로 해결에 나서야 할 문제가 무엇인지를 정하는, 즉 문제를 정의하는 절차와 방법이 필요했다. 둘째, 행정이 이러한 융합적·협력적 실천모델에 참여하는 방법을 찾아야 했다. 무엇보다 기존의 모든 부서가 따로따로 진행하는 칸막이·공모형 보조금 지원 방식을 뛰어넘어, 현행 행정체계에서 공론형·융합형 방식으로 보조금이 집행되려면 어떠한 사업모형이 필요한지 개발해야 했다. 셋째, 활동가들도 동 수준의 현장에 밀착해서 연구와 조직활동을 하고, 제출된 문제를 해결하기 위해 정책들을 효과적으로 융합해 내는 경험을 하고 능력을 키워 가는 훈련의 시스템이 필요했다. 무엇보다 궁극적으로 문제를 해결하는 설루션을 만들고, 이 설루션을 실제로 적용하여 주민들이 체감하는 성과를 만들어 내는 성공의 경험이 필요했다.

로컬랩, 기존 공공정책과의 차별성

전통적인 관료제

전통적인 관료제 아래에서는 엘리트 행정이 중심이 되고 분야별 전문가가 결합하여 정책을 설계하고 현장에 내리는 방식으로 추진되며, 주민은 정책의 말단에서 수혜자로서 동원되거나 소비자로 참여하게 한다. 여기서는 모든 정보가 행정에 집중되고, 행정이 자신의 판단에 따라 주민에게 일정한 정보를 제공하는 수준이다. 지역사회의 주민들은 민원을 내는 정도로 참여하고, 행정은 민원을 해결하는 방식으로 응대한다.

신자유주의 관료제

신자유주의적 관료제에서 행정은 복합적인 사회문제를 인지하지만, 개별 부서 범위 내에서 칸막이를 치고 단편적으로 문제를 해결한다. 지역사회와 소통하면서 '형식적' 참여를 보장하고 실적과 성과를 우선시 하며 각 부서들 사이에는 협력보다는 경쟁구조가 작동한다. 행정은 서비스 제공자이며 지역사회는 서비스 수혜자에 머문다. 참여하는 지역 주체가 드물고, 대다수의 시민은 정책에서 소외된다.

탈관료제

행정이 복합적인 사회문제를 주민과 전문가와 함께하고, 부서를 넘어서는

| 표 22 | 로컬랩, 기존 공공정책과의 차별성

<table>
<tr><th>구분</th><th>모델</th><th>특징</th></tr>
<tr><td>〈관료제〉
행정 중심
문제해결</td><td>LEVEL 1.
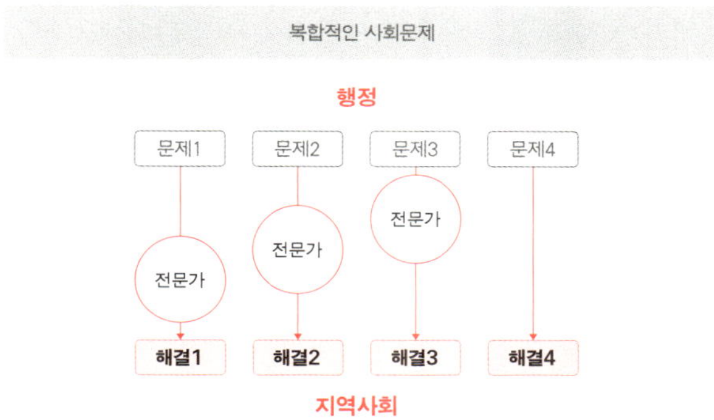
</td><td>국가 중심
민원해결
엘리트
전문가</td></tr>
<tr><td>〈신자유주의
관료제〉
민관협력
문제해결</td><td>LEVEL 2.

</td><td>시도 중심
성과 중심
경쟁주의
형식적 협치</td></tr>
<tr><td>〈탈관료제〉
커뮤니티 중심
문제해결</td><td>LEVEL 3.
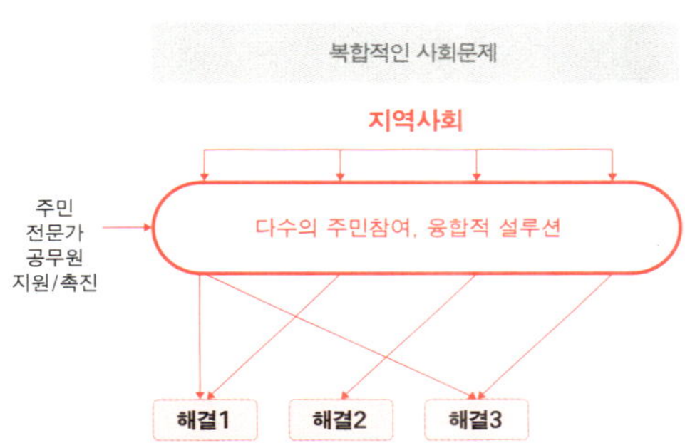
</td><td>지역 중심
탈중심화
탈관료제화
네트워크
실천적 융합</td></tr>
</table>

협력을 통하여 통합적인 해결방안을 모색한다. 지역사회가 중심이 되어 실행하고 행정은 지원하고 촉진하는 방식으로 근본적인 문제해결에 집중한다. 지역사회는 일부의 주민이 아니라, 광범위한 주민의 참여를 바탕으로 공급자와 수혜자가 지역사회 내에서 순환되고 연결된다.

서울시는 2018년 9월 금천구 독산 4동과 강북구 삼양동에 로컬랩을 설치하고 6개월여 기간 동안 시범운영을 했다. 독산 4동은 '노인건강을 위한 마을건강돌봄망'을 가장 시급하게 해결해야 할 문제로 정의하고 설루션을 설계했다. 한편 삼양동은 '저층주거지대 마을관리기업'을 설루션으로 확정하였다. 시범사업에 대한 평가를 거처 2019년에는 지역을 확대하여 실시하고 있으며, 의제도 다양화하여 추진하고 있다. 여기서는 시범사업을 통해 추진한 로컬랩의 프로세스를 간단히 소개한다.[25]

로컬랩의 프로세스, 더블 다이아몬드

더블 다이아몬드(Double Diamond)로 불리는 이 프로세스 모형은 크게 문제를 정의하는 단계와 해법을 디자인하는 2개의 단계로 이루어진다. 각 단계는 또한 2개의 소단계로 진행된다(발견·정의·발전·검증).

[발견]

주민들이 현재 가장 절실하고 시급한 문제로 여기는 것이 무엇인지 조사한다. 가능한 한 다수 주민의 의견을 들어야 한다. 각자 사는 처지와 형편에 따라 중요한 문제가 다르기 때문이다. 학계와 정부에서는 65세 이상이면 노인으로 분류한다. 하지만 100세 시대에 노인으로 분류되는 연령대가

| 표 23 | 로컬랩 프로세스

구분	발견	정의	발전	검증
기간	2개월	1개월	1개월	1개월
	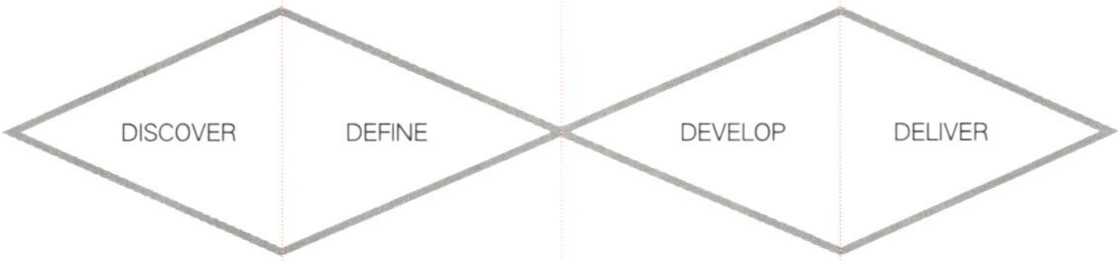			
내용	지역의 다양한 의견을 심층인터뷰를 통해 조사하고, 지역의 중요한 문제이지만 아직 해결하지 못한 의제를 찾는다.	지역현황과 다양한 의제를 1차 분석하고 구조화하여 지역의 핵심문제를 선정한다.	선정된 문제를 당사자 중심의 문제해결 방식으로 해결모델을 개발한다.	가상모델을 구체화하기 위해 필요한 영역의 전문가 워크숍을 통하여 실현 가능한 설루션 프로세스를 도출한다.
방법	• 지역현황 기초조사 • 찾아가는 공론장 • 분야별 대상 인터뷰 • 인터뷰 정리	• 의제 정리 워크숍 • 마인드맵 • SWOT • 브레인스토밍 • 우선순위 정하기	• 의제 관련 정보 분석 • 당사자 모집·선정 • 당사자 심층 발견 (당사자 탐구/섀도잉/페르소나) • 롤 플레잉(서비스 연계체험, 가상서비스 마련, 주민인터뷰)	• 이해관계자 지도(map) • 전문가 워크숍 • 실천계획 수립 (사업주제(목적)/실행과제/실행예산/실행조직 제안) • 주민 검증
핵심 키워드	• 찾아가는 공론장 • 문제 발견	• 문제 정의 • 주민 합의	• 문제 심화 분석 • 차별화된 실질적인 설루션 도출	• 실행계획 수립 • 주민 동의

35년이다. 35년이 포괄하는 다양한 문제를 '노인'이라는 한마디로 설명할 수 없다. 동네 경로당을 가도 60대는 끼기 어렵다. 우스개지만 '꼬마'로 취급된단다. 경제적 사정, 주거형태와 자가 여부, 보호자 여부, 무엇보다 부부가 함께 사는지 여부, 질병의 정도 등 무척 다양한 조건에 따라 노인들의 복지/의료적 요구가 천차만별로 달라진다. 한편 자녀를 기르는 부모들은 동네에 도서관이 꼭 필요하다고 이구동성으로 이야기하지만, 정작 아이들

에게 물어보면 와이파이 잘 터지는 장소, 코인노래방, 심지어 24시간 편의점이 동네에 없어서 아쉽다고 말한다. 듣고 보면 고개가 끄덕여지지만 당사자의 이야기를 듣기 전에는 떠올리기 어려운 것들이다.

금천구의 어떤 동은 초등학교 한 반의 아이들 모두가 외국인 자녀로 채워질 정도로 인구 구성의 변화가 있다. 그래서 남한 이주 정착의 역사도 어느 정도 쌓여 있고, 자체 커뮤니티도 활발한 중국동포들을 찾아 이야기를 들어보면, 기가 막힌 사연에 구구절절 어려움을 호소한다. 하지만 동마다 진행한 마을계획과 주민총회 등의 공론장에서는 이주민들의 어려움이 한 번도 의제로 올라온 적이 없다. 그만큼 중국동포들의 지역사회 내 존재감이 없다는 사실을 증명한다. 그들 스스로 자신의 목소리를 낼 만한 공론장이 없다는 것이다. 그래서 다양한 연령대는 물론이고 여러 가지 사회경제적 조건과 살림의 형편 등을 고려해서 주민들 모두의 의견을 고르게 반영하는 공론장을 설계하고 의견을 청취해야 한다. 또한 공론장을 운영할 때 중요한 사항은 '찾아가는' 청취이다. 사는 형편이 어려울수록 여럿이 모이는 곳에 나오기 쉽지 않고, 나와도 자기 이야기하기 어렵다. 그래서 사는 곳으로, 또한 평소에 잘 다니거나 익숙한 장소로 찾아가서 홈그라운드의 편안한 환경에서 이야기를 들어야 한다.

〔정의〕

발견의 공론장을 운영하다 보면 참으로 다양한 문제가 나온다. 키워드 카드를 작성해 보면 보통 100~200개의 카드가 나온다. 다이아몬드의 모양처럼, [발견] 단계가 다양한 의견을 듣기 위해 넓히는 것이었다면, [정의] 단계는 핵심문제가 무엇인지 판단하는 좁히는 작업이다. 사실 안 중요하고 절실하지 않은 문제가 있던가. 문제들 중에는 현재의 역량으로는 역부족인 것도 있고, 법제도의 미비로 불가능한 경우도 있다. 그래서 가장 관건이 되고 나중에 다른 문제를 푸는 데에 지름길을 놓을 수 있는 문제로 압축하는 것이 필요하다.

여기서 지름길이란 조직된 주민의 관계망이다. 친밀한 주민들의 관계망을 토대로 해서 문제해결을 위해 아이디어를 모아 해법을 결정하고, 필요한 서비스를 직접 생산하는 '공동생산자' 수준의 협력조직망을 만들 가능성이 있는 문제로 압축(정의)하는 중요한 기준이다. 일단 이 협력의 조직망(사회연대경제체)이 만들어지고 나면, 이후 어떠한 문제도 주민 주도적으로 해결해 가기가 쉽다. 그래서 실행을 들어갔을 때, 비교적 참여의 의지가 강하고 활력이 있는 주민들이 적게라도 이미 있는 의제 영역을 우선적으로 선택하는 것이 바람직하다.

여기서 전문가들의 도움이 필요하다. 다양한 문제들의 구조를 보고 핵심 문제를 가려내고, 현재의 주민 역량 조건과 행정의 자원조달 능력을 종합적으로 고려하여, 이번 시기에 집중할 문제를 가려내는 일이기 때문에 전문가들의 전문적인 정보와 판단이 필요하다. 무엇보다 중요한 것은 이렇게 문제를 정의하더라도 최종적으로 주민들의 동의를 구해야 한다는 점이다. 특히 공론장에 참여해서 문제를 제기하고 의견을 내놓은 주민들은 최종적으로 어떤 문제가 중요한 의제로 결정되었는지, 자신이 제안한 문제는 채택이 되었는지 궁금하기 때문에, 다양한 문제가 압축되는 과정과 이유가 충분히 납득이 되어야 한다. 그래야 문제해결의 과정에도 남아 함께 참여할 수 있다. 이 과정이 소홀하면 참여한 주민이 실망하거나 불신감을 가질 수 있다.

〔발전〕

[발견] 단계에서 올라온 무수히 많은 문제를 [정의] 단계에서 한두 가지의 핵심과제로 압축하여 문제를 정의했다면, 이제는 다시 펼치는 작업이 필요한 단계이다. 압축된 문제에 집중해서 현황을 다시 구체적으로 살피는 것이다. 그래야 해법을 현실성 있게 설계할 수 있기 때문이다. 특히 그 문제의 당사자인 개인의 상황을 구체적으로 살펴야 한다. 예를 들어 '70대 독거노인의 건강 유지'를 해결해야 할 문제로 정의했다고 하자. 남녀 성별, 배우자 동거 여부, 자녀 등 보호자 여부, 거주지 형태와 자가 여부, 월 소득수준, 기존의 사회서비스 이용실태 등의 변수를 고려하여 대상 노인층을 그룹핑을 하고, 그룹들을 각기 대표하는 당사자들에 밀착하여 심층조사를 한다. 하루종일 대상 노인의 일과를 동행하며 심층 관찰하고, 집 내부의 구조, 식사와 약 복용, 복지관과 의료기관 방문, 외출 시 이용 교통수단(도보, 휠체어, 유모차), 이웃과의 관계 수준 등을 면밀하게 파악한다.

이 과정은 보편적이고 일반적인 답을 찾는 것이 아니라, 당사자 그 한 사람의 노인이 실제 처한 상황 속에서 가장 절실하고 필요한 서비스가 무엇인지, 또 어떻게 서비스를 제공하는 것이 만족도가 높은지, 실제 필요한 서비스를 제공하고 체험하게 하거나 기존 서비스와 연계하여 체험하게 함으로써 체감 만족도를 체크하는 등, 철저히 개인 맞춤형 해결책을 찾아가는 것이다. 이렇게 해서 70대 노인의 건강 유지를 위해 필요한 가상의 서비스 모델을 수요자의 관점에서 수요자 만족도 중심으로 결정한다. 비로소 [발전] 단계에서 차별화된 실질적인 설루션이 도출되는 것이다.

〔검증〕

로컬랩의 마지막 [검증] 단계에서는 [발전] 단계에서 도출한 가상모델을 이제는 실제로 실행할 수 있도록 '실행계획'을 짜는 것이다. 해당 영역의 전문가들이 효과적인 워크숍을 통하여 실현 가능한 융합적인 설루션을 도출해 내는 프로세스를 운영하는 것이다. 전문가들의 활약이 가장 두드러지는 단계라 할 수 있다. 만족도를 높이기 위해서는 1) 필요한 서비스가 무엇인지 어떠한 수준의 서비스가 제공되어야 하는지, 2) 이러한 서비스를 공급할 수 있는 주체들(개인, 영리-비영리 사업자, 행정기관, 복지기관 등)의 리스트 확보와 협의 조정 테이블 구성 방법, 3) 대상 개인별로 필요한 서비스 목록을 짜고 일별, 주간별, 월별 전달의 주기 설계하는 방법(케어 매니저), 4) 여기에 필요한 비용의 조달방법(자부담과 공적 보험 및 행정 보조금 조달의 구성) 등의 세부적이고 당장 실행 가능한 계획을 수립해야 한다.

끝으로 최종 확정에 앞서 [검증] 단계에서 완성한 실행안을 주민들이 충분히 이해하고 합의하여 최종 승인하는 절차가 중요하다. 여기서 주민들 사이에서 마치 '착수 대회'와도 같은 공감과 합의가 만들어져야 한다. 그래야 실행 과정에 주민들이 자발적으로 참여할 수 있다.

정책의 진화와 로컬랩 의미

민선 5기에는 시민의 참여를 촉진하기 위해 가상의 마을을 정의하고* 3인 이상의 뜻과 맘이 맞는 이웃을 호명했다. 정책수단으로는 '만만하고 소소

* '마을은 생활의 필요를 함께 하소연하고, 궁리하고, 협동으로 해결하는 과정에서 형성되는 이웃들의 관계망' 마을공동체를 정책으로 설계하기 위하여 정책의 언어로 정의하였다.

| 표 24 | 마을공동체 정책의 진화

시기별 주요 특징			
	민선 5기	민선 6기	민선 7기
핵심 키워드	참여	참여에서 권한으로	문제해결
	이웃, 마을관계망	공론장(민주주의)	공동생산자(사회연대경제조직)
	맘과 뜻이 맞는 이웃 3사람(끼리끼리)	맘도 뜻도 '안 맞는' 이웃들	로컬리스트
정책 수단	우리마을프로젝트	동(洞)마을계획	로컬랩
성과 목표	마을관계망	주민자치회	(재생적) 지역혁신
정책 목적	친밀권 회복	공공권 형성	사회권 실현
협치의 중심	광역	광역 → 기초로	기초 → 동으로

한 마을작당'이라는 슬로건을 내건 〈우리마을프로젝트〉라는 소액 공모사업을 활용하였다. 그 결과 많은 주민들이 등장하고 연결되면서 마을관계망이 형성되었다. 이는 개인으로 고립되고 단절된 지역사회에서 친밀권(親密圈, intimate sphere)을 회복하는 데 기여하였다.

한편 민선 6기에는 참여에서 권한으로 초점을 옮기고, '맘도 뜻도 안 맞는' 더욱 다양한 주민들이 공론장을 형성하고 민주주의를 연습하도록 하였다. 정책수단으로는 동 단위 〈마을계획〉 프로젝트를 활용하였다. 마을계획은 100여 명의 주민들이 6개월이 넘는 토론과 3~500여 명의 주민들이 참여하는 마을총회를 거치면서, 다양한 주민들이 각기 다양한 필요와 욕구를 드러내고 서로 상충하는 이해관계를 조정하는 이른바 공공권(公共圈, public sphere)을 형성하는 것이었다. 시범적으로 먼저 실시한 4개 구청의 마을계획-마을총회가 비교적 성공적인 주민참여의 모델을 만들어 내면서, 주민총회를 제도화하고 주민자치위원회를 실질적인 주민대표기구인 주민자치회로 전환하는 목표를 설정했다.

민선 7기에는 로컬랩이라는 현장 중심의 융합적 실행모델을 활용하여, 지역사회의 문제를 해결해 내는 커뮤니티 기반의 사회적경제를 뿌리내리게 하고, 그 과정에서 주민들이 직접 필요한 서비스 생산에 참여하는 공동생산자로 조직하는 것을 시도하게 된다. 이는 지역사회에서 사회권(社會權, social rights)*을 실현하는 것이며, 궁극적으로는 지역을 재생적으로 혁신하는 것을 목표로 한다.

민선 7기 중반에 이른 지금 시점에서 로컬랩의 목표는 정부의 서비스 확대와 서비스 전달체계 개선에 있지 않다. 주민이 공동생산자로 진화하여 지역사회의 문제를 주민 주도 아래 민관협력으로 풀어낼 수 있도록, 설루션을 도출하고 주민을 조직화하는 방법으로 제출된 것이다. 이 목표를 달성하려면 무엇보다 우선 커뮤니티에 뿌리내리고 움직이는 지역 활동가(로컬리스트)의 역할이 관건이다. 더욱이 로컬랩은 주민자치회 및 분과위원회가 동네의 전략의제를 발견하고 설루션을 개발하여 실행을 위한 사업계획을 수립하는 절차로 사용될 수 있다. 주민자치회가 명실상부한 주민대표기구로서 주민 주도성을 가지고 동네 문제에 대한 실행력(문제해결력)을 발휘할 수 있는 최적의 방법이 로컬랩이다.

* 사회에서 인간답게 살아갈 수 있는 권리, 또는 국민이 인간다운 삶을 위하여 필요한 사회적 보장책을 국가에 요구할 수 있는 권리를 말한다. 생존을 위한 기본권의 성격을 가지고 있어 '생활권'이라고도 한다.

마을정부를 위하여

4

01

마을정부의 기초, 동주민자치회와 사회연대경제

주민자치와 마을정부

지역사회의 주민들이 시급하고 절실하게 느끼는 문제를 스스로 결정하고, 주민들이 직접 참여하여 문제를 해결하는 것이 진정한 주민자치이다. 주민이 주도하고 커뮤니티를 중심으로 문제를 해결할 때, 문제해결의 수준도 높고, 정부의 정책과 재정지원의 효능감 역시 높아진다. 주민자치란 정부의 도움이나 간섭 없이 온전히 주민들만의 힘으로 문제를 해결하는 것이 아니고, 정부와의 협력 관계에서 '주민의 주도성이 관철되는 상태'를 이르는 말이다. 물론 지난 세월, 강력한 중앙집권적 정치구조 속에서 관 주도의 관행이 뿌리 깊어, 정부와 협력에서 긍정적인 경험을 해본 적이 거의 없어서 독립적인 상태를 갈망하는 것은 충분히 이해된다. 하지만 정부의 영향을 받지 않는 일상생활이 거의 없고, 정부의 지원을 무시하고 주민(시민)이 독자적으로 할 수 있는 일에는 한계가 있다.

한편 정부 역시 주권자 시민과의 적극적인 협력 없이는 문제를 해결할 수 있는 것이 별로 없다. 이제 정부가 정부로서 최소한의 제 기능을 수행하려면, 오랫동안 굳어진 관료제의 틀을 과감히 깨고 시민의 참여와 개입을 획기적으로 늘려서, 민관이 수평적으로 협력할 수 있는 행정 혁신을 해야 한다. 생활세계의 주민들이 참여하여 민주적 공론장을 통하여 의사결정을 하고, 자원과 해법을 가진 다양한 주체들이 협력을 통하여 문제를 해결해 가는, 풀뿌리 민주주의가 작동하는 협치 지향적인 행정 혁신을 추진해야 한다. 그러기 위해서는 중앙에 집중된 권한의 상당한 부분이 지방자치단체로 이관되고, 지방자치단체가 책임성과 자율성을 발휘할 수 있는 분권화가 전제되어야 한다. 풀뿌리 민주주의의 가치와 원리 위에, 분권과 자치가 이루어지는 지방정부를 '마을정부'라는 이름으로 제안한다. 마을정부는 동주민자치회와 사회연대경제 생태계를 두 축으로 하여 움직여지는 근린자치정부다.

주민자치회

공론장과 민주주의

동주민자치회는 동 단위의 지역사회에서 주민들이 주체가 되어 지역의 문제를 주도적으로 해결하는 주민대표기관, 즉 주민자치체다. 주민자치회는 해결해야 할 문제들을 정의하고, 그 문제들의 시급성과 절실함을 판단하여 해결에 나서는 우선순위를 정해야 한다. 여기서 주민자치회의 가장 중요한 임무는 이러한 판단과 결정 과정에서 민주적인 공론장을 운영하는 일이다. 일단 민주적인 공론을 벌이기 위한 필요조건으로 주민자치회의 구성, 즉 자치위원의 민주적 선발과 위촉이 선행되어야 함은 물론이다. 이는 이미 살펴본대로, 50인으로 늘어난 정원을 바탕으로 동 주민의 인구 구성의 특성(성비와 연령비)에 따른 비례성을 반영한 무작위 추첨제를 통하여 다양한 주민들이 참여를 보장하여야 한다. 그다음은 주민자치회의 민주적 운영을 위해서 수평적 토론문화를 정착시키는 일이 중요하다. 위촉된 자치위원들이 수평적 소통의 감수성을 체득하고, 민주적인 토론과 합의의 관행을 만들어 가야 달성되는 과제이다.

이때 간과해서는 안 되는 중요한 점이 있다. 자치회 위원들은 주민을 대의하는 일종의 위임된 권한을 가지는 사람이다. 따라서 자치회 위원들은 자기의 의견을 내놓고 관철하는 권한을 가지기 이전에, 권한을 위임해 준 동 주민들의 의사를 잘 대변해야 하는 책임과 의무를 가진다. 기존의 주민자치위원회에서 위원이라는 역할을 마치 일종의 권력으로 오해하여 이른바 '완장'으로 여기고, 몇몇 지역유지들의 동호인모임처럼 끼리끼리 폐쇄적으로 운영했던 사례가 적지 않았던 점을 고려하면 더욱 그렇다. 즉, 주민자치회 위원들은 자신이 하고 싶은 말을 하기보다는 주민들의 형편을 살피고 주민의 필요와 의견을 조사하고 파악하는 일에 힘을 기울여야 한다. 이것이 주민자치회 위원의 기본 임무다.

주민총회와 분과위원회

주민자치회가 50여 명의 주민대표로 구성된 일종의 대의기구라면, 주민총회는 주민이라면 누구라도 참여할 수 있는 직접민주제적 의사결정기구라 할 수 있다. 대의기구인 주민자치회에서 결의한 사항은 원칙적으로 주민총회에 부의되어 승인을 받아야 최종적으로 효력을 가진다. 대표적으로 자치계획과 같은 것이 그러한데, 주민자치회와 분과위원회에서 합의되었다손 치더라도 주민총회의 최종 승인이 있어야 한다. 직접민주제와 간접민주제가 서로 보완작용을 함으로써, 공론장을 더욱 민주적으로 운영하는 것이다.

마을총회를 통하여 공론장의 민주성을 보완하더라도, 공론의 내용이 실질적인 문제해결책에 닿도록 하려면, 다양한 정보와 합리적인 판단을 가능하게 하는 깊이 있는 공론 절차가 필요하다. 이른바 공론이 '숙의(熟議)'가 되도록 하기 위해서, 필요한 분과위원회를 운영할 수 있다. 동 단위의 동네라 하여 해결해야 할 과제의 난이도가 만만하지는 않다. 따라서 다양한 문제의식과 접근법, 충분한 정보와 해법이 동원되어서 최적의 설루션을 도출할 수 있어야 한다. 그러기 위해서는 문제의 당사자인 주민들이 참여할 수 있어야 한다. 비록 주민자치회 위원이 아닐지라도 해당의 문제로 가장 고통을 받고 있거나 직간접의 영향을 받는 주민의 참여는 보장되어야 하고 또한 필요하기조차 하다. 문제를 애매하게 뜬구름처럼 다루지 않게 하고 해법에 바로 도달하는 데 도움이 되기 때문이다. 아울러 동네에 살지도 않지만 해당 문제에 대한 전문적인 식견을 가진 소위 '전문가'들의 참여 역시 활성화해야 한다. 그래서 분과위원회는 자치위원이 아니거나 동네에 살지 않는 사람들의 참여도 보장하는 '열린 위원회'로 운영되어야 한다.

사회연대경제 (Social and Solidarity Economy)

로컬형 사회연대경제

주민자치회가 동네의 문제를 발굴하고 자원 투입의 우선순위를 결정하는 의사결정기구로서의 주민대표체라면, 실제 문제를 해결하기 위한 활동을 하는 주체가 있어야 한다. 즉 노인이나 장애인을 돌보거나, 영유아 또는 초등아동을 챙기는 서비스를 제공하거나, 재생에너지를 생산하고 관리하거나, 동네에서 필요로 하는 다양한 서비스를 생산하고 전달하고 관리하는 일을 하는 주체가 있어야 한다. 이들은 개인일 수도 있고 협동조합이나 마을기업 등 사회적경제 주체일 수도 있으며, 복지기관 또는 NGO단체일 수도 있다. 이들은 상호협력을 촉진하고 효율적 실행을 도모하기 위해 공동의 거점으로 활용할 수 있는 지역 차원의 플랫폼이 필요하다. 물론 이 플랫폼에는 구청이나 동주민센터, 학교와 교육청 등 행정기관도 합류한다. 이러한 협력 플랫폼을 통하여, 다양한 주체들이 자발적으로 구성하는 이른바 '로컬형 사회연대경제'*의 생태계가 만들어지는 것이다.

사회연대경제 플랫폼과 서비스 벤더시스템

문제를 해결하기 위한 자원이 모이고 주체들이 협력하는 장을 우리는 사회연대경제 플랫폼이라 부르기로 한다. 이 플랫폼은 해결해야 할 과제나 문제의 성격별로 따로 만들어질 수도 있다. 아무래도 수요자 주민들의 특성이나 서비스 전달체계의 동일성 등을 고려하여 효과적인 방식으로 협력이 이루어지는 것이 바람직하기 때문이다. 예를 들면 영유아 돌봄, 초등 방과후 돌봄, 노인건강 돌봄, 장애인 돌봄처럼 돌봄 영역이라 하더라도 대상층별로 별개의 플랫폼을 만들어 운영할 수도 있고, 플랫폼은 통합적으로 운영하되 하부 전달체계는 따로 구축하는 방안도 있을 것이다.

여기서 하부 전달체계란 서비스 수요자에게 서비스가 전달되는 구체적인 체계를 의미한다. 서비스 공급자/판매자를 뜻하는 '벤더(vendor)'라는 단어를 사용하여 벤더시스템이라 부른다. 즉 전달하는 서비스의 종류와 수

* 마을공동체가 충분히 경제화되지 못하고, 사회적경제(기업)의 커뮤니티 기반이 튼실하지 못한 단계에서, 양자는 서로 별개인 것처럼 대립한다. 더욱이 정부의 지원 역시 별개의 부서로 칸막이가 처져 있으니 이러한 분리 현상은 더욱 강화된다. 사실 마을공동체와 사회적경제는 동전의 양면임에도, 양자 모두 미숙한 단계에서 나타나는 분리-대립 현상이다. 앞으로는 양자가 통합된 높은 수준의 로컬 생태계를 향해야 하는 바, 이를 '사회연대경제'라고 부른다.

량, 서비스 전달의 시기와 주기가 수요자 맞춤형으로 설계되고 실행되는 일련의 방식을 의미한다. 따라서 벤더시스템에서는 이른바 케어 매니저(care manager)가 서비스 수요자의 필요와 요구를 파악하고, 서비스 제공자의 제공 여건을 고려하여 최종적으로 수요자와 제공자를 매칭하는 프로그램을 짜는 역할을 한다. 그리고 정기적으로 점검하여 프로그램을 재구성한다.

한편 플랫폼과 벤더시스템은 주민자치회의 분과위원회와 밀접한 관계를 맺게 된다. 분과위원회가 문제를 정의하고 그 해법을 숙의할 때 지역사회에서 자원을 가지고 있거나 해결책을 가진 주체들의 참여가 필수적이기 때문이다. 또한 분과위원회는 서비스가 실행이 된 이후, 플랫폼과 벤더시스템의 작동을 모니터링하고 개선하기 위한 논의를 하게 되므로 양자는 협력과 견제라는 불가분의 관계를 유지하게 된다. 집행부와 의회의 관계와 유사하다 할 수 있다.

커뮤니티 기반의 '마을정부'

주민자치회는 주민이 스스로 동네의 문제를 발견하고, 그 문제의 시급성과 중요성을 판단하고, 문제를 해결하기 위해 자원의 투입여부와 투입량을 결

| 표 25 | 주민자치회 구성체의 특성

성격	의사결정체	사회연대경제체
임무	문제 정의와 자원 배분의 우선순위 결정	문제해결
핵심가치	민주적 공론장 운영과 숙의	다양한 자원과 주체의 융합적 협력
조직	주민총회와 분과위원회	사회연대경제 플랫폼과 벤더시스템

정하는 기관이다. 또한 문제의 종류와 의제의 성격별로 산하에 분과위원회를 두고 영역별로 깊이 있는 숙의와 의사결정을 한다. 한편 동네에는 사회연대경제 플랫폼이 있어서, 여기서 문제(복지와 교육, 먹거리와 안전, 환경과 에너지 등)를 해결하기 위한 주체들(개인, NGO단체, 사회적기업, 마을기업, 복지기관, 행정 등)이 교류하고 협업을 하며, 최종적으로 구체적인 서비스 전달체계를 공동으로 구축하여 동 지역차원에서 서비스를 생산하고 제공한다.

이렇듯 주민자치는 공론을 통한 [의사결정체]와 문제해결을 위한 [사회연대경제체]로 크게 구분된다. 의사결정체는 문제정의와 우선순위 결정을 임무로 삼고 있고, 공론장과 숙의에 기초한 민주의의를 핵심가치로 삼는다. 주민자치회와 주민총회, 분과위원회가 기본적인 조직구성이며 자치계획의 수립과 집행을 기본사업으로 움직인다. 반면에 사회연대경제체는 문제를 해결하는 것이 기본 임무이고, 다양한 자원과 주체의 융합적 협력을 기본원칙으로 삼는다. 협동은 사회연대경제 플랫폼을 거점으로 다양한 사업 주체들(개인, 기업, 단체, 행정)간의 교류와 협업을 통하여 이루어진다.

주민들은 자치위원이나 분과위원으로서 또는 총회를 통하여 의사결정체에 참여하여 주민 주권을 행사하기도 하고, 사회연대경제플랫폼에서 서비

| 그림 15 | 마을정부의 기초, 의사결정체와 사회연대경제체

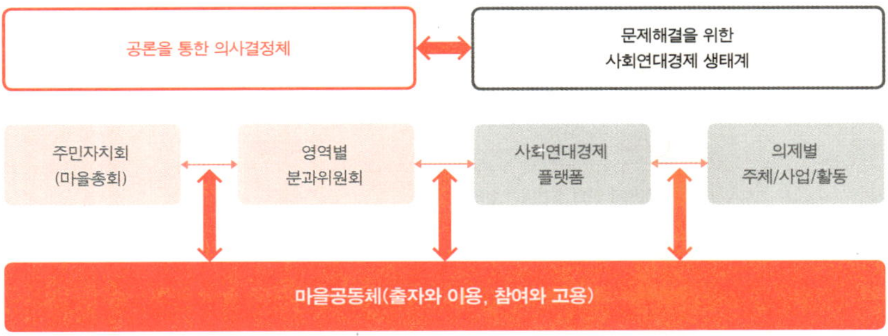

스의 생산이나 전달의 역할을 하기도 하며, 제공되는 서비스를 이용·사용하기도 한다. 어쩌면 주민들은 각자 형편에 따라 이 세 가지의 역할을 일부 또는 전부를 중복적으로 하기도 한다.

이렇게 동을 기본단위로 삼고, 커뮤니티를 기반으로 주민들이 참여하는 자치적 의사결정체와 사회연대경제체가 '마을정부'를 떠받치는 두 기둥이다. 마을정부란 주민편의와 복지를 증진하는 데에 꼭 필요한 서비스를 동네 차원에서 생산하고 공급하고 이용하는 사회연대경제체와 주권자 주민이 민주적으로 합의하고 결정하면 곧 실행이 가능한 주민 주권적 의사결정체가 어우러질 때, 풀뿌리 민주주의가 비로소 작동하는 것이다. 그래서 주민자치회는 민주주의 프로젝트다.

민주주의위원회와 주민자치회

광역자치단체는 재정을 조달하는 역할이 중요하다. 기초자치단체는 재정상의 여력이 빈약하고, 더욱이 혁신형 정책사업을 추진하려고 하는 경우에는, 추가로 예산을 편성해야 하기 때문에 재정적인 이유로 주저하게 된다. 따라서 광역(중앙)의 재정 지원은 매우 중요하다. 광역이 어떤 정책 영역에 어느 정도의 우선순위로 예산을 배정할 것인가를 결정하는 것이 주요한 역할이라면, 기초는 사업계획을 가지고 예산을 집행하면서 현장을 지원하는 것이 주요 역할이다.

박원순 시장이 민선7기 공약으로 내세운 서울시예산 5퍼센트의 시민결정제가 2020 예산편성부터 실행될 예정이다. 1조에 달하는 5퍼센트 예산을 임기 내에 2퍼센트, 3퍼센트, 5퍼센트로 단계적으로 추진하며, 이를 전담하는 기구로 합의제 행정관청인 〈민주주의위원회〉를 신설했다. 민주주의위원회는 자문 권한만을 갖는 통상의 위원회가 아니라, 정부 내 부서들처럼 행정행위의 권한을 가지는 위원회이면서, 서울시 행정체계와는 독립적으로 활동하는 행정기관이라는 점에서, 시민의 주도성과 실효성을 동시에 담보할 수 있는 기관이다. 민주주의위원회는 서울시 예산의 5퍼센트를 이른바 〈현장융합형/공론형〉 방식으로 편성하는 절차를 주관하게 된다. 특히 주민자치회가 이 예산의 편성에 참여하여 배정받을 수 있는 일정비율의 예산을 할당하게 되면, 동 단위의 자치활동을 광역이 직접 재정 지원할 수 있는 채널이 만들어지는 것이다. 즉, 주민자치회를 공식기구로 하는 커뮤니티 기반의 주민 주체가 서울시로부터 직접 보조금을 위탁받아 사업을 추진하는 것이다.

민주주의위원회와 주민자치회는 서울시와 생활의 현장인 마을을 연결하는 공식적인 기관이다. 이 둘 사이에, 행정의 부서 칸막이를 뛰어넘고 의제별로 따로 활동하는 중간지원조직을 건너뛰어, 현장의 문제해결을 중심으로 재정자원을 직접 투입할 수 있는 채널이 만들어지는 것이다. 물론 기초자치단체는 주민자치회의 활동을 촉진하고 지원하는 역할을 수행하게 된다. 주민교육, 공론장 운영 지원, 예산 수립과 결산 방법, 회계 처리 등의 행정적인 지원을 집중적으로 해야 한다. 이 과정에서 기초정부 역시 칸막이 부작용을 최소화할 수 있도록 행정 혁신을 해야 한다.

| 표 26 | 행정의 계층별 역할과 과제

	광역자치단체	기초자치단체	동(洞) 현장
목표(역할)	예산 배정	사업으로 현장 지원	문제해결과 주민참여
수단(과제)	정책 방향과 우선순위	사업계획(조직과 예산)	융합설루션과 주민조직화

02

주민자치회 전환의 현황과 과제

연차별 확대 계획

2015년 〈찾동〉사업에 1단계로 참여한 자치구는 2년에 걸친 마을계획-마을총회를 실행하고, 그 경험을 바탕으로 해서 2017년에 주민자치회로 전환을 시도한다. 4개구 26개동에서 시범 실시하였고, 2019년 46개동을 확대 실시하였으며, 2021년에 전체 동으로 확대 실시될 예정이다. 매년 추가로 구청들이 합류하였는데, 2018년에 11개구가 2단계로 참여했고, 2019년에는 3단계로 8개구가 추가로 참여하여 주민자치회 전환 시범사업을 추진했다. 2019년을 기준으로 전체 138개동이 주민자치회로 전환하였고, 2020년 281개동, 2021년 401개동, 2022년에는 424개 모든 동이 전환될 예정이다. 즉 민선 7기 내 서울시 관내 모든 주민자치위원회가 주민자치회로 전환되는 것이다.

주민자치회 전환이 곧 주민자치의 구현은 아니다. 사실상 오랜 세월 동안

| 표 27 | 주민자치회 연차별 확대 계획[26]

시행 단계	2017년	2018년	2019년	2020년	2021년	2022년
1단계 (4개구) 성북, 도봉, 성동, 금천	26 (시범동)	26 (시범동)	46 (시행 확대)	46 (시행 확대)	61 (전동 확대)	61 (전동 확대)
2단계 (11개구) 종로, 동대문, 노원, 은평, 서대문, 양천, 강서, 동작, 관악, 강동, 마포	-	55 (시범동)	55 (시범동)	188 (전동 확대)	188 (전동 확대)	188 (전동 확대)
3단계 (8개구) 용산, 광진, 강북, 구로구, 영등포, 중랑, 강남, 송파	-	-	37 (시범동)	37 (시범동)	142 (전동 확대)	142 (전동 확대)
4단계 (2개구) 서초, 중	-	-	-	10 (시범동)	10 (시범동)	33 (전동 확대)
누계	26	81	138	281	401	424

고착되어 온 주민자치위원회의 운영 관행이 쉽게 바뀌지는 않기 때문이다. 혼란과 고통의 시간을 압축하고 새로운 문화가 자리 잡기 위해서는, 더욱 세밀하고 날카로운 조정과 개선이 필요하다. 몇 가지 현상과 대책을 검토하면 다음과 같다.

다양한 주민의 참여와 민주적 운영

가장 기본적인 문제는 새로운 주민들의 등장이 부족한 점이다. '그 나물의 그 밥'이 되지 않게 하려고 주민자치회 위원의 위촉 방식을 대폭 바꾸었다. 추첨제와 비례-쿼터제를 적용했다. 남녀 성비, 연령대별 쿼터를 두고 다양한 주민층이 고루 참여하도록 제도화한 것이다. 여러 시범동에서 새로운 주민들의 참여를 위해 독려했지만, 대부분의 동은 다수의 기존 위원들로 구성되었다. 주민자치위원회가 주민자치회가 되었지만, 인적 구성에 큰 차이가 없다 보니 운영방식은 별 다를 것이 없게 되었다. 어떤 동은 그야말로 새로운 주민들이 마음먹고 희망을 가지고 참여했지만, 기존 주민자치위원회 위원들 중심의 회의운영 방식과 일방적인 분위기에 치여 실망하고 만다. 개선해 보려고 나서면 부딪치게 되고, 갈등이 생겨 결국 하차하고 마는 경우가 속속 생기고 있다. 물론 긍정적인 방향으로 신구 위원들이 화합을 이루고 재미나게 운영하는 경우도 있지만, 많은 경우 어려움을 겪고 있다. 문제는 갈등이 있더라도 시간이 지나게 되면 선입견도 해소하고 오해도 풀고 새로운 면모들을 알게 되면서 화합하는데, 이 시간을 견디지 못하고 갈등 끝에 이탈하게 되면 전반적인 분위기와 이미지가 나빠져서 다시 회복하기가 쉽지 않다. 흐름을 바꿔줄 처방이 필요하다.

새로 참여하는 주민들의 숫자가 좀 되어야 한다. 40~50여 명의 집단 속에서 그래도 신선한 기운을 만들고 새로운 바람을 일으키려면, 몇몇 개개인이 해 내기에는 역부족이다. 어느 정도 집단적인 '세력'으로 존재해야 그래도 버텨 내면서 변화의 계기를 만들어낼 수 있다. 일단 더 많은 주민들이 참여해야 한다. 그럼 누가 참여할 수 있을까? 평일 낮 시간에 최소한 회의 참석이라도 가능하려면, 아무래도 학부모들이다. 또 마을, 사회적경제 등 혁신영역에서 활동하고 있는 활동가들이 마음먹고 참여해야 한다.

특히 동네에서 이러저러한 관계망을 가진 마을사업지기들과 마을지원활동가(마지활)들의 참여가 필요하다. 나아가 마을계획사업단에 참여했던 주민들은 매우 중요한 자원들이다. 사실 이들 마을계획사업단에 참여한 주민들이 주민자치회의 전환의 동력이 될 것을 기대하고, 자치회 전환 정책을 결정할 수 있었다. 그러나 기존 위원회와 마을계획사업단 간의 경쟁적 구도가 형성되거나, 1단계 시범동이 2년 동안 독자적으로 마을계획 사업을 추진하면서 생긴 활동과 관계의 관성이 작용해서 전격적인 결합이 이루어지기 못한 상황도 있다. 좀 더 적극적으로 주민자치회에 결합하도록 해야 한다.

주민자치회가 민주적으로 운영되어야 다양한 주민들이 참여할 수 있고, 참여한 주민들이 이탈하지 않고 활동을 이어 갈 수 있다. 우선 민주적인 회의운영이 가장 기본적인 과제이다. 참여자들이 수평적인 지위에서 자유롭고 활발하게 의견을 내고 합리적으로 토론하는 문화가, 자치회 운영의 가장 기본적인 토대가 된다. 주민자치회 회장은 위원회가 원만하게 운영되도록 안내하고 지원하는 안내자이다. 동네에서 오랫동안 살아오면서 연배도 높고, 이러저러한 대표, 회장 등의 직함도 많다 보니 으레 대접받아야 한다고 여길 수 있다. 봉사하는 마음으로 스스로 일을 하기보다는 '대접받고 시키는' 자리로 오해하는 사람들이 있다.

따라서 우선 회의운영의 매뉴얼이 필요하다. 경청과 배려의 태도, 평등한 발언의 기회, 민주적인 토론의 기술 등을 익힐 수 있는 회의 매뉴얼이 제공되고, 그에 맞추어 회의를 운영하는 노력을 의식적으로 기울이도록 지원해야 한다. 물론 매뉴얼이 있다고 매뉴얼대로 되지 않지만, 그래도 기본적인 매뉴얼과 교육이 제공되면 주민자치회가 가야 할 방향을 확인하고 공유하는 효과가 있어서 새로운 참여자들을 지지하는 역할을 한다. 특히 공무원들이, 주민자치회가 바뀌지 않고 여전히 과거와 다를 바 없는 행태를 보이는 것에 대해 "역시 안돼" 단언하고 포기하는 태도를 경계해야 한다. 심지어 "주민자치는 주민이 알아서 하는 것이니, 알 바 아니다"며 나 몰라라 하는 식은 더더욱 안 된다. 성장과정에서 나타나는 자연스런 성장통으로 이해하고 성장에 필요한 것이 무엇인지 발견하고 지원하려는 태도를 가져야 한다. 50년 묵은 관행을 어찌 한두 해 하고서 된다, 안 된다 할 수 있겠나.

주민자치회 사업구조의 재편

현재 주민자치회 산하 분과위원회에서 의제를 토론하여 정하고, 이를 주민 총회를 통해 확정하면 바로 실행에 들어간다. 사업의 성격이나 사업비의 규모는 그리 크지 않고, 참여자들이 선호하는 소소한 사업의제인 경우가 대부분이다. 대체로 마을공동체의 공모사업과 별 차별성이 없다. 주민세를 집행하는 사업이나 시민참여예산을 사용하는 사업이나 별 차이도 없다. 그래도 주민들이 동네에서 무엇이 필요한지, 우리가 할 수 있는 것들이 무엇인지 궁리하고 토론해서 결정한 것이니, 그 실행은 소중한 주민 협력의 경험이 되고, 또 한 차원 높은 협력의 기반이 된다. 이런 경험은 특히 이웃들과 무엇을 함께해 본 경험이 없는 주민들이나 분과위원회에게 매우 소중한 학습이 된다.

그러나 토론해서 의제를 결정하고 사업계획서를 작성하는 것은 어떻게든 할 수 있지만, 실행은 또 다른 공력과 수고가 필요하다. 액수가 크든 작든 행정의 돈을 쓰는 것이라, 절차가 복잡하고 증빙하는 일도 번거로운 데다 제때 일정에 맞춰 진행해야 하니 만만치 않다. 결국은 많은 일이 공무원이나 지원관의 몫이 되고 만다. 이런 일이 반복되면 하기도 전에 의례 공무원이나 지원관들에게 맡기려고 하고, 지원관과 공무원들은 주어진 업무 외에 추가적인 일을 떠안게 된다.

사실 행정의 보조금을 사용해 보고 그 쓸모도 경험해 본 주민들은 정작 주민자치회 실행사업에 끼는 것을 꺼린다. 최근 민선 5·6기를 거치면서 주민참여형 사업이 동시다발적으로 생기면서 보조금 액수도 크고 입맛에 맞는 공모사업이 많은데, 굳이 금액도 작고, 주민자치회라는 틀에 맞추어 준비하고 실행해야 하는 일이 별 매력이 없는 것이다. 특히 최근 들어 급격히 확대된 도시재생사업의 재정 규모는 비교가 안 될 정도로 커서, 실행력이 있는 주민들은 그 쪽에 관심을 더 두게 된다. 그러다 보니 주민자치회에는 경험 있는 주민들이 별로 없게 되었고, 주민자치회(분과위원회)는 소액보조금 사업조차도 감당하기 어려운 상황이 된다. 따라서 주민자치회의 사업구조를 재구성해야 한다. 상시적인 소액공모사업과 전략의제사업, 두 가지를 구별하여 투 트랙으로 가는 것이 좋겠다.

참여형 소액공모사업

주민참여형 공모사업은 여전히 필요하다. 동 수준에서 주민들의 활발한 참여를 촉진하는 매개역할을 하고, 현재 주민자치회에 대한 관심을 높이며 참여의 입구로서 유용하다. 단 의무적인 참여가 아니라, 자발적인 방식으로 전환해야 한다. 하고 싶은 사람들이 하도록 하는 것이다. 수시로 하면 더 좋다. 예전 서울마을지원센터에서 시도했던 우마프(우리마을프로젝트)를 동 버전으로 하는 것이다. 공모라는 절차를 거치도록 해서 책임감을 갖도록 하고, 주민참여심사제를 도입하여 경쟁적 공모보다는 상호 학습이 일어나고 네트워킹 효과를 만들도록 유도하는 것이 좋다. 따라서 이를 동 단위의 공모사업으로 제도화하고, 자치회 사무국과 동주민센터 행정팀이 사업지원과 관리를 담당하게 하는 것이다. 따라서 주민자치위원회 또는 분과위원회가 의무적으로 해야 하는 것이 아니라, 일반 주민이면 모두 공모에 참여할 수 있도록 열린 사업으로 하자는 것이고, 자치회 사무국과 동주민센터 담당공무원들이 일종의 동 단위의 마을지원센터처럼 지원 역할을 하는 것이다.

계획형 전략사업

총회를 통해서 결정하고 실행하는 사업은 전략적인 의제가 되도록 유도해야 한다. 자치계획은 지금처럼 소액보조금 공모사업의 틀을 완전히 탈피하고, 마을에서 필요한 공공서비스를 마을의 민간 주체들(주민 개인, 마을기업, 비영리민간단체, 복지기관 등)이 협력적으로 생산하고 전달하는 '공동생산자' 수준으로 발전시킬 수 있는 의제여야 한다. 앞서 살핀 마을돌봄망(커뮤니티 케어) 구축, 저층주거지 마을재생과 마을관리사무소 설립 운영, 마을가상발전소, 마을교통안전체계(골목안전, 마을버스노선 정비 등) 구축 등의 융합적이고 포괄적인 중장기 사업을 다루어야 한다. 관심 있는 몇몇 사람들이 하고 싶은 일이 아니라, 동 지역 주민 대다수에게 절실하고 필요한 프로젝트를 해야 한다. 그래야 주민자치회가 다수 주민들의 관심을 받고, 명실상부한 주민대표기구로서 인정받을 수 있다.

따라서 전략의제 사업은 자치계획에 담아 2~5년의 중장기 계획으로 추진하는 것이 좋다. 그 방법은 전문가들의 참여를 통해 심층적인 숙의와 설루션개발이 가능하도록 하는 로컬랩(Local Lab)의 프로세스를 주민자치회의 형편과 조건에 맞추어 변형해서 추진하면 된다. 따라서 주민총회를 매년 하되, 의제발굴과 정의 ► 설루션개발 ► 실행 ► 시행착오와 계획변경의 흐름에 맞추어, 총회에 부의되는 안건이 달라지면 된다. 그동안 분과별로 발굴하여 투표로 결정하던 사업은 참여형 소액공모사업 절차에서 소화하면 된다.

전략사업 실행법인

주민자치회가 총회를 통해 중장기적인 자치계획을 수립하고 전략사업의제를 결정했다면, 이를 실행하기 위한 실행주체를 꾸리는 일이 무엇보다 중요하다. 주민자치회는 공론을 통한 의사결정을 하는 곳이다. 필요와 욕구를 파악하고 문제를 정의하며, 해결의 우선순위를 정하고 자원(예산)을 배분하는 결정을 한다. 그렇다면 주민자치회의 결정을 실행에 옮기기 위하여, 문제해결의 설루션과 자원을 가진 주체들이 협력하는 실행단위가 필요하다. 앞 장에서는 이를 '사회연대경제플랫폼-서비스 벤더시스템' 라 부른 것인데, 실행을 위한 구체적인 '조직'이 필요하다. 서비스를 효과적으로 생산하는 생산시스템을 짜고, 서비스가 필요한 주민 개개인에게 맞춤형으로 전달하는 전달체계를 구축하며, 그 피드백이 빠르게 정확하게 돌아오는 사업조직을 만들어야 한다.

특히 실행조직이 안정적인 서비스 생산·전달의 체계로 성장하려면 시간이 걸린다. 서비스를 생산하는 기업들이 적절한 품질의 서비스를 제공할 수 있어야 하고, 서비스 이용자와의 효과적인 연결망이 구축되려면 많은 시행착오와 경험이 쌓여야 한다. 무엇보다 수익성이 어느 정도 올라와 비즈니스 모델이 나오려면 독자적인 힘만으로는 역부족이다. 공공의 초기 지원이 꼭 필요한 이유다. 민간에서 당장 실행 가능한 서비스 영역부터 행정이 일정 규모로 위탁을 주게 되면, 초기에 안정적으로 서비스를 생산할 수 있다. 그래서 실행체는 위탁사업, 보조사업, 영리사업을 할 수 있는 법인격을 가질 필요가 있다. 그래야 행정으로부터 위수탁이 가능하다. 물론 현재 주민자치회 역시 행정으로부터 수의계약으로 사무위탁을 받을 수 있지만, 체계적이고 안정적으로 수탁업무를 감당하려면 별도의 사업조직이 필요하다. 사업조직의 구체적인 형식은 협동조합이든, 사단법인이든, 주식회사이든 상관없다. 물론 이 실행법인은 주민자치회가 지배력을 행사할 수 있어야 하므로 주민자치회 관련 조례 및 내규, 사업조직의 정관에서 상호 연관성을 규정해두어야 한다. 이는 출자와 이사회 구성 등에서 주민대표기구인 주민자치회의 산하 실행법인이라는 위상과 지위를 명확히 해두는 것이다.

한편 실행법인이 포괄하는 의제의 범위와 관련한 사항인데, 주민자치회가 자치계획에 기초하여 전략사업으로 정하는 의제가 한 개가 아니라 여러 개일 수 있다. 이 경우 실행법인이 다 감당해야 하는가 아니면, 의제마다 별도의 실행법인을 설치하는 것이 바람직한가의 문제이다. 동 단위가 가지는 규모와 주체의 역량을 고려할 때 하나의 통합적 실행법인을 설치하고 그 안에 의제별로 복수로 실행체계를 두는 일종의 사업부제가 적절하다고 본다. 그래서 의제별 전문성과 주민자치회 전체와의 소통과 대응력을 동시에 발휘하는 '따로 또 같이'의 조직체계가 바람직하다. 특히 지금 실행법인을 만든다고 할 때, 여러 개의 전략사업의제를 한꺼번에 추진하기보다는 가장 시급하고 절실한 의제이면서 당장 실행이 가능한 영역의 의제부터 추진하게 될 것이라고 예상된다. 그래서 우선은 리딩 의제사업를 중심으로 실행법인체를 구성하고, 이후 다른 의제사업을 새로운 사업부를 만들어 추가해 나가는 식으로 진화하면 된다. 이렇게 되면 주민자치회 산하에 실행법인 있고,

| 그림 16 | 행정-주민자치회-실행법인 3자 협력관계

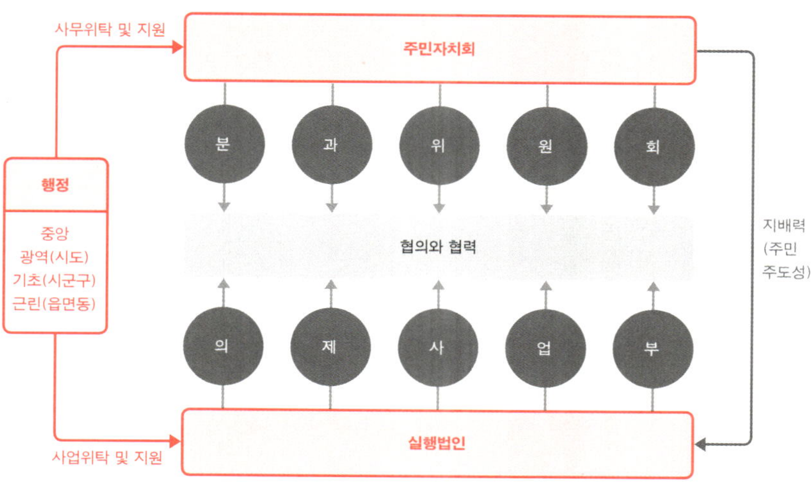

주민자치회의 각 분과가 실행법인의 해당사업부와 협의-협력관계를 맺는 파트너십을 구축하게 된다.

전략사업은 대체로 커뮤니티 공간이 꼭 필요하다. 주민들이 스스럼없이 쉽게 들르고, 들러서 이웃들과 자연스레 만나면서 필요한 서비스도 챙기고 하는 공간이다. 주민들이 일상적으로 참여하고, 사업실행의 거점이 되는 동 단위의 공간을 조성하고 운영하는 일에 주민자치회가 주축이 되어야 한다. 즉, 주민자치회는 이미 추진되고 있는 마을활력소를 동 단위 커뮤니티 공간이자, 마을센터로 운영하는 주체가 되는 것이 좋다.

마을민주제

주민자치회는 주요 활동으로 앞에서 살핀 전략의제사업의 실행과 함께 마을민주제를 실현하는 역할을 해야 한다. 사회서비스의 효과적인 생산-전달을 통하여 지역사회의 복지 수준을 높이는 역할 못지않게 주민 주권을 실천하는 주춧돌 역할을 해야 한다. 구정 전체를 관통하는 의제에 대하여 주민의 총의를 모아 결정할 수 있고, 법제도를 개폐할 수 있는 명실상부한 주민자치의 수단을 주민자치회가 가져야 한다. 즉, 주민자치회가 시군구 행정부나 시군구 의원을 통하지 않고서도 직접 (시군)구의 조례안을 발의할 수 있는 '조례발안제', 구 차원에서 중요한 사안이나 의제에 대하여 주민투표를 부칠 수 있는 '주민투표부의권'이 보장이 되어야 한다.

더불어 조례 제정를 발안하거나 주민투표를 요청하기에 앞서서, 이러한 중요한 사안들에 대하여 주민들이 충분한 정보를 제공받고 심도 있는 공론을 벌일 수 있어야 한다. 크고 작은 규모의 공론장을 만들고, 모든 주민이 문턱 없이 참여하여 자유롭고 민주적인 공론을 벌일 수 있도록 하는 '공론화 위원회'를 주민자치회가 설치하고 운영할 수 있어야 한다.

이러한 권한은, 대의제 체제로 작동하는 시군구 기초자치단체에서 동 단위의 주민들이 직접 의사결정에 개입하는 직접민주제적 요소를 넣어 보완할 수 있도록 하는 것이다. 물론 이들 권한의 행사 여부는 최종적으로 정기 및 임시 주민총회를 통하게 결정하게 함으로써, 주민의 주도성이 풀뿌리 차원에서 보장되는 직접민주제, 즉 마을민주제 실현을 앞당겨야 한다.

예산체계의 재편

주민자치회가 조달 가능한 예산은 시민참여예산과 구청, 광역정부 및 중앙정부가 실시하는 각종 공모사업 보조금이 있고, 정부로부터 받는 사무위탁 보조금, 그리고 주민세 등이 있다. 가장 우선적으로 재정을 확보해야 하는 용도가 사무국 운영을 위한 인건비와 사무관리비이며, 참여형 소액공모사업비, 전략의제사업을 추진하기 위한 단계별 사업비 등이 필요하다. 이 중에 필요한 재정의 규모가 예측 가능하며, 또한 가장 안정적으로 확보되어야 하는 것이 주민자치회 사무국의 운영비(사무국 직원의 인건비와 사무관리비)이

| 표 28 | 용도별 예산조달

용도	주안점	예산조달
주민자치회 사무국의 인건비와 사무관리비	자치회 운영의 안정성	주민세
참여형 소액공모사업	자발적 사업참여와 공모경쟁 방식	시민참여예산
전략의제사업	융합적·전략적 연차별 예산 집행	5퍼센트 예산제

다. 주민세를 여기에 사용토록 하는 방안이 바람직하다. 주민자치회의 안정성과 지속가능성은 사무국의 안정성과 전문성에서 나온다. 특히 전환의 초기에는 더더욱 그렇다. 주민세 사용의 권한을 주민자치회로 하는 조치가 주민자치회 전환의 취지를 상징적으로 드러낸다고 할 때, 그 주민세의 용처를 사무국의 안정적 운영에 집중시키는 일은 더더욱 상징적인 의미가 있다고 할 수 있다.

주민참여형 소액공모사업은 현행의 시민참여예산제에서 동 단위로 배당되는 절차를 사용하는 것이 적절해 보인다. 전략의제 사업은 5퍼센트 예산 시민결정제가 동 단위로 배정하는 예산에서 조달하는 것이 바람직하다. 천편일률적이고 예산한도가 미리 정해져 있는 기존 공모식 보조금 지원방식을 뛰어넘어야 하기 때문이다. 그래야 보조금의 규모에 상상력과 자발성이 제약되지 않고 창의적이고 자발적이며 주도적인 상상과 실천이 가능하다.

지원체계와 운영체계

현재 주민자치회 전환을 촉진하고 지원하는 체계는 동에서는 동지원관과 자치회 간사 및 동주민센터 담당공무원 정도이다. 물론 자치구 단위로는 마을자치지원센터가 있고, 광역에는 서울마을지원센터 안에 마을자치지원단이 있다. 자치구와 광역 단위는 차치하고 가장 중요한 동 단위 지원체계를 보자. 간사, 동지원관, 행정담당, 이들 간의 팀워크가 제일 중요한데, 우선 적절한 역할 분담이 선행되어야 한다. 각자의 역할과 업무 분담을 가급적 매뉴얼로 명확히 규정하고, 동 형편에 따라 유연 적용하는 방안으로 가야 한다. 그렇지 않으면, 각자 버거운 업무와 수시로 터지는 예측 불가능한 상황 속에서 서로 지치게 되고, 결국 갈등의 원인으로 작용하게 된다. 그다음 팀 빌딩 프로그램을 체계화하여, 자치회 사업의 가치와 방향을 충분하게 공유하고, 실무적으로 필요한 업무능력을 훈련하도록 해야 한다. 가급적 이들을 한 팀으로 묶어서 진행하는 것이 효과적이다.

신분의 안정성

주민자치회를 담당하는 공무원의 재임기간이 극히 짧은 점이 주민자치회 전환이 제대로 안착되는 데에 커다란 장해가 되고 있다. 공무원 입장에서 그만큼 어려운 업무라는 반증이기도 하겠지만, 정부가 주도하는 주민자치회 전환에서 공무원들의 제대로 된 행정 지원이 매우 중요하다. 이제 자치를 향한 한 걸음을 뗐을 뿐이다. 자치의 경험이 쌓이고 나름의 방법을 터득하는 데 필요한 최소한의 기간인 2년 정도 담당하도록 해야 한다. 그렇지 않으면 주민자치회 전환 정책과 주민들에 대한 부정적인 경험만 가진 채 그만두게 되어, 장기적으로 주민자치회가 안착되는데 행정 내에서 큰 걸림돌이 될 것이다.

그동안 1단계 시범동은 동별로 지원관 1명이 배치되어 자치계획과 주민총회를 조직하였다. 분과위원회 회의 구성과 운영, 의제발굴과 계획수립, 총회준비와 진행 등 버거울 정도의 업무를 감당했다. 지원관이 제대로 역할을 하려면 갈등관리와 조율, 행정절차와 행정사무(회계, 서류 작성 등) 등 전문적인 역량이 필요하나, 아직 미숙하고 과중한 업무상태이다. 지원관에 대한 교육, 훈련과 사례 중심의 컨설팅 및 지원관끼리의 피어컨설팅(peer consulting) 등 체계적인 지원프로그램이 필요하다.

또한 이들 지원관의 신분은 자치구의 중간지원조직인 마을자치지원센터의 직원으로서 공무원 신분이 아니다. 그래서 공무원들과의 협업이 원활하지 않고, 주민들과의 관계에서도 상대적으로 위치가 불안하다. 아무래도 주민들이 공무원에 대한 존중이 있기 때문이다. 무엇보다 주민자치회 전환 동 확대 실시할 때, 2개동씩 담당해야 하는 상황이 문제다. 물론 예산 제약 때문이기는 하지만, 동 단위의 관계망을 구축해야 하고, 모든 업무가 동 단위로 돌아가는 상황에서 2개동을 담당하는 것은 물리적으로도 업무량이 과도할 뿐 아니라, 심리적으로도 집중하기 어렵다. 그나마도 업무가 반반씩 안배되기보다는 양쪽 모두 절반에도 미치지 못해 둘 다 일이 안될 우려가 크다. 시급한 조정이 필요하다. 확대 동 수를 줄이더라도 1동-1지원관 담당제는 유지하는 것이 필요하다.

주민자치회 운영위원회와 사무국

주민자치회는 총회의 결정을 상시적으로 집행하는 대표적 대의기구다. 자치회장을 중심으로 분과위원회가 의제분과별로 숙의 공론장을 운영한다. 사무국이 별도로 구성되어 자치회 운영을 지원하고 결정한 사업의 집행을 실무적으로 책임진다. 따라서 주민자치회의 자율성과 독립성이 지켜지려면, 우선 주민자치회의 운영을 책임지는 당사자들 간의 긴밀하고 책임 있는 협력이 가장 중요하다. 따라서 회장과 부회장 및 각 분과위원장과 사무국장이 참여하는 운영위원회를 상설회의로 설치하여, 주민자치회 내부의 각종 회의의 개최, 의제 점검, 회의록 공람 등의 조정업무를 총괄하도록 해야 한다. 운영위원회를 운영하는 실무는 사무국이 담당하게 되므로 사무국을 실질화하는 것이 관건이다. 현재 주민자치회 회장이 개인적인 선호에 따라 위촉하는 간사제를 없애고, 주민자치회 사무를 처리할 수 있는 전문역량을 갖춘 정식의 사무국원을 충원하는 것이 바람직하다. [동지원관-간사제]를 [사무국장-사무국원]이라는 정상적이고 전문적인 집행체계로 전환해야 한다.

주민자치회 운영협의회

주민자치회가 실질적인 주민대표체로서 민주적 공론을 형성하는 데에 그치지 않고, 문제해결을 위한 실행사업까지 감당하려면 근린 단위에서 움직이고 있거나 움직일 수 있는 다양한 주체들 간의 협력을 잘 이끌어 내야 한다. 무엇보다 실행능력을 가진 실행법인체를 설치해야 한다. 중장기적인 자치계획을 세우고, 그에 기초한 전략의제 사업이 결정되고 나면, 실행력 있는 전문적인 실무체계가 필요하기 때문이다. 공식적이고 전문적인 의사결정과 조직적 활동이 가능하려면 법인격을 갖춘 조직이어야 한다. 주민자치회가 결정한 사업의제에 대한 구체적인 실행계획을 수립하고, 필요한 서비스를 생산하는 그룹들을 초대하여 협의를 이끌어 내고(사회연대경제플랫폼), 행정의 위탁사무를 효과적으로 수탁하여 수행할 수 있고, 끝으로 서비스가 필요한 주민들에게 적절한 서비스 전달체계를 구축할 수 있어야 한다. 따라서

| 그림 17 | 주민자치회 운영조직도

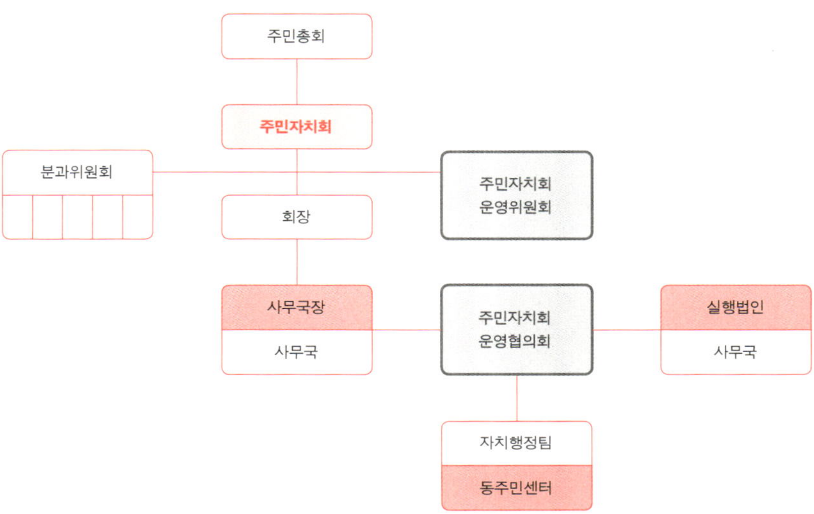

실행법인은 상당한 전문역량을 가진 사무국을 꾸려야 한다. 법인 사무국은 민간의 전문활동가로 구성되겠지만 필요에 따라 공무원이 파견될 수도 있다. 실행법인의 사무국은 사업의제에 따라 의제별 사업부를 설치하여 운영하게 되며, 자치회 분과위원회와도 협의하고 협력하는 파트너십을 맺어 가야 한다.

또한 행정공무원의 협력이 필수적이다. 동주민센터는 자치전담팀을 구성하고 주민자치회, 참여예산, 각종 주민참여 공모사업, 지자체 담당부서 협력, 공간 운영 등의 업무를 집중적으로 담당해야 한다. '주민자치니까 주민들이 알아서 하는 것'이라는 나이브한 태도로는 주민자치는 이루어지지 않는다. 자치란 주민들끼리 알아서 하는 것이 아니라, 민관의 협력적 관계에서 주민들의 주도성이 관철되는 상태를 말한다. 특히 현재 주민자치회의 자치역량이 현저히 낮고 이제부터 기초부터 성장해 가야 하는 마당에 행정팀의 적극적이고 세심한 지원이 절실하다. 전담팀이 필요하다. 주민자치회 운영협의회는 이들 3자의 전문 실무자 그룹이 상시적으로 협의하고 전략적으로 협력하는 거버넌스 구조를 말한다. 자치회 사무국과 실행법인 사무국, 그리고 동주민센터 자치행정팀, 3자가 협의회를 구성하여 동주민자치를 뿌리내려야 한다.

개방형 동장제

그동안 〈마을계획-마을총회〉 정책과 〈서울형 주민자치회〉 전환 정책을 돌아보면, 동장의 역할이 매우 중요하다는 것을 알 수 있다. 조직 체계 자체를 전환하는 일에는 다양한 갈등과 혼란이 불가피하게 나타난다. 따라서 전환의 의미를 정확히 이해하고, 전환에 따른 갈등과 부작용을 현장에서 해결해 갈 수 있는 리더십이 정책의 성패를 좌우한다. 특히 주민자치회의 전환은 자치단체장의 의지로 추진되는 정책사업이므로, 공무원들의 협조 여부가 매우 중요하며 동장이 어떻게 움직이는가가 관건이다.

통상 동장직은 퇴직 앞둔 '갈참' 공무원이 잠시 1~2년 머무는 임시직이거나, 선거 앞두고 민심 관리자로 배치되는 경우가 일반적이다. 주민자치회의 전환은 풀뿌리 민주주의의 기초를 닦는 패러다임을 바꾸는 일이므로, 혁신적인 공무원이 집중해서 노력해야 그나마 조금이라도 성과가 나는 일이다. '개방형 동장제'를 적극 도입해야 한다. 아직은 공무원 사회가 급격한 조직의 전환을 주도하기에는 어려움이 많다. 지역사회에서 평판이 좋고 유능한 지역의 활동가를 영입해서 기존 행정의 관행에 매이지 않고 파격적인 혁신의 에너지를 발휘하게 할 필요가 있다. 이들은 지역사회 주민들에게 친화적이고 시민사회의 네트워크를 이용하여 긴밀한 협력을 만들 수 있는 장점이 있다.

금천구 독산 4동의 사례는 이를 입증한 성공 사례로 평가받는다. 민간에서 상당한 경력을 쌓은 활동가를 5급 사무관 직위의 개방형 공무원으로 채용하여 동장으로 발령한 것이다. 초기에 기존 공무원들과의 마찰이 있었지만, 주민들과의 친화력을 바탕으로 적극적으로 주민들의 참여를 끌어내, 쓰레기와 주차 문제를 주민참여형으로 해결하는 혁신 사례를 일구어 내었다.

하지만 기존 공무원 사회가 매우 좁은 승진의 기회를 없애고 공무원의 사기를 꺾는다는 이유로 매우 강하게 반대를 해, 개방형 동장제를 더 확산하지 못했다. 서울에서 개방형 동장제의 유일한 사례였던 독산4동마저 2년 계약기간이 만료된 이후 재계약을 하지 못해, 2년이라는 미완의 실험으로 그치고 말았다. 그래서 대안으로 제출된 방안이 '동장 공모제'였다. 현직 공무원을 대상으로 동장직을 공모하고, 주민들로 구성된 인사 추천위가 동장 후보자를 단체장에게 추천하고, 단체장이 최종적으로 승인하여 동장으로 발령하는 방안이다. 이는 공무원의 승진기회를 없앤다는 비판을 빗겨갈 수 있었다. 나아가 혁신적인 공무원들에게 인사 상의 인센티브도 챙기도록 하고, 의미 있는 행정 혁신에 동참할 수 있는 기회를 제공함으로써, 공직사회에 긍정적인 혁신의 에너지를 불어넣는 효과를 낳는 것으로 평가되고 있다. 현재 전국적으로 여러 기초자치단체에서 개방형 동장제와 동장 공모제를 시범적으로 시도하고 있다. 아직은 미미하지만 거대한 전환의 희망적인 시도가 이루어지고 있는 것이다.

동예산제

읍면동 주민자치회가 독립적인 주민자치기구로서 자율적인 활동을 하려면 소정의 예산을 자율적으로 편성하고 집행할 수 있어야 함은 물론이다. 아울러 동주민센터 역시 주민자치회를 적극적으로 지원하고 주민들의 활동을 촉진하는 업무를 활성화하려면 동주민센터 예산을 독자적으로 편성하고 집행할 수 있어야 한다.

행안부에서 매년 제공하는 지방자치단체 예산편성 기준을 살펴보면, 읍면동에서 예산을 편성할 수 있도록 되어 있다. 즉 읍면동은 자체적으로 정책사업을 설정하여 편성하거나, 인력운영비와 기본경비만 설정하고 정책사업은 본청에서 설정하는 방법을 선택적으로 사용할 수 있도록 규정하고 있다. 단 정책사업을 자체적으로 설정하는 경우에 분야·부문별로 설정하되, 읍면동 예산규모에 비해 정책의 수가 많아지지 않도록 최소화하도록 정하고 있다.[27] 그러나 실제 현장에서는 필요한 경우 정책 예산을 세우지만, 실제 의회를 상대로 읍면동 독립예산을 편성하는 것이 아니고, 본청(기초자치단체) 실행부서에서 예산을 편성하고, 그 예산을 읍면동으로 재배정하는 방식을 쓰고 있다.

기초자치단체에서 읍면동별로 예산편성을 하지 않는 이유는 여러 가지가 있지만, 몇 가지를 추리면 다음과 같다. 첫째, 읍면동들 간의 예산 형평성을 고려해야 하고, 읍면동 독자 예산편성이 자칫 읍면동 사이의 경쟁을 유발하고 갈등을 일으키는 부작용을 낳아 결과적으로 행정 비효율성을 초래할 수 있다는 우려가 있다. 둘째, 읍면동의 정책 기획능력이 현저히 떨어지고, 무엇보다 읍면동별 예산편성의 효과가 검증되거나 긍정적인 사례가 없다는 점을 든다. 그래서 정책의 효율·효과적 집행을 위해서는 자치단체의 각 부서가 세우는 것이 좋다는 결론이다. 그러나 오히려 읍면동마다 과제와 조건이 다르고, 또한 하고자 하는 정책 의지와 주민의 주체적 열의가 다르기 때문에, 형식적인 형평성의 이유로 일률적인 예산편성을 하기보다는 특성과 의지에 걸맞은 특성화된 예산편성을 할 수 있도록 하는 것이 주민자치, 읍면동 자치의 원칙에 부합한다. 특히 개방형 동장제 및 동장 공모제를 실시하는 경우에는, 독자적인 동예산제는 상호 시너지를 낼 수 있는 필수적인 제도라 할 수 있다. 현행 법규정상 허용된 동예산제를 적극적으로 시도해 볼 필요가 있다.

03

근린자치정부를 위하여

앞에서 지역사회의 민주적 공론장이자 공공서비스 전달체계를 주민 주도적으로 해결하는 장소로서 동(洞) 단위 주민자치조직인 '주민자치회'의 전환에 대하여 검토했다. 주민자치회를 민주적으로 구성하고 운영하는 것, 주민자치회에 정책결정권과 예산편성권을 부여하는 것, 지역사회의 융합적 문제해결 과정에 주민의 주도성을 발휘할 수 있도록 하는 것은 지방자치가 정상화되고 지속 가능하게 하는 조건이다. 물론 시민효과성(citizen effective-ness)과 체제역량(system capacity), 이 두 가지의 목적을 동시에 달성하는 적정 규모의 민주주의 단위를 확정하기는 쉽지 않다.[28] 인구 규모가 작을수록 정치적 결정통제력 행사에서 시민효과성은 더 커지지만, 규모가 작으면 반대로 공동체의 주요 이슈를 다루기 위해 필요한 문제해결 역량을 갖추기가 쉽지 않기 때문이다. 주민들이 직접 참여함으로써 의사를 바로 쉽게 표시·전달할 수 있고, 정치인들의 행동 역시 직접 주민들에게 노출되어 바로 직접적인 평가가 전달될 수 있다. 그래서 참여정치가 가능하면서도 동시에 필요한 서비스를 규모 있게 생산하고 효율적으로 전달하며 여기에 필요한 각종 자원을 효과적으로 동원하려면, 주민들의 자발적인 협력을 넘어 행정력이 작동하는 지방정부의 역할이 필요하다.

지금의 시군구 기초자치단체는 도시의 경우 인구 30만 명 내외 규모의 지역사회를 관할한다. 자원동원의 효율성은 있을지는 몰라도 주민참여성, 시민효과성을 유지하기는 너무 큰 규모이다. 현재 (읍면)동주민센터는 기초자치단체의 하위 사무집행기관에 불과하며, 동주민자치위원회가 있지만 주민자치기관이라고 하기에는 미흡하다. 서울형 주민자치회 전환 프로젝트를 통해 주민자치력의 강화를 꾀하지만 제도적인 제한이 적지 않다. 이에 근린 규모에서 명실상부한 주민자치가 살아 있고, 주민참여와 행정력 사이에 협력적 거버넌스가 작동하는 기초자치정부로 (읍면)동 근린지방정부에 대한 검토를 제안한다. 즉 시군구의 하부 구역인 읍면동 단위에 기초지방정부를 설치하자는 안이다.

근린지방정부의 문제는 지방 소멸의 위기 속에서 지방정부 특히 농촌지대 지방정부의 미래, 도농, 또는 지방 사이의 심각한 격차와 구조적인 격차 요인 해소를 목표로 하는 지방균형발전의 문제, 지방정부의 효율화 방안으로 꾸준히 추진되어 온 시군구 통폐합 논의 등 분권과 자치의 종합적인 문제들과 얽혀 있다. 따라서 심도 있는 검토와 비전을 가져야 결론이 날 수 있는 문제다. 하지만 그 모든 논의에서 주민참여에 기초한 풀뿌리 민주주의의 기초가 허약하면 사상누각이고 공론(空論)에 불과하다. 여기서는 근린지방정부를 구성하려고 할 때 따져야 할 몇 가지 사항들을 점검해 본다.

왜 근린자치정부인가?[29]

시민의 정치적 능동성과 '더 많은 민주주의'

시민의 정치적 능동성은 온라인과 광장을 넘나들고 제도정치 안과 밖의 경계를 넘어 전통적인 정치질서를 변화시키고 있지만, 기존의 제도정치 주체들은 이런 흐름을 뒤쫓아 가기에 급급하거나 그마저도 실패하고 있어 제도정치와 시민정치의 간극이 넓어지고 있다. 제도정치의 실패 속에서 가짜뉴스가 횡횡하고 데마고기(demagogy)*가 확산되는 경향은 21세기 정치의 특징이 되고 있으며 계속 지속될 것이다. 제도정치와 시민정치의 간극을 줄이는 일이 향후 글로벌한 민주정치의 핵심과제가 될 전망이다. 그 대안은 규제와 정보통제가 아니라 '개방과 숙의, 더 많은 민주주의'이다. 일상의 생활세계가 벌어지는 근린규모의 정치공동체를 통해 다양한 주민의 참여가 보장되고, 민주적인 공론과 숙의를 통한 문제해결의 정치가 가능하다.

인구·산업구조의 변화와 행정체계 개편

향후 20~30년 내에 급격한 인구감소로 상당수의 지방이 소멸할 것이라는 예측이 많다. 심각한 상황에 처한 자치단체는 각종 보조금을 서둘러 제시해 보지만 좀처럼 회복의 기미가 보이지 않는다. 수십만 원에서 수백만 원의 보조금으로 해결되기에는 구조적인 문제가 있다는 얘기다. 결국 몇 개의 메가시티를 중심으로 거주지 중심 생활권역들이 신경 세포처럼 연결되는 방향으로 재편되어 갈 것이라는 미래 예측에 따르면, 대부분의 농촌 지역이 공동화될 것으로 쉽게 예상된다. 그렇다면 현재의 17개 광역시도, 228개의 기초자

---

* 선동정치가가 특정한 문제에 대하여 정치적인 의도로 유포시키는 선동적 허위선전(네이버 지식백과).

치단체, 3,463개의 읍·면·동이라는 행정구조는 재편이 불가피하며, 이를 기초로 한 국회의원의 지역구 대표체계나 광역의회 및 기초의회의 대표체계의 재구조화 또한 불가피하게 될 것이다. 거주인구 1만~10만 명 규모의 읍·면·동들로 구성되는 다양한 규모의 기초생활 권역, 메가시티 중심의 광역생활 권역, 그리고 전국이라는 세 계층에 걸맞은 행정체계의 재구성이 요구된다.

급격한 고령화 추세와 세대 공존의 기획

통계청의 장래인구추계에 의하면, 고령인구는 급속하게 증가하고, 청년인구는 급속한 감소할 것으로 예상된다. 예를 들면 2010년 기준 13.5퍼센트에 불과한 60대 이상의 인구는 2050년에 31.3퍼센트에 달하는데 반해, 20~30세대는 30.6퍼센트에서 17.2퍼센트로 감소하며, 심지어 유아·청소년 세대는 23.2퍼센트에서 11.4퍼센트로 절반으로 급감한다.

| 그림 18 | 연령대별 미래 인구 추계 (2010 - 2050) (단위: 퍼센트)

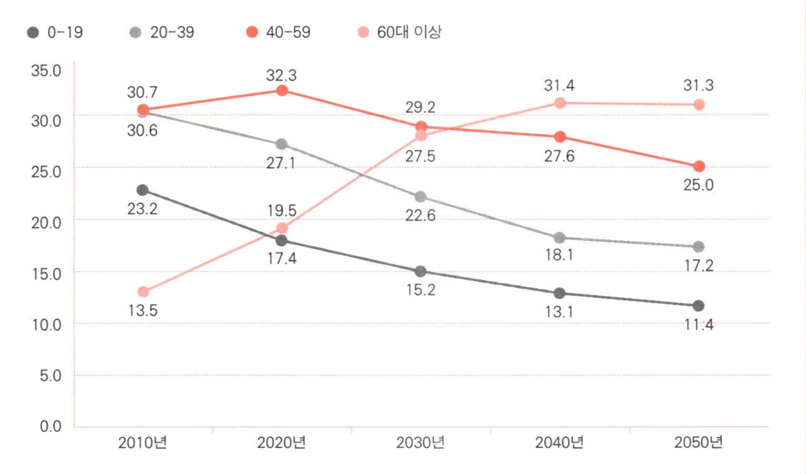

[출처] 국가통계포털, 장래인구체계 1960-2060(출산율 현 수준), 재구성.

정치권은 미래세대보다는 실버세대의 이익에 민감할 수밖에 없고, 정치는 "고령자를 위한, 고령자에 의한, 고령자의 정치"[30]가 될 가능성이 높다. 반면 미래세대(2030세대)는 사회적 소수자의 지위로 전락하게 된다. 사회적 부의 창출과 이전을 통해 고령세대를 부양해 나가야 할 미래세대가 공동체의 중대사들(환경, 일자리, 연금, 주거, …)에 대한 결정권을 미리부터 공유할 수 없다면, 세대 간 책임과 권리 사이의 갈등으로 공동체의 지속가능성을 담보할 수 없게 될 것이다. 이러한 세대 공존을 위한 정치기획은 거주지를 중심으로 한 생활정치공동체의 재구성 및 미래세대의 제도적 참여공간의 보장에서 출발할 필요가 있다.

경제활동인구 변동과 여성·고령층·외국 국적자의 사회참여 필요성

급격한 저출생·고령화 추세에서 전체적인 생산가능인구의 규모가 축소되면서 사회활력 자체가 저하되는 문제를 해결하기 위해서는 생산가능인구 중 사회활동에 참여하고 있지 않는 층을 참여시키는 일이 필수적이며 여성과 고령층은 핵심 대상 집단이 된다. 한편 외국인의 지속적인 유입으로 200만 명 시대에서 400만 명 시대로 이동하면서, 전체 인구에서 차지하는 비중이 향후 10퍼센트대를 유지할 것이라고 하며,[31] 변화하는 시장구조 속에서 중요한 시장 및 사회행위자가 될 것으로 전망된다. 그러나 현재의 사회구조에서 이들의 사회참여는 문화와 규범 차원에서만이 아니라 공식적인 법규 차원에서도 수많은 장애요인들에 가로막혀 있다. 정치가 이런 장애요인들에 대한 사회적 인식을 공론화하고 장애요인을 제거해 나갈 입법을 선제적으로 하지 못한다면 이들의 사회참여 필요성은 공허한 슬로건에 그칠 가능성이 높다.

여성, 고령층, 이주 외국인 가구 구성원들은 현재 정부가 추진하고 있는 지역돌봄체계의 핵심 서비스 공급자이자 수요자들이다. 아동, 고령자, 이주자 가구 구성원들은 생활권 기반 돌봄공동체들의 연계망 속에서 보호가 필요한 반면, 동시에 경력단절 여성, 노동능력 보유 고령자들은 지역 기반 돌봄 정책의 핵심적인 서비스 공급자 집단이 될 수 있다. 이들의 수요와 공급망을 연계해 내기 위해서는 생활권역 기반의 정치, 정책공동체의 전면적 재구성 기획이 필요하다.

직접민주제 요구의 증대

온-오프라인을 망라한 직접민주제적 욕구의 분출은 우리나라만이 아닌 전세계 민주주의가 당면한 과제이다. 특히 우리나라는 앞선 인터넷망의 정착과 SNS 매체의 발달로 인해 온라인 직접 참여 욕구가 분출되어 왔고, 이런 추세는 청와대 국민청원, 국회 전자입법청원 등의 형태로 중앙정부 제도로까지 반영되고 있다. 또한 주민자치 25년의 역사는 주민투표, 주민소환의 경험을 축적시켰고, 생활권역을 중심으로 한 일상적 참여의 욕구도 다양하게 개척되어 왔다. 사회변화와 시민의 정치참여 욕구를 담아낼 수 있는 정치공동체의 공적 구조를 만들어 내면서 여론의 직접 반영 채널을 다차원으로 재구성해야 한다. 즉, 시민들의 직접 참여 욕구와 대의기구의 의제설정, 정책심의 및 결정의 시간차와 간극을 줄여 나갈 수 있는 제도적, 실천적 기획이 절실한 시점이다.

새로운 주민자치 기획의 제도적 가능성

현재 중앙정부와 광역 및 기초지방정부 할 거 없이 다차원적으로 펼쳐지는 정책과 실험들은 주민자치의 뿌리 기반을 과거에 비해 획기적으로 강화해 나가고 있으며, 현재보다 한 단계 더 나아간 주민자치 기획의 제도적 가능성을 열어 나가고 있다. 2013년 7월 행안부는 주민자치회의 시범사업을 추진하였고, 2018년부터는 '주민자치형 공공서비스 구축 사업'을 진행해오고 있다. 주민과 접촉하는 최일선 행정 단위인 읍면동을 주민 생활자치와 공동체 돌봄을 위한 중심 거점으로 혁신할 정책적 필요에 따라, 읍면동 중심의 공공서비스를 민과 관이 함께 계획·생산·전달하는 소(小)지역 단위 혁신체계로 재구축하려는 시도이다. 행안부는 2018년 도입기, 2018~2019년 확산기를 거쳐 2020년에 제도적으로 안착시킨다는 목표를 가지고 추진 중에 있다.

행안부의 '주민자치형 공공서비스 구축 사업'은 기존 주민자치 행정과 두 가지 면에서 차별성을 지니고 있다. 하나는 주체 설정 면에서 관 주도성을 탈피하여 민관협력체제 구축을 표방하고 있다는 점이며, 다른 하나는 민관협력체제로 전달하는 공공서비스의 영역을 보건복지, 마을 단위 지역사업과 행정 혁신을 통한 주민자치 모델로까지 확장하고 있다는 점이다. 2020년 기준으로 전국에 약 1천개의 읍면동이 시범사업에 참여하게 된다고 한다.

서울시는 2016년 민선 6기 중반에 '서울형 주민자치회' 추진목표를 발표했고, 민선 7기 임기 내 424개 전동 전환을 목표로 박차를 가하고 있다. 2017년 4개 자치구 26개 시범동에서 출발해 2018년 15개 자치구 81개로 확장하였고, 2019년에는 23개 자치구 138개로 그 범위를 넓히면서 새로운 주민자치의 경험을 쌓아 가고 있다. 서울시 모델은 주민대표조직으로서 주민자치회의 권한을 강화하고, 상응하여 주민자치회의 민주적 구성과 민주적 운영의 문화를 안착시키는 데에 목표를 두고 있다. 이 과정에서 주민 주권에 대한 대중적인 인식을 넓히고 참여의지를 강화하며, 민주적인 협동 활동의 경험을 쌓고 제도적으로 체계화해 나가려는 노력을 진행 중이다. 또한 지역아동돌봄, 노인돌봄 등 복지정책 전달체계의 지역 단위 재편 및 민관협력체제 구축을 통해 과거 관 주도나 위탁사업 중심형 정책모델에서 주민참여형 정책

전달체계를 구축함으로써, 지방정부와 주민공동체의 연계 밀도가 점점 높아지고 있는 추세에 있다. 그리고 17개 광역자치단체 및 150여개의 기초자치단체가 현재 추진하고 있는 민관협력형 청년정책 모델은 거주지 기반 청년시민들을 정책의 공간으로 초대하여 청년의 정치참여 기반을 확장하고 있다.

풀뿌리 민주주의는 생활세계의 직접성과 체감이 살아 있는 근린에서 가능하다. (읍면)동이라는 근린의 구역 범위에서 주민참여도 활성화될 수 있고, 자원의 효율적 조달과, 무엇보다 주민이 체감하는 정책과정도 이루어질 수 있다. 이하에서는 지방정부, 기초자치정부로서 근린정부 설치와 관련하여 논의해야 할 사항들을 점검해 본다.

지방정부의 구조와 규모[32]

지방정부란?

여기서 지방(local)이란 중심(center)과 대비되는 의미의 지방(periphery)이라는 의미라기보다는 국가의 일부분으로 주민들이 일상적인 삶을 살아가는 지리적 생활공간을 의미한다. 지방정부란 지방 집행부를 지칭하는 협의로 사용하지 않고, 주민의 자치권에 기초한 지역적인 정치공동체의 의미로 사용한다. 우리나라는 지방정부라는 말보다는 지방자치단체라는 말을 사용한다. 김찬동은 중앙정부와 지방정부의 관계는 위계적인 관계가 아니라, 명확한 역할 분담에 의한 수평적 관계로서 대등성을 가져야 한다고 강조하고, 헌법117조와 118조에 표현된 '지방자치단체'라는 말을 '지방정부'라는 말로 바꿔야 한다고 주장한다.[33] 여기서도 자치권 본래의 의미를 살리는 뜻으로 지방정부라는 말을 사용하기로 한다.

지방정부는 일정한 지리적 구역을 관할로 삼고 있으며, 그 구역 안에 거주하는 주민을 구성원으로 하고, 자치입법권, 자치사무권, 자치재정권, 자치조직 및 인사권 등의 자치권을 행사하는 자치공동체이다. 국민, 영토, 주권을 기본요소로 하는 국가와 유사하다고 할 수 있는데, 자치권 역시 국가로부터 위임받은 것으로 법률의 범위 안에서 행사할 수 있다는 점에서 국가와는 다르다. 하지만 국가의 공공사무를 처리하기 위해 지방에 설치되어, 법인격도 없고 독립적 지위를 가지지 못하는 지방행정기관과는 다르다. 지방정부는 국가와 별개로 독자적 권리와 의무를 갖는 법인으로서, 법률에 위배되지 않는 범위에서 자기책임성을 가지고 독자적으로 정책을 결정하고 집행할 수 있다.

계층구조

동일한 구역에 지방정부가 한 개만 있는 경우를 단층제라 하고, 구역의 범위에 따라 크고 작은 여러 개의 지방정부가 있는 경우를 중층제(다층제)라 한다. 단층제와 다층제가 혼용되는 경우를 혼합계층제라 부른다. 중층제인 경우에, 주민의 일상생활과 밀접한 공공사무를 처리하는 가장 소규모 구역에 설치한 자치정부를 '기초정부'라 하고, 여러 기초정부를 포괄하는 상대적으로 넓은 구역의 지방정부를 광역정부라고 부른다. 우리나라 지방정부의 계층구조는 세종특별자치시가 단층제이며, 특별시와 광역시, 일부 도가 2단의 중층제이며, 일부 도가 3단의 중층제로 구성되어 있다. 따라서 우리나라의 지방정부는 혼합계층제라고 할 수 있다.

적정 규모

지방정부의 구역과 관련하여 중요한 이슈가 지방정부의 폐지, 경계의 변경,

| 그림 19 | 우리나라의 지방자치단체와 행정기관

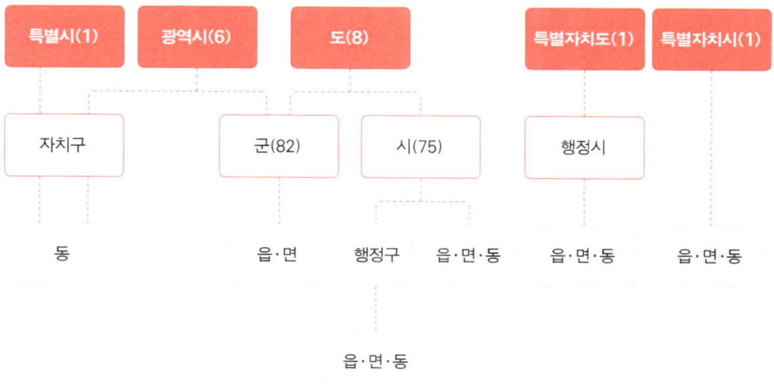

- 특별시=서울특별시, 특별자치도=제주특별자치도, 특별자치시=세종특별자치시
- ☐ 는 지방자치단체, ( )의 숫자는 2015년 12월 31일 기준 자치단체 수
- 2015년 12월 31일 기준 행정시 2개, 행정구 35개, 읍 220개, 면 1,193개, 동 2,089개

※ 자료 : 행정자치부, 2016년 지방자치단체 행정구역 및 인구 현황

분리, 통합, 신설 등과 같은 자치 구역의 조정문제인데 이는 지방정부의 적정 규모와 관련이 있다. 우리나라는 최근 행정상 일정 규모가 되어야 효율적인 행정이 가능하다는 규모효과를 이유로, 시군구 기초자치단체를 통폐합하는 시도를 꾸준히 하고 있다. 우리나라 기초자치단체의 평균인구는 이미 다른 나라들에 비해 월등하게 많다. 자치시(75개)가 317,619명, 자치군(82개)이 53,810명, 자치구(69개)가 325,510명으로, 군을 제외한 시구의 인구가 대체로 30만이 넘고 전체 시군구 평균인구는 228,006명에 이른다. 기초정부의 인구수가 월등히 많은 영국보다도 우리가 많을 정도로, 우리나라 기초정부의 구역과 규모는 다른 나라에 비해 매우 큰 것을 알 수 있다.

물론 시군구 아래 읍면동이 있지만, 읍면동은 시군구의 행정사무를 집행

| 표 29 | 서구유럽 국가의 기초자치단체 평균인구

국가	면적(㎢)	인구	기초자치단체 수	기초자치단체 평균인구
오스트리아	83,879	8,507,786	2,100	4,051
벨기에	30,528	1,123,992	589	1,908
덴마크	42,921	5,627,235	98	57,421
핀란드	338,435	5,451,270	313	17,416
프랑스	632,834	65,856,609	36,658	1,797
독일	357,340	80,780,000	11,313	7,140
그리스	131,957	10,992,589	325	33,823
아일랜드	69,797	4,604,029	126	36,540
이탈리아	302,073	60,782,668	8,006	7,592
룩셈부르크	2,586	549,680	105	5,235
네덜란드	41,540	16,829,289	390	43,152
노르웨이	32,387	5,092,000	428	11,897
포르투갈	92,225	10,427,301	3,092	3,372
스페인	505,970	46,507,760	8,176	5,688
스웨덴	438,574	9,644,864	290	33,258
스위스	41,285	8,211,700	2,324	3,533
영국	248,528	64,308,261	392	164,052
미국	926,675	313,847,465	35,886	8,746

하는 행정동에 불과하여, 우리나라의 현행 행정체계상 지방정부의 의미를 갖는 최소 단위는 시군구이다. 기초정부의 구역이 인구 30만 명 내외의 초광역사회로 되어 있고, 이마저도 통폐합하는 방향으로 논의가 추진되는 것은 우리나라 지방자치에 풀뿌리 민주주의를 뿌리내리게 하는 것에 역행한다. 풀뿌리 시민사회 차원에서 주민자치의 경험을 쌓을 수 있어야 진정한 지방자치, 주민자치가 실현된다. 따라서 우리나라의 기초정부는 근린 수준

의 구역으로 대폭 낮추어 설치되어야 한다. 진정한 지방자치는 근린자치가 든든해야 하고, 근린 수준의 구역에서 자치정부가 작동해야 한다.

근린자치의 필요성[34]

토크빌은 신생 미국 민주주의의 바탕에는 수많은 주민들의 자발적 결사체의 결성이 있다는 사실에 주목했다.[35] 퍼트넘은 이탈리아 남부와 북부의 지방정부를 대상으로 정책효과에 대한 연구를 통하여 정책의 성공 여부가 사회적자본의 격차에 기인한다는 사실을 발견했다. 그는 사회적 자본을 개인 간의 관계에서 발생하는 사회적 네트워크, 호혜성, 신뢰규범으로 정의하고, 오늘날 미국의 쇠락을 사회적자본의 쇠락에서 그 원인을 찾았다.[36] 근린자치가 주민참여를 활성화하고 정치적 대화와 토론을 촉진하는 데 기여할 뿐만 아니라, 공공정책과 서비스의 효율성과 질 향상에 기여한다. 안성호는 읍면동 수준에서 이루어지는 자치를 '동네자치'라 부르고, 동네자치를 '구경하는 정치'에서 '참여하는 정치'로 정치의 성격을 바꾸는 정치혁명의 장소로 규정한다. 시민정신은 공동체와 자유를 체험하는 '동네자치'에서 함양된다고 말한다.[37] 김혜정은 근린자치에 대하여, 시민적 이유, 사회적 이유, 정치적 이유, 경제적 이유 등 네 가지의 이유를 들어 그 필요성을 설명한다.

시민적 이유

근린자치는 이른바 5분 동네 10분 동네, 걸어서 다니면서 우연이 이웃을 마주칠 확률이 높은 지리적 범위 안에서 벌어지므로, 일단 물리적으로 접근성이 높고 주민의 수도 작아서 대면관계가 형성되고 그만큼 직접 참여가 실현될 가능성이 높다. 또한 공공서비스의 많은 부분들을 소비하는 공간이고, 시민들이 관심을 가지는 일상의 이슈가 많기 때문에 그만큼 주민들의 참여동기가 높다. 즉 삶에 가장 직결된 중요한 이슈들이 존재하는 장소이고, 시민들이 정체성과 소속감을 느끼는 공간이므로 직접 참여의 효능감이 크다.

사회적 이유

근린은 주민들의 일상이 영위되는 공간으로서, 주민들의 필요와 요구를 가장 구체적으로 파악할 수 있고, 주민들의 만족도와 반응이 직접적으로 확인되는 '현장'이다. 따라서 주민의 관점에서 정책을 결정하고 서비스를 제공할 가능성이 높다. 또한 무엇보다 주민의 복지 상태를 개선하기 위한 통합적이고 융합적인 접근을 하기 위한 고도의 지역적 활동이 가능하다는 점에서 중요하다. 자치가 추구하는 궁극적 목적은 주민의 복지를 실현하는 것이다. 오늘날 복지는 경제적 기준에 그치지 않고 행복이나 웰빙으로 확장되는 추세이며, 생리적 안전욕구를 넘어 인정욕구나 자아실현욕구의 비중이 점차 높아지고 있다. 이러한 욕구는 관계의 규모가 작을수록 충족되기 쉽다. 수평적이고 대면적인 관계에서 안정감과 소속감이 높아지고, 상호 관계 속에서 공동의 인정과 참여를 통한 자아실현이 가능해진다.

정치적 이유

근린에서는 시민들이 당면의 이슈에 쉽게 접근하여 더 많은 정보를 얻을 수 있고(접근성), 지도자들 역시 시민적 관점에 더욱 민감할 수 있게 되며(민감성), 주민들의 평가에 바로 직면하게 되므로 그만큼 책임성을 높일 수 있게 된다(책무성). 무엇보다 우리나라 시군구 기초자치단체의 인구 규모가 과대하고, 의원 수는 작은 소의회제이면서 선거구는 또 큰 우리 지방정부의 구조는 계층 대표성을 왜곡할 가능성은 높은 반면, 주민 대표성을 확보하는 장치는 미흡하다. 따라서 근린자치가 실현된다면 주민대표성을 상당히 높일 수 있다.

경제적 이유

근린자치가 원활하게 작동하면 서비스의 공급 및 수요의 조직 과정을 더욱 잘 규명할 수 있으며, 낭비를 줄이고 다양한 시민의 수요를 보다 쉽게 잘 파악하여 적절한 서비스를 제공할 수 있다. 즉, 지방정부가 주민의 수요와 선호를 파악하는 데에 유리하고, 주민 역시 자신들의 수요와 선호를 지방정부에 효과적으로 전달할 수 있다. 이른바 '범위의 경제'를 통하여 이용 가능한 자원을 보다 효율적이고 효과적으로 이용할 수 있다.

이렇듯 근린 수준의 구역에서 주민자치(자치정부)가 원활하게 작동하면, 민주적 공론장이 효과적으로 형성될 수 있으며, 공공서비스의 전달체계를 최적화하고 효율적으로 운영할 수 있게 된다.

근린의 규모별 유형[38]

근린 수준의 구역도 그 규모가 다양하다. Suttles[39]는 규모의 크기에 따라 근린의 유형을 다음 네 가지로 구분했다. 첫째, 가장 소규모 단위는 주택가, 특정 거리의 한 부분 등 집을 중심으로 한 근린 단위이다. 부모의 돌봄이 없어

| 표 30 | 근린의 규모별 유형과 특징

규모	정체성	주민 수(명)	정의 및 특징	거버넌스
1	거주 중심의 작은 집단 (거리/블록)	50~300	• 작은 편의공간, 아이들의 놀이공간 • 물리적 시설의 안정, 편리성, 깨끗함, 질이 중요 • 사람들 간에 친밀함과 두려움을 주려는 의지, 친사회적인 행동이 중요 • 상호작용은 공식적인 조정이나 규제가 필요치 않음	
2	이름이 붙여진 최소 단위 거주지	500~2,000	• 상호작용은 유사성이나 친밀한 네트워크 및 성, 지위, 계급, 인종 등 동일 정체성을 지닌 집단에 의해 매개됨 • 커뮤니티연합, 주민연합, 작은 교회나 사찰, 작은 스포츠 클럽 등이 조직화 요소	자율 거버넌스
3	정부가 관할하는 최소 단위 거주지	4,000~15,000/20,000	• 정부는 보건, 교육, 치안 등 핵심적인 서비스를 제공할 수 있기 때문에 보다 제도화된 상호작용이 가능 • 지방정부의 최일선 계층의 형태(영국의 패리쉬, 타운의회, 프랑스의 코뮌 등)	공동 거버넌스
4	지속 가능한 최소 단위 거주지	2만 명 이상	• 직장, 소매, 콘서트장, 수영장, 대학 등이 기능 • 근린보다는 도시적 성격이 강함	위계적 거버넌스

도 아이들이 놀 수 있을 정도의 매우 작은 규모를 말한다. 둘째, 촌락이나 마을 단위 등 다른 근린과 구별되는 정체성을 지닌 가장 작은 규모의 영역(defended neighbourhood)을 말한다. 셋째, 정부의 통치가 작동하는 가장 작은 단위로서, 제한된 책임성을 지닌 공동체(community of limited liability)라고 할 수 있다. 영국의 패리쉬의회와 타운의회, 프랑스 코뮌 등이 여기에 해당한다. 이 규모의 근린에서는 개인은 보통 선택적이고 자발적인 동기로 사회적 참여를 하는 것이 일반적이다. 넷째, 도시 전체 영역을 포괄하는 가장 큰 단위의 근린으로서 생산과 소비가 발생하는 영역이다.

한편 Somerville은 영국의 근린을 실증적으로 분석하면서, 다음과 같은 네 가지 유형의 단위로 근린을 분류했다.[40] [규모 1]에서는 근린을 대표하는 주민조직이 형성되는 경우는 거의 없다고 한다. [규모 2]에서는 참여적이고 숙의적인 회합이나 포럼 형태의 자율거버넌스가 실현될 수 있는 정도의 근린 규모이다. [규모 3]에서는 근린자치 기구는 대부분 보편적인 형태로 지방정부 형태를 가진다. 영국의 패리쉬의회, 타운의회, 프랑스 코뮌 등이 여기에 해당한다. 여기서는 인구규모상 모든 시민이 참여하기보다는 주민이 직선으로 대표자들을 선출하고, 정당의 공천을 통하여 후보자가 등장한다. [규모 4]의 근린은 경제적 영역으로 자본가들의 생산과 소비의 조직화에 중요한 단위로 작동한다. Suttles가 앞의 [표 30]과 같이 네 가지로 분류한 기준과 크게 다르지 않다.

[규모 1]은 우리의 면지역의 리에 해당하고, [규모 2]는 동지역의 통이나 읍지역의 리에 해당한다. [규모 3]은 대체로 읍면동 지역에 해당하고, [규모 4]는 다소 규모가 큰 읍 또는 동 지역에 해당한다고 보면, 근린자치정부가 협력적인 거버넌스를 형성하기에는 읍면동 지역이 가장 적절하다고 할 수 있다.

근린자치정부의 형태[41]

근린자치정부의 형태는 크게 세 가지, 기관분립형(기관대립형), 기관통합형, 집행위원회형으로 구분할 수 있다.

기관분립형(기관대립형)

집행부를 책임지는 단체장과 지방의회를 구성하는 의원 모두를 주민들이 직선으로 선출한다. 물론 단체장과 의원 후보 모두 정당 공천이 자유롭게 허용된다. 집행부와 의회가 별도의 독립적인 기관으로 설치되므로 상호 견제와 균형을 유지할 수 있고, 단체장의 권한남용을 막으면서도 강력한 권한을 가지는 집행기관이 책임성을 가지고 업무처리를 할 수 있는 장점이 있다.

따라서 정치적 성향이 강한 지역이나, 행정의 책임성과 상징성이 크게 요구되는 대도시 지역에 적합하다. 하지만 단체장의 전횡이나 집행부와 의회 간의 만성적 대립으로 인한 불안정성과 비효율성, 정책 집행 과정에서 주민의 의사가 충분히 반영되기 어려운 점 등이 문제점으로 지적된다. 기관대립형 중에서도 집행부가 더욱 강력한 권한을 행사하는 강시장-의회형과 의회가 강한 약시장-의회형으로 구분되기도 한다.

기관통합형

주민 직선으로 지방의원을 선출하여 의회를 구성하고, 지방의회가 책임행정관을 임명하여 집행을 책임지게 한다. 책임행정관은 주요 인사와 정책관리, 소속 및 하부 행정기관의 관리에 대한 권한을 가지고 책임을 진다. 지방의원은 정당이 공천하고, 책임행정관은 정치적 중립을 지킨다. 지방의원은 무보수로 명예직이다. 다양한 직능의 시민들이 활발하게 참여하고, 중산층의 실험적이고 협력적 공동체 형성에 부합하는 정부구조로 평가받는다.

집행위원회형

네 명의 집행위원을 주민이 직선으로 선출한다. 이들 집행위원들이 지방의회 역할을 하고, 집행위원들이 호선으로 1년씩 돌아가며 단체장 직책을 수행한다. 집행위원은 정당 공천이 허용되지 않는다. 집행위원들은 높은 전문성과관리 역량이 요구되며, 업무량도 많아서 그에 걸맞은 보수가 보장되어야 한다. 이 모델은 정당의 개입과 개입에 따른 폐해를 차단하는 데 용이하며, 지방정부의 운영을 탈정치화시키고, 지방의회에 소요되는 비용을 크게 절감하는 데 효과적이다.

기관대립형은 강력한 구심력과 대표성이 필요한 곳에, 기관통합형은 다양한 계층의 주민들이 명예직으로 봉사하고자 하는 경우에, 집행위원회형은 정치적 갈등을 싫어하고 효율적 관리를 추구하는 경우에 적합한 정부구조로 각기 평가된다.

근린자치정부 형태의 다양화

이렇듯 인구 규모를 비롯한 지역사회의 사회적경제적 여건의 차이, 주민들의 참여 의지와 정치 성향 등에 따라 적합한 정부형태가 다 다르다. 따라서 근린정부의 형태를 하나로 정해서 일괄적으로 시행하는 것은 현실적으로도 쉽지 않을 뿐더러, 무엇보다 해당 지역사회의 조건과 지역 주민들의 선호를 무시하며 일률적으로 적용하는 것은 자치의 원리에 부합하지 않는다. 앞서 살핀 대로 세 가지의 기본 유형모델 역시 그 적용의 조건이 모두 다르고, 특정의 기본 모델을 채택하더라도, 그 안에서 또 다양한 변형이 가능하다. 이종수는 근린정부의 형태를 단일한 모델로 제한하지 말고 다양화해야 한다고 주장하고, 그 이유를 다음과 같이 설명한다.

우선 정당 공천의 문제다. 집행부(시군구장) 단체장이든, 의회 의원이든 정당이 공천을 하게 되면, 공천권을 가진 당(지역위원장)과 공천을 받고자하는 후보자 사이에서 부패와 줄서기 등의 부작용이 나타날 가능성이 크다. 그 결과 정당 공천이 지역공동체에 헌신하고자 하는 신인들이 자유롭고 활발하게 등장하는 것을 가로막는 진입장벽이 된다. 또한 지방선거에서 중앙당 차원의 이슈와 쟁점이 전면에 등장하고, 지역사회의 절실하고 중요한 이슈는 묻히고 휩쓸려 사라지고 만다. 이렇게 지방선거가 중앙정치에 의해 좌지우지 되다 보면, 후보자의 능력과 평판보다는 소속당의 선호에 의해 투표하는 경향이 두드러지게 되어, 단체장과 의회가 특정 정당이 독식하는 일이 비일비재하게 나타난다. 이렇게 되면 집행부와 의회간의 상호 견제 기능은 약화되고 결국 부패가 싹트고 비효율이 고착될 수 있다.

둘째는 지방의원 유급제 문제이다. 1991년에 지방자치제를 다시 부활시킬 때, 지방의원은 무보수 명예직이었다. 그러다가 2006년에 유급제가 도입되었는데, 의원들이 의정활동에 전념할 수 있도록 하고, 전문성을 가진 우수한 인력들을 끌어들이기 위해서는 최소한의 생활 보장책이 필요하다는 이유에서였다. 그러나 지방의회마다 조금씩 차이는 있지만, 대체로 의정활동에 드는 비용을 충당하면서도 기본적인 생활을 안정적으로 영위할 정도의 보수로는 충분하지 않다. 그런데 많던 적던 일단 보수가 주어지게 되면 원칙적으로 겸업은 금지된다. 하지만 그 보수가 그리 충분치 못하다 보니 철저하게 겸업금지를 강제하지는 못하는 실정이다. 지역의회의 의원에 대하여, 지역사회의 정치무대를 공공성의 실험과 봉사의 장으로 여기고 무보수 명예직이기를 바라거나(기관통합형), 적절한 생활이 보장되는 정상적인 보수를 제공받고 제대로 의정활동에 전념하기를 바라는 경우(집행위원회형, 기관분립형)가 있을 수 있다. 즉 일률적으로 하나의 형태로 제한할 필요가 없다는 것이다.

셋째, 이종수는 주민들의 탈정치화 욕구 역시 근린자치정부의 형태를 채택하는 데에 중요한 요인이 된다고 지적한다. 1980대 권위주의 정권의 퇴조 이후에 사회 전반에 걸쳐 개인의 자유가 확장되고 경제적 풍요가 커지고 있는 흐름 속에서, 보수-진보 거대정당의 구조에 강제 편입되기보다는, 자치의 이상을 향유하고 싶어 하는 욕구가 커지고 있다고 한다. 즉 생활정치에 대한 욕구가 강력해지는 상황에서는 지역사회의 조건과 주민들의 정치적 욕구에 따라 자유롭게 정부형태를 결정할 수 있도록 다양화되는 것 바람직하다는 것이다.

그러나 이종수의 설명은 정당정치가 지방자치와 밀접하게 연결되어 있는 현 시점에서 실현 가능성은 다소 떨어진다고 볼 수도 있다. 또한 정당 공천제와 지방의원 유급제가 무조건 부정적인 결과만 초래한 것은 아니다. 전통적인 토호들이 지배하던 지방정치에 변화를 준 것이 정당 공천이었고, 유능하지만 가난한 인재들이 지방정치에 참여할 수 있도록 기회를 열어 준 것이 지방의원 유급제였기 때문이다. 주민들의 탈정치화 욕구 역시 새로운 해석이 필요하다. 양당제에 기초한 기성정당에 대한 염증이 탈정치-포퓰리즘으로 이어질 가능성은 있지만, 이를 곧바로 탈정치로 규정하고 싶지는 않다. 오히려 기성의 정치체제에서는 더 이상 충족되지 않는 시민들의 정치적 열망이 '자치'의 이상이 실현되는 새로운 정치의 원동력이 되도록 세워야 하기 때문이다. 개방과 숙의, 더 많은 민주주의, 더 깊은 민주주의가 이루어지는 근린 규모의 정치공동체가 그 답이다.

여하튼 근린자치정부의 대원칙은 주민들이 스스로 정부형태를 결정한다는 것이다. 만약 어떤 지역에서 주민투표를 통해 상대적으로 정당정치의 개입이 제한적인 집행위원회 형태를 채택한다면 그대로 허용되어야 한다. 기관형보다 집행위원회형이 더 좋다고 판단된다면 타 지역 주민들 역시 투표를 통해 선택할 것이고, 아니라면 기관형이 유지될 것이다. 아마 정당은 최대한 기관형을 유지하려고 움직이겠지만 동시에 지역사회에서 주민들이 집행위원회를 지지하는 캠페인과 투표운동을 하는 것도 가능할 것이다. 이런 과정에서 생활정치는 더욱 풍성하고 깊어질 것이고 근린자치정부는 더 많은 정당성을 가지고 제대로 역할을 할 수 있을 것이다.

근린지방정부의 실험

2013년 7월 행안부는 주민자치회의 시범사업을 추진하였고, 서울시는 2016년 민선 6기 중반에 서울형 주민자치회를 추진하고 민선 7기 임기 내 424개 전동 전환을 목표로 현재 박차를 가하고 있다. 물론 행안부와 서울시 모두 근린자치단체(근린지방정부)를 추진한 것은 아니고, 주민대표조직으로서 주민자치회의 권한을 강화하고, 상응하여 민주적 구성과 운영의 문화를 안착시키는 데에 목표를 두고 있다. 물론 이 과정에서 주민 주권에 대한 대중적인 인식을 넓히고 참여의지를 강화하며, 민주적인 협동 활동의 경험을 쌓고 제도적으로도 체계화해 나간다면, 이후 근린정부로의 전환에 매우 값진 밑거름이 될 것은 분명하다.

본격적인 근린자치정부를 출범시켜, 읍면동에서 지방정부가 탄생하여 주민자치를 선도하고 지방분권을 촉진하는 혁신의 물꼬를 터야 한다. 전국적으로 일괄하여 추진하는 것이 여의치 않다면, 몇몇 지방정부에서라도 읍면동 근린지방정부를 시범적으로 추진하면서 점차적인 확산을 기대해 볼 수 있다. 물론 시범적인 근린정부는 당해 주민들과 시군구 기초정부 및 기초의회의 합의에 따라 다양한 형태의 근린정부 모형을 선택하여 추진하는 것이 바람직하다. 기관대립(분립)형, 기관통합형, 집행위원회형, 어떠한 모형이라도 지역현실에 적합하도록 선택되고, 선택한 모형 중에서도 또한 다양한 수정모델을 고안하여 채택할 수 있다. 현재 국회의 의결을 기다리고 있는 지방자치법안에 의하면 주민투표를 통해 정부의 기관 구성을 선택할 수 있으므로 시군구 기초자치단체장과 기초의회의 의지만 있으면 실현할 수 있다.

04

기초자치단체의 행정 혁신

우리나라 모든 지방정부의 조직체계는 전통적인 분과 중심의 체계이다. 중앙정부-광역정부-기초정부가 모두 동일한 부서체계로 조직이 편성되어 있다. 중앙에서 일방으로 하향 전달하는 일원적인 행정체계이기 때문이다. 지방자치제가 실시된 지 20년이 지났지만 행정의 하향적 위계체계는 여전히 그대로다. 과감한 전환이 필요하다. 서울시는 그 규모와 복잡성 때문에 당장 조직 전환이 어렵고, 또한 민주주의위원회라는 새로운 조직 대안이 잘 작동한다고 전제한다면, 구청 단위에서 조직 혁신을 적극적으로 검토해 볼 필요가 있다. 영국 런던시에 속한 람베스구 정부혁신의 사례를 간단히 소개한다.

영국 런던시에 속한 32개의 구(borough) 중의 하나인, 런던의 중앙 템스강변에 위치한 인구 32.4만(2017년 기준)의 람베스구는 2010년, 대단히 혁신적인 정부조직개편을 시도했다. 공공서비스 전달체계를 일방적인 전달형에서 탈피하여, 주민들이 직접 참여하여 함께 운영하는 협동조합형으로 전환하고, 지방정부의 조직도 이에 걸맞게 개편을 시도했다. 이른바 '협동조합자치구'다. 람베스구가 이렇게 획기적인 행정 혁신을 하게 된 데에는 심각한 재정위기라는 배경이 있었다. 2007년 집권한 보수당 카메룬 정부는 2008년 글로벌 경제 위기의 직격탄을 맞고 심각한 재정위기에 빠진다. 그 불똥은 지방정부로 튀어 중앙정부로부터 받아온 교부금은 거의 반토막이 난다. 카메룬 정부는 재정위기의 대안으로, 공공서비스 제공에서 협동조합, 사회적기업, 자선단체의 역할을 강조하고, 중앙정부에서 지방정부로의 권한이양을 핵심가치로 삼는 이른바 '빅 소사이어티(Big Society)' 전략을 내세운다. 카메룬 정부는 대처와 마찬가지로 복지국가를 부인하면서도 대처 정부와는 달리 '자비로운 보수"를 표방하고, 더 강한 공동체, 공정한 사회를 만들겠다는 행정개혁 정책을 추진했다. 하지만 정부의 책임을 민간, 즉 사회서비스를 전달하는 민간기업들에게 전가했다는 비판을 들었다.

노동당이 다수 의석을 차지하고 있는 일부 지방정부들이, 정부보조금의 대폭 삭감 사태와 카메론 정부의 "빅 소사이어티" 전략에 맞서, 정부의 책임과 공공서비스의 질을 떨어뜨리지 않으려는 돌파구로 '협동조합자치체'를 구상하게 된다. 2010년부터 런던시 람베스구를 시작으로 리버풀시, 뉴캐슬시, 에든버러시, 플리머스시 등 영국 내 선도적인 지자체 23곳이 모여 협동조합자치체 혁신네트워크*를 결성하고, "행정서비스의 수요자인 시민이 행정서비스의 내용과 질을 결정하는 공급자여야 한다"는 협동조합 원리에 입각한 새로운 형태의 지방행정 혁신을 실험하기 시작했다.

* Cooperative Council Innovation Network. 2017년 기준 23개의 정회원 지방정부와 11개의 준회원 지방정부, 지방의원 모임으로 구성되어 있다. 영국 협동조합자치체네트워크 최초 제안자인 스티브 리드(Steve Leed, 전 람베스구 의회의장, 현 하원의원)와의 인터뷰(2018.11.9.)에 따르면, 멤버십 전원이 노동당 소속 의회의장이 있는 지방정부이고 보수당 소속의 지방정부에서 참여 의향을 나타내는 곳이 있는데 현재는 받아들이지 않고 있다고 하였다(전성환, 〈영국 협동조합자치체 모델을 통해 본 서울시 공공서비스 혁신방향〉, 서울연구원, 2019.).

"역설적이게도 공공서비스가 대폭 삭감되는 시대인데 더 창의적인 시대가 되고 있습니다. 조직 형식을 변화시키고, 서비스 전달체계를 변화시키면서 동시에 시민들이 스스로 경로를 보다 많이 선택할 수 있도록 권한을 이동하는 것이 협동조합 지방정부의 목표입니다."

당시 람베스구 정부 혁신을 주도한 리드 의장은 재정위기를, 시민의 주도성을 강화하는 방향으로 정부혁신의 기회로 삼을 것임을 분명히 했다.[42]

이하에는 영국 스프레드아이 사회혁신연구소가 서울시 사회적경제지원센터의 지원을 받아 수행한 〈국제 사회적경제 동향연구〉[43]의 결과 중 람베스구를 다룬 부분을 발췌하여 싣는다.

협동조합자치체 – 런던 람베스구

2008년 글로벌 경제 위기는 유럽 내 많은 국가의 긴축재정을 촉발하였다. 이들 국가의 정부 예산은 반토막이 났지만 고령화사회, 빈부격차의 심화 등 국가의 이름으로 해결해야 할 사회 문제는 여전히 산적해있고, 국민이 요구하는 복지서비스의 수요와 기대치는 여전히 높다. 영국의 지방정부도 같은 어려움을 겪고 있다. 중앙정부로부터의 교부금은 현저히 삭감되었지만, 지역의 일자리 창출, 복지, 교육 프로그램 등 지자체가 제공해야 할 공공서비스는 줄지 않고 있다. 이의 돌파구로 영국 내 선도적인 지자체 23곳이 모여 '협동조합자치체 혁신네트워크(Cooperative Council Innovation Network, http://www.coopinnovation.co.uk/)'를 결성하고, 새로운 형태의 지방행정을 실험하고 있다.

'협동조합자치체'란 지방정부를 협동조합으로 설립하여 운영한다는 의미는 아니다. 그보다는 협동조합에서 가장 중시하는 서로 다른 이해관계자의 협력과 참여를 중심으로 양질의 공공서비스를 제공하기 위함이다. 구민들 삶의 질 향상에 요구되는 서비스 제공을 위하여, 람베스구는 우선적으로 구내의 가능한 모든 자원을 활용하는 방안을 찾았다.[44] 그 결과 이미 구민들이 중심이 되어 제공하고 있는 다양한 프로그램과 프로젝트를 발굴하게 되었고, 이를 람베스구와 함께 발전시키는 것이 제한된 자원으로 주민이 원하는 양질의 공공서비스를 제공할 수 있는 최상의 전략으로 판단한 것이다.

람베스구는 협동조합구를 선언한 후 '람베스 협동조합구 위원회'를 조직하여 람베스 협동조합구가 취해야 할 전략적 방향과 중점사업 등에 관한 다양한 의견을 모았다. 이 위원회에는 130여 개의 지역 풀뿌리 단체와 전국단위 시민사회의 대표자들과 3,000여 명의 구민이 참여하였다. 이를 통해 협동조합구 원칙, 협동조합구로 운영되기 위해 구의 공무원과 구민 사이의 협업 모델-리더십, 새로운 관계 형성, 새로운 문화 형성, 이를 위한 시범사업의 운영 등을 결정하였다. 위원회가 제안한 람베스구 실천 전략의 핵심은 공공서비스 제공 방법과 프로세스의 변화, 그를 실천하기 위한 람베스구의 리더십, 시민단체의 리더십, 람베스구 공무원 및 시민들 간의 관계 등의 변화이다. 시민이 중심이 되어 제공되는 공공서비스가 과연 시민의 삶을 더 풍요롭게 해줄 수 있는 가장 적합한 공공서비스 전달 방식인지 시범사업을 진행한 후, 시범사업의 다각적인 평가를 통해 점차적으로 민관이 함께하는 '공동생산' 기반의 공공서비스 제공 모델을 확장시켜 나가는 것을 계획하고 있다.

협동조합형 위탁사업 및 조직개편

람베스구가 협동조합구를 공표한 후 만들어 낸 변화 중 가장 눈여겨 볼 변화는 공공서비스 위탁사업의 진행방식이다. 우선적으로 구가 제공하는 공공서비스를 구가 직접 운영하는 사업보다는 위탁사업으로 전환하고, 또한 위탁사업도 기존의 방식이 아닌 새로운 '협동조합형 위탁사업'으로 전환하고 있다.[45] 람베스구가 정의하는 '협동조합형 위탁사업'이란 앞서 기술된 ① 시민과 함께 만들어 가는 공공서비스 이외에도 ②람베스구의 공공데이터를 개방하고 의사결정 과정을 공개하며, ③공공서비스 제공에 있어서 람베스구의 독단적인 실행보다는 다양한 이해관계자가 함께 만들 수 있도록 람베스구가 조정자 역할을 수행하며, ④공공서비스를 시민과 함께 만들어 가는 방법을 찾아가는 과정에서 위험을 감수하며 혁신적인 자세를 견지하는 위탁사업을 의미한다.

| 그림 20 | 람베스 협동조합자치구 운영체계[46]

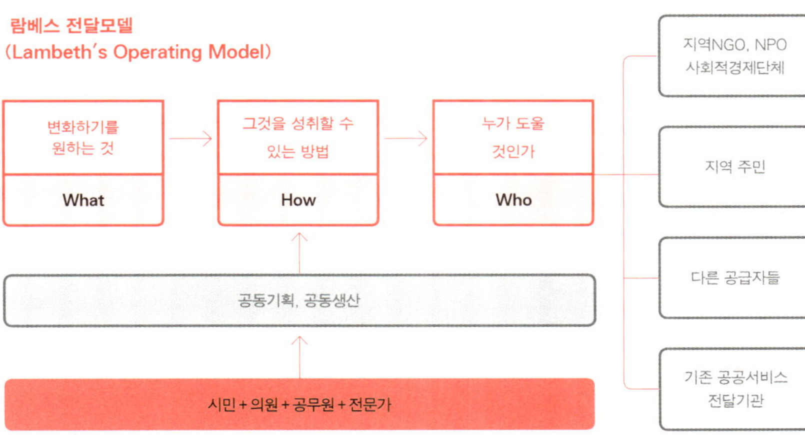

‘협동조합형 위탁사업’을 진행하기 위하여 람베스구는 다음과 같은 절차를 거친다. 우선 구내 지역사회에서 시민들의 니즈를 이해하고 이를 만족시키는 활동을 벌이고 있는 지역 단체나 프로그램 등의 지역 자원을 발굴한다. 발굴된 지역 자원이 시민과 구가 함께 이해하고 합의하는 실질적인 성과를 만들었는지 다시 한 번 점검하고, 서비스 제공 방식과 성과평가 방안과 항목을 정의한다. 이것을 기반으로 위탁사업을 지정하고 진행하며, 위탁사업의 진행 과정 중 지속적인 검토와 평가를 통해 위탁사업의 조기 중단이나 연장 및 확대를 결정한다. 기존의 공공서비스 제공이 구체적인 결과물의 정량적 평가에 치우쳐있었다면, 이러한 ‘협동조합형 위탁사업’의 절차에서 강조되는 것은 구민들을 위한 실질적인 성과 중심으로 공공서비스가 제공되도록 철학, 과정 및 평가방법을 변화한 것이다.[47]

새로운 ‘협동조합형 위탁사업’ 중심으로 공공서비스를 제공하기 위하여 람베스구는 조직을 새롭게 개편하였다. 기존에 람베스구 조직 구조는 제공해야 하는 서비스 주제 중심으로 전담 부서가 가장 상층부에 위치하는 것으로 구성되어 있었다면(예: 교육부, 보건부, 환경부 등), 새로 개편된 부서는 “협동조합형 위탁사업”이 진행되는 과정에 따라 개편되었다. 이것은 장기적으로 람베스구가 제공하는 대부분의 공공서비스 기획과 실행 과정에 구민 개인이나 풀뿌리 단체가 참여하는 것을 반영하고, 이를 용이하기 위한 목적으로 개편된 것을 의미한다. 현재 조직 개편이 완료된 람베스구는 다음과 같은 총 4개의 국(cluster)으로 구성되어 있다.

위탁사업 지원국(Commissioning Support Cluster)

구민의 욕구를 파악하고 이를 충족시킬 수 있는 구내의 자원들을 발굴하고, 함께 공식적인 성과를 정의하는 작업을 담당한다. 서비스 제공국과 함께 위탁사업 지원국이 직접 구민들로부터 파악한 니즈를 바탕으로 구의원들을 설득하여 구민 니즈의 관점에서 람베스구의 부족한 자원을 분배하고 지원하는 결정을 내리며, 위탁사업의 성과를 정의하고, 성과평가 항목과 제공방안, 사업 범위, 사업의 우선순위 등을 결정한다.

서비스 제공국(Delivery Cluster)

위탁사업을 통해 제공되는 공공서비스가 본래 목표한 성과를 내고 있는지를 점검하고, 점검 결과를 협동조합 위탁사업 전체 재점검을 위해 제공한다. 전체 협동조합 위탁사업 과정에서 본래 목표한 성과를 만들기 위해 요구되는 새로운 활동이나 혹은 기존 활동의 변경을 결정한다.

서비스운영 지원국(Enabling Cluster)

협동조합 위탁사업을 중심으로 한 전체 구정의 운영에 차질이 없도록 필요한 재무, IT, 고객 서비스, 감사 등의 지원을 제공한다. 또한 '협동조합자치체혁신네트워크'와 같은 외부 협력기관과의 관계와 지원을 통해 협동조합 위탁사업의 운영을 지원하는 일도 수행한다.

협동조합 사업 개발국(Cooperative Business Development Cluster)

서로 다른 국과 팀 사이에 람베스구가 목표로 하는 전략에 따라 협동조합 사업이 제대로 운영되고 성과를 내고 있는지 전체적인 점검과 조율을 한다. 협동조합구로서의 전략적 방향 점검과 수정도 함께 담당한다.

관공서의 이러한 조직개편은 영국 내에서도 매우 이례적이다. 람베스구가 주창하는 '협동조합구'의 진정한 달성은 예산 절감과 일자리 창출을 위하여 기존에 구가 담당하던 공공서비스의 제공을 구내 협동조합 육성을 통해 해결하려는 시도보다는 한 발짝 더 나아간 것이다. 이는 람베스구의 공공서비스 제공 과정 전체를 바꾸는 시도로 강력한 리더십과 함께 구의원, 구청공무원, 함께 참여하는 시민단체, 지역의 협동조합 및 사회적기업, 구민들에게 보다 효율적으로 양질의 공공서비스를 만들어 내는 새로운 문화와 공식 절차(과정) 및 평가 방법 등을 만드는 실험인 것이다.

다양한 시범사업들

람베스구의 협동조합구 위원회는 〈협동조합형 위탁사업〉으로 27개의 시범사업을 선정하였다. 27개의 사업은 세 단계로 나뉘어져 단계별로 시범사업을 선정하였다. 1단계는 람베스구가 기존에 람베스구 내 제3섹터나 사회적경제 조직과의 협업을 통해 이미 진행하고 있는 사업들을 좀 더 구민들의 참여 중심이 되면서 활발해지도록 확장하는 것이다. 2단계 시범사업은 기존에 람베스구에서 제공하던 서비스를 새로운 방식으로 전환하는 사업이다. 기술이나 디자인 사고(design thinking)* 등을 이용하여 구민과 함께 기획하고 만들어 내는 서비스를 포함한다. 3단계는 새로운 소유권 모델을 평가하는 시범사업이다. 현재 구가 소유하고 있는 임대주택, 도서관, 공공공간 및 공원, 학교, 홍보 매체 등을 구민에게 소유권을 이전하고, 구민 중심의 사회적경제 조직 등이 직접 운영에 참여하는 방식을 평가하는 사업이다. 이들

---

* 디자인 사고란, 디자이너가 디자인 과정에서 활용하는 창의적인 사고법으로서, 명확하게 정리되지 않은 사용자의 니즈를 이해하고 문제를 해결하는 기회를 찾기 위해 공감적 태도를 활용하는 접근법이자 혁신 프로세스라고 한다. 보통 공감(empathy) ▶ 정의(define) ▶ 상상(ideate) ▶ 시제품(prototype) ▶ 시험(test)의 단계를 거친다. 일반적으로 사회 문제는 복잡하고 다양한 측면의 원인을 가지고 있는 경우가 많아서, 문제를 겪는 다양한 이해관계자가 가진 문제를 이해하고 공감적인 태도로 이를 해결하려는 접근이 필수적이다. 즉 디자인 사고는 문제에 관한 공감에서 출발하기 때문에 이해관계자 모두가 만족할 수 있는 해결책을 찾기에 알맞다.

중 람베스구가 중간 성과를 발표한 몇 개의 시범사업을 소개한다.[48]

어스파이어 웰빙 센터(Aspire Wellbeing Center, 구 Lambeth Resource Center)

람베스 자원 센터(Lambeth Resource Center)는 람베스구의 커뮤니티 서비스부가 직접 운영하던 장애가 있는 성인들을 위한 쉼터이다. 람베스구가 직접 소유하던 건물에 위치하며, 센터의 직원은 람베스구 소속 구청 공무원이었다. 람베스구가 협동조합형 위탁사업으로 람베스 자원 센터를 선정한 후 센터의 이름을 어스파이어 웰빙 센터로 바꾸고 람베스구로부터 독립된 상호조합으로 전환하였다. 람베스구와 독립된 사회적 기업인 어스파이어 웰빙 센터는 소유권*과 운영권이 상호조합의 조합원으로 이전되면서, 운영과 관련된 의사결정에는 조합원인 람베스구, 센터 직원, 이용자, 지역사회의 관련 단체가 참여한다. 람베스구는 센터와 5년의 위탁사업 계약을 맺고, 센터가 제공해야 할 성과 중심의 목표를 함께 정의하고 센터가 제공하는 서비스 프로그램의 종류와 질 등을 평가하고 있다.[49]

청소년 람베스 협동조합(Young Lambeth Cooperative)

2014년 3월 람베스구는 지역의 청소년을 위한 프로그램을 기획하고 제공하는 독립 청소년 람베스 협동조합을 지역의 다양한 이해관계자와 함께 설립하였다. 일방적으로 구가 제공하던 청소년 프로그램이 지역 청소년의 니즈

** 현재 영국 중앙정부는 공공서비스의 효율과 효과를 높이기 위한 전략으로 공공서비스를 정부로부터 독립시켜 상호조합화하는 작업을 지원하고 있다. 지자체와 같은 공공이 소유하던 도서관, 레저센터, 주민센터 등의 소유권 100퍼센트 이전은 상당액의 자본금이 요구된다. 소유권 이전에 요구되는 자본금 마련 모델은 전문적이며 사례에 따라 다양한 모델이 존재하는데, 핵심은 장기적이고도 잘 짜진 비즈니스 계획을 세우고 그에 따라 자본금을 유치하여 순차적으로 소유권을 공공으로부터 상호조합회사로 이전하는 것이다. 사례마다 가장 적합한 모델을 고안하고 실행하기 위하여 영국 중앙정부를 비롯한 사회적 기업 관련 단체, 공공서비스 전문 단체, 협동조합 지원기관 등이 다양한 지원을 제공하고 있다. 보다 자세한 내용은 http://goo.gl/CQuwZI 참조.

를 만족시키지 못하고 있다는 인식하에, 지역의 청소년, 청소년 단체, 람베스구 청소년 담당 공무원, 지역 자원봉사단체, 종교단체, 교육기관 등이 조합원으로 모였다. 람베스구의 주도로 2011년 5월부터 지역의 이해관계자들을 모으고 협동조합의 활동 방향을 함께 논의하여 2013년 협동조합이 설립되었다.

협동조합의 조합원은 11~19세 청소년이 1,000여 명과 지역의 청소년 단체나 개인이 가입해있다. 주요 비즈니스 모델은 람베스구의 청소년 위탁사업으로, 협동조합의 조합원이 선출한 위원회가 이사진을 임명하며, 이사회가 협동조합의 운영과 운영상의 주요 의사결정을 맡는다. 이사회는 람베스구에 배정된 3백만 파운드의 청소년 프로그램 예산이 조합원이 제안한 사업에 쓰일 수 있도록 조합원의 의견을 바탕으로 다양한 지역의 청소년 프로그램을 기획하고 이를 위탁사업으로 람베스구에 제안한 후, 람베스구의 심사를 거쳐 위탁된 사업의 운영을 진행한다.[50]

브릭스턴 에너지(Brixton Energy)

브릭스턴 에너지는 람베스구에 위치한 브릭스턴 커뮤니티가 소유하고 있는 태양광에너지 발전 협동조합이다. 2013년에 설립되어 현재 지역 주민의 투자를 받아 지역민들이 소유하는 태양광발전기를 런던 주택 단지에 설치하여 에너지를 주민과 공유한다. 공유 후 남는 에너지는 에너지회사에 판매하여 수익을 벌어들이고 있다. 브릭스턴 에너지가 벌어들인 수익은 지역사회 에너지 효용 기금(The Community Energy Efficiency Fund)으로 조성되어, 지역민들을 대상으로 효율적인 에너지 사용과 관련 교육 프로그램을 운영하고 있다. 람베스구는 브릭스턴 에너지 협동조합의 투자자이자 조합원으로 참여하고 있으며, 사무공간을 제공하고 있다.[51]

오픈 웍스(The Open Works)

오픈 웍스는 람베스구 지역 주민의 잠재적인 참여의식과 행동을 이끌어, 지역에 의미 있고 다양한 프로젝트를 진행하고 향후 사회적기업의 창업까지를 기대하는 혁신 프로젝트이다. 람베스구의 비어 있는 상점공간을 이용하여 워크숍 공간을 만들어, 그곳에서 람베스구 소속 공무원이 시민들을 기다리며 상담을 한다. 지역사회에 도움이 되는 어떤 아이디어라도 시도해 보고 싶은 시민들은 이 공간에 부담 없이 와서 공무원과 상담해 보고, 1차 프로젝트를 시도하는 데 필요한 다양한 도움을 지원받는다. 이렇게 시작된 프로젝트는 홈페이지에 게시되고 참여를 원하는 지역구민이 함께 참여하여 진행하며, 이 과정에서 참여 주민이 특정 기능과 기술의 훈련이 필요할 경우 다양한 교육프로그램을 함께 진행한다. 이렇듯 작지만 자발적이고 신선한 아이디어와 직접 실행으로 옮겨보는 프로젝트를 통해 참여 주민 간의 자조와 참여의 문화가 생겨나고, 또한 그 성과가 지역사회에 미치는 기여에 따라 커뮤니티 기업까지 창업할 수 있는 출발점으로 오픈 웍스는 기획되었다. 2012년 11월에 시작된 오픈 웍스는 2014년 기준 600여 명이 회원으로 가입했고, 3,500명의 주민이 참여한 16개의 프로젝트가 진행되고 있다.[52]

왜 "협동조합형" 지자체인가?

영국은 이미 80년대와 90년대 초반 시장 자유주의 정책을 펼치며 세수를 줄이고 많은 공공서비스를 민영화한 경험이 있다. 과거 2차 세계대전 이후 복지국가 건립의 이상을 실현하며 다소 비대해진 공기업과 공공서비스를 슬림화하는 과정에서, 당시의 보수당 정권은 정부가 직접 제공하는 공공서비스보다 시장에 이를 맡기고 민영화 할 때 공공서비스의 제공이 보다 효율적이며 양질의 서비스가 공급될 것을 기대하였다. 하지만 80년대와 90년대를 거쳐 시도해 본 민영기업의 공공서비스의 제공은 기대했던 경쟁을 통한 양질의 서비스보다는 '턱없이 올라 버린 공공서비스의 가격과 질 낮은 서비스'라는 결과를 가져왔다.

공공의 가치를 살리면서 가장 효율적으로 양질의 서비스를 제공할 수 있는 방안은 무엇인가? 관이 100퍼센트 주도한 복지국가의 비효율성, 민이 100퍼센트 주도한 시장주의의 공공 가치 실종의 실패에 이어, 영국은 이제 제3의 대안을 찾고 있다. 관과 민이 함께하는 협동조합형 모델이 공공의 가치를 지키며 효율적으로 양질의 서비스를 제공할 수 있는 대안으로 떠오른 이유이다. 23개의 지자체가 '협동조합자치체 혁신네트워크'를 결성하고 런던의 람베스구와 같은 공공 혁신의 깃발을 들었다. 런던의 람베스구를 비롯하여 이슬링턴구, 에든버러시, 글래스고시, 요크시, 뉴캐슬시, 리버풀시 등이 회원이다. 이들 지방정부가 공통적으로 고민하는 혁신해법의 핵심은 지방정부가 공공서비스의 제공을 전담하고 숫자로 평가되는 결과(output)에 연연하기보다는, 지역사회 내 다양한 이해관계자 자신들이 혜택을 받을 수 있는 공공서비스의 성과(outcome)를 함께 정의하고 기획하며 만들어 가는 새로운 공공서비스 제공 방식과 프로세스를 실험해 보는 것이다. 조용히 시작된 공공 혁신의 바람, 협동조합의 근본 철학과 가치를 적용한 새로운 행정모델은 과연 어떤 성과를 낼 수 있을까? 혁신은 이렇게 과거 모델의 근본을 재해석하는 방식으로도 태어나고 성장한다.

자치와 정치

5

01

정치와 시민정치

최근 10여 년간 민선 5기에서부터 민선 7기에 이르기까지, 전국의 기초, 광역 지방자치단체들의 혁신과 협치 정책을 추진하면서, 지역사회 시민들의 등장이 활발해지고 연결도 확대되고 있다. 시민들은 크고 작은 보조금 지원사업에 참여하면서 이웃과 연결되고 동네문제를 해결해 가는 경험을 쌓아가고 있다. 그러나 시민들은 참여의 경험이 쌓일수록 행정 혁신에 대한 강한 필요를 느끼지만, 관료시스템에 대한 효과적인 견제가 쉽지 않다는 사실을 알게 되고 실망하거나 무력감을 호소하기도 하며 결국 포기하기도 한다. 그러면서 누가 시장·군수·구청장이 되고 구·시의원이 되는가에 대한 관심이 높아지고, 선거에 참여하여 선출직 공직자 당선에 직접적으로 개입할 필요가 있다고 말한다. 하지만 기존의 거대 정당 중심의 정치체제에서 시민들이 정치운동을 벌이기가 여의치 않다. 시민단체들도 청원의 수준에 그치고, 정치 참여를 한다 해도 유력 정당에 개별적으로 영입되고 마는 수준이어서 세력으로서 힘을 발휘하기에는 역부족으로 보인다.

혁신-협치 정책을 추진하는 지방정부에 참여하고 협력을 하면서 시민들의 참여활동이 촉진되는 긍정적인 효과도 있지만, 반대로 행정의 틀 안에 빨려 들어가 결국 갇히고 마는 것은 아닌가 하는 염려도 함께 커지고 있다. 더욱이 선거를 통해 단체장이 교체되고 나면 정책의 일관성이 흔들리는 경우를 보면서, 더더욱 정치적 개입을 통한 시민참여를 강화하고 협치 친화적인 행정 혁신의 동력을 만들어야 한다는 요구가 높아지고 있다.

아래 그림은 서울에서 20년 넘게 풀뿌리 지역활동을 한 위성남이 최근 강의에서 사용한 것으로 정치를 둘러싼 다양한 활동과 그들 활동 사이의 관계를 보여 준다. 이 그림은 우리 사회의 정치지형과 시민정치의 위치를 확인하는 데에 유용하다. 위성남은 시민정치운동(유권자모집), 정치권력(선출직공약), 행정 혁신(주민참여행정), 지역커뮤니티(주민조직화), 시민운동(옹호·청원) 등

| 그림 21 | 사회변화를 위한 활동의 다섯 가지 영역

다섯 가지의 영역으로 구분한다. 이하에서는 위성남의 강의와 강의 자료에 기초하여 필자가 재정리한 내용을 싣는다.

시민정치운동, Campaign(유권자 모집)

시민정치운동이란, 사회변화를 위해 시민이 정치에 참여하여 선출직 정치인의 당락에 개입하는 것을 말한다. 정치는 정치인들이 하는 것이고 정치인이 되는 것은 정당을 통해야만 한다는 기존의 통념을 깨고, 시민이 직접 정치에 나서서 선거에 개입하여 스스로 후보로 나서서 당선되거나 지지하는 후보가 당선되도록 힘을 쓰는 것이다.

정치인들이 유권자의 뜻을 제대로 대변하지 못하고, 정당은 그들끼리의 기득권에 매여 국민의 절실한 삶을 챙기지 못하는 정치현실이 원인이다. 특히 진보계열이든 보수계열이든 기존 정당은 엘리트와 부자들로 채워지고 그들의 기득권을 지켜내는 수단으로 전락해 버렸다는 다수 국민들의 실망이 깊어진 때문이다. 미국의 민주당은 고학력 엘리트로 채워지고, 공화당은 월가의 부자들의 당이 된 지 오래라고 한다.

평범한 일반 시민들이 정치에 직접 참여하기 시작한 것은 대체로 2000년대 전후에 일어났다고 한다. 미국에서는 1998년 '무브온(MoveOn)'이 온라인을 중심으로 정치 이슈에 직접 나서기 시작하여 오바마 선거에 적극 참여하고(2007년), 그 후에도 커피파티(coffee party)(2010년) 운동을 통해 대중적으로 매우 활발한 정치활동을 전개했다. 무브온은 '버클리 시스템(Berkeley System)'이라는 소프트웨어 회사의 공동설립자인 조안 블레이즈(Joan Blades)와 웨스 보이드(Wes Boyd) 부부가 만든 이메일 그룹에서 출발하였으며, 클린턴 탄핵반

대운동을 통해 50만 명의 청원서명자를 모으고, 청원서를 219개 선거구 하원의원에게 직접 전달하기 위해 2,000여 명의 자원봉사자를 모집하고 지구당 사무실에 3만회나 전화를 하는 등 매우 적극적이고 조직적인 시민정치활동을 벌였다.

우리나라에서는 2000년, 노무현이라는 특정 정치인의 팬클럽 성격을 띠고 등장한 '노사모'가 시민이 직접 정치활동에 나선 예로 보인다. 2015년 문성근 등이 주도한 '시민의 날개'와 권오현이 만든 '빠띠(2016년)'도 유사한 시도라 할 수 있다. 그 밖에도 2008년 광우병 촛불시위에서 정치토론의 장으로 등장한 〈다음 아고라〉, 2016년 정치인과 정당, 정책을 확인할 수 있는 총선 가이드 〈PiNG Korea〉, 박근혜 탄핵촉구 청원사이트 〈박근핵닷컴〉, 공약선택으로 자신의 성향과 맞는 후보를 안내하는 〈누드대통령〉, '국민이 물으면 정부가 답한다'는 슬로건으로 2017년 8월에 문을 연 〈청와대국민청원〉 등이 있으며, 이들은 대체로 시민정치가 이루어지거나 시민정치를 지원하는 활동으로 볼 수 있다.

시민(참여)정치운동은 정치권력을 만드는 데에 관심이 있는 시민들이 참여하고, 또한 그것을 목표로 유권자를 모으는 캠페인 '행동'을 한다. 그렇다고 그것이 반드시 정당은 아닐 수 있다. 핵심은 '평범한 일반 시민들'이 정치에 참여한다는 점이다. 과거에도 시민들이 정치에 참여했지만, 그때는 노조나 시민단체처럼 이른바 '조직된' 시민들과 엘리트들이 중심이었다는 점에서 차이가 있다. 이제는 커뮤니케이션 기술의 발전과 SNS의 활성화로 평범한 시민들의 자발적인 정치 참여가 활발해졌다.

정치권력, Elected power (선출직 후보공약)

정치권력이란 선거를 통해 '선출된 권력'을 말한다. 사회운동은 바로 이 선출된 권력에 영향을 미쳐 사회를 변화시키려 하는 것이다. 선거 절차를 통하여 유권자의 선택을 받아 법이 정하는 권한을 위임받은 선출직 공무원은 정책(공약)을 통해, 사회의 변화와 혁신을 시도한다. 권력은 '총구가 아니라 투표함'에서 나오고 법과 제도, 정책으로 세상을 변화시킨다. 이것이 민주국가의 기본이다. 그래서 병사(?)를 모집하지 않고 유권자를 모집한다. 당선 후에는 선거기간 동안 공표하고 약속한 '공약'을 예산으로 편성하고 행정력을 동원하여 실행하는 것이다.

그러므로 중요한 것은 후보자(당선자)의 공약집에 '공약'으로 명시적으로 표시되어 있어야 한다는 점이다. 형식적인 정책 전달 퍼포먼스는 사실상 아무런(?) 의미가 없다. 그리고 당선 후 공약이 제대로 지켜지는 지를 감시하고 견제해야 한다. 약속이 지켜지지 않으면 다음 선거에서 낙선시키면 된다. 이렇게 선거는 '임기'라는 정해진 시간 동안 '지지-약속-평가'라는 절차로 주권자가 선출직을 통제하는 장치다. 선출직 공직자는 주권자로부터 위임받은 권한을 가지고 임명직 공직자들을 지휘·통제함으로써 유권자와 약속한 공약을 실천에 옮기는 것이다. 임명직 공무원들에게는 직업적 안정성을 법으로 보장해 준다. 이것이 오늘날 대부분의 국가가 채택하고 있는 대의제 민주제이다.

최근 '선출되지 않은 권력'에 대한 통제가 사회적 문제로 등장했는데, 이른바 사법 검찰과 언론 권력이 누구로부터도 통제받지 않고 과다한 권력을 행사하는 현실에 대한 국민적인 문제의식이다. 과거 무소불위의 힘을 가지고 있던 군부가, 김영삼 정부에 의해 군부 내 권력집단이었던 '하나회'가 전격적으로 청산되면서, 결국은 문민통제를 받게 되었던 것처럼 '선출되지 않는 권력'은 '선출된 권력'의 통제를 받아야 한다.

행정 혁신, 퍼실리테이션(주민참여행정)

행정 혁신은 선출된 공무원의 명령으로 수행된다. 일반 공무원은 상급자의 지시에 따라 움직이며, 이는 국가공무원법의 '복무규정'에 적시되어 있다. 하지만 최근 현대행정에서 시민의 참여가 없이는 문제해결능력이 갈수록 떨어지면서, 문제해결의 성과를 '눈에 보이게' 내놓고 '재선'을 해야 하는 선출직들은 최근 시민참여에 많은 관심을 기울이고 있다. 살기 바빠 관심을 기울이기 어려운 시민들을 문제해결의 장에 초대하기 위하여 행정은 다양한 유도·촉진책을 동원한다. 이른바 퍼실리테이션(facilitation) 기법을 통해 시민들이 직접 발언을 하도록 보장하고, 발언 내용을 정책에 '직접' 반영하여 시민들이 참여에 효능감을 갖도록 많은 애를 쓴다.

"나에게도 발언의 기회를 주네? 내 말을 경청하네? 내 의견이 정책에 담겼네?"

정부는 시민참여를 효과적으로 독려 지원하기 위하여 민간에서 활동경험이 풍부한 활동가들을 대거 행정 영역에 초대한다. 직접 개방직 공무원으로 채용하기도 하지만, 대체로 민간위탁이라는 상대적으로 민간의 참여와 정책형성의 자율성이 보장되는 방법으로 중간지원조직(000센터)을 설립하고, 일정한 미션수행을 조건으로 예산을 투입한다. 민간의 활동가들은 안정적인 보수와 예측 가능한 사업비가 보장되는 중간지원조직에 채용되어, 시민을 행정에 연결하고 시민의 참여를 지원한다. 최근 민선 5기 이후, 중간지원조직이 시민참여를 지원하는 일반적인 방법으로 활용되고 있다. 특히 마을공동체, 사회적경제, 도시재생 등 시민의 참여가 중요한 혁신 정책 영역에서는 예외 없이 중간지원조직을 설치한다. 물론 직영센터는 중간지원조직이라고 하기 어려운 면이 있지만, 그래도 센터장 등을 개방직 공무원으로 채용하는 경우가 대부분이다.

한편 오랫동안 지역사회에서 활동한 이른바 관변단체 역시 지역에서 주민이 참여하고 지역의 문제를 해결하는 나름의 역할을 하였다. 관변조직이란 통상 행정에 협조적인 주민조직을 이르는데, 행정의 입장에서는 지역사회에서 지역유지들과 주민들의 협조를 쉽게 구하고 동원을 용이하게 할 수 있고, 주민의 입장에서는 '민원'을 해결하기 위해 행정과 밀접한 관계를 형성할 수 있어 서로 유용했다. 권위주의 시대에 주민참여문화가 미약한 환경에서 그나마 민원을 해결하는 방법이었다. 이제는 관에 동원되는 수동적인 관계를 넘어 주민이 주체로 적극적으로 참여하려는 의지가 높아지고, 행정 역시 적극적인 참여의지가 있는 주민들과 협력적으로 문제를 푸는 방식으로 나아가고 있다. 더욱이 단지 불편사항에 대해 행정의 조치를 요청하는 민원과 달리, 법제도와 정책적인 개선을 요구하는 청원은 더욱 시민참여가 없이는 해결이 어렵다. 근본적인 문제해결을 위해서는 꼭 필요한 시민의 참여가 이제는 대세로 잡혀가고 있다. 행정 역시 점차 주민참여를 기정사실로 받아들이고 이를 제도화하는 추세이다.

그러나 행정이 아무리 주민 참여를 독려하고 촉진한다 해도 주민 주도성을 보장해 주지는 않는다. 어쩌면 주도성을 넘겨주지 않는 한도 내에서 주민참여를 촉진하는지도 모른다. 더욱이 촉진한다고 해서 주민들이 조직되지 않는다. 물론 참여의 긍정적인 경험은 그 긍정적 효능감을 지속적으로 유지하고 강화하기 위하여 조직이 필요하다는 자각을 가지게는 하겠지만,

조직이 만들어지지는 않는다. 오히려 행정이 '허용'하는 한도 안에서의 참여와 거기서 나오는 낮은 단계의 효능감은 시민의 주도성을 키우기보다는 그 수준에 안주하게 하는 부작용을 낳기도 한다.

지역커뮤니티(주민조직화)

'참여에서 주도'로 전환하려면 '조직된 주민'이 전제조건이다. 주민조직화의 과제는 행정의 과제가 아니라 주민 스스로의 과제다. 훈련된 풀뿌리 조직 활동가의 역할이 중요하다. 지역의 문제를 풀고 주민들의 일상생활에서 시급하고 절실한 과제를 해결하고, 그 과정에서 주민 속에서 신망 있는 리더를 찾아 리더십을 키우도록 지원하는 세심한 과정이 따라야 한다. 그동안은 풀뿌리 활동가들이 중간지원조직에 들어가 각종 공모사업을 매개로 시민의 참여를 지원했다면, 이제는 주민이 주도적으로 문제를 해결하는 '조직된 주민 주체'로 성장하도록 지원하는 풀뿌리 조직 활동가로 '돌아가야' 한다. 행정의 지원(공모)사업을 중심에 두는 활동에서 벗어나, 지역사회 주민들이 제기하는 이슈에 민감하게 반응하고, 그 문제를 해결하는 방향으로 주민들이 조직되도록 돕는 활동으로 전환해야 한다.

여기서 주민조직화란, 주거지를 중심으로 하는 장소(근린)를 매개로 지방정부와 주민 이해당사자들이 자율성을 가지고 지역문제를 해결하고, 필요한 공공서비스를 제공받기 위한 집합적인 의사결정 과정과 서비스 생산에 참여하면서 지역정체성과 장소의식을 형성해 가는 수준으로 주민들이 관계망이 심화되는 것을 말한다.[53] 즉 근린자치를 해 나갈 수 있는 수준으로 주민들이 조직화되는 것이다. 자치의 수준으로까지 주민이 조직화되려면 우선, 일상에서 이웃들과 자주 만나고 대화함으로써 친밀한 관계를 맺고, 친밀한 관계를 바탕으로 지역의 공공적인 문제에 관심을 가지고 참여해야 한다. 나아가 지역 차원의 주민 복지와 후생을 개선하기 위해, 서비스의 수요자와 공급자, 민간과 행정의 관련 의사결정자들이 참여하는 공론장에서 혁신안을 만들어 내는 수준으로 진화해야 한다. 또한 투표권을 매개로 정치인(단체장, 의원)을 선출하는 과정에 개입하여 유력한 영향력을 행사할 정도로 조직되어 있어야 한다. 그래야 정치인들이 주민과의 대화에 관심을 가지고 응하고, 주민들의 이해관계에 민감하게 반응한다. 이렇듯 주민의 조직화는 일상에서 친밀한 이웃관계를 형성하는 것에서, 주민들의 복리에 직결되는 서비스의 생산과 이용에 개입하여 의사결정과 서비스 생산에 참여할 정도로 조직되고, 나아가 정치적으로도 집단적 의사표시가 가능하고 또한 당락에 영향을 미치는 수준으로 도달하는 것을 목표로 한다.[54]

시민운동, 애드버커시(옹호·청원)

시민운동은 시민의 삶과 연관된 문제(이슈)를 해결하기 위해, 제도와 정책의 변경을 요구하는 노력을 말한다. 그 방식을 두 가지로 구분하는데, 시민의 문제를 당사자 아닌 다른 사람이 대리해서 주장하는 방식(advocacy)과 문제와 직접 관련된 당사자들이 자기 자신을 스스로 대리해서 주장하는 청원방식(petition)이 있다. 전자의 애드버커시(대리인) 운동은 1987년 민주화 이후 시민단체들이 등장한 이후 본격화되어, 30년 넘게 주류 시민운동의 보편적인 활동방식으로 자리를 잡으며 권위주의 국가가 주도한 우리 사회의 문제를 법과 제도 수준에서 혁신하였다. 최근에는 당사자들이 직접 나서는 '청원운동'이 두드러지게 나타나고 있다. 미국에서는 '무브온'의 등장으로 본격화되었고, 우리나라에서는 청와대 국민청원 게시판에서 아주 폭발적으로 나타나고 있다.

'무브온'은 옹호(advocacy)와 선거활동(campaign)을 동시에 실행하고 있다. 우리나라에서는 시민단체가 주도하는 시민운동이 2000년 정점기에 '총선시민연대'를 결성하고 당시 총선에 직접 개입하여 출마자 낙선운동을 벌여, 낙선자 명단 중 70퍼센트 가까운 낙선을 실제로 이끌어 내면서 파문을 일으킨 바 있다. 하지만 그 후, 시민단체 내부에서는 중립화논쟁이 벌어지고, 기성의 정당 정치권에서도 시민단체가 정치과정에 개입한 것에 대한 견제가 강화되면서 본격적인 시민정치운동(캠페인)은 위축되었다고 할 수 있다. 물론 시민단체 출신의 활동가가 국회의원으로 진출하는 경우가 있지만, 정당에 개인적으로 영입되는 방식이어서 시민단체의 정치활동으로 보기는 어렵다.

| 그림 22 | 사회변화를 위한 활동의 다섯 가지 영역

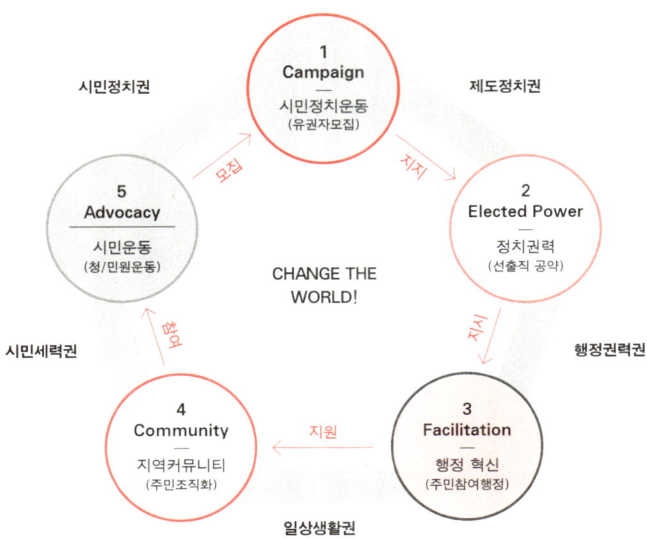

영역 간 연결과 관계

제도정치권

지금까지 구분하여 설명한 다섯 가지 중에 ①[시민정치운동]과 ②[정치권력]을 포괄하는 영역이 이른바 '제도정치권'이라 할 수 있다. 선출직 공무원의 선출을 둘러싸고 권력 창출을 목표로 경쟁적으로 움직이는 영역이다. 대부분의 선진국과는 달리 우리나라에서는 정당 결성이 매우 어렵게 되어 있고 선거법 역시 매우 까다로워, 시민들의 정치활동이 근본적으로 제약되고 있다. 그래서 기존의 기성 정당에 소속되어서 '공천'을 받아야만 선출직에 도전이 가능하다. 그것도 소선거구제가 일반적인 상황에서 유력한 거대 정당에 줄을 대지 않으면, 선출직 도전은 거의 불가능하다시피 하다. 이렇듯 시민정치운동이 활성화되기 매우 어려운 환경이어서, 제도정치권은 기성의 정당 중심의 영역에 속한다고 할 수 있다.

행정권력권

②[정치권력]과 ③[행정 혁신]을 포괄하는 영역은 위임받은 권한이 실제로 집행되는 '행정권력권'을 형성한다. "대한민국의 주권은 국민에게 있고, 모든 권력은 국민으로부터 나온다"는 헌법 제1조 2항의 규정처럼, 권력의 주체는 오로지 국민이고 유권자다. 법이 정한 절차에 따라 선출된 공직자는 역시 법이 미리 정한 바대로 '권한'을 위임받는다. 권한이란 국민에서 나온 권력이 법률에 의해 제한된 형태로 선출직 공직자에게 위임되는 것을 말한다. 따라서 선출직은 위임 받은 '권한'을 법이 정한 절차와 요건에 따라 집행하는 것이다. 이것이 법치국가의 운영원칙이다. 또한 행정 권한의 집행은 법령에 따라야 하는 것 외에도, 의회로부터 견제 받도록 되어 있다. 의회의

의원들 역시 선거를 통하여 권한을 위임 받은 선출직 공직자로서, 행정감사권과 예산심의의결권을 가지고 행정 권한의 집행을 감시한다. 행정과 의회라는 기관분립형 정치구조를 가진 우리나라에서는 행정-의회의 상호 견제와 협력을 통하여 운영된다. 따라서 협치란 통상의 정부 운영의 주체인 행정-의회의 구조에 시민이 참여하여, 3자 간의 협력과 견제를 통하여 공공의 의사결정을 하는 것이다.

일상생활권

③[행정 혁신]과 ④[지역커뮤니티]를 포괄하는 지대에서는, 한편에서는 행정이 주어진 권한을 집행함으로써 지역사회에 직간접적인 영향을 미친다. 즉 행정의 활동(행정행위)*을 통해서 주민들에게 전달되는 서비스의 종류와 양, 그리고 그 전달의 방법을 결정하고 집행한다. 다른 한편에서는 참여행정을 통해 주민들이 행정의 의사결정 과정에 개입하고, 권한이 집행되는 과정에 참여한다. 나아가 행정이 제공하거나 외주업체를 통해 제공하던 서비스를 주민이 직접 생산자로 참여하기도 한다. 이렇듯 행정권의 집행과 행정권에 대한 시민참여를 통해, 정치가 현실의 일상세계에서 실현되며 정치의 효능감이 가장 잘 드러나는 현장이다.

여기서는 행정이 주민을 포섭하여 통치의 수용성과 효율성을 높이려는 힘과 주민들이 행정에 대한 개입과 통제를 강화하려는 힘이 부딪친다. 때론 견제로 때론 협력으로 역동적인 상호작용을 벌이는 장이다. 주민들은 행정 혁신을 통하여 참여의 기회를 늘리고 통제 가능한 자원을 확대하면서, 종국에는 그 기회와 자원을 활용하여 주민 주도성을 높이는 방향으로 가야

* 행정행위란 행정기관이 행정권에 의해 법규를 구체적으로 적용하고 집행하는 행위를 말한다.

한다. 우선은 주민이 조직되어야 한다. 그리고 공적 의사결정에 합리적이고 효과적으로 대응할 수 있는 민주적인 공론장 운영능력을 갖추고, 문제해결에 이르는 숙의(熟議)의 능력을 높이면서 '민주적 역량'을 발전시켜야 한다. 나아가 지역에서 필요한 다양한 서비스를 스스로 생산하고 지속해낼 수 있는 '(사회)경제적 역량'을 구축해 가야 한다. 주민 주도성이란 민주주의와 사회경제적 역량을 지역사회에서 주민들이 갖출 때 만들어지는 것이다.

시민세력권

④[지역커뮤니티]와 ⑤[시민운동] 두 영역에 걸쳐, 시민들이 일상을 영위하면서 생활에 필요한 자원을 조달하고, 원활한 자원조달을 위해 행정과정에 참여하고, 나아가 법제도적 개선을 위해 청원을 벌이는 등의 정치적 활동을 벌인다. 시민이 자신의 의사를 표현하고, 정치적 의사결정이 이루어지는 곳에 영향력을 행사하기 때문에 사회적으로 시민의 존재감이 확인되는 시민세력화의 현장이다.

기존에는 시민단체가 중심이 된 대변(Advocacy)의 방식이 주로 이루었다면, 점차 당사자가 중심이 되는 청원의 방식이 주를 이루고 있다. 이는 시민정치의 환경을 넓히고, 시민세력으로 세력화하는 토대를 형성하는 역할을 한다. 더욱이 지역사회의 이슈를 중심으로 법제도적인 개선을 시도하는 청원운동이 활발해지면, 시민운동이 지속적으로 이어지게 하는 조직적 기초가 만들어지는 것이므로, 시민정치가 활성화하는 데에 긍정적인 역할을 하게 된다. 이렇듯 대리인에서 당사자 중심으로, 이슈 중심에서 지역사회(커뮤니티)를 중심으로 청원운동의 양상이 전환되어 간다는 사실은, 시민세력이 성장해 가는 것이고 시민정치운동의 토양이 풍부해지는 일이다.

시민정치권

사회를 변화시키기 위한 가장 직접적이고 영향력이 큰 시민의 행동은, 권력의 창출에 직접 개입하는 조직적인 활동의 시민정치운동이다. 하지만 그 전 단계로 개인의 민원을 넘고, 일시적인 개선을 넘어 법과 제도적인 수준의 혁신을 추구하는 시민운동은 시민정치운동과 밀접한 관계를 가지고 상호지원하는 역할을 한다. 법제도개선을 위한 시민운동은 우리 사회가 우선적으로 해결해야 할 시급하고 절실한 의제가 무엇인지를 사회적으로 확산시키고, 그 문제를 해결하려는 시민정치운동에 대하여 우호적인 여론을 형성하는 역할을 할 뿐만 아니라 강력한 지지 세력이 되어 주기도 한다. 하지만 아무리 열심히 청원을 하더라도 법제도개선의 권한을 가진 선출직(단체장, 의원)을 움직이지 못하면 목적을 이룰 수가 없다. 바로 시민정치운동은 권한을 가진 선출직의 당락에 공개적이고 조직적으로 개입하는 운동이므로 시민운동의 목표를 궁극적으로 달성시키는 역할을 하는 것이다. ⑤[시민운동]과 ①[시민정치운동]은 시민이 사회변화를 위해 직접 정치적인 행동에 나서는 '시민정치권'으로 묶어서 설명할 수 있다.

최근 평범한 일반 시민들이 조직적인 청원운동을 벌인 '정치하는 엄마들'이 주목받고 있다. 이 모임은 2017년 3월 25일 장하나 전 의원*이 한겨레신문 칼럼에 올린 글 '장하나의 엄마 정치'에서 "정치에 여성(엄마)들이 나서야만 독박육아를 끝장내고 평등하고 행복한 가족공동체를 법으로 보장받을 수 있습니다. 그래야만 우울한 여성의 시대에 종지부를 찍을 수 있습니다. … 저와 마음이 통하신다면 이제 우리 만납시다"라고 제안했는데, 이에 공감한 여성들이 한 달 후 실제 모임을 가지고 준비위원회를 구성하였다. 이

* 장하나 씨는 19대 민주당 비례대표 의원을 지냈다.

모임은 2019년 전국을 달군 사립유치원 비리 파동의 불을 지핀 장본인들이었다. 이 모임의 회원들이 끈질긴 청원운동을 벌인 끝에 박용진 3법이 패스트트랙*에 오르게 하는 성과를 만들었다. 지금은 1,800여 명의 회원이 가입된 전국적인 조직으로 성장했다.

2018년 12월, 장애인 동생과의 동거생활을 담은 다큐멘터리 〈어른이 되면〉을 발표하여 '장애인 탈시설'이라는 어젠다를 뜨겁게 공론화시켜 주목은 받은 감독 정혜영은 "지금 정치를 하고 있다고 생각하나요?"라는 기자의 질문에 이렇게 답한다. "네. 왜냐면, 정치란 세상을 더 살기 좋게 바꾸는 거라고 생각하거든요. 제가 하는 모든 일은 민주주의사회 시민으로서의 정치 행위라고 생각해요. 그리고 저는 권력을 갖고 싶다고 생각해요. 제가 가장 힘들 때는 세상이 너무 공고해서 실천이 버거워질 때거든요. 지금 이대로 세상이 바뀌지 않으면 저나 혜정은 너무나 예측 가능한 불행한 죽음을 맞게 될 거예요. 그래서 맞서 싸우는 거예요. 조금이라도 긍정의 가능성을 발견하기 위해서, 지금까지 한 적 없는 선택을 해서 상황을 규정하는 힘을 내가 갖는 거죠. 제가 1987년생이니까 적어도 형식적 민주화 이후에 세상을 살아왔는데, 학교에서는 계속 모든 인간이 존엄하고 평등하다고 배우잖아요. 모두가 자유롭게 자기 인생을 누리고 살아갈 권리가 있다고요. 비장애인으로서 제가 '운'으로 그런 권리를 누리고 있는 게 기분 나빠요. 권리라고 배웠는데 운이었다니. 권리로서의 자유, 권리로서의 평등, 권리로서의 존엄을 갖고 싶어요. 어떤 삶이 새로운 이야기가 될 때 세상은 변해요. 그래서 저는 제

* 패스트트랙(fast track)이란 2012년 5월 개정된 〈국회법〉에 반영된 '국회선진화법'의 주요 내용 가운데 하나이다. 기존의 〈국회법〉에서는 정당 간 합의가 어려운 법안이 상정되었을 때, 국회의 심의 과정에서 장시간이 소요되거나 아예 유보된 상태가 되어, 법안의 적용이 필요한 시기에 부응하지 못하는 경우가 많았다. 이에 따라 여러 이유로 신속한 처리가 필요한 안건을 '신속처리대상안건'으로 요청할 수 있도록 했는데, 이를 '패스트트랙'이라고도 부른다. 신속처리대상안건으로 지정된 경우에는 법에 정한 심의 기간이 경과하면 자동적으로 다음 단계의 입법 절차가 진행된다.

가 할 수 있는 모든 것을 다해 힘을 갖고 목소리를 내려고 합니다."[55]

정혜영은 정치란 '자신의 삶에서 문제를 발견하고, 그것이 모두의 삶과 만나는 점을 찾아 목소리를 내고 행동하는 것'이라고 하면서 더 많은 사람들이 자신만의 이야기로 '정치를 시작하기를' 바란다고 했다.[56]

시민정치의 시대

최근에는 시민단체나 정당이 대리해 주기를 기다리지 않고, 시민 당사자들이 그들이 처한 부조리와 불평등한 상황을 이겨내고 법제도적으로 해결하기 위하여 직접 조직적인 정치행동에 나서고 있다. 유치원3법, 김용균법, 여성폭력방지법 등이 대표적인 사례이다. 이런 추세는 앞으로 더욱 가속화될 전망이다.

기성의 정당정치가 시민의 삶을 책임지지 못하고, 시민의 정치적 요구를 감당하지 못하는 한 시민이 정치적으로 직접 나서는 일은 너무도 당연하고 불가피한 현상이다. 어쩌면 87년 체제로 불리는 기존 정치체제의 혁신은 시민의 직접적인 정치행동으로부터 시작되는 것일지도 모른다. 인구구조의 변화에 따른 급속한 지방 소멸과 고령사회화, 청년들과 이주민의 사회경제적 배제는 우리 사회의 불평등의 문제를 가속화시키는 원인이자, 극심한 불평등 구조의 결과이기도 하다. 더욱이 앞으로 10년 안에 탄소를 기반으로 하는 에너지 및 산업체계를 전환하여 '탈탄소(Beyond Carbon)'체제로 이행하지 않으면, 지구는 더 이상 인간의 힘으로는 제어가 불가능한 파멸의 상태로 빠지게 되고, 인류 역시 멸종하고 말 것이라는 전 세계 과학자들의 경고가 이어지고 있다. 총체적인 위기의식과 비상사태에 준하는 '전면적인 전환'을 해야 하는 상황이다. 그 어느 때 보다 시민의 행동이 절실하다. 이미 시민정치의 시대다.

그러나 시민정치가 전환을 위한 정치로 갈지는 미지수이다. 미국에서 트럼프 대통령의 등장, 유럽의 극우파 득세 등에서 확인되듯이 포퓰리즘으로 빠질 가능성도 분명 있다. 우리 사회에서도 이미 이런 현상은 광화문, 온라인 등 곳곳에서 쉽게 관찰된다. 시민정치가 포퓰리즘에 빠지지 않고 '전환의 정치'로 나아가기 위해서는 다시금 로컬의 중요성이 부각된다. 나와 내 가족, 우리 마을의 문제를 해결하고 안전한 일상을 살아가고, 좀 더 행복한 내일을 꿈꿀 수 있는 방향으로 정치가 고민되고 시민행동이 촉발되어야 한다. 상대방이 싫고 대통령을 바꾸면 세상이 바뀔 것이라는 적대와 메시아적 정치는 다분히 포퓰리즘으로 향할 가능성이 크다. 즉, 로컬이 정치의 핵심 단위로 자리매김하는 것이 중요하며, 이것이 시민정치가 지방정치와 밀접하게 연관되어야하는 이유이다. 광화문의 촛불 못지않게 우리 동네의 촛불이 중요하고 필요하다.

02

자치와 선거제도 : '민의가 그대로' 지방선거법 개정을 위하여*

우리 국민은 촛불을 들어, 부패하고 무능한 정권을 탄핵하고 새로운 정부를 탄생시켰다. 2017년 3월 박근혜 대통령의 파면 즈음에 국민의 76퍼센트가 탄핵에 찬성했고, 공교롭게도 5·9대선에서 문재인, 안철수, 유승민, 심상정 후보가 얻은 득표율을 모두 합하면 76퍼센트다. 제19대 대선은 촛불연합의 승리라고 해도 과언이 아니다. 2016년 10월 29일부터 2017년 3월 10일까지, 20주 133일 동안 1천 6백만 명의 시민이 참여한 '촛불연합'은 마침내 정권교체를 이루었다.

이제는 정치를 바꾸어야 한다. 겨우내 시민들이 목이 터져라 외쳐 댄 과제는 정치를 바꿔 보자는 것이었다. 새 정부가 끌어안은 '적폐 청산'과 사회, 문화, 경제, 정치, 외교 등 전 영역에 걸친 '국정 쇄신'의 과제는, 궁극에는 정치의 혁신으로 귀결되어야 한다. 그래야 지난 10년의 불행한 역사가 반복되

* 이 글은 필자가 오마이뉴스에 기고한 기사(2017.10.10.)를 조금 수정하였음.

지 않을 것이기 때문이다. 미래에는 결코 불행한 역사가 되풀이 되지 않도록, 정치 혁신의 마개로 적폐의 온상을 꽉 틀어막아야 한다. 더욱이 정치 혁신을 이루어 내지 못하면, 기득권 세력의 끈질긴 저항과 방해로 청산과 쇄신의 과제를 제대로 수행할 수도 없다. 정치 혁신이야말로 적폐 청산과 국정 쇄신의 목표이자 동시에 유력한 수단인 셈이다. 정권교체 이후, 촛불명예혁명의 명령은 정치 혁신이다.

국민이 나라의 주인이 되는 정치

그렇다면 정치 혁신의 방향은 무엇일까? 주권자인 '국민이 나라의 주인이 되는 정치'를 만드는 것이다. 시혜와 동원의 대상이 아니라, 헌법이 정하는 주권자로서 국민이 나라의 주인으로 당당하게 서는 정치를 구현하는 것이다. 민의가 국정에, 의회와 정당에 고스란히 반영되고, 민의가 가리키는 대로 정치가 따라가는, 제대로 된 대의정치제를 실현하는 것이다. 또한 주권자의 일상적인 정치(정책) 참여를 보장하고 촉진하는 협치(민관협력)체제를 구축하는 것이다.

1987년 직선제 쟁취로 확보한 대의정치의 시스템은 이제 새로운 '시스템 체인지'의 운명을 맞이하고 있다. 하지만 주권자가 중심이 되고 민의가 관철되는 정치를 가로막는 장애물이 있다. 그 첫째가 지나친 중앙집권적 권력구조이고, 둘째는 관 주도의 하향식(top-down) 통치체제이며, 셋째는 이러한 하향식 중앙집권적 통치를 가능하게 하는 독점적인 기득권 정치이다. 따라서 정치 혁신의 과제는 이 세 가지 장애물을 걷어 내야 달성된다. 그 방법은 첫째 분권화이고, 둘째 시민 주도 협치체제이며, 셋째 시민 주도 정치, 다양성과 합의의 정치이다.

중앙집권의 무능과 분권화

우선 중앙집권적인 정치구조에서 벗어나야 한다. 지난 정권에서 쌓여온 적폐들은 극소수 권력계층의 극단적인 권력독점에서 비롯되었다. 현대사회의 대부분의 문제는 그 원인이 복잡하여, 융합적인 설루션이 모색되지 않으면 해결되기 어렵다. 중앙행정 중심의 폐쇄적이고 위계적인 조직으로는 실제 문제를 해결하는 능력이 현저히 떨어진다. 한마디로 무능하다. 그럼에도 무능한 그곳에 과도한 권력을 계속 놔두면 필시 부패가 자라난다. 최순실 국정농단은 그 무능과 부패의 정점에서 벌어진 일들이다.

분권을 통한 권력분산으로 소수의 엘리트 관료들이 권력을 독점하고 휘두를 수 없도록 해야 한다. 중앙정부에서 광역정부로, 시도 광역정부에서 시군구 기초정부로 권한을 이양해야 한다. 그래야 현장의 형편에 걸맞고, 일상을 살아가는 대다수 시민들의 필요와 요구에 들어맞는 정책이 생산되고, 결국 문제가 해결된다. 열악한 지방정부의 재정구조로 인하여, 현장의 형편과 필요보다는 중앙정부의 기획과 요구에 맞추기 급급해서야 지방자치제의 의미가 무색하다. 분권적 특성화가 가능하도록 자치입법, 자치재정, 자치조직·인사 등 지방행정의 자치권이 대폭 확대 강화되어야 한다.

제2의 분권과 시민 주도 협치체제

그러나 중앙정부에서 지방정부로 권한이 이양된다고 끝나는 것은 아니다. '제2의 분권'이 동시에 이루어져야 한다. 즉 시민·주민으로의 권한이양이다. 지방정부로 이양된 권한을 지방정부의 단체장에게만 맡겨 둔다면, 여전히 공공정책을 직업적 관료제 안에만 가두게 되어, 중앙행정으로의 집중 현상은 다소 약화된다 할지라도 활기찬 융합적 행정은 기대하기 어렵다. 심지어는 늘어난 지방정부의 권한을 이용하여 지방의 기득권 토호세력과 밀착하면, 중앙보다 더욱 심각한 적폐의 온상이 될 수 있다. "지방정부가 권한을 이양받을 준비가 되어 있지 않다." 분권의 필요성을 얘기할 때마다 중앙정부 관료들이 들고 나오는 반대논리가 설득력을 가지게 될 수도 있다.

시민이 광역 및 기초 지방정부의 행정에 일상적으로 참여하고, 정책결정 과정에 개입하여 결정의 권한을 행사하고, 나아가 그 정책의 집행 과정에도 직접 참여하여야 한다. 시민의 참여가 동원으로 그치지 않도록 하려면, 참여하는 시민에게 분명한 권한이 부여되어야 한다. 하지만 공무원들은 시민들이 책임질 준비가 되어 있지 않고, 결국 책임은 공무원이 져야 하기 때문에 권한을 이양하기 어렵다고 한다. 중앙정부가 분권을 거부하는 논리와 아주 닮아 있다. 물론 시민이 권한을 책임감 있게 제대로 행사하는 것이 필요하다. 하지만 이는 권한을 행사하는 경험이 쌓여서 생기는 능력이다. 시민의 공공적 역량(시민력)이 성장하도록 권한이 부여되고 이를 촉진하는 세심한 지원제도가 필요한 것이다. 물론 이는 법제도로 보장되어 공무원이 커다란 위험부담(정책 실패와 감사) 없이 안심하고 시민과 협력할 수 있는 장치가 마련되어야 한다. 즉 민관협력의 제도가, 협력적 거버넌스를 권장하는 행정의 장치가 필요하다. 즉 중앙정부에서 지방정부로의 권한이양은 분권의 필요조건일 뿐이고, 충분조건이 충족되려면 다시 시민·주민에게로 권한을 이양시키는 민관협력체제가 마련되어야 한다.

시민 주도 정치, 다양성과 합의의 정치

'분권과 협치'가 실현되려면 시민을 협력의 파트너로 인정하고, 시민에게 권한을 부여하면서 협력에 초대하고, 민관협력을 촉진하기 위한 세심한 지원을 보장하는 협치제도와 관행을 만들 수 있는 정부와 의회를 구성해야 한다. 아니 최소한 주권자인 시민의 의지에 반하지 않는 지방정부와 지방의회가 구성되어야 한다. 2022 지방선거는 민의가 그대로 반영되는 지방의회를 구성하고, 민의에 따라 움직이는 단체장을 선출해 내야 하는 선거다.

그러기 위해서는 지방선거의 룰이 바뀌어야 한다. 현행의 선거법은 거대 기득권 정당의 정치독점을 보장하고, 심지어 국회의원-구청장-시의원-구의원으로 이어지는 위계적인 권력관계를 당연시 하는 구태정치의 낡은 룰이다. 거대정당이 50퍼센트 남짓의 득표율로 90퍼센트가 넘는 의석을 싹쓸이해 버리는 비정상적인 독점정치를 고착시키고, 다양한 정치적 목소리는 소수라고 배제되고 '사표(死票)'라고 무시된다. 결국 거대 기득권 정당의 적대적 공존의 대결정치가 당연시되고, 국민들은 정치 혐오를 털어 내지 못한다. 유권자의 득표율에 따라 지방의회의 의석수가 결정되고, 다수파와 소수파가 공개적이고도 합리적으로 협력하고 연대하는 협치와 상생의 정치문화를 만들어 가야 한다. 그래서 촛불이 명령하는 정치혁신, 즉 민의로 움직이는 정치를 가능하게 하기 위해서는 무엇보다 선거법 개정이 필수적이다.

광역의회 비례성 강화 : 연동형 비례제 도입

광역의회 의원 선거에서 득표율-의석 간 비례성과 유권자 1표의 등가성을 최대한 높여, 득표율에 따른 의석 배분이 이루어지도록 해야 한다. 이를 위해서는 국회의원 선거제도 개정안에 핵심 내용이 들어 있는 연동형 비례대표제를 도입할 필요가 있다. 즉 지역구 의원을 선출하는 투표와 정당을 선택하는 투표를 1인 2표 방식으로 하되, 광역의회 전체 의석을 정당투표의 득표율에 따라 배분하고, 각 정당들은 할당받은 의석 수 범위 내에서 지역구 당선자를 먼저 채우고, 나머지 의석을 비례대표로 채우는 방법이다.

비례의원과 지역구의원의 구성비는 현행 지역구 중심의 선거제도의 관성을 존중한다는 차원에서 최소 1대 2의 비율을 유지한다. 단 이 비율을 확보하기 위해서는 현재의 지역구 의석을 줄이든지, 아니면 전체 의석을 늘리든지 둘 중 하나의 조치가 필요하다. 하지만 의원의 정수를 늘리는 것에 대해서는 정치비용의 증가에 따르는 부정적 여론이 있고, 이에 대한 사회적 합의가 필요하다는 점에서, 일단 지역구 의석을 줄이는 방안을 택하는 것이 바람직하다. 이 경우 지역구 의원 수를 줄이기 위해서는 현재 국회의원 선거구 1개당 2명의 광역의원을 선출하도록 되어 있는 기준을 조정하여야 한다. 광역의원이 국회의원에 종속된 존재가 아니므로, 국회의원 선거구를 쪼개서 광역의원 선거구를 만들 필요가 없으며, 광역의회 나름의 선거구 획정이 필요하다.

기초의회 비례성 강화 : 연동형 비례제 및 전면 비례제

기초의회의 비례성을 강화하는 방안은 두 가지로 검토할 수 있다. 1안은 광역의회와 마찬가지로 지역구투표와 정당투표를 동시에 하는 1인 2표 방식의 연동형 비례대표제를 도입하고, 비례의원과 지역구의원 간의 비율을 최소 1대 2를 유지하는 방안이다. 그러나 현행 기초의회 의원 정수는 최소 7인에서 최대 43인(경남 창원시)까지 다양하며, 최소 7인 규모의 의회에서는 연동형 비례대표제를 도입하기 어렵다. 따라서 7인 규모의 의석을 최소 9인으로

| 표 31 | 중선거구제-연동형 비례대표제 도입 시, 지역구/비례 정수(예시)

기초의원 정수	지역구 정수	비례대표 정수
9석인 경우	6 (3인선거구 2개)	3
10석인 경우	6 (3인선거구 2개)	4
11석인 경우	7 (3인선거구 1개, 4인선거구 1개)	4
12석인 경우	8 (4인선거구 2개)	4
13석인 경우	8 (4인선거구 2개)	5
14석인 경우	9 (3인선거구 3개)	5
15석인 경우	10 (3인선거구 2개, 4인선거구 1개)	5

늘리는 것을 전제로 연동형 비례대표제를 실시해야 한다.

한편 1-가, 1-나 식으로 기호를 부여함으로써 거대 정당에게 일방적으로 유리하게 기호만 보고 투표하도록 조장하는 기호부여 제도를 폐지해야 한다. 교육감선거처럼 기호 없이 투표용지에 기재되는 순서를 순환시키거나, 아니면 추첨으로 정하도록 바꿀 필요가 있다.

2안은 기초의회가 지역(동)별 대표성의 의미가 광역에 비해 크지 않고, 비교적 단순한 방식으로 득표율-의석 간 비례성을 가장 극대화시킬 수 있다는 점에서 전면비례제를 도입하고, 비례후보에 대한 국민선택권을 높이기 위해 개방형 명부를 실시하는 방안이다. 단 완전개방형 명부제를 실시할 경우, 여성 등 소수자의 대표성이 훼손될 가능성이 높으므로, 여성, 청년, 장애인 등 소수자 할당을 보장해야 한다. 한편 전면비례제는 무소속 출마가 불가능하고 정당에게만 의석을 배분하게 되므로, 지역정당을 허용하는 것이 전제로 되어야 한다.

지방자치단체장 결선투표제 도입

현행 지방선거제 아래에서는 불과 20~30퍼센트의 득표율로도 단체장에 당선되는 극단적인 민의 불일치 사례가 발생하고 있다. 막강한 권한을 갖는 지방자치단체장이 주민의 과반수 지지를 받아 당선되게 하여 명실상부한 대표성을 가지도록 해야 한다. 결선투표제는 과반수 득표자가 나오지 않을 경우, 소수 정파가 다수 정파와 공개적인 협상과 연대를 통하여 독자적인 정치적 역할을 수행할 수 있도록 보장함으로써, 다양한 정치세력의 등장과 정치활동을 촉진하는 생태계를 조성할 수 있다. 그 결과 사회경제적 약자들이나 정치적 소수자들을 대변하는 정치의제를 현실정치에 관철할 수 있게 됨으로써, 실질적인 정치발전에 기여하고 궁극에는 승자독식의 기득권 정치문화를 극복할 수 있다.

결선투표제를 도입할 경우, 두 차례의 투표에 따르는 비용문제를 해결하기 위해서 1차 투표와 2차 투표를 동시에 실시하는 보완투표제의 도입을 검토해 볼 필요가 있다(2000년 영국 런던시장 선거 사례 참조). 즉 투표 시 유권자가 제1선호와 제2선호를 차례로 표시하고, 제1선호 후보자 중에 과반수를 획득한 후보가 없을 경우, 제1선호 득표율 3위 이하의 후보자 투표용지에서 제2선호로 선택한 수를 제1선호 1, 2위 후보자에 합산하여 최종 당선자를 결정하는 방법이다.

정당 설립요건의 완화 및 지역정당 인정

현재 우리나라의 지방정치는 독점적인 거대 기득권 정당에 예속되어 있어, 지방 및 지역사회 나름의 독립적이고 독자적인 정치활동이 어렵다. 중앙당 중심의 중앙정치에 휘둘리지 않고, 지역마다 각기 다른 형편과 특성에 따라, 시급하고 절실한 지역의제에 충실하게 정책을 추진하기 위한 정치구조와 정치활동의 문화가 절실하다. 중앙정치의 세력구도에 일방적으로 좌지우지되는 상황에서는 지방(지역)정책의 구체성을 담보하기 어렵고, 결국 실질적인 문제해결이 불가능하다. 지역의 사정에 밝고 문제해결의 경험과 실력을 인정받는 후보가 선출되도록 하는 정치시스템이 진정한 민의를 반영하는 정치제도이다.

지역정당을 실질적으로 허용하는 방안은 두 가지를 들 수 있다. 첫째는 정당법을 개정하는 것으로 5개 이상 시도에서 각각 1,000명 이상 당원을 모집하도록 되어 있는 현행 정당 설립요건을 대폭 완화하여, 1개 이상의 시도에서 500명 이상의 당원을 모집하면 정당이 설립되도록 하는 것이다. 두 번째 방안은 선거법을 개정하는 것이다. 지역 차원의 정치결사체(local party)인 유권자단체의 설립을 인정하되, 총선이나 대선이 아닌 지방선거에 한하여 전국 정당과 마찬가지로 후보공천이나 선거활동을 보장하고 지원하는 방안이다. 이 두 방안은 각기 필요하므로 동시에 허용되어야 한다.

정치자금법 개선 및 참정권 확대

정치신인들의 정치 참여를 가로막는 문턱을 대폭 낮추고, 시민들이 활발하게 정치에 참여하고 자유롭게 정치적 의사를 표현할 수 있어야 민주주의의 토양이 튼튼해지고 체질이 강화된다. 정치자금법을 개선하여 기탁금 및 선거비용 보전기준을 하향 조정해야 한다. 선거권과 피선거권을 만 18세 이하로 하향하고, 청소년들의 정치활동을 보장해야 한다. 유권자의 정치적 표현의 자유를 더욱 확대 보장하고, 교사, 공무원의 정치적 기본권을 보장해야 한다. 아울러 투표시간을 연장하고, 선거일을 법정 유급휴일로 지정하고, 사전투표소 확대하고, 장애인들의 투표소 접근권을 보장해야 한다.

지방정치의 시대

촛불명예혁명은 3·10 탄핵과 5·9 정권교체를 기점으로 시스템 전환의 대장정을 시작했다. 군사독재를 청산하고 민주적인 대의정치의 기틀을 잡은 87년 체제가 30년 만에 새로운 전환의 시기를 맞이했다. 대의정치의 허점이 드러난 이상, 그것도 참혹한 세월호의 아픔에 이어 참담한 최순실의 국정농단에까지 이른 마당에 새로운 시스템 체인지가 절실하다. 대장정의 도달점은 정치 혁신이다.

선거제도의 개혁은 정치 혁신의 전제조건이다. 선거제도의 혁신 없이 정치 혁신은 불가능하다. 하지만 선거제도의 개선이 정치 혁신을 보장하지는 못한다. 많은 시민들이 정치에 참여하여 정치적 행동(활동)을 해야, 그 때 비로소 정치는 슬슬 변화하기 시작할 것이다. 오랫동안 만연한 정치 혐오와 정당에 대한 불신에도 불구하고 세상을 바꾸는 것은 정치다. 정치는, 그래도 정당의 틀에서 유력하게 작동한다. 정당을 통한 정치 참여가 필요하다. 주권자 시민들이 일상을 살아가는 지역사회에서 민주적인 지방정치를 실현해야 한다. 권력을 만드는 과정에 개입해야 그 권력이 통제된다는 상식을 지역에서 동네에서 증명해야 한다.

2022년 지방선거는 이 상식을 증명하는 선거가 되어야 한다. 그렇지 않으면 지금 다시 살아난 자치분권의 흐름은 역전될지 모른다. 2022년 지방선거가 대선과 동시에 치러지기 때문에 자칫 지방정치가 실종될 수도 있다. 그래서 어느 때보다 동네에서 시민의 직접행동이 조직되고, 권력을 만드는 과정에 시민이 적극 개입하는 것이 중요하다. 어디서 어떤 방식으로 물꼬가 트일지 알 수 없지만 동네 차원에서 다양한 정치실험이 활발하게 일어나는 것이 필요하다. 다양한 실험에서 동네가 움직이고 삶을 변화시키고, 그 실험에 시민의 참여가 보장될 때, 시민의 마음을 얻고 결국은 주도권을 잡을 것이다. 이 글의 독자들이 만들어 가는 지역사회의 다양한 현장에서 필자도 함께할 수 있기를 고대한다.

미주

01 https://blog.naver.com/andyhan72/90051888419.

02 https://blog.naver.com/andyhan72/90051888419.

03 2018.11. 지역사회 통합돌봄 기본계획안 (보건복지부).

04 2018.11. 지역사회 통합돌봄 기본계획안 (보건복지부) 참고함.

05 서울마을지원센터, 새로운 지역문제 해결을 위한 로컬랩 가이드북(2019) 참조하여 재구성함.

06 민들레 97호에 게재한 글(2015.3.)을 조금 수정함.

07 이대희 기자, 〈지식인 664명 기후위기 선언…"한국, 기후악당 불명예"〉 (프레시안, 2019.9.10).

08 전병옥, 〈기후변화에 대한 과학자들의 시나리오〉 (2019.8.10., ecosophialab.com)에서 참조.

09 이승준, 〈호주 국립기후복원센터 정책보고서〉 (2019.7.10., ecosophialab.com) 전문 번역본 참조.

10 미국의 자연재해 관련 내용은 https://green307.blog.me/221354119491 참조함.

11 KBS NEWS(http://news.kbs.co.kr/news/view.do?ncd=4312481&ref=A).

12 김선철, 〈미국과 영국의 그린 뉴딜로부터 무엇을 배울 것인가〉, 민중언론 참세상, 2019.11.25.

13 조재혁, 충북일보 기사(http://www.inews365.com/news/article.html?no=584991) 참조.

14 이유진 〈'그린 뉴딜형' 미세먼지 대책의 놀라운 효과〉, 녹색전환연구소(2019.8.5. 프레시안, http://naver.me/5UjjD4pv).

15 2019.7.5.~7.6. 국가기후환경회의 전문가 컨퍼런스(미세먼지 전문가 100여 명이 참가해 9개의 이슈를 놓고 1박 2일 동안 집중토론을 함).

16 EIA, Levelized Cost and Levelized Avoided Cost of New Generation Resources in the Annual Energy Outlook 2017. (블로그 〈태양광 오해 풀기〉 '태양광은 비싸고 원전은 싸다, 정말일까요?'에서 재인용)

17 정욱 매일경제 도쿄특파원(2019.3.10.) https://www.mk.co.kr/news/world/view/2019/03/143469/.

18 김상기 기자, 〈일본정부 후쿠시마 오염수 바다로 방출하겠다〉(국민일보, 2019.9.1.).

19 국토이슈 리포트 6호, 〈미국의 그린 뉴딜(Green New Deal) 정책과 한국에 주는 시사점〉 (이유진/이후빈, 2019.5.2.).

20 이유진, 〈그린 뉴딜과 기후위기, 그리고 녹색 성장〉 (녹색평론 167호, 2019.7.).

21 김선철, 〈미국과 영국의 그린 뉴딜로부터 무엇을 배울 것인가〉, 민중언론 참세상, 2019.11.25.

22 이유진, 〈그린 뉴딜과 기후위기, 그리고 녹색 성장〉 (녹색평론 167호, 2019.7.).

23 기후환경본부 에너지시민협력과, 〈서울시 에너지자립마을 2.0사업 추진계획〉 (2019.4.3.).

24 Chaskin, Brown, Venkatesh & Vidal 2001; Churchill 2003; Peirce 2005(서울마을지원센터, 〈로컬랩 가이드북〉에서 재인용).

25 더 자세한 내용은 서울마을지원센터, 〈로컬랩 가이드북〉 참조.

26 서울마을지원센터 〈서울형 주민자치회 시범사업 1기 평가워크숍〉 (2019.7.30.).

27 2019년도 지방자치단체 예산편성 운영기준 및 기금운용계획 수립기준 (행안부, 2018.7.).

28 Dahl, & E. Fufte(1973), Size and Democracy, CA: Stanford University Press.

29 이는 필자와 김의영이 공동으로 실행하는 연구, 〈주민자치 재구성에 의한 균형발전 촉진 : 근린자치정부 모델에 관한 예비적 연구〉의 연구계획서에서 일부 내용을 인용하여 재구성함.

30 서용석, 인구구조 변화와 세대간 정치적 불균형, 「호모 쿨투랄리스」, 한양대 평화연구소, 2019.

31 이삼석, 저출생 인구정책과 보육정책 전망, 한국육아교육·보육복지학회, 2019춘계학술대회.

32 김영태의 『지방정치의 이해 1』 5장, 〈지방정치의 구조와 기관구성 형태〉 (박영사, 2016)를 중심으로 내용을 재구성함.

33 김찬동, 『주민자치정책론』, 충남대학교 출판문화원, 2019.

34 『근린자치 제도론』 (박영사, 2015)의 2장, 김혜정의 〈근린자치란〉의 내용 일부를 재구성함.

35 토크빌, A., 『미국의 민주주의』, 임효선, 박지동(역), 한길사, 1997.

36 퍼트넘, R., 『나 홀로 볼링 : 사회적 커뮤니티의 붕괴와 소생』, 정승현(역), 페이퍼로드, 2009.

37 안성호, 『왜 분권국가인가』 박영사, 2016.

38 『근린자치 제도론』 (박영사, 2015)의 2장, 김혜정의 〈근린자치란〉의 내용 일부를 재구성하여 작성함.

39 Suttles, G., The Social Construction of Communities, Chicago: University of Chicago Press, 1972.

40 Somerville, Peter(2011), Multiscalarity and Neibourhood Governance, Public Policy and Administration, 26(1):81-105.

41 이종수의 『공동체-유토피아에서 마을만들기까지』(박영사, 2015) 제9장 〈공동체정부 형태의 다양화〉에서 일부 내용을 재구성하여 작성함.

42 전성환, 〈영국 협동조합자치체 모델을 통해 본 서울시 공공서비스 혁신방향〉, (서울연구원, 2019) 참조.

43 김정원, 임소정(2015) 〈유럽 사회적경제 조직 현황 보고서〉 (스프레드아이, 서울사회적경제지원센터).

44 Lambeth Cooperative Commission(2011) "The Cooperative Council-Sharing Power: A New Settlement Between Citizens and the State", http://goo.gl/Mwi0N2.

45 Overview and Scrutiny Committee Cabinet Council of Lambeth Council (2012) "Cooperative Council: Next Steps in Organisational Transformation", http://goo.gl/eFCZ8Q, 람베스구 홈페이지, How Lambeth Council is Organized, http://goo.gl/PQi4rQ.

46 Randle, A.(2014) "Social Economy, Social Innvation and Local Government: Lessons from London Borough of Lambeth", GSEF2014 presentation.

47 Shafigue, A.(2013) "New Approaches to Commissioning and Public Service Mutuals: Lessons from Cooperative Councils", RSA, http://goo.gl/41uVq6.

48 Randle, A.(2014) "Social Economy, Social Innvation and Local Government: Lessons from London Borough of Lambeth", GSEF2014 presentation.

49 Cleary, J.(2013) "Officer Delegated Decision Report-Lambeth Resource Centre - Cooperative Council Early Adopter" http://goo.gl/IxVKWl.

50 청소년 람베스 협동조합 홈페이지 http://www.younglambethcoop.co.uk/, Lambeth Labour홈페이지 Lambeth: The Cooperative Council, http://goo.gl/5NyjBZ.

51 브릭스턴 에너지 홈페이지 https://brixtonenergy.co.uk/, Guardian Online, "The Local Energy Cooperative Revitalizing London Estates", 6 Feb 2014, http://goo.gl/AwrT3Y.

52 http://www.theopenworks.org/.

53 곽현근, 동네자치를 위한 동네 거버넌스 형성의 방향과 과제, 한국행정학회 하계학술대회 발표논문.

54 이승종의 〈근린자치란〉, 『근린자치제도론』 (박영사, 2015)에서 간추려 재구성함.

55 경향신문, 2019.10.4. 〈32세 영화감독 장혜영 씨가 말하는 청년·여성·정치〉.

56 위 경향신문 기사에서 인용.

시민
민주
주의

마을 - 협치 - 자치

2012 - 2022

지은이. 유창복

초판 2쇄 인쇄. 2020년 7월 20일
초판 2쇄 발행. 2020년 7월 31일

펴낸이. 서왕진
펴낸곳. 서울연구원
편집. 전말숙, 송도숙
디자인. 파츠스튜디오
인쇄·제본. 민언프린텍

주소. 서울시 서초구 남부순환로 340길 57
전화. 02-2149-1234
팩스. 02-2149-1019
홈페이지. www.si.re.kr

ISBN 979-11-5700-467-6

· 책값은 뒤표지에 있습니다.

· 이 도서의 국립중앙도서관 출판예정도서목록(CIP)은 서지정보유통지원시스템 홈페이지
(http://seoji.nl.go.kr)와 국가자료종합목록 구축시스템(http://kolis-net.nl.go.kr)에서 이용하실 수 있습니다.
(CIP제어번호 : CIP2020007536)